사례로 배우는

가족상담

2판

이영분 · 김유순 · 신영화 · 전혜성 · 최선령 공저

학지사

2판 머리말

한국 사회에 가족치료라는 학문이 소개된 것은 1970년대로, 벌써 그 역사가 50여 년에 이른다. 그동안 사회복지학을 비롯해 정신의학, 간호학, 가족학, 상담학 등 다양한 전공 분야 및 한국가족치료학회 등의 학술 집단에서 가족치료에 관심을 가지고 여러 가족치료 모델을 소개하고 훈련해 왔다.

급변하는 사회 속에서 다양하고 복합적인 문제를 다루어야 하는 한국의 가족상담 실천가들은 가족을 이해하고 그들을 돕는 방법을 습득해 왔다. 가족상담 교육은 1970년대에 이화여자대학교 대학원 사회사업학과에서 처음 시작되었다. 2005년 「건강가정기본법」의 시행으로 가족상담 교과목이 대학교육과정에 반영되었다. 이러한 상황에서 한국사회복지교육협의회는 여러 대학의 요청으로 가족치료(및 상담) 교과목을 사회복지 교과목 지침서에 포함하게 되었다. 이에 이 책은 「건강가정기본법」에 기초하여 건강가정사, 사회복지사의 자격 기준에 준해서 2008년에 『가족치료: 모델과 사례』라는 도서명으로 첫 출간되었다. 2015년에 한국의 실천현장의 현실과 높아지는 가족상담에 대한 사회적 요구를 반영하여 『사례로 배우는 가족상담과 가족치료』를 출간하였고, 2020년에 가족상담 실천현장이 확대됨에 따라 가족상담 실천가 및 학생들의 이해를 좀 더 쉽게 하기 위하여 『사례로 배우는 가족상담』을 출간하였다.

이번에는 『사례로 배우는 가족상담』의 2판을 출간하게 되었으며 이번 2판은 가족상담 이론과 실제에서의 최근 변화 내용을 반영하고 한국 가족의 변화 중에서도 이례적인 저출생 현상과 이에 대응하는 관련 가족상담의 실제를 반영하였다.

또한 가족상담의 이론과 실제를, 학생들이 주도적으로 참여하여 보다 효과적으로 학습할 수 있도록 각 장의 끝에 복습 문제와 소집단 토론, 나의 요점 정리를 추가하였다. 학생들은 '나의 요점 정리'란에 스스로 학습한 내용을 정리할 수 있고, 교수와 학생은 제시된 '복습 문제'를 풀어 봄으로써 학습내용의 이해 정도를 확인할 수 있다. '소집단 토론'은 최근 교육현장에서 학습자 중심 교수법으로 알려진 문제중심학습(Problem-Based Learning: PBL)이나, 거꾸로 학습(Flipped Learning)을 돕기 위해 고안되었다. 소집단 토론은 교수와 학생 사이의 상호작용과 학생들 사이의 토론을 활성화하고 학습내용의 이해를 깊게 할 수 있을 것으로 기대된다.

이 책의 큰 특징은 가족치료 모델을 이론으로만 소개하는 것에서 끝나지 않는다는 것이다. 가족치료 학문은 실천이 없다면 공허한 지식일 뿐이다. 그러므로 지식과 이론의 전달만으로 끝나서는 안 되며, 그것을 실천에 적용시키는 능력 향상이 더욱 중요하다. 이런 의미에서 이 책은 한국의 가족치료 현장에서 각 모델을 적용한 사례를 제시하고 있다. 이를 통해 실천현장에서 모델에 관한 지식이 어떻게 적용되고, 활용될 수 있는지를 보다 쉽게 이해할 수 있도록 하였다. 저자들은 임상현장에서 가족치료 모델에 기반을 둔 가족상담을 전문적으로 수행하고 있다. 특별히 이 책에서 소개하고 있는 모델별 사례는 저자들이 현장에서 직접 수행한 사례에 기반을 두고 있다. 따라서 이 책은 독자들에게 가족치료 이론과 가족상담 현장을 보다 이해하기 쉽고, 현실감 있게 전달하는 강점을 가지고 있다고 감히 말할 수 있다.

이 책에서는 '가족치료'와 '가족상담'이라는 용어를 함께 사용하고 있는데, 가족치료의 역사 및 이론을 언급할 때에는 '가족치료'라는 용어로, 가족치료실천을 언급할 때에는 '가족상담'이라는 용어로 표기하였다. 이는 가족치료 학문의 전문성을 살리면서 한편으로는 현재 실천현장에서 가족을 대상으로 상담을 할 때 가족상담이라고 지칭하는 현실을 반영한 것이다.

이 책은 총 13장으로 이루어져 학사 일정에 부합하도록 하였다. 먼저, 가족치료에 대한 기초 지식을 다루었는데, 가족치료의 이해, 가족치료의 발달에 대한 내용을 포함하고 있다. 이어서 가족상담 전문가가 필수적으로 이해해야 할 주요 가족치료 모델과 사례를 구체적으로 제시하고 있다. 그것은 다세대 정서체계 가족치료 모델, 경험적 가족치료 모델, 구조적 가족치료 모델, 해결중심치료 모델, 그리고 이야기치료 모델과 이들 모델을 적용한 사례이다. 여러 가족치료 모델 중 특별히 한국 사회에서 교육, 훈련이 활발히 진행되어 실천현장에서 활용 및 확산되고 있는 주요 모델을 선택하였다. 마지막으로 한국 가족상담의 전망과 과제에 대한 주요 쟁점을 제시하여 가족상담 전문가들이 변화하는 한국 사회의 다양한 모습과 그에 따른 가족상담에 대한 실천적인 전망과 과제를 탐색할 수 있도록 하였다.

이 책의 제1장은 김유순 교수와 최선령 소장이, 제2장은 김유순 교수가, 제3장과 제4장은 최선령 소장이, 제5장과 제6장은 신영화 교수가, 제7장과 제8장은 전혜성 교수가, 제9장과 제10장은 이영분 교수가, 그리고 제11장과 제12장은 김유순 교수가, 제13장은 신영화 교수와 전혜성 교수가 집필하였다. 저자들은 2판을 준비하기 위해 1년여에 걸쳐 매달 모임을 가졌고, 구성과 내용에 대한 토의는 물론 상호 교차 검토를 통해 교재의 완성도를 높이고자 하였다. 그러나 저자들이 미처 깨닫지 못한 미흡한 부분들이 많을 것인데, 이 부분에 대해서는 독자들의 아낌없는 지적을 바란다.

이 책의 출판을 허락해 주신 학지사의 김진환 사장님과 진행 과정에 도움을 주신 한승희 부장님, 편집 과정에서 책임을 다해 준 편집부의 박선민 선생님께 깊은 감사를 드린다.

2025년 9월

저자 일동

1판 머리말

한국 사회에 가족치료라는 학문이 소개된 것은 1970년대로, 벌써 그 역사가 50여 년에 이른다. 그동안 사회복지학을 비롯해 정신의학, 간호학, 가족학, 상담학 등 다양한 전공 분야 및 한국가족치료학회 등의 학술 집단에서 가족치료에 관심을 갖고 여러 가족치료 모델을 소개하고 훈련해 왔다.

급변하는 사회 속에서 다양하고 복합적인 문제를 다루어야 하는 한국의 가족상담 실천가들은 가족을 이해하고 그들을 돕는 방법을 습득해 왔다. 가족상담 교육은 1970년대에 이화여자대학교 대학원 사회사업학과에서 처음 시작되었다. 2005년 「건강가정기본법」의 시행으로 가족상담 교과목이 대학 교육과정에 반영되었다. 이러한 상황에서 한국사회복지교육협의회는 여러 대학의 요청으로 가족치료(및 상담) 교과목을 사회복지 교과목 지침서에 포함하게 되었다. 이에 이 책은 「건강가정기본법」에 기초하여 건강가정사, 사회복지사의 자격 기준에 준해서 2008년에 『가족치료: 모델과 사례』라는 도서명으로 첫 출간되었다. 2015년에 한국의 실천현장의 현실과 높아지는 가족상담에 대한 사회적 요구를 반영하여 『사례로 배우는 가족상담과 가족치료』를 출간하였고, 이번에는 가족상담 실천현장이 확대됨에 따라 가족상담 실천가 및 학생들의 이해를 좀 더 쉽게 하기 위하여 『사례로 배우는 가족상담』을 새롭게 출간하게 되었다.

이 책의 큰 특징은 가족치료 모델을 이론만 소개하는 것에서 끝나지 않는다는 것이다. 가족치료 학문은 실천이 없다면 공허한 지식일 뿐이다. 그러므로 지식과 이론의 전달만으로 끝나서는 안 되며, 그것을 실천에 적용시키는 능력 향상이 더욱 중요하다. 이런 의미에서 이 책은 한국의 가족치료 현장에서 각 모델을 적용한 사례를 제시하고 있다. 이를 통해 실천현장에서 모델에 관한 지식이 어떻게 적용되고, 활용될 수 있는지를 보다 쉽게 이해할 수 있도록 하였다. 저자들은 임상현장에서 가족치료 모델에 기반을 둔 가족상담을 전문적으로 수행하고 있다. 특별히 이 책에서 소개하고 있는 모델별 사례는 저자들이 현장에서 직접 수행한 사례에 기반을 두고 있다. 따라서 이 책은 독자들에게 가족치료 이론과 가족상담 현장을 보다 이해하기 쉽고, 현실감 있게 전달하는 강점을 가지고 있다고 감히 말할 수 있다. 또한 이 책에서는 가족치료의 역사 및 이론을 언급할 때 '가족치료'라는 용어로, 가족치료실천을 언급할 때에는 '가족상담'이라는 용어로 표기하였다. 이는 가족치료 학문의 전문성을 살리면서 한편으로는 현재 실천현장에서 가족을 대상으로 상담을 할 때 가족상담이라고 지칭하는 현실을 반영한 것이다.

이 책은 총 13장으로 이루어져 학사 일정에 부합하도록 하였다. 먼저, 가족치료에 대한 기초 지식을 다루었는데, 가족치료의 이해, 가족치료의 발달에 대한 내용을 포함하고 있다. 이어서 가족상담 전문가가 필수적으로 이해해야 할 주요 가족치료 모델과 사례를 구체적으로 제시하고 있다. 그것은 다세대 정서체계 가족치료 모델, 경험적 가족치료 모델, 구조적 가족치료 모델, 해결중심치료 모델, 그리고 이야기치료 모델과 이들 모델을 적용한 사례이다. 여러 가족치료 모델 중 특별히 한국 사회에서 교육, 훈련이 활발히 진행되어 실천현장에서 활용 및 확산되고 있는 주요 모델을 선택하였다. 마지막으로 한국 가족상담의 전망과 과제에 대한 주요 쟁점을 제시하여 가족상담 전문가들이 변화하는 한국 사회의 다양한 모습과 그에 따른 가족상담에 대한 실천적인 전망과 과제를 탐색할 수 있도록 하였다. 또한 각 장마다 '요약' 내용을 제시하여 학습한 내용을 정리할 수 있도록 하였고, '생각해 볼 거리'를 통해 독자들이 실천의 상황을 더욱 깊게 탐색하고 이해하는 실마리를 제공하고자 하였다.

이 책의 제1장은 김유순 교수와 최선령 소장이, 제2장은 김유순 교수가, 제3장과 제4장은 최선령 소장이, 제5장과 제6장은 신영화 교수가, 제7장과 제8장은 전혜성 교수가, 제9장과 제10장은 이영분 교수가, 그리고 제11장과 제12장은 김유순 교수가, 제13장은 신영화 교수가 집필하였다. 저자들은 이 책을 준비하기 위해 1년여에 걸쳐 매달 모임을 가졌고, 구성과 내용에 대한 토의는 물론 상호 교차 검토를 통해 교재의 완성도를 높이고자 하였다. 그러나 저자들이 미처 깨닫지 못한 미흡한 부분들이 많을 것인데, 이 부분에 대해서는 독자들의 아낌없는 지적을 바란다.

끝으로 이 책의 출판을 허락해 주신 학지사의 김진환 사장님과 편집 과정에서 책임을 다해 준 박선민 선생께 깊은 감사를 드린다.

2020년 2월

저자 일동

차례

제1장

가족치료의 이해

현대를 살아가는 가족은 구조나 기능 면에서 어느 시대보다 다양한 변화를 경험하고 있다. 이러한 변화에 의해 초래되는 가족의 문제에 대해 가족관계에 개입하여 해결하는 전문적인 상담방법이 가족치료이다. 장난감 모빌의 한쪽을 잡아당기면 모빌의 다른 부분도 움직이게 된다. 가족이란 마치 이런 모빌과 같아서 가족 중 한 사람에게 변화가 일어나면 나머지 가족 구성원들에게까지 영향을 미치게 된다. 가족은 단순히 가족 구성원의 합이 아닌 하나의 체계로서의 특성을 가지고 있으며, 가족치료에서는 가족의 이러한 특성에 관심을 가지고 개입하고자 한다. 가족의 이러한 특성은 체계이론으로 설명할 수 있다.

이 장에서는 가족치료의 기초가 되는 가족체계이론의 주요 개념으로, 가족경계, 가족 하위체계, 순환적 인과관계, 항상성, 피드백, 의사소통의 개념을 살펴본 후 가족치료의 과정과 가족사정의 개념과 내용, 방법에 관하여 살펴본다.

1. 가족치료의 정의와 체계론적 관점

1) 가족치료의 정의

가족치료는 가족에서 제기된 다양한 문제에 대해 가족관계에 개입하여 해결하는 전문적인 상담방법이다. 가족치료는 가족을 단위로 그 체계 속의 상호작용에 개입함으로써 개인의 문제행동은 물론 전체 가족의 역동에 변화를 가져오도록 하는 치료적 접근이다. 가족치료는 가족의 욕구에 맞는 다양한 서비스를 제공하는 가족복지실천에서 가족교육이나 사례관리 등과 함께 중요한 위치를 차지한다. 가족문제에 봉착하여 어떻게 해결해야 할지 잘 모를 때 가족이 전문가를 찾아가 현재의 문제에 대해 이야기함으로써 스스로 이해하는 기회를 가질 뿐만 아니라 전문가의 의견과 자문을 구하는 것은 의미 있는 일이다.

가족치료는 가족체계이론에 입각하여 가족을 하나의 체계로 다루며, 가족체계 내의 상호작용을 개선하는 데 궁극적인 목적이 있다. 가족치료에서는 가족 구성원이 경험하는 어려움을 그 개인만의 문제로 보지 않고, 개인을 둘러싼 가족체계라는 맥락 속에서 체계 안팎의 상호작용을 이해하고자 한다. 즉, 해결해야 할 문제보다는 그 문제를 둘러싼 관련 하위체계 간의 행동패턴에 관심을 갖고 일한다. 예를 들면, 지적장애를 가진 중학생인 둘째 아들이 비장애인인 두 살 위의 형으로부터 부당한 대우를 받음으로써 분노와 공격적 성향을 보여 염려될 때 둘째 아들의 분노와 공격적 성향을 개인의 문제로 보고 이 문제만을 개입의 초점으로 삼는 것이 아니라 가족 전체의 관계라는 측면에서 개입하게 된다. 가족치료는 개인에게서 문제의 원인을 찾는 개인적인 결함 모델로부터 벗어나 관계와 관계 사이의 얽힌 부분을 파악하는 대인관계적인 상담 모델을 가능하게 한다. 따라서 가족치료에서는 한 개인이 문제의 가족 구성원으로 낙인 찍히지 않는다.

가족치료는 서구를 중심으로 반세기 이상 발달되어 왔으며, 부부문제와 가족문제 해결방법으로 여러 모델이 개발되어 각각의 철학과 개념이 소개되었다. 가족 구성원의 문제행동과 그에 따른 가족의 심리적 어려움을 가족체계에서 이해할 수 있는 방법을 제공하였다. 가족치료는 그 효과성이 연구되고 알려져 왔으며, 그 대상 가족과 치료목표가 다양해지고, 이를 적용하는 실천현장도 확장되고 있다.

요즈음과 같이 가족건강성과 가족상담에 대한 일반인의 인식이 높아지고 있는 상황에서 가족체계 내에서 문제해결의 실마리를 함께 모색하는 상담방법은 서양의 가족뿐만 아니라 우리의 가족문화에서도 그리 어색하지 않게 되었다. 또한 경쟁과 실적 위주의 사회를 사는 현대인의 정신건강에 대한 관심이 증가하면서 가족 구성원의 존중과 관계 개선에 목표를 두는 가족치료는 더욱 유용해질 전망이다.

2) 체계론적 관점

일반체계이론은 1940년대 말부터 1950년대 초 생물학자, 수학자, 물리학자, 기술자의 생각을 기반으로 하여 생물학자인 버탈란피(L. Von Bertalanffy)가 개발한 이론으로서 체계는 외부 환경과 상호작용하면서 자신을 유지한다고 주장하는 생물학적 이론이다. 이 이론은 점차적으로 인간과 환경의 상호작용을 중시하는 다양한 학문 분야에 중요한 영향을 미쳤으며, 한 체계의 전체성(wholeness), 즉 체계 내의 구성요소 사이의 상호작용과 규칙을 강조한다(Goldenberg & Goldenberg, 1985). 체계이론 연구자들은 "하나의 체계는 부분들의 합 이상"이라거나 "한 부분의 변화는 다른 부분에 영향을 준다."거나 하는 발견을 하게 되었으며, 체계의 정보처리, 변화된 환경에의 적응, 자기조직, 자기유지 등 체계의 기능적 규칙과 구조적 규칙을 발견하는 데 관심이 있었다.

위너(N. Wiener, 1948)는 체계가 작동하는 데 의사소통과 의사소통을 통한 자기규제(self-regulation)가 중요하다고 주장하였다. 자기규제는 한 체계의 과거의 수행 결과에 관한 정보가 체계에 다시 입력되어서 미래의 행동에 영향을 주는 것으로, 현재 자기교정적 피드백(self-corrective feedback)이라고 불린다. 또한 위너는 이 과정에 대한 과학적 연구를 사이버네틱스(cybernetics)라고 불렀다(Gurman & Kniskern, 1991).

인류학자인 베이트슨(G. Bateson)은 일반적인 의사소통 과정과 가족 내의 의사소통 과정을 연구하기 위해 팔로알토(Palo Alto) 연구팀을 결성하였다. 이들은 가족을 서로 연결된 체계로서 뿐만 아니라 스스로를 피드백을 통해 다스리는 사이버네틱 체계로 설명하였다. 또한 이 연구 결과로 베이트슨과 팔로알토 연구팀은 조현병의 원인에 대한 가설로서 이중구속이론을 발표하면서 가족을 하나의 전체로 인식하는 것이 얼마나 중요한지를 강조하였다.

체계이론은 개인과 개인이 드러내는 문제에 대한 관점의 변화에 기여하였다. 전통적인 심리치료적 접근은 아동기의 부모-자녀 관계가 성인이 된 후 개인에게 미치는 영향에 관심을 두었기 때문에 어린 시절의 경험과 충격, 상처로 다시 돌아가 봄으로써 현재의 갈등을 해결하고자 하였다. 이러한 접근에서 상담사의 초점은 주도적으로 내담자를 안내하여 어린 시절의 갈등이 현재의 대인관계에 어떻게 재현되고 있는지를 깨닫게 하고, 어떻게 개인적인 변화를 경험하게 하는가에 있었다. 반면 가족치료는 치료와 변화의 단위가 가족이고, 가족체계의 상호작용을 향상시키기 위한 치료방법을 제시한다는 점에서 다르다. 이는 어떠한 체계도 요소로 분해되어서는 충분히 설명될 수 없으며, 어떠한 요소도 따로 떼어져서는 설명될 수 없기 때문이다. 체계론적 관점에서는 사건들이 일어난 맥락 내에서 이해되며, 개인적 특성보다는 상호 연결성과 관계에 더 초점을 두게 된다. 상호 연결성이란 체계의 한 부분이 변화하면 그 변화가 다른 부분들과 상호작용하여 다른 부분에 변화를 가져오는 것을 의미한다.

전통적 가족치료의 기초가 되는 가족체계이론의 주요 개념은 다음과 같다.

(1) 가족경계

하나의 체계는 상위체계의 부분이며, 하나의 체계 속에는 하위체계들이 포함되어 있을 수 있다. 이렇게 체계는 다른 체계와 함께 존재하는데, 체계와 체계를 구분해 주는 것을 경계(boundaries)라고 한다.

가족경계란 가족 내의 개인과 다른 가족 구성원 간의 관계에서 형성된 개인의 정체성이면서 동시에 한 단위로서의 가족과 더 큰 사회체계 간의 관계에서 형성된 가족의 정체성이기도 하다(J. D. Atwood, 1992). 가족체계는 크게 개방체계와 폐쇄체계로 나누어 볼 수 있다. 개방체계는 그 경계가 가족 구성원 간의 통합이나 전체성을 잃지 않는 범위 내에서 외부체계와의 상호작용을 허용하는 반면, 폐쇄체계는 환경과의 상호작용이 없고 자신의 경계 내에서만 활동한다.

가족은 어느 정도의 침투적인 경계를 갖고 외부체계와 교류할 수 있고, 적절한 가족기능을 위해 하위체계들도 자신의 경계를 유지하면서 각자의 역할과 책임을 수행하며 서로 교류한다. 체계가 더 복잡해질수록 체계를 사정할 때 가족이 개방체계로서 기능할 수 있는 능력, 가족 구성원의 위계질서, 역할이 분담되는 방법과 가족 내의 행동기준 등 가족과 외부체계와의 경계를 규정짓는 규칙 등을 함께 고려하여야 한다.

일반적으로 경계는 그 성격에 따라 명확한 경계, 혼돈된 경계, 그리고 경직된 경계로 나뉜다. 이러한 경계의 성격은 다음과 같이 설명할 수 있다.

명확한 경계 명확한 경계는 가족 구성원 간에 소통이 원활하면서도 각 개인의 의견과 사생활이 존중되는 경계이다. 이러한 경계를 갖고 있는 가족 구성원은 서로 간에 책임과 권한이 분명하여 협동적 분위기를 잘 만들 수 있다. 결과적으로 '우리'라는 집단의식을 가지면서도 자기 자신의 입장과 감정을 표현할 수 있다.

혼돈된 경계 혼돈된 경계는 가족 구성원이 서로에게 지나치게 영향을 미쳐서 '나'의 공간이 없고, '우리'만 존재하는 경계이다. 혼돈된 경계의 가족에서는 가족체계의 상호작용 규칙이 애매하여 개별 구성원 간의 관계에 지나치게 깊이 관여하는 것을 볼 수 있다. 대표적인 예로 모사간의 경계가 모호하여 지나치게 관여함으로써 밀착된 관계를 갖게 되는 경우이다. 이 경우 어머니가 자녀의 결혼 후에도 자녀의 독립을 인정하지 않고 자녀의 부부생활에 지나친 영향을 미치게 된다.

경직된 경계 경직된 경계의 예로는 가족 구성원 간에 거리감과 소외감을 느끼게 되고, 최소한의 접촉만이 이루어지는 경우를 생각할 수 있다. 이때 가족 구성원은 가족체계 외부와의 접촉을 통해 애정 욕구를 충족하고자 하는 노력을 하게 된다. 이 경우 발생하는 전형적인 문제로는 방임으로 인한 청소년 가출 혹은 비행 문제를 들 수 있다.

(2) 가족 하위체계

가족은 여러 하위체계로 구성되어 있고, 하위체계를 통해 가족의 기능을 수행한다. 가족의 각 하위체계에서는 각기 다른 정도의 힘(주도권)이 행사되고, 각기 다른 기술이 학습된다. 가족 구성원은 동시에 여러 하위체계에 속할 수 있으며, 각 하위체계에서 다른 역할을 하고, 다른 유형의 상호작용을 하도록 기대된다. 요즈음은 성별 외에도 취미나 거주 지역에 따라 하위체계가 나뉘는 등 무한히 많은 가족 내 하위체계를 생각해 볼 수 있다. 특히 다세대 정서체계 가족치료 모델에서 제안하였듯이, 삼각관계에 의한 다양한 형태의 하위체계도 의미 있는 하위체계를 형성한다. 가장 대표적인 가족 하위체계로는 부부 하위체계, 형제 하위체계, 부모 하위체계, 부모–자녀 하위체계가 있다.

부부 하위체계 핵가족 하위체계에서 가장 핵심적인 하위체계인 부부 하위체계의 성공은 협상과 적응에 있다고 본다. 그러나 어떤 배우자도 자신의 개별성을 완전히 상실해 가면서까지 상대방에게 적응할 수는 없으며, 결혼생활에서는 배우자 간의 상호 교환이 이루어져야 한다. 부부 하위체계는 각기 개인으로 인정받으면서 배우자의 성격, 자원, 유일성에 적응하며, 서로의 입장을 존중함으로써 서로의 자아실현과 성장을 상호 지원해야 한다. 부부 하위체계가 잘 기능하기 위해서는 원가족에서 적절한 분리가 되어야 하며, 평균수명이 길어지면서 부부만의 생활 기간이 늘어남에 따라 부부 하위체계의 협상과 적응 능력이 이전보다 더 중요해지고 있다.

형제 하위체계 형제 하위체계는 아동이 또래집단과의 관계를 미리 경험하는 장이 된다. 형제 순위나 성별, 자녀 수에 따라서 하위체계가 다르게 나뉠 수 있으며, 하위체계에 따라 형제 각자의 가족 내 역할이 달라지게 된다. 형제들은 서로 간에 협상하는 방법을 배움으로써 가족 외부의 사회적 관계에서 이러한 협상 능력을 활용할 수 있게 된다. 따라서 이상적인 부모라면 형제끼리 타협하는 능력(경쟁하고, 차이점을 발굴하고, 서로를 지지할 수 있는)을 계발할 수 있도록 도와야 한다. 예를 들어, 부모 부재 시 가족체계 내에서의 권위 행사의 순위와 책임감 등이 적절하게 분배되어 형제관계 내에서도 형제는 상호 보완적이고 서로를 지지할 수 있도록 해야 한다. 또한 형제들은 서로 간에 협상할 뿐만 아니라 부모와 타협하기 위해 형제끼리 연합하는 것을 배우기도 한다.

부모 하위체계 자녀가 생기면 가족 내에 부모 하위체계가 형성된다. 부부 하위체계가 성공적으로 협상 및 적응되었다면 그 기술이 부모 하위체계 발전에도 유용하게 사용될 것이다. 부모는 자녀의 발달 단계에 따른 요구에 협상하고 적응해야 한다. 예를 들어, 3세 유아에 대한 부모의 역할과 기대는 청소년 자녀에 대한 부모의 역할과 기대와는 다르다는 것이다. 부모 하위체계는 자녀에 대한 부모의 역할에 있어서 한 팀으로 행동하는 것이 중요하다.

부모-자녀 하위체계 부모-자녀 하위체계가 타 하위체계와 다른 점은 다른 세대의 사람들로 구성되었다는 점이다. 이때 체계 간에 권위의 한계가 분명하면 건강한 가족구조를 유지할 수 있다. 예를 들어, 핵가족의 경우 기능적인 가족에서 어머니의 부재 시 일시적으로 장녀가 어머니의 역할을 대신하게 된다. 이때 주의해야 할 점은 모든 가족 구성원에게 장녀의 역할이 명확히 전달되어야 하고, 장녀가 지속적으로 부모의 역할을 하여 혼동을 주는 일이 없도록 노력해야 한다는 것이다. 부모-자녀 하위체계 간에 심각한 경계의 문제가 발생하는 경우가 있는데, 병이나 전쟁으로 남편을 잃은 어머니가 장남을 자신의 배우자인 양 기대하여 심각한 갈등을 초래하는 경우를 생각해 볼 수 있다.

부부의 의견이 상이하여 자녀가 중간에서 갈등하거나 혼돈을 경험하는 경우가 많다. 이때 자녀가 부모 중 누구의 의견을 따라야 할지 고민하거나 부모 각자로부터 비난의 대상이 되기도 한다. '가족 희생양'의 개념이 이러한 부모-자녀 관계에서 나온다고 하겠다. 따라서 가족치료에서 부모-자녀 하위체계는 매우 주요한 관심을 받는다. 부모와 자녀는 역할이 다르며 각자 자신의 영역을 잘 지켜 나가는 것이 중요한데, 때로는 역할이 혼돈되어 부모가 가족의 집행체계로서의 역할을 하지 못하는 경우가 있다. 때로는 융합되어 각자의 역할을 수행하기가 힘들고, 이러한 과정에서 가장 불편해지는 가족 구성원이 생겨나게 된다.

(3) 순환적 인과관계

순환적 인과관계(circular causality)는 단선적 인과관계와 대치되는 개념이다. 이는 일의 결과를 해석할 때 단순히 한 가지의 원인을 찾기보다는 결과에 이르기까지 관련된 사람 간의 상호작용을 중심으로 상황을 이해하는 방법이다. 가족 구성원 간의 행동은 서로 긴밀하게 연결되어 있으므로 그 원인과 결과를 정확히 식별해 내는 것은 불가능하며, 서로 영향을 미치고 있는 것으로 본다. [그림 1-1]은 부부행동의 순환적 인과관계를 보여 준다. 술을 거의 매일 마시는 남편과 이에 대해 잔소리를 하는 아내의 경우가 그 예라고 할 수 있다.

남편의 입장에서는 아내의 잔소리가 듣기 싫어 술을 마신다. 아내의 입장에서는 거의 매일 술을 마시는 남편으로 인해 잔소리를 하게 된다. 따라서 이 부부관계에서 남편과 아내의 행동은 무엇이 원인이고, 무엇이 결과인지 명확히 구분 지을 수 없게 된다. 이와 같이 서로 영향을 주고받으면서 원인인 동시에 결과가 되는 행동들 간의 관계를 순환적 인과관계라고 한다.

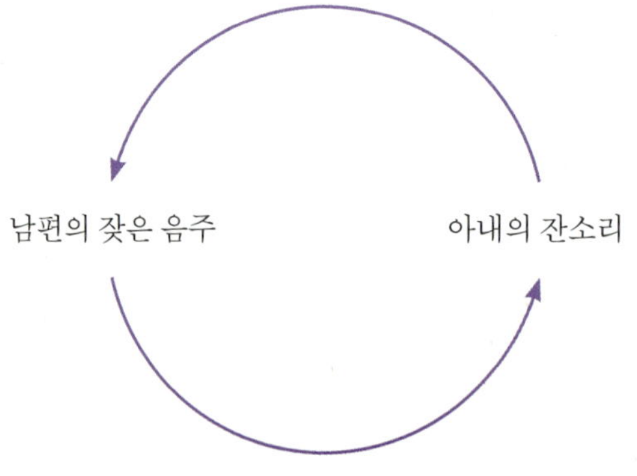

그림 1-1 순환적 인과관계의 사례

(4) 항상성

항상성(homeostasis)은 체계가 하나의 구심점을 중심으로 역동적인 균형을 유지하고, 그것이 깨졌을 때 균형을 회복하려는 경향이다. 가족의 항상성은 가족 내에서 일어나는 내적이고 지속적인 관계를 유지시켜 주는 상호작용적 과정을 뜻하며, 내적 균형을 보장해 준다. 가족 간에 존재하는 균형적 상태가 위협을 받으면, 마치 온도에 따라 자동 조절되는 난방장치처럼 예전의 평온한 상태로 돌아가려고 한다.

항상성 개념은 가족이 변화를 필요로 할 때 나타나는 가족 구성원의 저항과 두려움을 이해하는 데 도움이 된다. 자녀가 성장하면서 가족의 규칙이 도전받게 되면 이러한 상황은 가족 내에 불균형을 가져오고, 새로운 패턴으로 가족의 균형을 회복시킬 때까지 상실감과 거리감 등이 생긴다. 체계는 갑작스럽거나 큰 변화보다는 안전한 범위 내에서 스스로를 유지하고자 한다. 따라서 어려움을 겪는 가족의 경우 가장 필요한 변화조차도 가족이 완고하게 예전의 패턴을 고집함에 따라 벽에 부딪힐 수 있다.

(5) 피드백

피드백은 하나의 체계가 어떻게 적응과 자기관리를 하는가를 설명하기 위한 개념으로, 정보가 체계에 접수되어 처리되는 상호작용의 과정을 말한다. 즉, 체계는 피드백을 통하여 자신의 기능 수행을 끊임없이 감시하고 적응하고, 항상성을 유지할 수 있게 된다.

기존의 행동 유형들을 정당화시키고 격려하는 것을 정적 피드백이라고 하고, 현재의 행동을 방해하거나 무효화함으로써 변화를 장려하는 것을 부적 피드백이라고 한다. 일상생활에서 긍정적 피드백을 칭찬으로, 부정적 피드백을 비난이나 깎아내림의 유사어로 사용하는 것과는 다르다. 항상성을 유지하게 하느냐의 여부, 즉 변화 초래 여부가 정적 피드백인지 부적 피드백인지를 결정하는 기준이다.

(6) 의사소통

가족을 체계로 간주할 때 우리는 가족의 상호작용에 관심을 가지게 된다. 가족의 상호작용은 가족 구성원 간에 연속적으로 메시지를 교환함으로써, 즉 의사소통을 함으로써 이루어지는데, 의사소통 이론가들은 의사소통이 가족 구성원의 행동장애를 설명하는 주요 요인이라고 생각한다. 의사소통에서 교환되는 메시지 중

이중메시지는 말하는 내용과 말하는 사람의 표정, 행동, 억양 등의 전달 과정이 서로 모순되는 경우를 말하며, 이중메시지가 반복되어 생활화될 경우 가족 내 문제를 야기한다고 본다.

이중구속 가족치료에서 강조하는 역기능적인 의사소통의 유형 중 가장 대표적인 것은 '이중구속(double bind)'이다. 이중구속은 베이트슨을 중심으로 하는 팔로알토 연구팀이 개발한 개념으로, 가족 구성원이 논리적으로 상호 모순되고, 일치하지 않는 두 가지 메시지를 동시에 전달하여 이 메시지를 들은 구성원이 두 가지 메시지 중 어떤 것을 따라야 할지 알 수 없어 혼란에 처한 상황을 의미한다. 부모가 자녀에게 전달하는 이중구속 메시지의 한 예는 다음과 같다. 부모가 청소년 자녀에게 "네가 스스로 원하는 일을 생각해 봐라."라고 이야기하기보다는 "나는 네가 반드시 스스로 원하는 일을 하게 할 것이다."라는 메시지를 반복한다면 자녀는 자기 스스로 원하는 일을 찾아야 할지, 또는 부모가 그러한 일을 찾아 줄 것인지가 혼돈스러워 정작 행동에 옮기기 어렵다. 이중구속적인 상황에서는 메시지를 받은 사람이 어떤 의견을 말하거나 그 장면에서 벗어나는 것이 금지되어 있기 때문이다.

2. 가족치료 과정과 가족사정

1) 가족치료 과정

가족치료 과정은 가족이 호소하는 문제를 확인하여 사정하고, 치료목표를 설정하는 초기 단계와 설정된 목표를 달성하기 위하여 문제해결을 돕는 중간 단계, 목표 달성을 확인하고 상담을 마무리하는 종결 단계로 이루어져 있다. 이 장에서는 이러한 각 과정에서 수행해야 할 가족상담사의 주요 과업에 대하여 생각해 본다.

(1) 초기 단계

가족상담사는 가족이 호소하는 문제를 가족관계의 산물이라고 보고, 체계론적 관점에서 문제 형성의 과정에 관심을 갖는다. 이 단계에서 가족상담사의 주요 과업은 관계를 형성하는 일과 체계론적 관점에서 문제를 가능한 한 정확하게 사정하는 일이다. 내담자 가족과의 신뢰적인 관계를 잘 형성하는 것은 가족상담사와 내담자 가족이 상호 협력적인 관계 속에서 변화 목표를 달성하는 데 매우 중요한 일이다. 관계 형성에 가족상담사의 경청과 수용, 감정이입 능력은 매우 중요하다. 관계 형성이 잘 되었을 때 내담자 가족은 자신이 이해받고, 공감받고 있으며, 존중받고 있다고 느끼게 되고, 자신의 욕구와 문제에 대한 새로운 이해를 하게 된다. 따라서 적절한 관계 형성은 변화에 대한 동기부여의 역할을 하여 새로운 노력에 도전을 할 수 있게 해 준다.

관계 형성과 함께 이 단계에서 중요한 가족상담사의 과업은 문제에 대하여 체계 맥락적으로 가능한 한 정확하게 사정하여 개입 목표와 전략을 설정하는 일이다. 가족사정이 진행됨에 따라 내담자 가족은 점차 자신의 욕구와 진짜 문제를 알아가고, 현재 호소하는 문제가 가족체계의 관계 과정의 산물이라는 것을 이해하게 되면서 상담 과정에 보다 적극적으로 참여하게 된다. 사정에 대한 구체적인 내용은 다음 절에서 다루기로 한다.

(2) 중간 단계

초기 단계에서 가족사정이 잘 이루어지면 체계 맥락에서 문제가 무엇인지 명확해지고, 그에 따라 목표를 설정하게 되어 문제해결을 위한 과정으로 들어간다. 이 단계에서 문제해결을 위한 가족상담사의 주요 과업으로는 설정한 목표를 달성하기 위해 필요한 개입 전략을 세우고, 적절한 기법과 기술을 활용하는 일과 상담사 자신의 불안을 다루고 종종 내담자 가족의 저항을 다루는 능력 등이 필요하다.

내담자 가족은 가족상담사의 적절한 도움을 받아 더 이상 증상을 가진 개인 한 사람에게만 초점을 두기보다는 가족관계의 방식과 과정에 관심을 두기 시작하고, 역기능적인 이전의 관계방식에 변화를 시도한다. 가족상담사는 이 단계에서 가족 하위체계 간의 경계선의 변화와 상호작용의 변화를 위해 자신이 적용하고 있는 모델의 개입 전략과 기술을 적극적으로 활용한다. 그 결과 내담자 가족은 각자 가지고 있던 왜곡된 사고와 감정, 그리고 관계방식의 변화를 통해 호소했던 문제가 점차 해결되는 경험을 하게 된다. 이 과정을 거쳐 이전의 역기능적인 관계방식보다 더 건강하고 성숙된 방식으로 자신을 표현하고, 관계를 효과적으로 형성할 수 있게 된다. 이렇게 가족이 문제를 바라보는 관점이 변화되고, 각자 자신의 역할과 상호작용의 변화를 해 나가기 시작하면 목표를 달성하는 과정에 들어갔다고 볼 수 있다.

이 과정에서 가족상담사는 이전의 가족 항상성이 변화하는 데 따른 가족원의 저항에 직면하여 저항을 다룰 수도 있고, 갈등을 효과적으로 해결하기 위한 의사소통 기술을 학습하도록 도울 수도 있으며, 개인의 감정반사 행동을 변화시키기 위해 원가족 관계의 정서과정을 다루기도 한다. 때로는 변화에 필요한 정보와 지식을 전달하는 교육자의 역할을 하기도 한다.

때로 상담 과정 중 내담자 가족이나 상담사 자신의 불안이 투사되어 상담이 정체되거나 이전 단계로 되돌아가는 것 같은 경우가 있다. 이런 경우 가족상담사는 이러한 정서 반응에 대한 민감성을 가지고 효과적으로 다룰 수 있는 능력을 갖추도록 노력해야 한다. 이를 위해 슈퍼비전을 적극 활용하고, 가족상담사의 자기인식을 향상시키기 위한 훈련과 경험을 쌓는 일은 매우 중요하다.

(3) 종결 단계

가족상담사는 초기에 설정했던 목표가 달성되어 내담자 가족이 호소했던 문제가 해결되어 가고 있고, 체계가 안정화되고 있다고 판단되면 내담자 가족과 협의하여 종결을 계획한다. 종결은 처음부터 회기가 정해져 있는 시간 제한적 종결과 시간 제한이 없는 종결이 있다. 시간 제한적인 경우에는 대체로 기관의 정책에 따라 단기 개입이 될 수밖에 없으므로 문제해결이 충분히 되지 못한 채로 종결을 맞이하게 될 수도 있다. 그러므로 가족상담사는 개입 초기에 내담자와 이러한 한계에 대하여 논의를 하고, 제한된 시간 내에서 효과적인 도움을 받을 수 있도록 개입의 범위를 미리 협의해 두는 것이 좋다. 필요하면 추가적인 상담을 받을 수 있는 방안에 대한 논의도 필요하다.

시간 제한적인 개입이 아니라면 가족상담사는 내담자 가족이 변화된 새로운 관계방식으로 안정화되고, 더 이상 문제 상황을 호소하지 않을 때 내담자 가족과 협의하여 종결의 시기를 결정한다.

2) 가족사정

가족사정은 가족이 호소하는 문제에 대하여 체계론적 관점에서 정보를 수집, 종합, 분석하여 가족의 증상에 대한 정확한 가설을 형성하고, 개입 계획을 세우는 일련의 과정이다. 가족사정의 내용에 따라 개입 목표와 개입 전략이 결정될 때, 가족상담사는 전체 상담 과정에서 초점 유지가 잘 되어 상담의 방향을 일관성 있게 유지할 수 있다.

가족사정에서 강조되는 체계론적 관점은 가족 전체 체계와 하위체계, 각 개인, 그리고 이들의 상호작용의 과정을 동시에 고려하는 관점이다. 체계론적 관점은 문제를 단선적이 아닌 순환적 관점에서 볼 수 있게 해 주고, 더 큰 그림에서 문제의 원인과 과정을 탐색하게 해 준다. 가족사정을 통해 내담자 가족의 구조와 기능, 문제 형성 과정, 가족의 발달상 과업과 스트레스, 과거의 경험과 현재 문제 간의 연관성, 문제를 둘러싼 가족의 역동 등에 관한 정보와 자료를 수집하고 종합하여 개입 계획을 세우게 된다.

(1) 가족사정의 내용

가족사정의 내용에는 가족이 호소하는 문제와 관련하여 개인적 차원에서의 욕구와 문제의 확인, 관계체계적 차원에서의 순환적 상호작용과 의사소통, 가족생활주기, 기타 특별히 고려해야 할 문제 등이 포함된다.

문제 확인과 욕구 탐색 가족상담사는 가족이 호소하는 문제를 정확하게 파악하기 위하여 먼저 문제를 둘러싼 가족 구성원 각자의 입장과 관점을 확인하고, 호소문제와 관련하여 각 개인의 욕구와 원하는 바를 확인한다. 이때 가족상담사는 가능한 한 객관적 정보를 얻기 위해 문제와 직접적으로 연관되어 있는 가족 구성원은 물론 참여하지 않은 다른 가족 구성원에게서도 각자가 문제를 바라보는 관점, 욕구와 기대를 확인한다. 그리고 상황 속에서 각자가 원하는 기대가 좌절되었을 때 현재 관계 속에서 보이는 정서 반응과 대처방식, 그 대처방식의 역기능성, 각 개인의 내면에 숨겨진 불안한 감정의 투사과정 등을 확인하는 질문을 한다. 내담자 가족은 각자 이러한 질문에 답하면서 문제를 새로운 관점에서 이해하게 되고, 문제 형성 과정에서 자신이 기여한 역할을 새롭게 인식하게 되며, 문제해결을 위한 동기부여가 된다. 이 과정에서 가족상담사는 내담자 개인이 가지고 있는 기대의 비합리성이나 상황의 불일치성, 가족규칙의 경직성과 왜곡된 인지체계, 관계 패턴 등을 사정하고, 향후 개입의 초점을 어디에 둘 것인지에 대한 평가를 한다.

문제를 확인하고 가족의 욕구를 확인하는 데 도움이 되는 질문은 다음과 같다.

- 호소문제가 무엇인가?
- 문제가 왜 문제인가?
- 문제가 누구에게는 문제가 되고, 누구에게는 문제가 되지 않는가?
- 호소문제와 직간접적으로 연관되어 있는 사람은 누구인가?
- 각 개인이 상황 속에서 원하는 자신과 상대방에 대한 기대와 욕구는 무엇인가?
- 문제가 언제부터 시작되었는가?
- 문제가 일어나기 시작한 시기에 가족체계가 경험한 스트레스 사건은 무엇인가?
- 그 사건으로 인해 가족의 역할과 기능에 어떤 변화를 가져왔는가?
- 그 결과, 문제 형성에 어떤 영향을 주었는가?
- 문제행동이 일어나는 시간, 장소, 빈도, 지속 기간은 어떠한가?
- 문제와 관련하여 내담자의 발달 단계와 생활주기 전환상의 문제는 무엇인가?
- 혹시 가족의 문화적 · 사회계층적 요인이 문제 형성 과정에 미치고 있는 영향이 있는가?

- 심각한 장애나 질병, 학대, 중독과 같은 중대한 문제가 미치고 있는 영향은 무엇인가?

체계적 맥락 문제 상황에 대한 정보와 관련된 가족 구성원의 욕구와 원하는 바를 확인하면 가족상담사는 이제는 가족 체계적 맥락에서 각자의 행동패턴의 상호작용에 관심을 갖고, 가족관계의 역동성을 사정하는 질문을 한다.

먼저 호소문제와 직접적으로 연관되어 있는 핵가족 내 2인 관계에 관심을 가지고 두 사람의 상호작용의 순환적 인과성과 함께 핵가족 내 하위체계 간의 밀착과 소원함이 문제 형성 과정에 어떤 영향을 끼치고 있는지를 점검하여 핵가족 내 삼각관계의 역동과 호소문제와의 연관성을 탐색한다. 이 과정에서 가족상담사는 내담자 가족이 현재 호소하는 문제가 한 개인만의 증상이 아니라 가족 전체 체계의 역사적 산물이며, 관계 과정의 산물임을 인식하도록 돕는다. 가족은 이 과정에서 상담에 대한 동기부여가 되고 가족상담사는 앞으로 문제해결을 위해 개입에 포함시켜야 할 사람을 고려하게 된다.

가족상담사는 또한 가족 하위체계의 악순환적 관계 과정의 영향과 함께 문제를 악화시키는 역기능적 의사소통 유형도 사정내용에 포함시켜서 표면에 나타난 의사소통 방식과 내면에서 지배하고 있는 미해결 감정이나 불안의 영향도 탐색하고 치료목표에 반영해야 한다. 다음은 체계적 맥락을 사정하는 데 도움이 되는 질문들이다.

- 문제가 언제 시작되었는가?
- 문제가 시작되기 이전에 가족에게 일어난 구조상, 관계상의 변화가 있었는가?
- 가족의 구조와 관계역동이 가족이 호소하는 문제에 어떤 영향을 미쳤는가?
- 2인 관계의 두 사람의 각자 패턴은 무엇이며, 상호작용이 어떻게 순환되고 있는가?
- 가족관계에서 문제를 둘러싼 순환적 인과관계가 문제의 형성에 어떻게 기여하고 있는가?

- 순환적 인과관계에 영향을 끼치는 또 다른 관계 과정은 무엇인가?
- 2인 관계에 대하여 다른 가족 구성원 중 누가 어떤 반응을 하고 있는가?
- 가족 하위체계 간 경계선에서 밀착과 거리 두기가 어떻게 나타나고 있는가?
- 가족이 호소하는 문제는 삼각관계 구조와 어떤 연관성이 있는가?
- 가족사에서 현재의 문제에 영향을 끼친 의미 있는 사건과 영향은 무엇인가?
- 그로 인한 가족 구성원 간의 스트레스와 관계 과정에 대한 영향은 무엇인가?
- 가족관계 과정에 영향을 주는 불안의 내용은 무엇인가?
- 불안이 어떤 과정을 거쳐 현재 핵가족 과정에 영향을 주어 문제를 심각화하고 있는가?
- 가족생활주기에서 전환기의 적응상 어려움과 호소문제와의 연관성은 무엇인가?

가족생활주기 가족생활주기는 개인의 정체성과 발달에 영향을 미치고, 사회체계로 성장할 수 있도록 하는 자연적인 맥락이며, 가족이 기능적인 방법으로 들어오고 나가고 발달하는 것을 지원하기 위한 관계체계의 확장, 수축 및 재조정의 과정이다. 가족체계는 시간의 흐름에 따라 변화해 가면서 관계방식과 생활방식도 변화와 재조정을 거치게 된다. 전환기에 개인과 가족은 각 주기의 특성에 부합하는 발달상, 관계상의 변화 요구에 직면하게 된다. 만약에 가족체계가 이전 단계까지의 발달 과정에서 적응적으로 기능하였다면, 가족은 전환기의 변화 요구에 적응적이 된다. 그러나 이전 단계에서 적응에 실패하였거나 체계가 감당하기 어려운 심한 스트레스 사건을 경험하게 되면 가족은 높은 스트레스에 적절히 대처하지 못하고 장애가 생기게 된다. 대체로 가족생활주기상 전환점에서 나타난 가족 스트레스가 생활주기의 붕괴를 가져오고, 가족 증상 및 역기능이 나타나게 된다(Carter & McGoldrick, 1988).

〈표 1-1〉은 카터(B. Carter)와 맥골드릭(M. McGoldrick)의 가족생활주기를 중심으로 가족생활주기의 각 단계에서 전환상 주요 정서과정과 필요한 발달과업을 보여 준다.

표 1-1 카터와 맥골드릭의 가족생활주기

가족생활 주기단계	전환상 정서과정: 주요 원리	발달 과정상 필요한 가족 상황의 이차적 변화
1. 원가족으로부터 독립한 성인	자신에 대한 정서적 · 재정적 책임 수용	• 원가족과의 관계로부터 자기의 분화 • 친밀한 동료관계의 발달 • 직업과 재정적 독립에 관한 자신의 확립
2. 결혼에 의한 가족 형성: 새로운 부부	새로운 체계에 대한 헌신	• 부부체계 형성 • 배우자가 포함되도록 확대 가족관계와 친구관계 재조정
3. 어린 자녀가 있는 가족	체계 내 새로운 가족 구성원의 수용	• 자녀를 위한 공간을 수용하는 부부체계로의 조정 • 자녀 양육, 재정, 가사에 공동 참여
4. 청소년이 있는 가족	자녀의 독립과 조부모의 취약함을 포용하는 가족경계선의 융통성 증가	• 청소년기 자녀가 체계의 경계선 출입이 허용되도록 부모-자녀 관계 변화 • 중년기 부부문제와 직업문제에 재초점 • 윗세대의 보호를 위한 준비
5. 자녀의 독립이 시작되는 시기	반복되는 가족체계의 경계선 출입의 수용	• 이인체계로서 부부체계로 재조정 • 성장한 자녀와 부모 사이에 성인 대 성인 관계의 발달 • 인척관계 및 손자녀와의 관계 재조정 • 부모, 조부모의 장해와 죽음에 대처
6. 노년기	세대상 역할 변화의 수용	• 신체적 쇠퇴를 고려한 개인과 부부의 기능과 관심사의 유지 • 중간세대의 중심적 역할 지지 • 윗세대에 대한 과잉기능적이 아닌 적절한 지지, 체계 내에서 연장자로서의 경험과 지혜 제공 • 배우자, 형제, 동년배의 상실에 대한 대처와 죽음에 대한 준비

출처: Carter & McGoldrick (2005), p. 2.

강점과 자원 가족상담에서 내담자 가족의 강점과 자원을 고려하는 것은 항상 강조되고 있는 부분이다(McGoldrick et al., 2008). 가족상담사는 내담자와 그 가족이 모든 면에서 취약하고 결핍되어 있는 것은 아니며, 삶의 경험을 통해 독특한 경험과 강점, 자원을 가지고 있다는 신념을 가지고 문제해결을 위해 활용한다. 가족상담사는 상처가 되고 부정적인 경험조차도 그것을 극복하면서 획득한 강점들이 있다는 점을 놓치지 않고, 자신감이나 성공 가능성에 대한 질문, 활용 가능한 공식적 · 비공식적 자원, 체계의 개방성 등에 대한 질문을 함으로써 내담자와 그 가족의 강점과 자원을 사정한다(Saleeby, 1992).

특별히 고려해야 할 문제

• 가정폭력, 성폭력, 중독 등의 문제가 있는 가정

가족사정 시 가족상담사는 가족 내에 심각한 가정폭력이나 성학대, 알코올 또는 약물 중독문제 등과 같은 심각한 가족문제에 직면하게 되는 일이 있다. 가족체계 내에 만성화된 이러한 심각한 문제는 개인의 안전과 가족관계에 중대한 영향을 끼치고, 가족 구성원 중 누군가에게 2차적인 피해 증상을 유발한다. 이러한 가족은 대체로 2차적인 피해 증상, 즉 비행, 가출, 우울, 학습 부적응 등 자녀문제를 호소하면서 가족상담사를 찾게 되는데, 가족상담사가 가족체계에 대한 사정을 하는 과정에서 필연적으로 드러나게 된다. 가족 내에 이러한 심각한 만성화된 증상이 있게 되면 가족은 극심한 자존감 손상을 경험하고, 역기능적 관계에 무기력하게 뒤얽혀 있기 때문에 개입에 있어 상담사의 특별한 노력이 필요하다. 가정폭력이나 성학대의 문제는 현행법상 처벌의 대상이 되고 있고, 상담 관련 기관과 가족상담사에게는 법적 신고의 의무가 부여되고 있는 만큼, 내담자의 비밀보장의 문제와 연관하여 윤리적 결정에 대한 딜레마를 최소화하면서 가족을 보호하고, 문제해결을 효과적으로 돕기 위한 조처가 필요하다. 따라서 가족상담사는 법적 · 치료적 대책에 대하여 관련 전문상담기관과 긴밀하게 연계하여 적절한 대처전략을 모색하여야 한다.

• 문화적 차이

최근 들어 우리나라에도 결혼이민자나 외국인 노동자들이 증가하면서 문화적 차이는 우리 사회의 새로운 가족문제와 사회문제의 배경으로 급부상하고 있다. 가족상담사가 문화적 배경이 다른 내담자와 상담할 때 그들의 차이점에 대하여 존중하고 수용하는 것은 중요하다. 이를 위하여 가족상담사는 내담자의 다양한 문화적 배경에 대하여 관심을 가지고 이해의 폭을 넓힐 필요가 있다. 내담자 가족을 대할 때에도 다른 문화권에 대하여 호기심을 가지고 개방적인 질문을 하여야 한다. 또한 결혼이민자의 의사소통의 어려움, 국적 취득에 관련된 법적 문제, 인종 차이와 차별의 문제, 자녀 양육과 교육상의 어려움, 문화적 차이의 영향, 사회적 적응과 관련하여 다른 문화적 배경이 가족의 상호작용과 관계 갈등에 어떤 영향을 끼치고 있는지, 그리고 각각의 문화적 특성을 어떻게 개입에 도움이 되는 강점과 자원으로 활용할 수 있는지에 대하여 사정한다.

● 윤리적 갈등문제

가족상담사가 항상 유의해야 할 점은 내담자의 권익과 복지를 최우선으로 하여 접근하는 것이다. 그런데 때로 가족상담사가 현명한 결정을 내리기 어려운 상황이 발생하기도 한다. 가족상담사가 가족상담 현장에서 직면할 수 있는 윤리적 문제는 특히 내담자의 비밀보장에 관련된 부분인 경우가 많다. 특별히 가정폭력이나 아동학대, 성폭력, 노인학대 등의 문제가 복합적으로 내재되어 있는 경우, 내담자의 비밀보장에 대한 요구와 법적 신고 의무 사이에서 내담자의 요구만을 우선적으로 고려할 수는 없다. 가족상담사는 관련 법에 대하여 잘 알고 있어야 하며, 내담자의 권리를 최대한 존중하면서 법적 책임을 다할 수 있는 최선의 방법을 찾아야 한다.

또한 가족상담사는 자기결정권이 제한받는 청소년 자녀와 친권을 행사하는 부모 사이에서 청소년 자녀의 비밀보장의 요구와 친권자인 부모의 알 권리를 존중해 줘야 하는 문제로 딜레마를 경험할 수 있다. 또는 부부가 상반된 요구와 함께 가족상담사에게 비밀보장을 요구하였을 때 가족상담사는 심각한 윤리적 딜레마에 처할 수 있다. 예를 들면, 심각한 약물 문제나 도박, 외도 등의 사실에 대하여 상대 배우자에 대한 비밀보장을 전제로 상담을 요구하는 경우, 청소년 자녀가 상담을 받는 전제조건으로 자신의 성폭력으로 인한 임신 사실이나 약물 복용 사실에 대하여 비밀을 지켜 달라고 요청하는 경우이다. 따라서 가족상담사는 개입 초기에 비밀보장의 한계에 대하여 명확히 하여 비밀보장과 관련된 고지된 동의서를 작성해 둘 필요가 있으며 경우에 따라서는 슈퍼비전을 통하여 문제를 효과적으로 해결할 수 있는 방법을 모색해야 한다. 가족상담사는 사정 단계에서 이러한 요소들의 위험성을 탐색하고, 이에 대한 가능한 대책을 미리 마련해 둘 수 있도록 대비해야 한다.

(2) 가족사정과 가계도

가족의 구조와 기능, 관계방식, 가족문제 등을 짧은 시간 내에 효율적으로 탐색하기 위하여 가족사정 단계에서 흔히 가계도를 활용한다. 가계도는 3세대 이상에 걸친 가족 구성원에 관한 정보와 그들 간의 관계를 도식화한 것으로, 가족의 구조, 관계, 기능에 관한 정보를 탐색하는 데 유용하다.

가계도는 또한 가족체계에 대한 역사적 탐색과 함께 가족문제의 발전 과정과 그 유형, 결정적인 중요한 사건, 3세대 이상이 포함되는 가족의 주제, 규칙, 정서적 문제를 탐색할 수 있으며, 인종이나 재혼가정의 문제 등 특별한 상황에 대한 가족정보를 쉽게 탐색할 수 있게 해 준다. 가계도는 내담자 가족에게 보다 확장된 관점에서 문제를 볼 수 있도록 통찰을 도우면서 동시에 문제해결의 동기부여에도 도움이 된다. 가계도는 대체로 첫 회기에 대부분 완성되기도 하지만, 새로운 정보가 나타날 때마다 수정 및 보완되면서 개입 계획을 세우는 데 활용된다(McGoldrick et al., 2008).

가계도 작성법

• 가족구조의 도식화

가계도를 그릴 때에는 먼저 가족구조를 도식화한다. 즉, 남성은 네모, 여성은 동그라미로 나타낸다. 중심인물은 ▢나 ◎처럼 이중 표시를 한다. 사망한 사람은 기호 속에 ×표시를 한다. 출생과 사망 연월일은 기호 위에 표시하는데, 왼쪽은 출생 연도(2019−), 오른쪽은 사망 연도(−2019)를 나타낸다. 사망 시 나이는 기호 안에 표시한다. 부부관계는 수평으로 연결 짓고, 자녀는 부부관계의 선에 수직으로 연결 짓는다. 내담자는 다른 형제보다 낮게 표시하고, 중심인물에서 조부모까지 3세대를 거슬러 올라가면서 작성한다. 형제의 배우자는 형제 위치보다 약간 낮게 하여 형제를 분명히 구분할 수 있도록 하고, 어느 시점에서 작성한 가계도인지 왼쪽 위 한쪽에 작성 연도를 표시해 둔다. 결혼한 부부는 남편은 왼쪽, 부인은 오른쪽에 둔다. 자녀들은 출생 순서대로 왼쪽에서 오른쪽으로 나열한다. 부부가 결혼한 연도의 날짜를 부부의 결혼선 위에 적고, 별거는 한 줄의 사선으로, 이혼은 두 줄의 사선으로 나타낸다.

• 가족 구성원에 관한 개인적 정보의 기록

가계도를 작성할 때에는 가족의 구조와 역할, 관계에 관한 정보를 탐색하고, 어떤 정보를 기록하고 가족평가를 위해 조직화할 것인지를 결정한다. 가족에 관한 지료 중 우선적으로 정리해 두어야 할 것은 핵가족 내 부부의 결혼 시기, 이혼과 재혼 상황 같은 가족구조 요인, 각자의 학력과 직업, 심각한 질병과 장애 유무를 탐색하면서 가족 구성원의 역할과 기능의 불균형을 평가한다. 또한 제시된 문제와 관련한 구성원 각자의 성격적 특성, 자녀의 출생 연월, 나이, 혹시 사망이나 실직과 같은 중대사건의 발생 연월, 형제 서열과 학력, 현재의 행동특성 등 현재의 제시된 문제와 관련하여 참조가 될 수 있다고 생각되는 정보를 기입하고 평가한다. 가족상담사는 이와 같은 정보를 탐색하면서 가족의 구조와 역할, 불균형이 제시된 문제의 형성 과정에서 가족관계에 어떤 영향을 역동적으로 끼쳤는지를 사정한다.

• 가족관계의 도식화

가계도에서 가족상담사에게 중요한 자료는 가족 구성원에 관한 정보와 사건 자체보다는 사건을 둘러싼 가족 구성원의 관계의 성격이다. 호소하는 문제를 둘러싼 핵가족 구성원 사이에 형성된 관계의 밀착과 소원함을 관계선으로 표시하고, 가족 전체 체계의 관계의 흐름과 성격이 호소문제에 끼친 영향을 탐색하여 그린다. 또한 가족의 구조와 역할, 기능의 불균형이 가족관계에 끼친 영향, 그리고 그

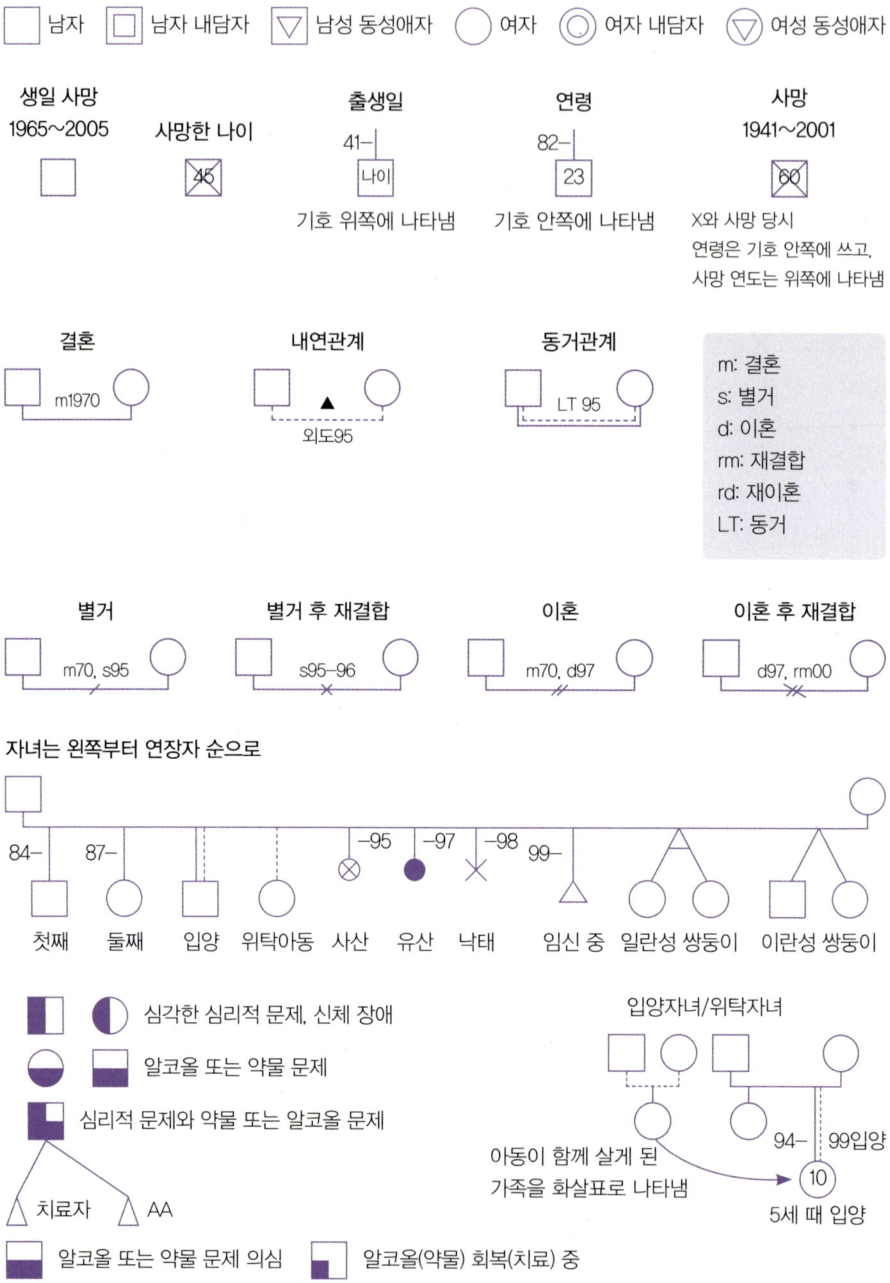

그림 1-2 가계도 도식

출처: McGoldrick et al. (2008).

것이 호소문제에 끼친 영향, 과거에 일어난 핵가족의 중대사건이 관계에 끼친 영향과 현재 문제와의 연관성을 탐색하여 선으로 그린다([그림 1-3] 참조). 가족관계 방식은 핵가족뿐만 아니라 3세대 이상이 포함되기도 하고, 가족 외부체계와의 관계까지 포함되기도 한다. 가족의 관계방식의 특성을 찾아내면 가족치료 개입의 초점을 찾아낼 수 있고, 그에 따른 개입 계획도 세워진다.

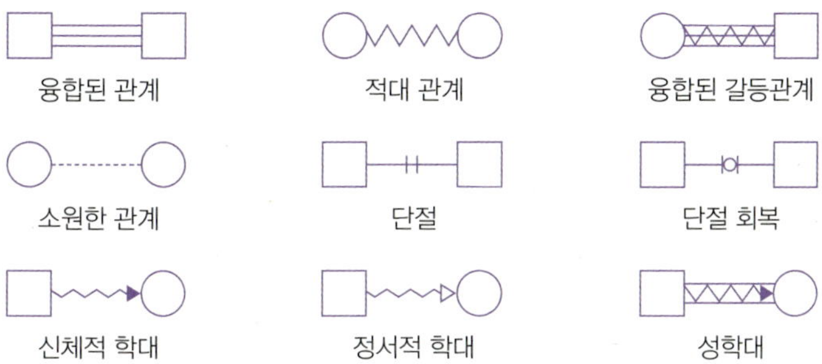

그림 1-3 가족관계를 나타내는 선

출처: McGoldrick et al. (2008).

복습 문제

1. 가족체계이론의 개념 중 다음 설명에 해당하는 것은?

> 가족 구성원 간의 행동은 서로 긴밀하게 연결되어 있으므로 가족 구성원 간의 행동의 원인과 결과를 정확히 식별해 내는 것은 불가능하며, 서로 영향을 미치고 있는 것으로 본다.

① 상호주의 ② 이중구속
③ 순환적 인과관계 ④ 체계이론 ⑤ 상호피드백

2. 가족체계이론의 개념 중 다음 설명에 해당하는 것은?

> 가족 구성원이 논리적으로 상호 모순되고, 일치하지 않는 두 가지 메시지를 동시에 전달하여 이 메시지를 들은 구성원이 두 가지 메시지 중 어떤 것을 따라야 할지 알 수 없어 혼란에 처한 상황이나 상태

① 상호혼란 ② 이중구속
③ 순환적 인과관계 ④ 평형 ⑤ 상호피드백

3. 가족사정에 관한 설명으로 옳지 않은 것은?

① 가족사정은 가족이 호소하는 문제에 대하여 체계론적 관점에서 정보를 수집, 종합, 분석하여 개입 계획을 세우는 일련의 과정이다.
② 가족사정의 내용은 가족상담사가 개입 목표와 전략을 결정하는 데 중요한 자료가 된다.
③ 가족사정이 잘 되어 있으면 가족상담사가 전체 상담 과정에서 개입의 초점 유지를 하고 상담의 방향을 일관성 있게 할 수 있게 된다.
④ 가족사정을 위한 정보수집에서 가족의 구조와 기능, 발달 단계상 스트레스의 영향, 과거의 경험과 과정은 그다지 중요하지 않다.
⑤ 가족사정에서 강조되는 체계론적 관점은 가족 전체 체계와 하위체계, 각 개인, 그리고 이들 간의 상호작용의 과정을 동시에 고려하는 관점이다.

4. 가족생활주기상 각 단계의 적응과업에 관한 설명으로 옳은 것을 모두 고른 것은?

ㄱ. 신혼기의 부부는 새로운 체계로서 확대가족과의 관계나 친구관계에서 벗어나 둘만의 관계 체계에만 적응하는 것이 중요하다.

ㄴ. 자녀 아동기의 부부는 부부로서의 기능을 조정하고 자녀를 위한 공간을 수용하며 부모로서 자녀 양육과 가사에 공동으로 참여하도록 해야 한다.

ㄷ. 자녀 청소년기의 가족은 자녀가 성인이 된 이후 독립을 잘 준비할 수 있도록 청소년 자녀에 대한 통제와 지도 감독에 더욱 힘써야 한다.

ㄹ. 노년기의 부부는 신체적 노화, 은퇴 등 사회적 역할의 감소, 배우자나 형제, 부모의 상실과 죽음에 대한 대처에 적응해야 한다.

① ㄹ ② ㄱ, ㄷ
③ ㄴ, ㄹ ④ ㄱ, ㄴ, ㄷ ⑤ ㄱ, ㄴ, ㄷ, ㄹ

5. 가족사정에서 고려하는 체계론적 맥락에 관한 설명으로 옳지 않은 것은?

① 체계론적 맥락이라 함은 문제와 직접 연관된 두 사람의 악순환적 상호작용만을 말한다.
② 현재 호소문제를 둘러싼 관계 과정과 함께 핵가족 역사 속에서 하위체계 간의 밀착과 소원함이 문제 형성 과정에 끼친 영향을 탐색하는 것이다.
③ 내담자 가족이 현재 호소하는 문제가 한 개인만의 문제가 아니라 가족 전체 체계의 역사적 산물이며 관계 과정의 산물임을 인식하는 것이다.
④ 가족 하위체계의 악순환적 상호작용의 영향과 함께 문제를 악화시키는 역기능적 의사소통 유형과 내면에서 지배하고 있는 미해결 감정도 탐색하는 것이다.
⑤ 문제와 연관된 2인 관계 체계의 역동과 함께 핵가족 역사 속에서 스트레스 상황에서의 관계 과정이 호소문제에 끼친 영향에 대해 생각해 보는 것이다.

소집단 토론

1. 현대 사회에서 가족치료의 중요성에 대해 토론해 봅시다.

2. 자신의 성장 과정에서 아동기와 청소년기에 경험한 가족 스트레스 사건이 있었는지 살펴보고 그것이 나의 가족 전체 관계 과정과 나의 발달 과정에서 성장에 끼친 영향을 토론해 봅시다.

3. 자신의 가족에서 문제라고 생각하고 있는 점을 하나씩 예를 들어서 가족체계적 맥락에서 평가해 보고, 체계론적으로 보기 전과 달라진 관점은 무엇인지 함께 토론해 봅시다.

나의 요점 정리

복습 문제 정답: 1. ③ 2. ② 3. ④ 4. ③ 5. ①

제2장

가족치료의 발달

가족치료는 임상적으로 1950년대 전후까지 아동지도상담소에서 가족상담 시도와 정신의학계의 조현병 환자 가족에 대한 상담, 연구와 함께 시작되었다. 이론적으로는 1950년대 전후를 기점으로 일반체계이론과 사이버네틱스의 영향을 받아 이론이 발달하게 되었다. 체계이론은 가족의 변화에 대한 새로운 관점을 제시하였는데, 가족치료 상담사들은 가족 구성원의 문제행동을 개인의 문제로만 보지 않고 가족체계 내의 관계 변화를 통해서 해결하려고 하였다. 이와 같이 가족문제에 대한 기본 관점의 전환은 가족의 문제를 해결하는 데 실마리를 제공함으로써 가족치료가 발달하는 계기가 되었다. 더 나아가서 1980년대 이후 가족치료는 가족의 인식과 의미 부여에 초점을 두는 사회구성주의적 관점으로 변화 및 발전하였다.

이 장에서는 가족치료의 전통적 모델과 탈근대주의 가족치료의 발달을 살펴보기 위하여 먼저 서구의 가족치료가 발달해 온 역사적 배경과 탈근대주의 가족치료의 발달을 살펴보고, 가족치료가 우리나라에 어떻게 도입되고 발전해 왔는지를 살펴본다.

1. 전통적 가족치료

1) 가족치료 기반의 확립

아동지도상담소의 가족운동 1950년 전후까지는 가족치료 기반의 확립기라고 할 수 있다. 초기 가족치료는 20세기 전반기에 정신의학에서 점차 가족의 중요성을 인식하면서 태동하였다. 1938년 정신분석학자인 애커먼(N. Ackerman)은 '가족을 하나의 통합된 조직'으로 본다는 입장을 발표하였다. 1945년 리처드슨(H. B. Richardson)은 『환자들에게 가족이 있다(Patients have families)』라는 책을 출간하였으며, 1949년 영국에서 볼비(J. Bowlby)는 청소년 문제 상담의 보조 수단으로서 부모 합동 면접의 유용성을 강조하며 「가족 내 집단적 긴장의 해소(The study and reduction of group tension in the family)」라는 논문을 발표하였다. 볼비는 영국 타비스톡 아동지도상담소에서, 드레이커스(R. Dreikurs)는 시카고의 아동지도상담소에서 가족에 대한 연구와 상담을 전개하여 초기 가족치료 발달에 영향을 미쳤다. 이와 같이 아동지도상담소에서 비행청소년 문제를 다루면서 그 부모와 가족 대상의 상담을 시도한 것이 가족치료 발달의 중요한 계기가 되었다.

조현병 환자의 가족 연구 애커먼과 같이 가족에 관심을 갖고 활동했던 대표적인 정신과 의사로는 리즈(T. Lidz)와 윈(L. Wynne)을 들 수 있다. 리즈는 조현병(schizophrenia) 환자 가족 내의 경계상의 문제나 환자의 욕구에서 비롯된 강한 공생(symbiosis)에서 비롯되는 개별화의 문제 등을 언급하여 후에 가족치료의 주요 개념이 발전하는 데 큰 공헌을 하였다. 그는 특히 프로이트(S. Freud)의 '어머니의 거부'에 대한 이론을 반대하면서 아동발달에서의 아버지의 주요 역할을 강조하였다. 더불어 부부갈등에 의해 부부가 서로 반목하고, 적대시하며, 자녀의 충성을 얻기 위해 노골적으로 경쟁한다는 '부부균열(marital schism)'의 개념을 개발하였다. 또한 부부의 어느 한쪽은 심하게 의존적이고, 다른 쪽은 우위에 있는 병리적 상태를 의미하는 '부부 불균형(marital skew)'의 개념을 소개하였다.

윈은 조현병 환자 가족의 혼돈된 역할관계와 의사소통의 문제 등 가족의 역기능을 지적하였다. 그는 가족의 동맹관계와 분열, 가족 구성원 개인의 개별화를 방해하는 경직되거나 밀착된 가족에게서 나타나는 '거짓 상호성(pseudo-mutuality)' 개념을 개발하였다. '거짓 상호성'은 자신의 생각을 희생하면서까지 상대와 조화를 위해 애쓰며, 친밀한 모습이 사실은 거짓된 것이라는 개념이다. 가족경계가 가족 구성원의 편의에 따라 변화한다는 의미의 '고무 울타리(rubber fence)'도 그가 개발한 주요 개념이다. 한 가족 구성원의 행동화 증상은 자신의 개별성을 인정받고 싶어 함을 의미한다. 하지만 그는 이미 조현병 환자로 낙인 찍히고, 가족의 '거짓 상호성'은 유지된다는 가족의 매우 미묘한 관계를 증명하고자 하였다.

1954년 보웬(M. Bowen)은 미국 국립정신건강연구소(National Institute of Mental Health: NIMH)에서 윈과 함께 정신질환자 가족의 치료에 대해 연구하기 시작하였다. 그는 입원해 있는 조현병 환자를 가족이 방문한 날이나 퇴원 후에 환자의 증세가 악화되는 것에 착안하여 환자와 가족을 병원에 함께 입원시켜 치료하였다. 그는 자기분화(differentiation of self)와 융합(fusion)의 개념, 다세대 정서체계 전달과정에 초점을 누어 원가족과의 관게 변화를 목표로 하는 다세대 정서체계 가족치료 모델 개발에 기여하였다.

2) 가족치료의 확장

학술적 성과 1960년대와 1970년대는 가족치료의 확장기이다. 가족치료는 1960년대에 들어서면서 학술적으로 그 기초를 확립하는 계기를 마련하게 되었다. 당시에는 미국 전역의 민간 상담소의 가족치료 상담사와 연구자들에 의해 가족치료가 거의 동시에 실시되었다. 1962년에는 이들 가족치료 상담사와 연구자들이 『가족 과정(Family Process)』이라는 학술지를 발간하였다. 환자의 증상이 좋아지고, 기능이 회복되면 다른 가족 구성원이 아프게 되는 것을 보면서 그들이 관심을 가졌던 부분은 가족 구성원 간에 서로 영향을 미치는 가족 내의 어떠한 행동

유형과 과정이 있지 않은가 하는 점이었다. 정신질환자 치료에서 개인에게 초점을 두는 접근에 대한 회의가 생김에 따라 점차 치료 과정에 가족을 참여시키게 되었다.

많은 임상가는 가족치료를 단지 상담법을 개선한다는 의미가 아니라 정신장애의 원인 및 개선책을 개념화하는 방법으로 생각했다. 가족치료 상담사들은 가족 전체를 대상으로 일하기 시작했는데, 개인 중심의 상담사들은 문제가 되고 있는 내담자(Identified Patient: IP)야말로 가족불화의 희생자였다는 사실을 인정하기는 했지만 가족 구성원을 개인별로 따로 만나기를 선호했다. 반면 가족 중심의 시각을 좀 더 선호하는 상담사들은 개인치료 이상으로 가족의 맥락에서 상담에 임했다. 따라서 이런 방법을 사용하는 가족치료 상담사들은 그 상담목표를 개인의 변화로부터 가족 구성원 간의 역동의 변화로 전환시켰다. 동시에 가족치료 프로그램이 새로운 형태의 외래환자 재활시설을 중심으로 진행되었는데, 도시의 신빈민 가족도 가족치료의 대상으로 포함되었다. 따라서 가족치료는 조현병으로 입원한 내담자와 그 가족을 위한 상담이라는 틀에서 벗어나 그 대상이 확장된 것이다.

지역사회의 변화와 가족치료 미국의 경우 1960년대에는 생활 수준의 향상, 중산층의 증가, 인구 이동, 도시화, 노인인구의 증가 등 사회의 변화로 가족복지에 대한 관심이 증가하게 되었다. 미국가족서비스협회는 가족옹호의 개념을 도입하여 가족의 욕구를 알고, 가족이 자신의 이익과 권리를 찾도록 가족옹호자로서의 실천가의 역할을 강조하였다. 미국가족서비스협회에서는 가족 구성원 개개인의 권리, 적절하고 충분한 서비스를 받을 권리를 내담자가 주장할 수 있도록 전문가가 권고 및 대변해 줄 것을 제시하였다. 특히 흑인 등 소수민족 집단과 저소득층을 위해 지역사회 차원에서 자원을 찾아 주었고, 마약 중독, 알코올 의존, 성폭력, 가족의 트라우마에 대한 응급 서비스 등 가족을 위한 서비스가 활발해졌으며, 이를 통해 정신건강상담소가 발달하는 계기가 되었다.

아동과 그 가족을 위해 아동지도상담소, 가족센터에서의 가족치료 서비스, 청소년 비행문제, 흑인 재혼가족 부모 대상의 자녀교육 집단 프로그램 등 사회문제와 지역사회의 욕구에 대응해 나가는 통합적 서비스가 요청되었다. 더불어 가족치료 전문가는 아동상담운동, 정신건강운동, 건강관리사업에서 사회의 해로운 요소를 개선하고 자원을 활성화하는 역할을 담당하였다. 가족치료에서는 가족을 한 체계로 보고, 그 체계의 한 요소가 변화하면 전체 요소가 변할 수 있다는 전제에 매력을 느꼈다. 아동의 증상을 부부체계에서의 역기능 차원에서 진단하고, 아동의 변화를 부부관계의 변화를 통해 이루려고 하였다. 즉, 소원한 부부 사이에서 아동이 문제행동으로 부부의 공통 관심사를 만들어 주고, 부부생활을 유지시켜 준다고 생각하게 되었다.

가족치료 대상 가족의 확대 앞서 언급하였듯이 초기 가족치료는 정신건강병원의 조현병 환자 가족을 대상으로 가족치료를 개발 및 적용하는 것으로 시작되었다. 이후 미누친(S. Minuchin)은 빈곤한 한부모 가족들에 대한 연구로부터 구조적 가족치료 접근을 개발하였다. 정신건강연구소(Mental Research Institute: MRI)에서는 조현병 외에도 비행, 학습 부진, 신체화 증상, 부부갈등과 같은 역기능적 행동을 표출하는 가족들에게 그 초기의 연구 결과를 확대 적용하였다. MRI의 단기치료는 가족 구성원이 과거에 일관성 있게 선택한 해결책이 그들의 문제행동을 강화시켰다고 보고, 가족 구성원으로 하여금 문제를 유지시키는 상호작용을 멈추도록 개입하였다.

3) 가족치료의 전문화

다양한 모델의 발전 1970년대와 1980년대는 가족치료 기법의 확산기이다. 1960년대에 가족치료는 다양한 모델로 발전하였고, 1970년대에 들어와서는 기법이 다양화되고, 경험적 실증을 거치려는 노력으로 확대되었다. 가족치료의 혁신적 상담기법들이 가족 관련 문제해결을 위한 행동주의적 접근을 필두로 도입되었다. 가족치료 분야가 급속도로 성장하여 1980년대에는 부부 · 가족치료 등 여러 분야의 실천가들이 '가족치료 상담사'라는 정체성을 가지게 되었다.

가족치료 모델로는 정신분석이론에서 나온 대상관계 모델이나 보웬(M. Bowen)의 다세대 정서체계 가족치료 모델을 비롯하여 휘터커(C. Whitaker)와 사티어(V. Satir)의 경험적 가족치료 모델이 개발되었고, 헤일리(J. Haley)를 중심으로 한 전략적 가족치료 모델이 발전하게 되었다. 이탈리아 밀라노를 중심으로 밀란 학파가 활동하기 시작하였고, 미국의 빈민 가족을 위한 미누친의 구조적 가족치료 모델이 주요 모델로 자리 잡게 되었다. 행동주의 모델은 부모 역할 훈련 교육이나 부부치료, 성치료에 다양하게 적용되면서 발전하였다. 단기치료의 선호와 해결중심치료 모델과 이야기치료 모델의 출현도 가족치료 발전의 중요한 하나의 축을 이루게 되었다.

가족치료의 전문화, 조직화 1980년대에는 가족치료가 성장과 발전을 거듭했다. 미국에서는 10년 동안에 가족치료 관련 정기 간행물이 24개로 늘어났으며, 300만 개소 이상의 가족치료연구소가 생겼다. 그중 미국의 대표적인 세 가지 전문 기구로 미국부부가족치료학회, 미국가족치료학회, 미국심리학회 가족심리분과를 들 수 있다.

가족치료는 캐나다, 영국, 이스라엘, 네덜란드, 이탈리아, 오스트리아, 서독 등지에서 적극적인 훈련 프로그램 및 학술대회 개최 등과 함께 1980년대에 국제적인 수준으로 부각되었고, 관련 연구자 및 임상가들은 가족치료의 전문화에 더욱 박차를 가하기에 이르렀다. 1987년 체코 프라하에서 개최된 가족치료대회에는 세계 각국으로부터 2,500명 이상의 가족치료 상담사가 참석했으며, 1989년 헝가리 부다페스트 가족치료대회에서도 비슷한 양상을 보였다. 이는 미국에서 시작된 가족치료가 전문화, 국제화되면서 성장을 거듭했음을 반영해 주고 있다.

2. 탈근대주의 가족치료

1) 패러다임의 전환

19세기 말에서 20세기 초반에 과학과 공업이 발달하면서 사람들은 과학을 통해 우리가 사는 세상에 대해서 '객관적인' 사실들을 발견할 수 있으며, 일반적으로 적용할 수 있는 이론을 개발할 수 있다는 자세를 가지게 되었다. 사람들은 세상을 설명될 수 있는 원칙으로 잘 짜인 곳이라고 생각했고, 체계적인 관찰과 엄격한 추론을 통해 이 원칙을 발견해야 하는 것이 인간의 몫이라고 생각했다. 이러한 자세를 근대주의라고 한다.

그런데 20세기 중반에 들어오면서 세상을 보는 패러다임에 전환이 생기게 되었다. 인간은 우주를 정확하게 객관적으로 측정하거나 파악하기 어렵고, 과학적 원칙에도 예외가 많다는 것을 점차적으로 발견하게 된 것이다. 우주의 묘사나 측정에 있어 인간의 능력에 한계가 있다는 것을 발견하게 되면서 근대주의에 대한 비평의 분위기가 형성되었는데, 이것이 탈근대주의(포스트모더니즘, postmodernism)이다. 탈근대주의자들은 사물을 객관적으로 검증할 수 있다고 주장한 근대주의에 회의를 가지게 되었으며, 인간은 주관적 경험을 통해서만 사물을 파악할 뿐이며, 과학을 통해서 단지 유동적이고 부분적인 지식, 사람들 사이에서 구성된 지식만을 가질 수 있다고 생각하게 되었다. 예를 들면, 1970년대 들어서서 개구리 눈의 생물학적 구조에 의해 개구리는 특정한 방법으로밖에 사물을 볼 수 없다는 발견 등으로 우리가 이해한 현실은 보편적인 것이 아니고, 현실의 진정한 표상은 존재하지 않으며, 현실은 개인의 주관적 인식에 의한 것이라는 구성주의(constructivism) 개념이 생겨났다(Lipchik, 2002).

근대주의가 만들어 내어 당시까지 확고한 진리로 여겨졌던 것들이 이처럼 도전을 받게 되었으며, 현실이란 사람이 함께 살아가면서 대화를 통해 만들어 가는 과정이라고 생각하게 되었다. 특히 대화를 통해 현실을 구성하는 데 있어서 언어가 핵심적인 역할을 하므로 현실 구성은 언어의 상호작용 과정을 통해서 이루어진다고 보았다. 이와 같이 현실은 사람 사이에서(사회적) 언어를 매개로 상호작용을 통해 만들어진다(구성된다)는 생각이 사회구성주의(social constructionism)이다.

예를 들면, 우리가 어떻게 말하느냐, 우리가 언어를 통해 다른 사람과 어떻게 의미를 만들어 내느냐가 사람의 행동과 자신이 누구인가라는 정체성을 만들어 낸다고 본다. 일례로 내가 나의 동생과 얘기 중에 과거에 동생을 잘 돌본 일들에 주목하며 얘기를 나누게 되면 나의 정체성 중 동생을 잘 돌본 누나라는 정체성이 부각되는 것이다. 이와 같이 사회구성주의자들은 의미란 사람 사이에서 만들어지는 것이라고 본다.

postmodernism

'post'는 after(∼후), following(∼후에, ∼다음에)의 뜻이므로 postmodernism은 근대주의(modernism) 후에 나타난 사조를 의미한다고 본다. 그런 의미에서 탈근대주의라고 번역하는 것이 적절해 보인다.

2) 사회구성주의 가족치료

사회구성주의 가족치료 이전의 가족치료를 편의상 전통적 가족치료라고 흔히 부른다. 전통적 가족치료는 체계이론과 사이버네틱스를 통합한 가족체계론적 패러다임을 바탕으로 하였으며, 이 패러다임에 의해 가족 전체를 치료 단위로 보는 이론이나 학파들이 발전하였다. 보웬이나 사티어, 미누친 등의 가족치료 상담사들은 개인의 문제를 가족 구성원 간의 관계나 가족이라는 맥락에서 이해하였으며, 가족치료 상담사의 이론, 신념, 전문가적 지식과 경험이 내담자의 문제를 정의하고 해결해 가는 데 중요한 역할을 한다고 보았다. 예를 들면, 정신과 의사인 미누친이 중심이 된 구조적 가족치료 개발자들은 가족의 구조, 체계, 경계라는 개념을 연구하였고, 가족치료 상담사가 주도적으로 개입을 진행하였다.

이와 같이 전통적 가족치료 상담사들은 자신의 가설과 판단에 따라 상담을 진행하였으며, 이들은 상담사－내담자 간의 사회계층의 차이 등을 고려하지 않은 채 가족에 관한 자신들의 전문가적 견해를 지나치게 강조한다는 비판을 받게 되었다. 때마침 절대적 진리의 존재에 대한 회의를 포함하는 탈근대주의 바람이 불게 되었고, 호프만(L. Hoffman) 등 일부 체계론적 가족치료 상담사가 사이버네틱스 개념에 한계를 느끼면서 가족치료의 패러다임을 전환하였다. 체계론적 사이버네틱스에서 문제란 병리적 체계이거나 해결을 향한 잘못된 노력의 결과라고 보았으나, 사회구성주의 가족치료에서 문제란 체계 내에 실제로 존재하는 것이 아니라 문제에 대해 이야기하는 대화체계 속에 의미로 존재할 뿐이라고 보기 시작한 것이다.

가족치료 분야에 불어온 사회구성주의 바람으로 가족문제란 객관적으로 존재하는 것이 아니라 언어를 매개체로 하여 사람의 상호작용에 의해서 만들어진다고 보게 되었다. 사회구성주의에서 현실은 사회적인 것이고, 언어적 산물이라는 전제를 가지고 있기 때문에 사회구성주의 가족치료에서는 기존의 가족치료에서 사용하던 전략적 방법이나 이미 정해진 가설에 따라서 개인이나 가족의 구조를 변화시키려는 노력을 최소화한다. 이에 따라 치료 과정은 전문가의 특권적 지식에 의해 제한되지 않으며, 언어를 중심으로 한 상호작용을 통해 상담이 이루어진다. 따라서 사회구성주의 가족치료에서는 치료적 언어를 어떻게 사용하느냐가 치료의 성공을 결정한다고 본다.

사회구성주의적인 요소가 강한 가족치료 모델인 해결중심치료와 이야기치료의 예를 들어 보자. 해결중심치료에서 상담사는 내담자 스스로 해결방법을 찾아내게 하기 위하여 내담자가 과거에 성공했던 경험을 되살려 자신의 능력을 발견할 수 있도록 질문한다. 따라서 해결중심치료의 개발자들은 기적질문, 예외질문 등의 질문을 개발하여 상담사가 내담자와 함께 대화를 통하여 새로운 현실을 구성할 수 있는 방법을 안내하려고 노력한다.

이야기치료는 현재 내담자의 삶을 지배하는 부정적 이야기에서 벗어나게 하고, 즉 부정적 정체성에서 벗어나게 하고, 내담자가 선호하는 새로운 이야기를 찾아가도록, 즉 새로운 정체성을 찾아가도록 돕는 여정으로 비유될 수 있다(고미영, 2004). 이 여정의 조력자로서 상담사는 내담자와 함께 문제를 지속시키는 이야기를 조사하고 외재화 대화 등의 방법으로 문제 이야기를 해체하는 작업을 한 후에 대안적 이야기들이 내담자의 삶에 뿌리내리도록 삶의 이야기를 다시 쓰도록 돕는다.

해결중심치료에서는 내담자가 호소하는 문제보다는 그들이 원하는 미래에 관한 이야기를 나누고자 하며, 이야기치료에서는 문제로 얼룩진 이야기 속에 묻힌 예외적 이야기에 주목한다. 이렇게 해결중심치료의 질문 기법이나 이야기치료의 질문 기법은 다른 점이 있어 보이지만 사실상은 공통점이 있다. 해결중심치료에서 상담사는 내담자가 더 이상 자신에 대해 불평을 하지 않거나 자신의 생활을 더 만족스럽게 하기 위해 현재와는 다른 것을 하거나 생각하도록 돕는 협력자의 역할을 한다. 이야기치료에서도 상담사를 내담자가 자신의 이야기를 새롭게 쓸 수 있도록 돕는 참여적 촉진자로 규정하고 있다. 두 접근에서 모두 상담사는 내담자가 자기 능력 또는 선호하는 정체성을 발견하도록 돕는 조력자이다. 따라서 상담사는 내담자에 대해 '모른다는 자세'로 상담에 임해야 할 필요성이 생긴다. '모른다는 자세'란 상담사의 순수하고 진정한 호기심이 전해질 수 있는 태도이다. 이는 전통적 가족치료의 상담사가 전문가적 지식을 근거로 이미 안다는 자세를 가지고 상담에 임하였던 것과는 반대되는 자세라고 할 수 있다.

그러나 해결중심치료의 경우 사회구성주의적인 특성을 가지고 있으면서도 가족 간의 상호작용을 향상시키고, 가족체계 내의 상호 연결성을 강조한다는 면에서 체계론적 특성을 유지하고 있다고 보아야 한다. 전통적 가족치료 모델과 다른 점은 전문가인 가족치료 상담사 주도적으로 가족상담을 진행하기보다는 내담자 문제의 전문가는 내담자 자신이며, 가족치료 상담사는 자문가-조력자의 역할을 지향한다는 면에서 차이가 있다고 보아야 할 것이다. 해결중심치료는 체계론적 가족치료 발상지인 MRI에서 개발된 MRI 모델에 뿌리를 두고 있으며, 해결중심모델의 개발자들이 자신들의 모델 개발 후에 많이 알려진 사회구성주의와 자신들의 모델이 유사점이 있다는 것을 탐색했다는 점에서, 사회구성주의가 이미 잘 알려진 1990년대에 개발된 이야기치료와는 차이점이 있다고 볼 수 있다.

3. 한국의 가족치료

1) 가족치료의 도입

우리 사회에서 가족치료는 1970년대부터 미국에서 교육을 받은 사회복지 전공교수들에 의하여 적극적으로 도입되기 시작했다. 우리나라에 가족치료가 널리 알려지게 된 것은 1977년 사티어의 저서 『합동가족치료: 이론과 기법(Conjoint family therapy: A guide to theory and technique)』이 번역·출간되면서부터였다. 1979년 이화여자대학교 대학원 사회사업학과에 가족치료 과목이 개설되었으며, 1980년대에는 여러 번역서, 학위논문, 저서, 사례집, 그리고 관련 논문들이 출간되기 시작했다. 이 시기의 가족치료는 임상 경험보다는 지적인 성장에 대한 관심이 강했다고 할 수 있으며, 1980년대 중반 이후부터는 이론을 현장에 적용하려는 노력으로 이어졌다. 이미 가족치료가 이론적, 실천적으로 팽창하고 있었던 시기에 미국 혹은 외국의 저명한 가족치료 전문가들이 수행한 워크숍은 우리나라의 가족치료 발전에 기념비적인 이정표가 되었다. 1985년 이후 미국의 단기가족치료센터(Brief Family Therapy Center: BFTC)의 김인수(Insoo Kim Berg), 드 세이저(S. de Shazer) 부부는 다양한 워크숍을 주최하여 우리나라에 가족치료를 알리고 훈련시키는 데 크게 기여했다. 이 센터의 한국지부 활동을 시작으로 현재 한국단기가족치료연구소와 솔루션센터가 설립되었다.

한편, 1984~1987년 이화여자대학교 이명홍 교수 중심의 가족치료연구소와 1988년 학제 간 공동의 노력으로 설립된 한국가족치료학회를 중심으로 가족치료에 대한 관심이 증가하였다. 대학원 과정에 가족치료를 특화하여 교육하고 실제 사례를 다루는가 하면, 아동과 가족복지 관련 기관에서 가족치료를 특화하여 상담소를 운영하거나 정신건강복지센터나 일부 종합병원 정신건강의학과 등 정신건강 관련 기관에서도 가족치료에 관심을 가지고 실천을 시작하게 되었다.

1990년대를 전후하여서는 가족치료 워크숍이 활발히 진행되었을 뿐 아니라 부분적으로 제도적 발전이 진행되었다. 1990년대 초반에 가족치료연구소 등에서는 미국 하네만 대학의 아폰테(H. J. Aponte) 교수를 초빙하여 3년에 걸쳐 여러 전문직과 공동으로 가족치료 워크숍을 개최하였는데, 이는 우리나라 가족치료 발달에 초석을 놓는 계기를 마련하였다.

2) 가족치료 실천현장의 확장

가족의 변화 20세기 후반 이후 한국 사회는 정치적, 경제적, 사회적, 문화적으로 모든 측면을 아우르는 급격하고 복잡한 '압축된 근대화'를 겪어 왔고(장경섭, 2009), 이러한 사회적 변화와 더불어 가족도 가족구조, 가족기능, 가족가치관, 가족관계 등 다양한 영역에서 급속한 변화를 경험하였다.

가족구조에 영향을 주는 주요 인구구조의 변화로 저출산, 급속한 고령화, 비혼, 만혼 등의 현상에 따라 가족의 규모가 점점 더 축소되고, 독거노인 가구 및 1인 가구의 비중이 눈에 띄게 증가하고 있다. 또한 무자녀부부 가족의 증가, 기러기 가족과 같은 장기분거가구, 비혈연 가구의 준가족적 형태의 증가도 가족구조의 주요 변화로 볼 수 있다. 가족기능의 변화로는 돌봄 및 정서적 지원체계가 가족 외부에서 해결되거나 대체되는 경우가 많아졌는데 이는 여성의 사회 진출에 따라 어린이집 등의 아동 보육 기관과 노인 요양시설과 같은 사회기관의 이용률이 높아진 영향이 크다. 또 다른 요인으로 급속도로 발전하는 정보기술의 발달로 가족구성원의 정신적인 지원체계가 매우 다양해진 것 때문이기도 하다. 개인의 관심사에 따라 컴퓨터를 통해 정보 검색 및 네트워킹이 가능해지면서 가족끼리의 활동보다 동호인 클럽이나 인터넷 카페를 통한 지적·정서적 교류를 더 선호하게 된 영향도 크다. 가족가치관의 주요 변화에는 개인주의적 사고 강화, 가족 간의 결속력 및 정서적 기능의 약화, 가족이기주의, 가족 간의 평등관계 지향, 노부모 부양의식 변화 등이 해당된다. 가족관계에서는 남편의 원가족 못지않게 아내의 원가족도 중요해지고 있고, 자녀가 가족의 중심이 되는 추세이다. 마지막으로 다문화가족과 같이 대한민국 국민과 외국인의 혼인으로 이루어진 가족과 자녀의 증가도 중요한 변화로 볼 수 있는데, 이들의 이혼율 또한 높아서 다문화가족을 위한 전문 가족상담이 필요한 실정이다.

가족치료 실천현장의 확장 가족의 다양한 변화에 따라 가족문제 유형도 변화하고 있고, 그에 따라 가족상담 서비스의 욕구도 증가하고 있다. 이전에는 고부간 갈등이 주된 가족문제로 제기되었던 반면, 최근에는 점차 자녀문제를 거쳐 부부문제 중심으로 상담 욕구가 증가하고 있다. 최근에 부각되는 가족문제 유형으로는 배우자의 부정에 의한 갈등과 이혼의 증가, 자녀의 조기유학과 가족의 분리에 따른 경제적 · 관계적 문제, 고령화에 따른 노부모 부양 부담 등이 대표적이다. 이상과 같이 다양한 가족문제를 상담할 수 있는 실천현장은 다음과 같다.

- **가족센터**

2005년부터 건강가정지원센터가 설치 · 운영되기 시작했으며, 2006년부터는 다문화가족지원센터(구 결혼이민자가족지원센터)도 설치 · 운영되기 시작했다. 이후에는 두 기관이 합쳐져 건강가정다문화가족지원센터라는 이름으로 운영되었다. 2021년 이후에는 두 기관의 기능을 통합 · 확대하여 보편적인 가족서비스를 제공하기 위해 명칭을 '가족센터'로 전환하였다. 그러나 지역의 특성에 따라서 필요한 곳에는 여전히 건강가정지원센터, 다문화가족지원센터의 형태로 각기 운영되는 곳도 있다. 정부는 일부 가족센터에 공공도서관, 국공립어린이집 등 확대된 기능을 담당하게 하고 있으나, 가족교육, 가족상담, 가족돌봄 등 가족기능 강화와 가족관계 개선을 위한 서비스, 그중에서도 가족상담 사업은 여전히 가족센터의 가장 대표적인 프로그램으로 제공되고 있다.

- **법원 내 이혼 전 상담**

정부 차원에서 이혼숙려제도를 마련하고, 협의이혼 전에 상담 서비스를 제공한다. 가정법원과 지방법원에서 상담 위원을 위촉하여 이혼을 고려 중인 부부의 인식 개선과 이혼 결정에 대해 심사숙고할 수 있는 기회를 제공하고 있다.

● 정신건강복지센터 및 의료 전문 기관

지역사회 차원에서도 정신건강복지센터, 자살예방센터, 치매예방센터, 사회복귀시설 등을 운영함으로써 퇴원 후의 정신장애인, 자살시도자, 치매가족을 위한 가족상담이 유용하게 활용되고 있다. 또한 대학병원, 종합병원, 전문병원 및 개인병원의 정신건강의학과에서 환자와 가족 대상의 가족상담이 이루어지고 있다.

● 중독관리통합지원센터

최근 들어 마약, 인터넷, 도박에 중독된 사람들과 그 가족에 대한 상담과 치료가 더욱더 중요하게 되었다. 지역에 알코올상담센터가 정신건강전문요원에 의해 운영되고 있고, 최근에는 중독전문가 자격제도가 마련되어 훈련된 전문가가 중독관리통합지원센터에 배치되어 있다.

● 성폭력 · 가정폭력 상담소, 아동보호 및 노인보호 전문 기관

가정 내 아동학대, 노인 부양 부담에 따른 피해, 가족 내 배우자 갈등과 폭력행위, 아동방임에 따른 가족 안팎의 성폭력 피해에 대해 가족상담의 필요성이 증가하고 있다. 해바라기센터, 아동보호 전문 기관, 노인보호 전문 기관, 성폭력 · 가정폭력 상담소 등이 운영되고 있다.

● 청소년상담복지센터

청소년의 가출과 비행, 학교폭력, 인터넷 중독, 학교생활 부적응과 품행장애 등 청소년의 문제를 해결하기 위하여 개인 및 가족 상담을 제공한다.

● 외국인노동자지원센터, 북한이탈주민지원센터

외국인근로자가족, 북한이탈주민 등 우리 사회로 이주한 배경을 가진 가족을 위한 외국인노동자지원센터, 북한이탈주민지원센터 등의 지원센터가 운영되고 있다.

● 재난 피해자 지원센터

우리 주변에 범죄와 폭력, 자연재해와 인재 등 재난의 규모가 크게 증가하고 있으며, 재난을 경험한 사람들은 재난의 후유증으로 일상생활에 큰 장애를 겪고 있다. 이와 같이 외상을 경험한 재난 피해자와 그 가족을 위한 상담과 치료를 제공하고 있으며, 그 중요성이 갈수록 더 부각되고 있다.

이 외에 가족치료연구소, 종교기관 부설 상담센터, 대학부설 대학생활상담센터, 개인상담센터 등이 있다.

복습 문제

1. 다음 설명에서 빈칸에 들어갈 단어로 옳은 것은?

정신역동이론을 바탕으로 개인 심리치료를 주로 하던 심리치료 상담사들 중 일부는 1950년대를 전후하여 일반체계이론과 사이버네틱스의 영향을 받아 가족체계에 관심을 가지기 시작하였다. 즉, 체계이론으로 가족의 변화에 대한 새로운 관점을 가지게 된 가족치료 상담사들은 가족 구성원의 문제행동을 (　　　)의 문제로만 보지 않고 가족체계 내의 (　　　) 변화를 통해서 해결하려고 하였다.

① 가족, 의사소통　② 행동, 의사소통
③ 가족, 체계　④ 행동, 심리　⑤ 개인, 관계

2. 다음 설명에서 빈칸에 들어갈 단어로 옳은 것은?

한때 인간은 우주를 정확하게 객관적으로 측정하거나 파악할 수 있다고 생각했으나, 과학적 원칙에 예외가 많으며 인간의 측정 능력에도 한계가 있다는 것을 점차적으로 발견하게 되면서 근대주의에 대한 비평의 분위기가 형성되었는데, 이것을 (　　　)(이)라고 한다.

① 탈근대주의　② 사회구성주의
③ 구성주의　④ 체계이론　⑤ 비평이론

3. 다음 설명에서 빈칸에 들어갈 단어로 옳은 것은?

(　　　) 가족치료에서는 기존의 가족치료에서 사용하던 전략적 방법이나 이미 정해진 가설에 따라서 개인이나 가족의 구조를 변화시키려는 상담사의 노력을 최소화한다.

① 사회주의　② 사회구성주의
③ 구성주의　④ 근대주의　⑤ 현대주의

4. 우리나라에서는 2005년부터 건강가정지원센터가 설치 · 운영되기 시작했으며, 2006년부터는 다문화가족지원센터도 설치 · 운영되기 시작했다. 2021년 이후에는 두 기관의 기능을 통합 · 확대하여 보편적인 가족서비스 제공을 위해 노력하고 센터의 명칭을 변경하였다. 변경된 센터의 명칭으로 옳은 것은?

① 건강센터 ② 주민센터
③ 복지증진센터 ④ 복지센터 ⑤ 가족센터

5. 다음 설명에서 빈칸에 들어갈 단어로 옳은 것은?

> 우리나라는 협의이혼을 하려는 부부들의 이혼으로 인한 가족 내 다양한 문제를 최소화하기 위하여 정부 차원에서 (　　　) 제도를 마련하였다.

① 합의이혼 ② 이혼숙려
③ 재판이혼 ④ 협의이혼 ⑤ 이혼상담

소집단 토론

1. 체계이론이 가족치료에 미친 영향에 대해 토론해 봅시다.

2. 우리나라에 가족치료가 자리 잡게 된 배경에 대해서 토론해 봅시다.

3. 전통적 가족치료와 사회구성주의 가족치료의 차이점에 대해서 토론해 봅시다.

나의 요점 정리

복습 문제 정답: 1. ⑤ 2. ① 3. ② 4. ⑤ 5. ②

제3장

다세대 정서체계 가족치료 모델

보웬(M. Bowen)은 가족을 하나의 정서적 단위로 보고,[1] 정서적 건강성을 분화라는 개념으로 설명하였다. 분화 수준이 낮은 사람은 원가족과의 정서과정에서 형성된 만성불안이 높다. 이 불안은 어떤 특정 상황에서 객관적으로 판단하고, 사려 깊게 대처하기보다는 감정반사적으로 반응하게 한다. 감정반사로 인한 역기능적 관계패턴이 반복되면 개인과 관계 차원에서 역기능적 증상이 나타난다. 주요 개념으로는 분화, 불안, 감정반사, 삼각관계, 가족투사과정, 다세대 전수과정, 형제 위치, 핵가족 정서체계, 정서 단절, 사회적 정서과정 등이 있다.

1. 다세대 정서체계 가족치료 모델의 배경과 가정

보웬은 1946년부터 1954년까지 메닝거 클리닉에서 정신과 의사로 일하면서 조현병 환자 치료에 관심을 가졌는데, 환자와 환자의 어머니와의 관계에 관심을 두고 모자공생(mother-child symbiosis) 관계를 연구하였다. 이후 1954년 국립정신건강연구소(NIMH)로 옮겨 온 이후에도 지속적 연구를 통해 불안애착이 분화 과정

1 보웬은 인간의 정서체계를 진화과정의 결과라고 보는 자연체계론적 입장에 기반을 두고 인간가족에서 작동되는 근본적인 힘과 패턴을 정서체계라는 구성개념을 사용하여 설명하고 있다(Kerr, 2019).

에서 기능적 분화와 매우 깊은 연관이 있다는 것을 밝혔다. NIMH에서 계속된 연구로 보웬은 삼각관계 개념을 도출해 내었고, 1959년 조지타운대학 메디컬센터로 옮기면서 자신의 연구를 통합하여 다세대 정서체계 가족치료이론을 발달시켰다. 그는 1975년에 조지타운 가족센터를 설립하여 책임자로 일하면서 1990년 세상을 떠날 때까지 학자, 교육자, 연구자, 임상가, 저술가로서 왕성한 활동을 하였으며, 미국가족치료학회의 초대회장을 지내는 등 가족치료 분야에 커다란 영향을 끼쳤다.

보웬의 다세대 정서체계 가족치료이론은 가족치료를 배우는 많은 사람에게 지대한 영향을 미쳤는데, 게린(P. Guerin), 포가티(T. Fogarty), 카터(B. Carter), 맥골드릭(M. McGoldrick), 고든(E. Gordon), 프리드먼(E. Friedman), 커(M. Kerr) 등의 제자들이 보웬의 다세대 정서체계 가족치료이론 보급에 힘쓰고 있다. 이들 중 게린과 포가티는 보웬의 이론을 임상에 접목하여 기법들을 개발하고 전파시켰다. 카터와 맥골드릭은 여성주의적 관점 및 문화적 차이와 가족의 다양성에 대하여 보웬의 이론을 접목시켜 발전시켰으며, 임상가이자 연구자로서 명성을 떨치고 있다. 그리고 커는 보웬의 제자이자 동료로서 보웬과 함께 『가족평가(Family evaluation)』(Kerr & Bowen, 1988)라는 저서를 통해 보웬이론을 집대성하였다.

보웬은 많은 임상적 연구를 거쳐 1966년에 자기분화(differentiation of self), 삼각관계(triangles), 핵가족 정서과정(nuclear family emotional process), 가족투사과정(family projection process), 다세대 전수과정(multigenerational transmission process), 형제 위치(sibling position)의 여섯 가지 개념을 발표하였다. 1976년에는 정서 단절(emotional cutoff)과 사회적 정서과정(societal emotional process)의 두 가지 개념을 추가하였다.

1) 건강한 가족에 대한 관점

보웬은 가족을 정서적으로 서로 긴밀하게 영향을 주고받는 정서체계라고 보았다. 모든 가족은 정서적 융합에서 분화에 이르기까지 연속선상의 어느 한 지점에

놓여 있다(Nichols & Schwartz, 2001). 그는 부모의 자기가 비교적 잘 분화되어 있고, 불안 수준이 낮으며, 자신의 원가족과 정서적으로 적절한 관계를 맺고 있을 때 최상의 가족발달이 이루어질 수 있다고 보았다. 잘 분화된 가정에서 성장한 개인은 자율성이 잘 확립되어 타인과 안정된 관계 속에서 진정한 자기로서 기능할 수 있다. 분화가 잘된 사람은 대체로 불안한 상황에서도 자기 자신의 사고와 감정을 분리시켜 기능적으로 사용하며, 합리적이고 객관적인 자세로 사려 깊게 대처할 수 있다. 적절하게 분화를 이룬 사람은 비슷한 분화 수준의 배우자를 만나 가족생활주기상 경험하는 다양한 스트레스 상황에서 서로 협력적으로 대처해 갈 수 있다. 건강한 가족체계에서는 부부관계가 안정되어 있고, 핵가족 관계에서나 확대가족 관계에서도 균형 있게 기능하면서 자녀가 잘 분화된 개인으로 성장할 수 있도록 돕는다. 결론적으로 잘 분화된 개인은 관계에서도 협력적이면서 동시에 독립적이어서 균형 있는 관계를 이루고, 가족의 발달과업을 기능적으로 해결할 수 있는 건강한 가족체계를 이룬다(Kerr & Bowen, 1988).

2) 증상의 발달

보웬의 정서체계 가족치료에서 볼 때 증상은 체계가 감당하기 힘들 정도로 불안이 심할 때 발생한다. 불안에 대하여 적응적으로 대처하는가, 역기능적으로 대처하는가는 자기분화와 매우 밀접한 관계를 가지고 있다. 분화 수준이 낮은 사람은 스트레스 정도가 낮은 상황에서도 쉽게 감정반사적이 되어 역기능 행동을 반복한다. 이러한 역기능적 감정반사 행동이 반복되면 다양한 심리사회적 증상이 나타나게 된다.

불안은 핵가족에서 관계 과정을 통하여 전염되고, 세대 간에 전수된다. 제1세대의 부모가 분화되지 못하고, 자녀와의 관계에서 자신의 불안을 투사하여 불안정한 역기능적 부모 역할을 하게 되면 관계 과정을 통하여 자녀에게 그 불안이 전달된다. 이렇게 불안이 삼각관계와 가족투사과정을 통하여 세대 간에 반복되면 불안의 수준은 더욱 심화된다. 분화 수준이 낮을수록 불안에 의한 감정반사적인 역기능적 관계패턴이 더욱 심화되어 증상으로 발전되기 쉽다. 높은 불안은 낮은 분화 수준으로 나타나고, 낮은 분화 수준은 다시 관계를 통하여 높은 불안을 형성하는 악순환의 고리가 세대 간에 걸쳐 반복되면 신체적 · 심리적 · 사회적 역기능 증상이 나타나게 된다고 본다. 따라서 개인과 가족이 호소하는 증상은 불안한 가족체계 과정의 산물이다(Kerr & Bowen, 1988).

2. 다세대 정서체계 가족치료 모델의 주요 개념

1) 불안과 분화

보웬은 개인과 가족의 기능 수준을 설명하기 위해 불안(anxiety)과 자기분화(differentiation of self)의 두 가지 개념을 강조하였다.

(1) 불안

불안에는 급성불안과 만성불안이 있다. 급성불안은 실제 위협에 대한 스트레스 반응이며, 만성불안은 가상적 위협, 즉 있을지도 모르는 것에 대한 두려움에서 발생한다. 급성불안은 시간이 지나면서 만성불안으로 자리 잡기도 한다. 만성불안은 성장 과정에서 심각한 외상적 사건이나 반복적인 역기능 관계에서 학습된 반응이다. 성장기의 어느 시점에서 형성된 불안은 이후의 삶의 과정에서 만성불안이 되어 불안과 관련된 유사 상황이 되면 자동적으로 반사적이 되어 역기능적 패턴을 반복하게 된다(Kerr & Bowen, 1988). 불안이 낮을 때 사람은 덜 반사적이 되고, 더 사려 깊게 된다. 불안 수준이 증가할 때 사람은 더욱 감정반사적이 되고, 사고기능을 사용하는 데 어려움을 갖는다. 관계체계에서 만성불안이 고조되면 불안에 감정반사하는 정서적 퇴행이 반복되어 체계 내에 다양한 증상이 나타나게 된다.

핵가족 내에 존재하는 불안은 침투성과 전염성이 매우 강해서 관계를 통하여 부모의 만성불안이 자녀에게 그대로 전달된다. 부모와 자녀가 융합된 관계인가,

그렇지 않은가에 따라 만성불안이 전수되는 수준에는 차이가 있다. 부모의 정서 과정에 가장 많이 개입되어 융합된 자녀는 높은 수준의 만성불안을 흡수하고, 적게 관여된 자녀는 낮은 수준의 만성불안을 흡수하게 된다. 개인의 증상은 가족체계의 불안정성과 밀접한 관계가 있고, 가족의 역기능은 개인의 불안 형성에 영향을 준다. 이런 과정을 거쳐 개인의 신체적 · 심리적 · 사회적 증상이 나타나게 되며, 이러한 과정은 여러 세대에 걸쳐 반복되기도 한다.

유아기의 자녀를 둔 어머니가 급성질환으로 병원에 장기간 입원하는 일이 생기면 아이는 어머니와의 갑작스런 단절로 인해서 버려진 것과 같은 생존의 위기감을 경험한다. 아이는 성장하면서 실제로 어머니로부터 버려지는 경험을 하지 않더라도 버려짐에 대한 내적 불안이 느껴지면 반사적으로 어머니에게 강하게 밀착되고자 하는 행동패턴을 발전시키게 된다. 이때 아이의 내면에서 강하게 지배하는 정서는 버려짐에 대한 불안이고, 불안에 대한 감정반사적 행동은 매달리고 투정하는 행동으로 나타난다. 이러한 애착불안은 성인이 된 이후에도 타인과의 관계에서 융합을 추구함으로써 친밀관계에서 역기능을 초래한다.

충격적 외상 사건을 경험하지 않았더라도 일상적이고 반복적인 불안의 경험이 만성불안을 초래하기도 한다. 부모의 심각한 학대, 장기적인 부모의 심각한 불화, 지나치게 경직된 규칙과 체벌, 반복되는 알코올 문제, 지속적인 가정폭력 목격, 성학대 피해 경험 등은 자녀에게 거부와 소외, 상처, 두려움, 슬픔과 분노와 관련된 만성불안을 가지고 성장하게 한다. 이러한 반복적 불안 경험은 자녀가 진정한 자기로서 자기정체성을 찾고 성장하는 경험을 하게 하기보다는 부모의 불안에 적응하기 위한 유사자기(pseudo self) 행동패턴을 형성하게 한다. 그 결과, 현재 세대에서 역기능 문제를 일으키기도 하고, 세대 간 정서 전달 과정을 거쳐 다음 세대에서 역기능 문제로 나타나기도 한다. 만성불안의 심리적 요소는 최악의 상황을 예측하거나, 인정과 거부에 지나치게 민감한 모습으로 나타나기도 하고, '해야 하는 것'에 지나치게 집중하거나 책임감에 지나치게 짓눌리는 것 등으로 나타난다. 또한 만성불안은 만성 분노와 적대적인 성향, 타인의 생각에 지나치게 집착하는 것으로도 나타난다. 이와 같이 세대 내에, 그리고 세대 간에 언어적, 비언어적, 그리고 행동적 관계 학습이 이루어지고 그 결과 불안에 자동반사적으로 행동하도록 정서적 프로그래밍이 이루어진다. 정서적 프로그래밍에서 중요한 역할을 하는 것이 삼각관계와 가족투사과정이다(Kerr, 2019). 따라서 보웬의 다세대 정서체계 가족치료 모델에서는 가족의 역기능 문제와 관련 있는 체계의 만성불안을 찾아내어 불안을 감소시키고, 분화 수준을 향상시킴으로써 스트레스에 기능적으로 대처할 수 있도록 돕는 것을 주요 초점으로 삼는다(Kerr & Bowen, 1988).

(2) 분화

보웬의 가족치료 모델에서는 모든 인간은 자기 자신을 위해 생각하고, 느끼고, 행동할 수 있도록 정서적으로 분리된 인간으로 성장할 수 있게 하는 생명력(분화 또는 개별성, individuality)과 자녀와 가족이 서로에게 반응하도록 정서적으로 연결되어 있는 상태를 유지하도록 해 주는 생명력(연합성, togetherness)을 본능적으로 가지고 있다고 가정한다. 이 개별성과 연합성은 두 힘 모두 정서체계에 기반을 두고 있고, 서로 상반되는 성격을 가지고 있지만 호환적으로 상호작용하여 균형을 이루면서 하나의 전체로서 기능한다. 이 생명력의 균형이 깨지면 체계에 만성불안이 증가하고 관계에 영향을 미친다.[2] 분화는 이 개별성과 연합성이 얼마나 균형을 이루면서 타인과 관계를 유지할 수 있는가와 개인 내적 과정에서 감정 과정과 지적 과정을 구별하여 사용하는 능력, 즉 얼마나 자기 자신을 책임지며 자율적으로 기능하는가의 두 가지 의미를 포함한다. 자기분화는 내적, 또는 외적 · 정서적 압력에 자동반사적이 되지 않고 불안에 직면해서 유연하고 사려 깊게 행동할 수 있는 능력이다. 완벽한 분화는 집단 안에서도 한 개인으로서 기능할 수 있다는 것을 의미하며, 다른 사람을 탓하거나 강요하지 않고 자신의 책임을 다할 수 있다는 것을 의미한다. 그리고 완벽한 미분화는 가족으로부터 분리를 성취하지 못한 사람으로서 집단 안에서 한 개체가 될 수 없는 '자기가 없는' 사람을 말한다

2 개별성과 분화는 같은 개념을 의미하지만 관계를 설명할 때는 개별성과 연합성을 활용하여 설명하고 개인 내적 개념으로 설명될 때는 분화를 활용하여 설명한다(Kerr, 2019).

(Bowen, 1976a; Kerr & Bowen, 1988).

기본 분화 수준이 높으면 스트레스 상황에 적응적으로 대처할 수 있고, 가족 내 불안 수준은 낮다. 그러나 기본 분화 수준이 낮은 가족은 관계가 융해되어 있거나 단절되어 있고, 스트레스 상황에서 쉽게 불안에 압도되어 감정반사적이 된다. 따라서 가족의 문제를 효과적으로 해결하지 못하고, 불안의 수준은 높아진다. 가족이 높은 수준의 만성불안에 장기간 노출되었을수록 역기능적 관계패턴이 고정되고, 개인과 가족관계상 다양한 증상을 나타내게 된다. 따라서 내담자 가족의 불안 감소를 돕고, 분화 수준을 높이는 것이 보웬의 다세대 정서체계 가족치료 모델의 궁극적인 상담목표가 된다. 일차적으로는 치료 과정에서 현재 호소하는 문제를 악화시키고 있는 만성불안을 찾아내고, 과거에 형성된 불안이 현재의 관계 과정에서 어떻게 활성화되고 있는지에 대한 체계적 이해와 통찰을 통하여 불안을 낮추는 데 초점을 둔다. 그리고 불안이 감소되고, 자신의 사고와 감정의 기능을 구분하여 사용할 수 있게 되면 이차적으로 과거의 패턴에서 벗어나 진짜 자기로서 기능할 수 있도록 돕는다.

분화 수준의 범주 보웬은 분화 수준을 0에서 100으로 양극단을 임의로 정해두고, 모든 개인은 0에서 100 사이의 연속선상의 어느 지점에 위치한다고 보았다. 보웬의 분화 수준은 이론적 개념으로, 임상적 진단을 위한 도구로서의 개념이 아니라 개인의 스트레스에 대한 적응성의 개념이다. 보웬은 분화 수준(기본 분화)을 4개의 기능 범주로 나누어 각 범주에 속한 사람의 특성을 정의하였다(〈표 3-1〉 참조).

표 3-1 분화 수준의 정도와 특성

분화 수준	특성
0 유사자기 감정반사적	• 주변 환경에 쉽게 영향을 받고, 삶이 전적으로 불안한 감정에 의해 지배된다. • 자기애적이며, 타인과 장기적인 관계를 유지하기가 어렵다. • 타인의 반응과 평가에 매우 민감하다. • 심각한 만성적인 증상을 가지고 있다.

25	• 평온한 상태에서는 관계에서 균형을 유지할 수 있지만 스트레스 상황에서는 균형을 잃기가 쉽다. • 삶의 에너지를 사랑과 인정을 추구하는 데 소모한다. • 상당 부분 유사자기(pseudo self)가 기능적 분화 수준을 이루며 살아간다. • 타인의 신념과 지식에 쉽게 영향을 받으며, 독립적 의사결정이 어렵다.
50	• 만성불안이나 감정반사가 더 낮고, 어느 정도 독립적으로 생각하고 선택할 수 있다. • 개별성이 더 발달되어 있어 정서적으로 자유롭게 친밀한 관계를 유지할 수 있다. • 사고와 감정체계를 분리하여 사용하면서 자신을 통제할 수 있다. • 심한 스트레스 상황에서는 신체적 · 정서적 · 사회적 증상이 나타날 수 있으나 만성 증상으로 진전되지는 않고 회복이 더 빠르다.
75 목표지향적 진짜 자기 100	• 자기지시적이며, 자신의 신념에 확신이 있다. • 목표 지향적이고, 원리 지향적이다. • 감정반사적이 되지 않고, 타인과 균형 있는 관계를 유지한다. • 내면이 안정되어 있으며, 타인의 칭찬이나 비평에 영향을 받지 않는다. • 관계에서 차이에 대한 관용과 존중심이 있으며, 융통성과 자율성을 가진다. • 높은 불안을 다룰 수 있는 능력이 있다.

출처: Kerr & Bowen (1988), pp. 100-103.

2) 다세대 정서체계 가족치료 모델의 여덟 가지 기본 개념

(1) 자기분화

자기분화는 개인 내적 수준에서는 감정반사적이 되지 않고 사고와 감정을 분리시켜 활용할 수 있는 능력을 말하고, 타인과의 관계 수준에서는 상대방의 영향에 좌우되지 않으면서 자신의 신념에 따라 자신의 입장을 취하며 친밀한 관계를 유지할 수 있는 능력을 말한다. 게린 등은 분화를 적응적 기능 수준(adaptive level of functioning)이라는 개념을 사용하여 정서적인 압력을 받을 때 의식 수준에서 객관성을 유지하고, 합리적으로 행동할 수 있는 능력이라고 하였다(Guerin et al., 1996).

따라서 분화는 개인의 성숙성과 정서적 건강성을 의미한다. 가족이 원가족 정서체계의 영향에서 미분화되어 있으면 미분화된 가족자아군(undifferentiated family ego mass)을 형성하여 핵가족 정서체계는 역기능적이 된다. 미분화된 가족에서 자녀는 진짜 자기(solid self)로서 성장하기보다는 부모의 관계방식(감정반사 패턴)에 적응하기 위한 생존 전략을 형성한다. 이 생존 전략은 자신의 개별성을 성장시키지 못하고, 수동적으로 발달시킨 유사자기이다. 유사자기는 결국 내적으로 부모와 융해되거나 거부되는 것에 맞추어 불안반사적으로 형성된 관계 산물이다(Bowen, 1978; Kerr & Bowen, 1988).

(2) 삼각관계

두 사람의 관계가 불안정해졌을 때 제삼의 사람이나 대상에게 다가감으로써 불안을 회피하는 행동을 삼각관계라고 한다. 삼각관계는 불안으로 추동되는 정서과정이며, 불안에 대한 역기능적 대처방식 중 하나이다. 삼각관계는 문제에 대한 회피적인 감정반사 반응으로, 일시적으로는 갈등 해소에 도움이 되는 것 같지만 궁극적으로는 문제를 더욱 심화시키는 역기능적 관계방식이다. 이 과정에서 삼각관계 대상인 제삼자에게 불안한 감정을 쏟아놓기 때문에 가족의 불안을 제삼자에게 전수시키는 결과를 초래한다.

가족 내에서 삼각관계의 대상은 맏이가 되거나 부모의 형제 순위와 일치되는 위치에 있는 자녀가 되기도 하고, 원가족 삼각관계가 핵가족에 투사되어 나타나기도 한다. 삼각관계는 부부–자녀 삼각관계, 부모–형제 삼각관계, 인척관계 삼각관계, 사회적 지지망 삼각관계 등으로 나타난다. 예를 들어, 부부가 다툼을 할 때마다 불행감을 느낀 아내는 자녀 중 한 사람에게 다가감으로써 삼각관계를 형성한다. 이 관계에서 소외된 위치의 남편이 불편한 감정을 제삼의 대상(취미활동, 가족 외의 사람, 또는 가족 내 다른 자녀)에게서 해소하려고 하면 또 다른 삼각관계가 형성된다. 이렇게 삼각관계는 또 다른 삼각관계를 불러오게 되고, 이것이 반복되면 핵가족 내에서뿐 아니라 확대가족까지 포함되는 상호 맞물린 삼각관계가 형성된다(Guerin et al., 1996).

삼각관계는 가족 안에서 문제를 효과적으로 해결하기보다는 우회적인 도구로 이용되면서 가족관계를 병들게 하고 붕괴시키는 기능을 한다. 삼각관계의 대상이 된 자녀는 정서적으로 의존적이 되고, 융합된 관계에 있는 부모의 감정적 요구와 행동에 반사적으로 밀착 반응하도록 정서적으로 프로그래밍된다. 그 결과, 개별성에 있어서는 자신의 신념이나 요구를 발달시키지 못하고, 연합성에 있어서는 관계에 융해되어 미분화된 가족자아군의 부분으로만 존재하게 된다. 따라서 삼각관계의 대상이 된 자녀의 분화 수준은 부모의 분화 수준보다 낮게 형성되고, 독립적인 존재로 성장하지 못하게 된다.

삼각관계 형성 과정을 도식화하면 [그림 3-1]과 같다.

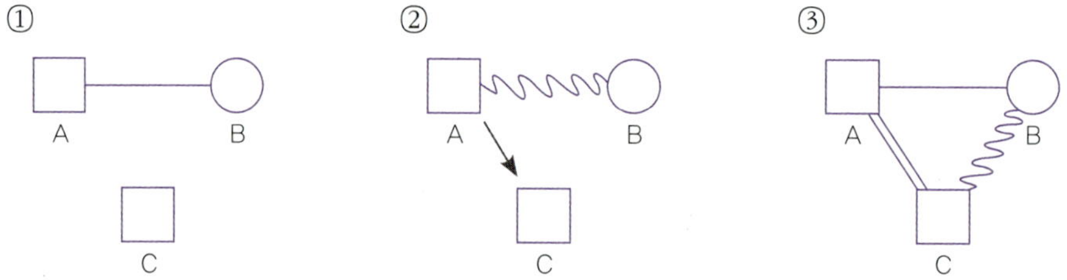

그림 3-1 삼각관계 형성 과정의 도식화

출처: McGoldrick et al. (2008).

① 두 사람의 관계가 안정적이므로 제삼자를 끌어들이지 않는다.

② 두 사람 사이에 갈등이 일어났을 때 관계불안을 느낀 A가 제삼의 사람인 C에게 다가가 관계를 맺으려고 함으로써 안정을 찾으려고 한다.

③ 그 결과, A가 C에게 다가감으로써 A에 대한 B의 감정이 C에게 투사되어 A와 B의 관계 갈등은 잠재되고, B와 C의 갈등관계로 나타난다. 시간이 지나면서 A와 C는 밀착되고, B와 C는 갈등관계로, A와 B는 서로 거리 두기 패턴으로 고착될 수 있다.

(3) 가족투사과정

가족투사과정이란 원가족에게서 형성된 자신의 불안한 감정문제를 핵가족 관계에 투사하는 과정을 말한다. 원가족 관계에서 형성된 만성불안은 다음 세대의 자녀에게 투사되기도 하고, 부부관계에 투사되기도 한다. 가족투사과정에서 부모의 불안 투사 대상이 된 자녀는 부모의 영향을 가장 많이 받게 되고, 이로 인해 진정한 자기로 성장하기가 어렵다. 부모와의 관계에서 투사 대상이 된 자녀가 의존적이 되고, 기능이 저하되면 부모는 더욱 통제하려고 하면서 역기능적 삼각관계가 고정된다. 원가족에서 알코올 문제가 있는 아버지와 갈등적이었던 딸이 결혼하여 남편의 가벼운 음주에도 과민반응을 함으로써 심각한 부부갈등문제가 일어나는 것도 가족투사과정의 한 가지 예이다. 맏형에게 특권을 부여하는 원가족에게서 소외와 박탈감을 느끼면서 컸던 아버지가 자신의 둘째 아들과 자신을 동일시하고 원가족에서 느꼈던 소외와 박탈에 대한 만성불안을 투사하여 많은 특혜를 제공하는 것도 가족투사과정의 한 예이다.

부모가 원가족에서 미분화되었을수록 가족투사와 삼각관계 형성은 빈번히 나타나고 고정되어 가족 구성원의 심각한 정서문제와 관계문제를 발생시키게 된다. 가족투사과정과 삼각관계 과정은 원가족의 미분화된 정서가 전달되는 다세대 전수과정의 주요 맥락이 된다.

가족투사과정의 예

폴과 루시는 결혼한 지 2년째인데 둘 사이에 긴장이 심해지자 상담사를 찾았다. 두 사람은 자신이 최대한 노력하는데도 다른 부부처럼 부부관계가 행복하지 못하다고 생각했다. 무엇보다도 폴은 가능하면 자주 아내를 데리고 외식을 하고 싶지만 가난하기 때문에 그것이 마치 전쟁처럼 느껴진다고 했다. 루시는 외식에 돈을 써 버리는 것이 낭비하는 것 같아서 즐겁지는 않았지만 폴이 외식하는 것을 중요하게 생각한다고 느꼈기 때문에 늘 따라나섰다고 했다. 폴은 화가 나서 말하기를 루시가 항상 나가고 싶어 하는 것처럼 보여서 단지 아내를 즐겁게 해 주기 위해 그렇게 한 것이라고 했다. 루시는 남편이 외식을 좋아하는 것 같아서 행복한 척 했을 뿐이라고 말했다.

원가족에서 폴의 어머니는 폴이 결혼한 해에 암으로 돌아가셨다. 어머니는 생전에 남편이 한 번도 외식을 하지 않은 구두쇠라고 불평을 했다. 폴은 자신이 아버지처럼 보이고 싶지 않았던 것이다. 반면 루시는 이혼한 부모처럼 되고 싶지 않았기 때문에 폴에게 동조를 했던 것이다. 이 부부는 서로를 실망시키지 않으려고 서로가 원하지 않던 생활방식으로 살아온 결과, 현재의 갈등 상황으로 발전된 것이다.

출처: Carter & McGoldrick (1988), p. 76.

(4) 다세대 전수과정

다세대 전수과정은 미분화된 가족 정서가 가족투사와 삼각관계 과정을 거쳐 세대 간에 불안이 전달되고, 이로 인해 가족의 증상이 반복되는 과정을 말한다. 보웬이론에 의하면 낮은 분화 수준의 자녀는 자신의 분화 수준과 비슷한 수준의 배우자를 선택하게 된다(Bowen, 1978). 기본 분화 수준이 낮은 부부는 낮은 스트레스에도 불안반사적이 되고, 가족생활주기상 과업 수행에 어려움을 느낀다. 낮은 스트레스 상황에도 부부는 성장기의 원가족 관계에서 형성된 불안을 부부관계와 자녀 관계에 빈번히 투사하게 되어 가족투사와 삼각관계 형성이 반복된다. 이런 과정이 반복적으로 일어나게 되면 자녀는 분화된 자아로 성장하지 못하고, 부모와 융합 또는 단절과 소외를 경험하면서 불안이 높은 상태로 성장한다. 이러한 세대 간 불안 전수과정에서 가족은 유사한 관계패턴과 증상을 나타내게 된다. 오닐 가족의 가계도에서 다세대 전수과정의 예를 찾아볼 수 있다([그림 3-2] 참조). 오닐의 가계도를 보면 세대 간에 미분화된 불안의 전수로 알코올 의존과 관계 단절이 반복되고 있는 것을 볼 수 있다.

이 가계도에서 미국의 유명한 극작가 유진 오닐의 아버지는 원가족에서 무책임하고 무능력한 아버지로부터 버려져서 높은 애착불안 속에서 성장하여 타인과의 관계에서 성급한 밀착과 단절을 반복하고, 스트레스 상황에서 알코올로 도피하며 살았던 것을 볼 수 있다. 애착불안이 높았던 그는 아내와의 결혼생활에서도 남편

오닐 가족

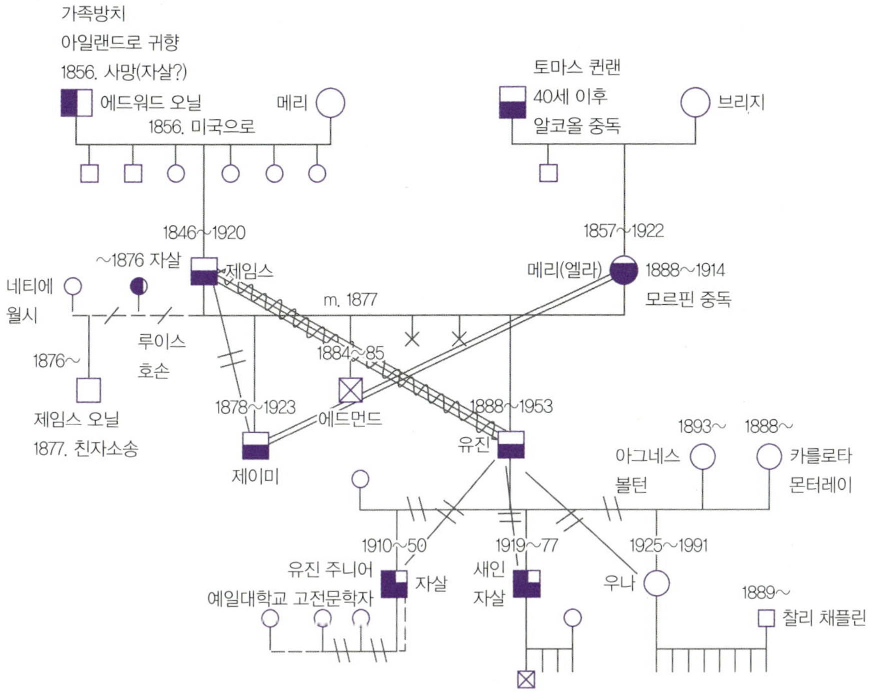

그림 3-2 오닐의 가계도를 통해 본 세대 간 전수과정

출처: McGoldrick et al. (2008), p. 73.

으로서, 아버지로서도 무책임하고, 역기능적인 아버지였다. 자녀도 부모의 불안정한 정서의 영향을 받아 높은 불안 속에서 성장하여 만남과 단절을 반복하고, 스트레스 상황에서는 알코올로 도피하는 패턴을 반복하였던 과정을 볼 수 있다. 이 가족은 다세대에 걸쳐 불안정 애착과 단절, 알코올 의존 증상을 반복하고 있는 것을 볼 수 있다.

(5) 핵가족 정서체계

핵가족 내에서 가족이 정서적으로 기능하는 패턴을 말한다. 핵가족은 하나의 정서체계로서 미분화된 가족자아군을 형성한다. 따라서 가족 내에 긴장과 불안이 발생하면 독특한 반응 패턴을 나타내게 된다. 핵가족 정서체계는 부부의 분화 수준과 밀접한 연관이 있다. 분화 수준이 낮은 부부는 감정적으로 융합된 정도가 심하고, 문제해결을 상대방에게 의존하는 상호 의존성이 높다. 부부 사이에 뜻대로 되지 않는다고 느끼면 실망과 두려움, 분노와 함께 불안이 높아진다. 결국 부부는 이러한 불안에 대처하는 방법으로 서로 싸우거나, 거리를 두거나, 삼각관계를 형성하는 등 역기능적인 관계패턴을 반복하게 된다.

불안한 상황에서 부부가 반복하는 정서적 기능패턴은 대체로 다음의 네 가지로 나타난다. 즉, ① 부부간 드러난 다툼, ② 부부간 정서적으로 거리 두기, ③ 부부 중에 과대기능하는 사람과 과소기능하는 사람, ④ 자녀 중 한 명이나 그 이상의 자녀에게 문제를 투사하는 것 등으로 나타날 수 있다. 이러한 감정반사 패턴은 분화의 수준, 원가족과의 정서 단절의 정도, 가족체계의 스트레스 정도에 따라 다르게 나타난다(Bowen, 1976b).[3] 부부의 불안은 핵가족 내 다른 가족 구성원과의 관계에 영향을 끼치고, 융합과 단절, 가족투사 등의 과정을 통하여 가족 내에 불안이 전염되며, 역기능 증상을 유발시킨다.

(6) 정서 단절

정서 단절이란 상대방에게서 멀리 떨어져 있음으로써 심리적 거리를 두려고 하는 것을 말한다. 이것은 가족 구성원끼리의 대화를 기피하고, 자신을 가족관계에서 고립시키려는 것으로 나타난다. 정서 단절은 자율적으로 기능하는 독립적이고 성숙한 행동과는 다르다. 정서적으로 성숙한 사람이 정상적으로 가족으로부터 자율성을 확립하여 부모에게서 독립해서 자신의 삶을 영위해 가는 것과 미분화된 사람이 가족으로부터 정서 단절을 하여 독립적으로 보이는 것은 차이가 있다. 원가족과의 단절은 미해결된 불안한 정서의 문제를 독립성으로 위장하지만 내적으

3 커(Kerr)는 핵가족 정서체계의 패턴에서 부부간 정서적 거리 두기는 보편적으로 일어나는 과정으로 설명하고 있으며, 부부간 다툼을 정서적 갈등으로, 과대기능/과소기능 패턴을 지배적/순응적(복종적) 패턴, 그리고 자녀 중 한 명이나 그 이상에게 문제를 투사하는 것으로 설명하고 있다(Kerr, 2019). 커는 자신의 이러한 설명이 보웬의 설명에서 크게 벗어나는 것이 아니라 같은 맥락이라는 점을 강조하고 있다.

로는 정서적 의존의 문제를 가지고 있음을 의미한다.

단절 패턴은 부모와 가까이 살면서도 심리 내적으로 부모를 부인하고 자기를 고립시키는 것으로 나타나기도 하고, 집을 떠나는 것으로 나타나기도 한다. 단절이 힘들고 고통스러운 관계에서는 어느 정도 평화를 얻을 수 있게 해 주는 면이 있으나 원가족과 정서 단절이 심할수록 사회적 관계나 가족관계에서 단절이나 회피 등 개인적 증상이나 관계상 역기능 문제들이 발생할 수 있다.

정서 단절의 치료를 위해 원가족과 접촉하여 만성불안과 관련된 과거 사건의 경험이 재해석되고, 감정과 사고를 분화시킬 수 있게 되면 원가족과 연결된 관계를 유지하면서 동시에 독립된 자기로 기능할 수 있는 분화된 자기로서 살아갈 수 있게 된다(Bowen, 1976a).

(7) 형제 위치

형제는 같은 가족 내에서도 형제 위치에 따라, 출생 전후의 가족에게 발생한 사건이나 상황에 따라 제각기 다른 환경을 경험하게 된다. 형제 위치는 가족역동에 영향을 끼치는 중요 요소로서 다세대 과정에서 가족투사과정이나 삼각관계 형성, 다세대 전수과정 등에 영향을 미치고, 다양한 가족역동을 만들어 낸다(Toman, 1995).

형제 위치는 개인의 기능에도 일부 영향을 준다. 맏자녀는 대체로 책임감과 주도적인 역할을 부여받고 자란다. 따라서 관계에서 자신의 의사가 존중되고, 타인에 대한 책임감을 느끼며, 주도적인 역할을 하려는 경향이 있어 지도자의 역할을 많이 하는 것을 볼 수 있다. 반면, 막내 위치에 있는 사람은 낙천적 성향을 갖고 있거나 의사결정에 있어 주도적이 되기보다는 타인의 결정에 따르는 경향이 더 높다. 막내 위치의 남편과 맏자녀로서 책임감과 주도적 역할을 부여받았던 아내의 만남은 가족관계에서 과소기능하는 남편과 과대기능하는 아내로 나타날 수 있고, 이것은 의사결정 과정에서나 책임 분담 문제에서 관계 갈등의 요소로 작용할 수 있다. 이와는 달리 일반적으로 맏아들과 맏딸의 결혼은 주도권의 다툼으로 인한 부부갈등이 발생할 확률이 다른 부부보다 훨씬 더 높을 수 있다.

그러나 가족의 특수한 상황에 따라 형제 위치상 특성과 일치하지 않는 경우도 자주 볼 수 있다. 즉, 맏이나 막내 위치의 자녀이지만 맏이로서의 특성을 보이지 않는 경우도 있고, 둘째나 막내가 가족체계에서 가족을 책임지는 맏이 역할을 하는 경우도 있다. 이런 경우 원가족 관계 과정에서 가족 스트레스 상황에 대처하면서 발전시킨 적응적 기능패턴으로 볼 수 있다. 가족 정서과정에서 형제 위치에 따른 일반적 특성과 관계 유형의 특성을 알아 두는 것은 특정 위치의 자녀가 어떤 특성을 나타낼지, 가족 정서과정에서 어떤 역할을 할 것인지, 그리고 다음 세대에서 어떤 유형의 가족관계 유형으로 나타날지를 예측하는 데 크게 도움이 된다.

(8) 사회적 정서과정

사회적 정서과정은 가족관계 수준에서 볼 수 있는 정서적 퇴행이 전체 사회와 같은 큰 집단으로 확대 적용된 개념이다. 사회에서 정서과정은 가족에서의 정서과정과 유사하다. 가족에게 만성적으로 지속되는 불안이 있을 때 그 가족은 지적 원리에 따르기보다는 감정반사적으로 미숙한 의사결정에 의지하게 된다. 이러한 과정의 결과로 증상이 나타나고, 결국에는 낮은 수준의 기능으로 퇴행하게 된다. 사회적 과정에서도 마찬가지로 만성적 사회불안의 증가가 있게 되면 사회적 분화의 기능 수준이 저하된다. 정서적 퇴행의 근본적 과정은 원칙에 근거한 의사결정과 행동이 감정지향적으로 바뀌는 것이다. 극단적인 독선에 의한 파벌싸움, 높은 이혼율과 덜 안정적인 친밀관계, 책임보다 권리를 중시하는 것, 환경문제와 관련한 낮은 책임성, 음모론의 편재, 테러 행위의 증가 등이 사회적 정서과정에서 일어나는 사회적 퇴행의 증상들이다. 사회적 불안정은 가족들, 특히 덜 분화된 가족들에게 강력한 영향을 끼친다(Kerr, 2019). 따라서 사회적 불안이 증가되면 사회적 기능 수준은 낮아지고, 가족은 사회적 정서과정의 영향으로 가족 구성원들의 기능 분화 수준이 감소된다. 그러므로 사회의 미분화된 정서과정이 가족의 기능에 어떤 영향을 주고 있는지를 다루는 것도 중요하다(Bowen, 1976a).

따라서 가계도 접근을 할 때 세대 간에 경험하는 사회역사적 사건과 연관된 사회불안이 가족체계에 어떤 영향을 주었는지, 거기서 형성된 불안한 가족규칙이

세대 간에 투사되어 만들어진 가족역동에 대하여 관심을 두고 평가하고 개입을 하도록 한다. 즉, 전쟁 중에 가족의 단절을 경험한 가족은 단절에 대한 불안으로 가족결속을 강조하는 밀착된 관계패턴을 가족규칙화할 것이다. 세대가 지나면서 전쟁의 위협은 사라졌어도 만성불안으로 인해 가족결속에 대한 규칙이 경직되면 가족 구성원의 분화 요구에 기능적으로 대처하지 못하게 된다. 그 결과, 가족 구성원에게서 증상이 나타나게 된다. 이와 같은 역동은 경제 불황 중에 실업의 고통을 경험하거나 정치적 상황에 휘말려 가족 구성원의 상실이나 상처를 경험한 가족에게서 나타나는 심각한 가족 역기능에서도 찾아볼 수 있다. 가계도 작업에서 가족 내 세대 간에 전수되는 만성불안에 영향을 주는 가족 외적 사회적 정서과정을 탐색하는 것은 가족의 분화 과정을 돕는 데 매우 중요한 요소이다.

3. 다세대 정서체계 가족치료 모델의 개입 과정

1) 개입 목표

보웬은 증상을 개인의 문제로 보기보다는 미분화된 정서가 가족투사와 삼각관계 형성, 다세대 전수과정 등을 통하여 현재의 핵가족에게서 나타나는 가족 증상으로 보았다. 따라서 가족 구성원의 분화를 통한 가족체계의 기능적 변화에 개입의 초점을 두고, 상담목표를 불안 감소와 분화 수준 향상에 두었다(Bowen, 1978; Kerr & Bowen, 1988).

보웬은 상담 과정에서 상담사가 내담자와 일대일의 관계를 발달시키는 것을 강조하였다. 게린은 상담 과정에서, ① 정확한 가계도를 작성하여 여러 세대에 걸쳐 전개되는 체계라는 맥락 속에서 현재의 문제를 보고, ② 주요 가족 구성원과 연계하여 체계 내의 불안을 경감시키며, ③ 서로 맞물려 있는 삼각관계뿐만 아니라 증상을 유발하는 중심이 되는 삼각관계를 찾아내어 개입의 초점으로 삼았다(Nichols & Schwartz, 2001).

보웬의 다세대 정서체계 가족치료 모델의 이점은 가족 구성원 한 사람과도 개입이 가능하다는 점이다. 가족 구성원 전부가 참여하지 않아도 한 사람이 변화하였을 때 그 사람이 향상된 분화 수준의 입장으로 가족체계 내에서 상호작용함으로써 다른 사람에게도 영향을 미칠 수 있다는 것이다. 순환적 관계를 이루는 가족체계의 특성상 개인의 변화는 가족체계의 변화를 가져오고, 가족체계가 변화되면 다시 가족 구성원 개개인의 분화가 촉진된다. 따라서 가족상담사가 한 사람의 내담자를 통해 가족체계에 영향력을 끼치는 코칭 접근은 보웬의 다세대 정서체계 가족치료 모델에서 자주 활용된다.

보웬 가족치료 상담사는 중립적 위치에서 내담자의 문제를 재명명하고, 주요 삼각관계를 찾아내어 탈삼각화와 분화를 돕는다. 따라서 상담사가 잘 분화된 입장을 취할 수 있을 때 내담자의 분화를 도울 수 있다. 상담사가 자신의 원가족과 관련된 불안을 다루고, 분화의 경험을 하는 것은 내담자의 분화 과정을 돕는 과정에서 매우 중요하다.

2) 개입 기법

보웬의 다세대 정서체계 가족치료 모델은 가족문제를 과정과 구조라는 두 가지 측면에 초점을 맞춘다. 구조는 서로 맞물려 있는 삼각관계의 유형을 말하고, 과정은 정서적 충동(불안)에 의한 감정반사 행동을 말한다(Nichols & Schwartz, 2001).

보웬의 가족치료에서는 특별히 기법을 강조하지 않는다. 그 이유는 내담자의 가족관계 체계에 대한 통찰을 돕는 것을 일차적인 목표로 삼기 때문이다. 이를 위해서 가계도를 주요 개입 도구로 활용한다. 상담사는 내담자 개인 또는 가족과 함께 가계도를 작성하면서 문제의 역사와 가족관계 과정에 대한 체계적 질문을 통하여 현재의 증상과 관련된 불안의 근원과 그 형성 과정에 대한 이해를 돕는다. 이 과정에서 보웬 가족치료 상담사의 체계 과정에 대한 질문은 내담자 가족에게 증상과 관련된 불안의 실체를 발견하게 해 주고, 불안에 의한 가족관계 과정에 대한 새로운 통찰을 할 수 있게 해 준다. 그 결과 증상과 연관된 불안이 감소되고, 불안 감소는 증상과 연관된 감정반사 행동을 변화시키기 위해 노력할 수 있는 원리와 방향을 찾게 해 준다. 이 시점에서 보웬 가족치료 상담사는 증상과 관련된 주요 삼각관계의 변화를 위해 탈삼각화, 교육, 관계실험, 코칭, 자기입장 지키기 등의 기법을 활용하여 분화된 가족관계 방식을 실천할 수 있도록 함으로써 기능적인 가족체계로의 변화를 돕는다. 가족이 호소했던 증상은 이 과정에서 자연스럽게 해소된다.

(1) 가계도

가계도 작성을 위한 면담은 체계론적 접근에서 전체 가족에 개입하는 실제적인 방법이다. 가계도 작성 면담의 이점은 다음과 같다(McGoldrick et al., 1999).

- 가족 전체 체계에 대한 관심을 높여 가족의 과거와 미래, 현재가 연결되어 있음을 보여 준다.
- 가계도 작성 면담은 가족의 중요한 전통과 가족 구성원의 관계, 특별한 관심사와 이슈를 탐색하도록 함으로써 가족과 라포 형성을 용이하게 해 준다.
- 가족상담사는 가계도를 통해 복잡하고 정서적으로 부담이 되는 가족문제에 즉각적으로 접근할 수 있다.
- 가계도 작업은 가족상담사와 가족이 가족의 경험을 체계론적 입장에서 바라볼 수 있도록 해 주어 가장 고통스러운 경험을 해독할 수 있도록 돕는다. 증상 행동에 대한 인지적 이해와 정서적 관계를 연결시키면 그 상황에 대해 가족 구성원이 어떻게 적응해야 할지에 관한 능력을 높일 수 있다.

보웬 가족치료 상담사는 가계도를 다양한 방법으로 사용한다. 즉, ① 가족에 개입하기 위해서, ② 가족의 여러 문제를 재구성하고 재명명하기 위해서, ③ 가족체계의 방해요인을 제거하기 위해서, ④ 가족패턴을 명료화하기 위해서, ⑤ 가족과 그 이전 세대를 연결하여 그들에게 힘을 부여하고, 미래에 그들을 자유롭게 하기 위해서 사용한다.

가계도에서 가족 유형 탐색의 내용 가계도를 작성하면서 탐색해야 할 내용은 다음과 같다.

- **호소문제 관련 정보 탐색**

내담자가 호소하는 문제와 핵가족의 구조, 문제의 역사, 최근 가족 내에서 일어난 사건, 증상이 발생한 정확한 날짜를 탐색하면서 증상의 발전 과정과 가족 내부 혹은 외부의 최근 사건과 관련이 있는지를 살핀다.

- **핵가족 과정 탐색**

핵가족의 형성 과정, 가족 구성원의 신체적 · 정서적 기능, 알코올이나 학대 등의 심각한 문제, 증상과 관련된 역기능, 문제를 둘러싼 핵가족의 순환 과정, 가족의 스트레스 수준과 불안 수준 등을 탐색하여 문제의 본질을 찾아낸다.

- **원가족 정서과정 탐색**

모계와 부계의 확대가족 체계로 확장하여 가족의 관계 유형, 정서 유형, 만성불안의 형성 과정과 투사과정 등을 탐색함으로써 현재 호소문제의 본질과 관련된 정서과정 및 역기능과 관련된 체계 유형을 찾아낸다.

가족평가와 개입 계획 가족상담사는 수집하고 탐색한 가족의 구조와 일반적인 사항, 역할과 기능, 특정 사건의 영향, 반복되는 관계 특성이 가족의 불균형과 역기능에 어떤 연관성을 갖는지에 대한 체계론적 맥락에서 가설을 설정하게 된다.

이를 위하여 가족상담사는 가계도 탐색에서 나타난 정보를 종합하고 해석하게 된다. 즉, 세대 간에 반복되는 가족구조, 형제 위치별 특성과 영향, 핵가족 내 정서 단절이나 세대 간 정서 단절, 삼각관계 구조의 세대 간 반복, 가족 구성원의 기능의 불균형, 성 차이에 대한 가족의 대응, 가족의 탄력성과 자원, 가족생활주기상 가족의 과업과 스트레스 등 다양한 요소에 대한 자료를 종합하여 가족과 함께 가족의 역할과 기능 및 주제에 대한 해석을 한다. 가족은 이미 가계도 작성 과정에서 함께 가족체계를 탐색하고, 새로운 관점을 구축해 가면서 문제에 대한 체계적 맥락을 받아들이는 과정에 있으므로 가족상담사의 해석에 함께 참여하게 된다(McGoldrick et al., 1999).

가족상담사와 내담자 가족이 함께하는 가계도 작업을 통하여 가족패턴이 명료화되고, 가족의 의미 있는 과거 사건에 대한 재해석이 이루어진다. 이 과정에서 가족이야기가 재구성되고, 재명명되면서 과거의 불안으로부터 자유로워져서 현재와 미래에 초점을 두고 적응적 삶을 살아갈 수 있게 된다.

(2) 과정질문

보웬의 다세대 정서체계 가족치료 모델에서는 가족체계가 어떻게 작동하는가를 이해하는 것이 그 어떤 기법보다 훨씬 더 중요하다고 본다. 따라서 특정 기법보다는 과정질문(process question)을 매우 중요시한다. 과정질문은 감정을 가라앉히고 정서적 반응에 의해 유발된 불안을 경감시키며, 사고를 촉진하기 위한 질문으로서 가족의 문제에 대한 지각, 관계 유형과 참여방식에 대한 것들이다. 가족상담사는 내담자가 말하는 사건의 내용에 초점을 두는 것이 아니라 사건을 둘러싼 가족의 순환적인 관계 과정에 초점을 맞춘다.

내담자와 가족은 특정한 사건의 전후에 가족에게 일어났던 관계 과정에 대하여 생각하는 동안, 가족 전체 체계의 구조와 움직임을 볼 수 있게 되고, 증상 자체에 매여 있는 데에서 벗어나 증상이 가족 과정의 결과라는 것을 발견하게 된다. 또한 가족체계 내의 자신의 위치와 자신의 역할에 초점을 두게 되어 점차 불안에서 벗어나 사고기능을 보다 객관적이고, 명료하게 사용할 수 있게 된다.

> "자녀가 엄마가 원하는 학원에 다니는 것을 거부하면 마음속에서 어떤 불안이 일어나나요?"
>
> "불안한 마음에 당신은 어떤 행동을 하게 되나요?"
>
> "당신의 그 불안한 행동에 대하여 아들은 어떻게 반응하지요?"
>
> "만약에 당신과 아들 사이에 다툼이 있게 되면 당신의 남편은 어떻게 반응하나요?"

"남편의 편드는 행동에 당신은 어떤 생각과 감정을 느끼고, 그에 대하여 어떻게 반응하나요?"

"남편의 개입으로 결국 아들문제가 부부문제가 되었을 때 부부는 서로 어떻게 하나요?"

"아들은 두 분의 이러한 모습을 보면서 불안해지면 어떻게 행동하나요?"

"부모의 아들문제에 대한 생각 차이는 결국 어디에서 왔을까요?"

"두 분은 원가족에서 자녀로 성장하면서 어떤 경험을 하셨나요?"

"그러한 원가족에서 경험한 좌절과 상처가 자녀에게 어떻게 투사되고 있나요?"

(3) 가족연대기

가족연대기는 가계도와 함께 가족사정을 위해 유용하게 사용될 수 있는 도구이다. 시간의 흐름에 따라 가족이 연속적으로 어떤 변화 과정과 발달을 거쳐 왔는지를 평가하는 것이 가족연대기이다. 중요한 가족사의 연대기는 가족유형 추적에 유용한 방법이다. 중요한 사건이 발생한 이후, 그 사건으로 인한 가족관계 과정의 변화와 영향, 다음 사건과의 연관성을 깨달음으로써 가족의 불안과 관계 유형을 추적할 수 있으며, 중요한 시기에 가족의 질병과 주요 사건의 발생관계를 연관 지어 탐색하는 데 유용하다(McGoldrick et al., 1999). 개인의 연대표도 특정 가족 구성원의 기능, 증상, 역할 등을 가족이라는 맥락에서 추적하는 데 유용하다.

루스벨트 가족연대기의 예

1880. (2. 14.) 시어도어 루스벨트(TR) 앨리스 리에게 청혼

1884. (2. 14.) 앨리스는 딸을 낳고, 앨리스라고 이름을 지음

1884. (2. 14.) 앨리스 리 루스벨트 23세에 사망

1884. (2. 14.) TR의 어머니 미티 불로 루스벨트도 같은 집에서 사망

1884. (2. 16.) 엘리스 리 루스벨트와 미티 불로 루스벨트의 합동장례식(TR은 26세)

1884. (여름) TR은 슬픔으로 대통령 선거 유세를 위해 서부로 출발, TR의 누나 바미가 앨리스를 돌봄

1884. (10.) 엘리너 루스벨트가 앨리스의 삼촌에게서 태어남

1889. 엘리너의 남동생이 태어남

1891. 엘리너의 막내 남동생 홀이 태어남

1891. 엘리엇 루스벨트가 뉴욕으로 떠남

1891. 엘리너의 어머니 안나 홀 사망(엘리너 7세)

1893. 엘리너의 남동생 엘리엇 사망(엘리너 9세)

1894. 엘리너 아버지가 알코올 의존으로 사망(엘리너 10세)

1894. 엘리너 외할머니집에서 두 명의 통제 불능한 삼촌과 생활. 돌보는 사람이 없음

1904. 엘리너와 프랭클린 결혼

1906. TR 대통령직 수행상 문제가 나타남

1906. (1.) 특별한 아들 테디가 하버드 대학 실패

1906. (2. 17.) 앨리스 나이 22세로 34세의 상원의원 닉 롱워스와 결혼(TR은 48세)

1907. 앨리스의 결혼생활은 불행이었음. 두 사람은 거의 별거 상태임. 남편에게 심각한 알코올 문제와 여자문제가 있음. 남편은 보수적 공화당이지만 아버지는 공화당 탈퇴를 고려하고 있었음

1919. TR 61세로 사망

출처: McGoldrick et al. (2008), p. 127.

이 가족연대기에서 엘리너 루스벨트가 출생 전후, 성장기 중요한 시기에 많은 상실을 경험한 것을 알 수 있다. 이러한 상실은 애착관계에서 심각한 불안과 불안정한 돌봄 환경을 형성하여 미래의 삶에 중대한 영향을 끼치게 된다.

(4) 탈삼각화

가족 내에서 두 사람의 관계가 불안하면 제삼의 사람과 융합된 관계를 맺고, 처음의 2인관계는 소원해지는 구조를 갖는다. 탈삼각화는 가족이 제시하는 문제와 관련하여 중요한 삼각관계 구조에서 융합된 2인관계는 거리를 두게 하고, 소원한

2인관계를 서로 다가가도록 코칭을 함으로써 균형 있는 분화된 관계로 변형시키는 것이다. 이 탈삼각화 과정에서 관계의 이면에 숨겨져 있던 본질적 문제가 드러나게 되는데, 이 시점이 가족의 근본적인 체계 내 정서과정에 개입할 시점이 된다.

탈삼각화 과정 사례

부부관계가 불안할 때면 어머니는 항상 아들에게 와서 아버지에 대한 불평을 이야기하곤 했다. 어머니가 아들과 밀착된 관계를 추구할수록 부부관계는 더욱 소원해졌다. 아버지는 가족으로부터 소외감을 느낀 나머지 더욱 사회활동에 집중하게 되었다. 아버지의 귀가 시간이 늦어질 때면 어머니와 다툼이 있었고, 그럴 때마다 어머니는 더욱 아들과 가까워짐으로써 불만을 해소했다. 어머니의 불평을 들을 때마다 아들은 어머니를 위로하고, 아버지를 비난하는 편에 서게 되었다(삼각관계 활성화).

아들이 독립할 나이가 되자 어머니는 우울 증상을 나타냈다(만성불안의 증상화). 어머니의 우울을 치료하는 과정에서 가족생활주기상 자녀 독립기 적응문제로 평가되었고, 가족상담사는 아들과 어머니의 융합된 관계를 탈삼각화시키고자 하였다. 탈삼각화 과정에서 가족상담사는 아들에게 더 이상 어머니 불평의 동조자나 해결사가 되려는 시도를 하지 않도록 코치할 수 있다. 이때 어머니는 위로와 충성을 보였던 아들의 융해된 반응에 익숙한 상태이므로 분화를 시도하는 아들의 행동에 대하여 강한 감정반사 행동을 할 수도 있다. 가족상담사는 이러한 감정반사 반응을 미리 예측하고, 아들이 탈삼각화된 자신의 위치를 지킬 수 있도록 대비한다. 가족상담사는 지속적인 코칭을 통하여 성공적으로 역기능적 삼각관계 패턴에서 분화하도록 도울 수 있다. 이전에는 어머니가 아들에게 와서 아버지에 대한 불평을 했을 때 아들이 무조건적으로 동조하고 위로함으로써 불안한 부부관계를 역기능적으로 지속시키는 역할을 하였다면, 아들이 가족상담사의 안내에 따라 자신의 위치를 분화된 위치로 변화시킴으로써 부부가 자신의 문제를 직접적으로 다룰 수밖에 없게 된다(탈삼각화 과정).

아들의 탈삼각화적 위치 변화로 어머니는 남편에게로 향하게 된다. 이제 부부가 가까이 접촉하게 되면 부부 사이에 오랫동안 잠재되어 드러나지 않았던 부부관계 내의 정서문제가 드러나게 된다. 부부는 이 시점에서 부부의 관계 개선을 위한 가족상담사의 도움이 필요하게 된다(부부 사이의 본질적 문제 직면).

(5) 관계실험

관계실험(relationship experiment)은 삼각관계 치료에서 삼각관계를 구조적으로 변화시키기 위해 사용하는 기법이다. 이것은 가족이 가족체계의 과정을 인식하고, 자신의 역할을 탐색하도록 하는 데 도움이 된다. 이 기법은 정서적으로 의존하려는 사람에게는 의존하는 상대방에게서 조금 떨어지도록 요구하고, 정서적으로 거리 두기를 하는 사람에게는 소원한 관계에 다가가서 새로운 관계를 맺도록 시도하게 한다. 이 과정에서 가족은 자신의 정서과정을 분명하게 인식하게 되고, 관계에 대해 보다 본질적인 접근을 하게 된다.

관계실험은 내담자가 원가족 삼각관계의 영향으로 정서 단절이 된 확대가족을 찾아가 새로운 만남의 기회를 갖도록 하는 데에도 활용된다. 자신이 성장한 가족 구성원과의 관계를 발달시킴으로써 분화를 증진시키는 것이다. 사람은 원가족에서 학습된 관계방식을 다른 관계에서도 사용함으로써 역기능적이 된다. 원가족으로 돌아가 과거의 배단이 형성된 관계체계와 불안을 새롭게 이해하고 변화할 수 있게 되면 다른 사회적 관계에서도 자유로워질 수 있다(Nichols & Schwartz, 2002).

(6) 코칭

코칭은 내담자가 직접 가족문제를 해결하도록 뒤에서 지지하고 조언하는 역할을 말한다. 모든 가족이 문제해결을 위해 참여하는 것은 현실적으로 어렵다. 이때 가족상담사는 가족에서 분화 수준이 보다 높은 사람, 동기부여가 높은 사람과 함께 가계도 작업을 함으로써 개인을 통하여 가족체계를 변화시키는 개입을 한다. 개인이 기능적으로 가족체계에서 분화된 행동을 하면 가족체계는 하나의 정서체계로서 순환적 과정으로 연결되어 있으므로 한 가족 구성원의 분화는 다른 가족 구성원의 분화로 이어져서 가족 전체의 분화 수준이 향상되는 결과를 가져올 수 있다. 효과적 코칭을 위해서 보웬 가족치료 상담사는, ① 가족체계의 정확한 관찰자가 되어 감정반사를 조절하고, ② 가족 구성원 간의 일대일 관계를 발달시키도록 한다. 그리고 ③ 가족 구성원의 감정반사를 조절할 수 있는 능력을 향상시키고, ④ 계속해서 중립적이면서 탈삼각화된 위치를 고수하기 위해 지속적인 노력을 하도록 돕는다.

(7) 자기입장 지키기

자기입장(I-position) 지키기는 핵가족 내에서 고정된 삼각관계에서 벗어나 진짜 자기로서 기능하는 것을 말한다. 삼각화된 위치에 있는 개인은 관계에 융해되어 자기 자신의 생각과 사고에 대한 인식 없이 융합된 대상에게 맞춰 버리는 자동적인 반응을 한다. 가족상담사는 내담자가 삼각화된 상대방에게 의존했던 패턴에서 벗어나 자기 위치를 지킬 수 있도록 코치함으로써 분화를 돕는다. 내담자는 가족상담사와 함께 가계도 작업을 하면서 체계의 순환 과정과 삼각관계의 흐름에 대해서 배웠기 때문에 자신의 사고와 감정을 분리시켜 관계에서 어느 쪽에도 치우치지 않는 분화된 자기입장을 지키고자 노력할 수 있게 된다. 상대방을 비판하거나 자신을 억압하는 감정반사 행동 대신에 분화된 자기신념에 의해 자신의 사고와 감정을 중립적이고 평정 상태에서 표현할 수 있게 된다. 이전처럼 관계에 융해되지 않고 자기 위치를 지키면서 진정한 자기로서 기능하는 것이다.

(8) 교육

가계도를 작성하면서 가족 구성원은 자신의 생활과 행동을 가족의 역사와 연결시켜 보기 때문에 가계도 패턴의 명료화는 중요한 교육적 기능을 한다. 이러한 명료화 과정에서 가족의 역기능적 행동이 사라지는 경향이 있다(McGoldrick et al., 1999). 이때 가족상담사는 개입 과정 중에 가족의 정서과정에 대한 이해를 돕기 위해 가르치는 역할도 하게 된다. 내담자는 자신의 가족체계와 정서과정에 대하여 이해할 수 있게 되면 자기 자신에게 초점을 두게 되고, 변화의 동기가 높아진다. 따라서 가계도를 내담자와 함께 작성하는 것 자체도 충분히 교육적 기능을 한다.

3) 개입 과정

보웬의 다세대 정서체계 가족치료 모델의 주요 구조는 다세대 가족패턴 추적하기, 해독하기, 재구성하기라는 특징으로 이어진다. 가계도를 작성하면서 가족패턴을 명료화해 가는 것은 보웬의 다세대 정서체계 가족치료의 핵심이다. 가계도 작성 과정에서 가족의 역사와 관계 양상을 명확화하면서 가족의 행동과 관계 및 시간의 연결을 재구성하고, 그에 대한 지각을 바로잡고, 정상화하는 중요한 도구이다. 이에 가족상담사는 가계도를 위한 정보를 수집하면서 가족체계 내에서 관계와 증상을 새로운 방식으로 바라보고, 문제행동을 더 큰 맥락에서 이해하도록 돕는다. 또한 가족의 역사적 사건과 그에 연관된 사람의 반응과 관계 변화, 사건의 전후 과정의 연결을 해 가는 재구성의 과정에서 상실과 단절에 얽힌 과거의 미해결된 정서문제나 은폐되었던 사건에 연관된 불안이 다루어지게 되면 가족 구성원은 새로운 힘을 얻게 되고, 분화 수준의 향상과 함께 가계도상에서 자원과 회복력의 근원을 찾게 된다(McGoldrick et al., 1999).

개입 과정은 전체적으로 크게 다음의 3단계로 나누어 볼 수 있다.

(1) 불안 감소 단계

만성불안이 있는 가족은 문제를 실제보다 지나치게 과장되게 받아들이거나 반대로 문제를 부정하는 경향이 있다. 이러한 감정 반응은 문제를 더욱 심각하게 만든다. 그러므로 문제에 대하여 뭔가를 시도하기 전에 가족 구성원은 평정 상태가 되어야 한다. 감정반사를 하게 하는 불안 수준이 감소되어야 평정 상태에서 생각할 수 있는 기능을 할 수 있다. 사고의 기능이 회복되었을 때 사람은 좀 더 현실적이 되고, 문제를 좀 더 확장된 시각에서 보게 되어 분화된 관점에서 대처할 수 있는 능력이 향상된다.

먼저, 가계도 작업을 하면서 핵가족 정서체계에서 개인과 가족의 스트레스를 탐색하고, 그에 대한 가족의 대처와 반응 패턴의 순환 과정을 탐색하면 변화가 필요한 관계방식을 발견할 수 있다. 핵가족 내 증상과 관련된 삼각관계와 가족투사 과정에는 흔히 핵가족 역사에서 형성된 불안과 원가족에서 형성된 미분화된 불안이 근원이 된다. 따라서 가족상담사와 내담자는 가계도 작업을 통해 핵가족과 원가족을 넘나들면서 현재와 과거를 연결 짓고 있는 불안의 실체를 찾아내야 한다.

이 과정에서 내담자는 가족의 문제를 보다 확장된 관점에서 이해할 수 있게 되며, 체계 내에서 자신의 불안 형성 과정과 불안과 증상과의 연관성에 대하여 통찰을 얻게 된다. 가족상담사는 과정질문을 통하여 내담자가 자기 자신에게 초점을 두도록 돕고, 자신이 관계 속에서 어떤 역할을 했는지를 체계론적 관점에서 볼 수 있도록 도와야 한다. 그 결과, 과거의 이야기가 재구성되고 재해석이 되면서 증상을 악화시키고 있었던 만성불안을 객관화시켜서 볼 수 있게 된다.

(2) 변화 계획 수행 단계

내담자가 보다 확장된 맥락에서 증상을 보게 되고, 자기 자신에게 초점 두기가 가능해지면 내담자는 점차 중립적인 위치에서 가족체계를 바라보게 되고, 사고와 감정체계를 분리하여 사용할 수 있게 된다. 이 단계에서 가족상담사는 내담자가 가족체계 내에서 변화된 행동을 위하여 어떻게 움직일 것인가 하는 방향과 변화 목표를 설정하고, 변화 계획을 내담자와 함께 세운다. 이때 가족상담사는 내담자가 변화를 위해 계획된 행동을 가족에게 돌아가서 수행할 때 예상되는 가족 구성원의 감정반사 행동에 대하여 과거의 익숙했던 행동패턴으로 말려 들어가지 않도록 대비시킨다. 이 단계에서는 탈삼각화, 관계실험, 자기입장 지키기 등의 새로운 패턴을 실행하도록 격려하고 돕는다.

(3) 변화 노력을 수행하고 일반화하는 단계

한 사람의 가족 구성원이 분화되는 경험을 성공적으로 잘 수행할 수 있다면 다른 가족체계도 분화된 관계방식을 사용하여 반응하게 되므로 기능적으로 관계할 수 있게 된다. 이러한 과정이 반복되면 가족은 이전보다 평온해진 상태에서 새로운 관계방식을 효과적으로 사용할 수 있게 된다. 가족체계는 보다 향상된 분화 수준으로 변화되어 문제해결 능력과 대처 능력이 향상된 안정된 체계로서 기능할 수 있게 된다. 또한 가족 외의 일반 상황에서도 새로운 분화된 관계패턴을 사용할 수 있게 되어 사회적 관계에서도 기능적으로 적응할 수 있게 된다.

복습 문제

1. 보웬의 건강한 가족에 대한 설명으로 옳지 않은 것은?

① 건강한 가족은 부모가 비교적 잘 분화되어 있고 불안 수준이 낮다.

② 원가족으로부터 완전히 독립되어 있고 정서적 교류가 없이도 핵가족 중심으로 잘 독립되어 살아간다.

③ 가족 구성원 각 개인이 자율성이 잘 확립되어 타인과 안정된 관계를 이루고 살아간다.

④ 가족생활주기상 경험하는 다양한 스트레스 상황에서 서로 협력적으로 대처해 갈 수 있다.

⑤ 부부관계가 안정되어 있고 핵가족 관계에서나 확대가족 관계에서도 균형 있게 기능하면서 자녀가 잘 분화된 개인으로 성장할 수 있도록 돕는다.

2. 보웬이 말하는 가족 증상이 발달하는 과정에 대한 설명으로 옳지 않은 것은?

① 보웬은 체계가 감당하기 어려울 정도로 불안이 심할 때 증상이 발생한다고 보았다.

② 분화 수준이 낮은 사람이 낮은 스트레스 상황에서도 쉽게 감정반사적이 되어 반복된 역기능 행동을 함으로써 다양한 증상이 발생한다.

③ 개인과 가족이 호소하는 증상은 불안한 가족체계 과정의 산물이다.

④ 개인의 심리를 제외한 가족관계에서 형성된 증상을 가족 증상이라고 할 수 있다.

⑤ 불안은 삼각관계 과정과 가족투사과정을 통하여 세대 간에 반복되고 불안이 악순환과정을 통하여 신체적 · 심리적 · 사회적 역기능으로 발전한다.

3. 자기분화가 잘 된 사람에 대한 설명으로 옳지 않은 것은?

① 분화가 잘 된 사람은 대체로 불안한 상황에서도 자기 자신의 사고와 감정을 분리시켜 기능적으로 사용하여 균형 있고 사려 깊게 행동하고 자기조절을 잘 할 수 있다.

② 적절하게 분화를 이룬 사람은 비슷한 수준의 배우자를 만나 가족생활주기상 경험하는 다양한 스트레스 상황에서 서로 협력적으로 대처해 갈 수 있다.

③ 잘 분화된 개인은 관계에서도 협력적이면서 동시에 독립적이어서 균형 있는 관계를 이루고 건강한 가족체계를 이룬다.
④ 잘 분화된 사람은 체계 내에서 자율성이 잘 확립되어 있고 집단 안에서도 한 개인으로서 기능할 수 있다는 것을 의미하며 다른 사람을 탓하거나 강요하지 않고 자신의 책임을 다할 수 있다.
⑤ 분화가 잘 된 사람은 집단 속에서 다른 사람의 생각과 자신의 생각을 분리시켜서 자기주장만을 내세우는 사람이다.

4. 보웬의 가족 증상을 설명하는 중요한 개념으로 옳은 것을 모두 고른 것은?

ㄱ. 불안　ㄴ. 의사소통　ㄷ. 삼각관계　ㄹ. 가족투사과정

① ㄱ　② ㄱ, ㄴ　③ ㄱ, ㄴ ,ㄷ　④ ㄱ, ㄷ　⑤ ㄱ, ㄷ, ㄹ

5. 보웬이론의 개념에 관한 설명으로 옳지 않은 것은?

① 삼각관계는 두 사람의 관계가 불안정해졌을 때 제삼의 사람에게 다가감으로써 불안을 회피하고 문제를 해결하는 행동으로 불안 감소에 매우 효과적인 행동이다.
② 가족투사과정은 원가족에서 형성된 자신의 불안한 감정문제를 핵가족 관계에 투사하는 과정을 말하는데 삼각관계와 함께 가족의 정서문제와 관계문제 발생에 중요한 영향을 끼친다.
③ 형제 위치는 개인의 기능뿐 아니라 가족투사나 삼각관계 형성, 다세대 전수과정에 영향을 끼치는 중요한 개념이다.
④ 원가족과 정서 단절이 심할수록 사회적 관계나 가족관계에서 단절이나 회피 등의 개인적 증상이나 관계상 역기능이 나타난다.
⑤ 사회적 정서과정은 사회에서도 가족 정서 과정과 유사하게 일어나는 현상을 설명하는 개념으로 만성적 사회불안이 증가되면 사회적 기능수준이 저하되어 높은 범죄율 등 사회적 증상이 심각해진다.

소집단 토론

1. 나의 가족의 3세대 가계도를 그려 보고, 가족 내 삼각관계와 가족투사과정이 어떻게 형성되어 있는지 토론해 봅시다.

2. 나의 부모님이 원가족에서의 경험을 자녀에게 투사한 것이 무엇인지 생각해 보고, 나의 성장 과정에서 어떤 영향을 주었는지 토론해 봅시다.

3. 한국의 전통적인 혈연 중심, 아들과 가문 중심의 가족문화가 개인의 분화 과정에 끼친 영향을 보웬이론에 비추어 생각해 보고, 한국의 현대 가족에서 일어나고 있는 변화에 대하여 토론해 봅시다.

나의 요점 정리

✎...

복습 문제 정답: 1. ② 2. ④ 3. ⑤ 4. ⑤ 5. ①

제4장

다세대 정서체계 가족치료 모델의 실제

이 장에서는 보웬의 다세대 정서체계 가족치료 모델을 활용하여 핵가족 자녀문제에 접근하는 사례를 제시한다. 보웬의 다세대 정서체계 가족치료 모델에서는 문제의 관계 과정에 연루된 모든 가족 구성원이 상담에 참여할 수 없을 때 한 사람을 통해서 가족 전체의 관계 과정을 변화시키는 가족코칭 접근을 활용한다. 이 장에서 제시하는 사례는 자녀문제를 호소하는 내담자를 통해서 핵가족 및 확대가족 체계에 접근함으로써 현재 호소문제의 해결을 돕는 사례이다.

사례에 등장하는 주요 인물은 핵가족 어머니(내담자)와 두 자녀, 내담자 원가족 아버지와 어머니이며, 이들이 세대 간에 만성불안이 전수되는 과정의 중심에 있다. 그리고 세대 간 정서 전달 과정에 핵가족과 확대가족 체계가 직간접적으로 연결되어 있다. 상담사는 내담자가 문제의 중심에 있다고 생각하는 아동에게 초점을 두기보다는 어머니와 증상을 가진 두 아동의 역기능적 순환 과정에 관심을 두었다. 이 순환적 상호작용에서 내담자 자신에게로 초점을 돌려 문제를 악화시키고 있는 내담자의 반응 유형과 내담자 내면에서 자동적으로 작동되고 있는 불안한 정서에 관심을 두면서 가족 전체 체계의 과정에 개입하는 시도를 하였다.

1. 사례의 개요

1) 가족문제: '아이를 어떻게 다루어야 할지 모르겠어요.'

(1) 의뢰 과정

내담자가 자녀문제로 부모교육에 참여하던 중 부모교육 강사로부터 상담권유를 받아 상담을 하게 되었다.

(2) 제시된 문제

내담자는 두 아들이 함께 놀다가 수시로 다투고 싸우면서 큰아이가 둘째 아이에게 주먹질을 하는데, 이때마다 큰아이를 야단치게 된다. 그러나 야단을 칠수록 큰아이의 행동은 나아지지 않고, 야단치는 자신의 행동도 이해할 수 없을 정도로 격분하게 된다. 이렇게 가다가는 크게 잘못될 것 같아 두렵다고 했다.

첫 회기에서 간단한 가계도 탐색을 하면서 내담자 자신이 자녀에게 하고 있는 감정반사적인 행동이 매우 심각하다는 의견일치를 보아 자녀와의 관계와 자신의 지나친 반사 행동을 함께 다루기로 하고 상담을 진행하였다.

2) 가족 배경

(1) 핵가족 상황

내담자는 현재 30대 초반으로, 10년 전에 결혼하여 아홉 살, 여덟 살의 두 아들을 두었다. 대학 졸업 후 직장생활을 하다가 친구 소개로 남편을 만나 6개월 만에 결혼하였다. 남편과는 결혼 초기부터 큰 다툼이나 갈등이 없었다고는 하나 남편에게 생활비를 달라고 할 때, 또는 필요할 때 요구를 하지 못해 혼자 속으로 앓는 일이 많아서 결혼생활에 불만이 높은 편이다. 결혼식 비용을 두 사람 모두 양가 부모의 도움 없이 각자 대출받아서 충당했기 때문에 결혼 초 3년간은 경제적으로 스트레스가 많았다. 신혼 초기부터 경제적 스트레스와 연년생의 자녀를 출산하게 되어 별다른 신혼 재미와 행복을 느끼지 못한 것 같다. 맞벌이를 하느라 아이들을 돌보는 사람이 여러 번 바뀌었고, 그래서인지 아이들이 더 불안하게 크는 것 같아 걱정이 많다.

두 아이는 자주 다투는데, 다툴 때마다 큰아이가 둘째 아이를 윽박지르거나 손찌검을 하면 내담자는 좋게 타이르지 못하고 격분하게 되어 큰아이에게 심하게 야단을 친다. 그러면 큰아이는 "만날 동생 편만 든다."고 반발을 한다. 내담자는 그러한 태도가 더욱 속이 상해서 심한 소리로 야단을 치게 된다. 이러한 자신의 모습이 싫은데, 자꾸 반복하게 되니 너무나 속상하고 좌절감이 든다. 요즘 들어 아이가 점점 더 심해지는 것을 보며 아버지처럼 폭력을 쓰는 사람이 될까 봐 절망적이다.

남편은 아이들에게 관용적인 편이다. 아이는 다 그렇게 크는 것인데 내담자가 너무 과민하게 대한다고 하니 내담자는 섭섭하고 자기만 홀로 헛되게 애를 쓰고 있는 것 같아 더욱 화가 나고 막막하고 답답하다. 요즘에는 아이들 일로 남편과도 자주 다투게 되니 매사에 짜증이 나고 힘이 든다. 남편도 못마땅하고, 최근에는 시댁문제도 겹쳐서 사는 게 너무나 우울하다.

그동안 내담자는 큰 수술을 두 차례나 해야 했다. 4년 전에 수술을 한 것이 재발하여 1년 전에 다시 수술을 하게 되면서 직장을 1년간 휴직하고 있었는데, 곧 있으면 복직을 해야 하는 상황이라 직장에 가기도 싫고, 매사에 힘들고 짜증이 난다.

(2) 원가족 상황

남편은 시골에서 농사를 짓는 가난한 부모의 2남 2녀 중 막내로 태어나 경제적으로 그다지 풍족하지는 않게 살았으며, 4남매 중 남편을 포함한 세 명이 대학을 졸업하여 안정된 직장에 근무하고 있다. 남편은 고등학교 시절부터 부모와 떨어져 도시에서 형과 함께 자취생활을 하였다. 시부모님은 자식 교육에 헌신적이었고, 남편은 부모님으로부터 간섭받거나 야단맞은 기억이 없다고 하며, 각자 알아서 큰 것 같다고 한다.

내담자는 2남 2녀 중 큰딸로 태어났으며, 농사짓는 부모님을 도와 농사일도 돕

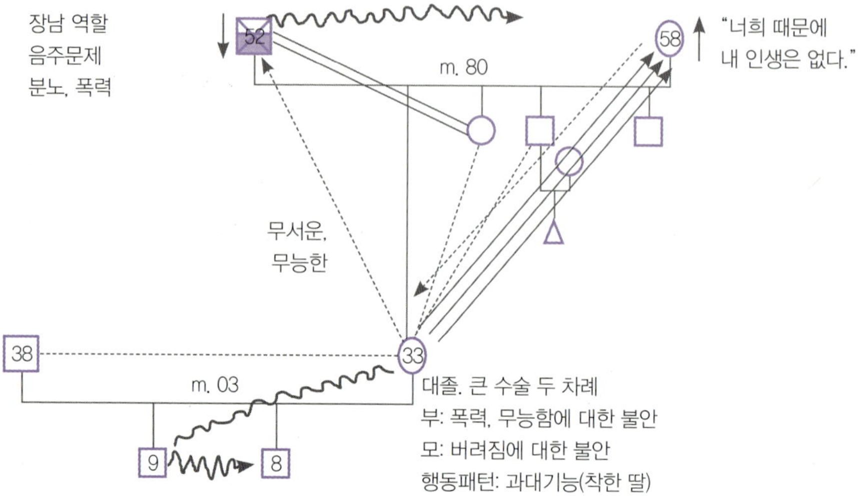

그림 4-1 개입 초기에 내담자가 호소한 가계도

고 집안일도 도우면서 일하기 싫다는 생각을 많이 하면서 자랐다. 농사일을 도와야 하기 때문에 학교 숙제를 못하고 들로 나가야 했으며, 대학을 가서 공부를 하고 싶었지만 평소 실업계 고등학교를 가라는 아버지의 말에 대학을 못 갈 줄 알았다. 아버지는 바로 밑 여동생에게는 자주 칭찬을 했고 다정하게 대했지만, 내담자에게는 "맏이는 책임이 크다."는 말을 자주해서 섭섭했던 적이 많았다. 어렸을 때 농사일을 할 때면 부모님은 자녀들에게 뙤약볕에서 일을 시키고, 아버지는 술 마시고 소리지르는 모습만 기억나 내담자는 어린 마음에 '우리를 일 시키려고 낳았나 보다.'라는 생각이 들어 불만이 컸다. 내담자는 아버지가 항상 술을 마시며 어머니에게 자주 심한 폭력을 했던 모습만 기억난다고 했다. 그러나 아버지가 두려워서 아무 말도 못하고 숨죽이며 살았다.

내담자에게는 어린 시절에 어머니가 아버지의 폭력에 몇 번인가 집을 나가서 며칠 만에 돌아오기도 했던 기억이 있다. 어머니는 "속아서 결혼했다." "너희 때문에 내 인생은 없다."는 말을 자주 했다. 어머니는 내담자의 초등학교 시절 기억으로 비닐하우스 농사도 짓는 등 생활력이 강한 분이었다. 어머니는 들일을 갈 때면 항상 자녀를 데리고 가서 함께 일을 시켰다. 그래서 항상 '우리를 너무 힘들게 일만 시키는 엄마'라고 생각했지만, 어머니가 떠나 버릴까 봐, 어머니가 아버지에게 맞아 죽을까 봐 늘 두려움 속에 살았다. 그래서 자신은 항상 어머니에게 충성을 다하는 착한 딸이 되려고 노력했으며, 어머니에게도 자신이 첫 번째로 중요한 자식이라고 생각하면서 살았다.

3) 개입 목표

- **자녀에 대한 감정반사 행동에 내재되어 있는 불안 감소:** 원가족 아버지와의 관계에서 미분화된 감정(폭력에 대한 불안)을 다루어 평정 상태에서 아이의 문제와 원가족의 문제를 분리시킬 수 있도록 한다.
- **탈삼각화 자기입장 지키기:** 원가족 부모-자녀 삼각관계를 다루어 어머니와 지나치게 융합된 삼각관계에서 탈삼각화하여 분화된 자기 자신으로 기능하게 한다.
- **자녀와 분화된 관계 형성:** 자녀와의 관계에서도 불안반사적 패턴이 아닌 분화된 위치에서 균형 있는 부모 역할과 적절한 반응을 할 수 있도록 한다.

2. 다세대 정서체계 가족치료 모델의 개입 과정

이 사례의 개입 회기는 총 13회기로 이루어졌다. 보웬의 다세대 정서체계 가족치료 모델의 개입 과정은, ① 불안 감소 단계, ② 변화를 계획하고 수행하는 단계, ③ 변화 노력을 스스로 수행하고 일반화하는 단계로 나누어 볼 수 있다. 보웬 가족치료 상담사는 핵가족 역사를 탐색하여 핵가족 과정에서의 스트레스와 불안의 수준을 탐색하였다. 그리고 내담자의 핵가족 내 자녀와의 관계에서 일어나고 있는 관계의 순환성에 초점을 두어 내담자 자신이 하고 있는 감정반사 행동의 역할에 대하여 알아차릴 수 있도록 하였다. 이 과정을 통하여 내담자는 자신의 내면에 있는 폭력에 대한 불안이 원가족 아버지와의 관계에서 형성되었던 것임을 알고,

불안이 현재의 자녀와의 관계에 투사되고 있음을 통찰하게 되었다. 그리고 이 불안이 활성화되도록 하는 데 기여하고 있는 어머니와의 관계불안과 기타 다른 관계불안에 대해서도 다룰 수 있는 시간을 가졌다(불안 감소 단계). 이렇게 불안을 다루는 과정에서 자녀에게 감정반사를 하지 않음으로써 자녀의 행동도 개선되는 경험을 하였다. 이 시점에 이르러 내담자는 불안에 압도당하지 않고, 불안에 대처할 수 있게 되었다(변화 계획과 수행 단계). 내담자는 자신의 불안의 실체에 대하여 알게 되자 이제는 시댁관계나 직장 내에서의 다른 관계에서도 자신의 내면의 불안을 감지하고, 기능적으로 대처하는 방법도 배우게 되었다(변화 노력의 일반화 단계).

내담자와 함께했던 가계도 작업에서 핵가족 정서과정에서의 증상과 연루된 삼각관계와 가족투사과정, 이와 관련된 원가족 과정의 탐색과 탈삼각화, 관계실험, 자기입장 지키기 등이 적용된 단계별 개입 과정은 다음과 같다.

1) 초기 단계: 가계도 통찰을 통한 불안 감소 단계

(1) 1회기 상담: 문제의 명확화, 핵가족 순환 과정 탐색, 내담자에게 초점 두기

첫 회기 상담에서 내담자는 자녀의 다툼에 대한 걱정과 자신의 지나친 감정반사 행동(격분하기)에 대하여 이야기했다. 상담에 오게 된 이유는 자신이 아무리 큰아들에게 동생을 때리지 말라고 해도 그치지 않는 것에 대한 좌절감과 아들의 행동에 대하여 자신의 불같이 화내는 행동이 너무 지나치고, 아들이 더욱 못된 아이가 되어 가고 있어서 정말 걱정된다고 하였다.

상담사는 내담자와 함께 핵가족 가계도를 작성하면서 아들의 행동에 대한 내담자의 걱정과 염려에 대한 공감적 지지와 함께 아들의 화내는 행동이 어떻게 내담자 자신에게 그토록 큰 문제가 되고 있는지에 대해 내적 과정질문과 함께 순환적 관계 과정에 대한 질문을 하였다.

이 회기에서 내담자는 큰아이의 화내는 행동이 사실은 자신과 큰아이와 둘째 아이 사이에 삼각관계를 형성하고 있는 셈이며, 큰아이에게 어머니로부터 소외된 위치에서 거부당하는 불안을 갖게 한다는 것을 알게 되었다. 내담자가 아들의 폭력행동에 관심을 갖고, 그 행동을 고쳐 주려고 했던 행동들이 오히려 아들을 소외된 위치에 있게 하고, 큰아이가 소외에서 오는 분노의 감정을 둘째 아이에게 투사하고 있었다는 것을 인식하게 되었다. 내담자는 두 아이의 관계를 개선시키려고 했던 시도가 자신이 그토록 싫어하고, 걱정하는 큰아이의 폭력적 행동의 요인이 되고 있음을 알게 되었다(순환적 관계에서 자기 자신의 역할 인식, 자신에게 초점 두기). 상담사는 상담 과정에서 내담자가 원가족에게서 경험했던 아버지의 폭력에 대한 두려움(만성불안)이 아들에게 투사되고 있음을 발견하고, 다음 회기에서 이와 관련한 가계도 탐색을 계획하였다.

이와 함께 가계도를 작성하는 중에 내담자가 최근 들어 여러 가지 스트레스 상황에 노출되어 극도로 우울한 상태에 있음을 인정하게 되었다. 따라서 상담사와 내담자는 내담자의 불안과 우울을 다루는 것이 자녀문제에 보다 효과적으로 대처할 수 있을 것으로 합의된 목표를 설정하게 되었다.

내담자가 최근에 경험하고 있는 스트레스 상황은 다음과 같다.

- 신체적 스트레스: 예전에 했던 수술 부위가 재발되어 재수술을 하고, 그로 인해 직장을 휴직할 정도로 심신이 약해진 상황
- 휴직 후 직장 복귀 날짜가 가까이 다가오면서 평상시 경험했던 직장 상사와의 관계 갈등에 대한 불안 증가
- 최근에 친정 남동생이 결혼하여 올케가 임신하면서 어머니가 동생과 친밀해진 것을 보자 융합된 관계였던 어머니로부터 소외된 감정 경험으로 불안 증가
- 두 자녀에 대한 돌봄 스트레스
- 시댁관계(동서)에서의 심리적 갈등으로 인한 남편과의 불편한 관계에서 오는 스트레스

내담자가 최근 들어 경험하고 있는 이러한 스트레스 요인들에 대하여 요약 정리한 후, 내담자와 상담의 우선순위를 결정하였다. 일차적으로는 자녀와의 관계 속에 투사된 자신의 불안과 관계방식에 대하여 상담목표를 정하고, 이차적으로는

직장 복귀에 대한 스트레스 대응과 남편과 시댁문제에 대한 갈등을 다루기로 하였다.

표 4-1 순환적 관계 과정질문

구분	상담내용	개입
상담사	아이들이 함께 놀다가 다투게 되면 어머니는 그것이 어떻게 느껴지나요?	내적 과정질문
내담자	아이들이 서로 사이좋게 지내야 하잖아요. 그런데 같이 놀았다 하면 다툼질이에요. 특히 큰애가 동생을 마구 잡아요. 너무 심하게 소리지르고, 때리고, 그렇거든요. 그럼 둘째는 울고, 같이 야단치고…… 난리가 나요. 그러면 제가 가서 야단을 치게 돼요. 그런데 아무리 해도 고쳐지지 않아요. 더 심해졌어요. 이제는 저한테 대들기까지 해요.	
상담사	정말 걱정이 크시겠네요. 그런데 큰아이가 동생에게 소리 지르기 시작하면 어머니는 마음이 어떠시죠?	내적 과정질문
내담자	그때부터 저는 정말 화가 욱하고 올라오죠. 저게 저러다가 어떻게 되려고 저러나……. 저렇게 크면 정말 못된 아이가 될 것 같고…… 그래서 바로 가서 야단치기 시작하지요.	
상담사	못된 아이가 되는 게 정말 많이 마음에 걸리시나 봐요?	
내담자	그렇죠. 사람이 인성이 좋아야 하잖아요!	
상담사	아하, 선생님은 아이들의 인성이 좋아야 하는데 아이가 동생에게 화내고, 주먹질하고 하는 게 인성이 바르게 되지 못할까 봐 걱정이 많이 되시는구나! 그래서 아이에게 어떻게 하시게 되나요?	2인관계에서 순환적 과정질문
내담자	요즘에는 뛰어가서 나도 막 소리를 지르게 돼요. 그렇게 하려고 한 건 아닌데…… 정말 좋게 타이르려고 하다가도 아이가 날 똑바로 쳐다보는 눈만 봐도 화가 확 치솟아 오르는 거예요. 그렇게 되면 저도 꽥꽥 소리를 지르게 돼요. 정말 미치겠는 거예요.	
상담사	저런, 생각과는 달리 격하게 야단치시게 되나 봐요? 그런 내 모습이 또 마음에 안 들고, 화가 나시고……. 그럼 아이는 다음에 행동이 좀 나아지나요?	순환적 과정질문

내담자	아니지요. 갈수록 더 심해지는 것 같아요. 둘째한테 더 못되게 굴어요. 그럼 또 저는 가서 난리를 치고……. 요즘에는 제가 미쳐 가는 것 같아요.	
상담사	어떡하나! 아이문제를 잘 해결해 보려고 계속해서 노력하는데 아이가 더 염려스런 상태가 되어 가고 있네요. 야단치는 것이 더 이상 효과가 없는 방법인 것 같은데…… 어머니 생각은 어떠세요? 어머니의 진짜 걱정은 무엇이지요? 아이가 그대로 가면 어떻게 될까 봐 그렇게 많이 걱정하고, 고생하시고 그러세요?	순환적 과정의 역기능성 인식, 불안 탐색
내담자	얘가 저렇게 되면 나중에 폭력적이 될까 봐 정말 걱정이에요. 저의 친정아버지가… 생각하기도 싫은데……. 꼭 그렇게 될까 봐……. (울음을 터뜨린다)	만성불안 노출

(2) 2회기 상담: 원가족 아버지와의 관계에서 형성된 불안 감소

2회기에서는 1회기에서 발견했던 내담자의 호소문제인 큰아들의 거친 행동에 대한 내담자의 만성불안을 다루기로 하였다. 가계도 탐색에서 내담자는 아버지를 무능력하고 폭력적인 사람으로 정의 내렸다. 내담자는 아버지와의 관계에서 형성된 상처가 미분화된 감정이 되어 현재에도 활성화되고 있음과 그 영향으로 어머니가 떠나 버릴지도 모른다는 애착불안이 아버지로부터 거리를 두게 하고, 어머니와 융합된 삼각관계를 형성하도록 했다는 것을 알게 되었다.

원가족 가계도 탐색에서 드러난 아버지의 상황은 다음과 같다. 아버지는 성장기에 공부를 하고 싶었으나 부모의 반대로 진학이 좌절되었고(성장 욕구의 좌절감, 불안 형성), 부모의 큰 기대와 특권을 가졌던 형과의 삼각관계에서 소외된 위치에 있었던 것으로 보였다(소외에 대한 만성불안 형성). 공장에 취직해서 기술을 배우라는 부모님의 명령에 마음으로는 원망이 컸지만 어쩔 수 없이 취직한 공장에서 얼마 되지 않아 큰 부상을 입고 장애를 갖게 되었다. 그로 인해 공장을 그만둘 수밖에 없었던 아버지는 학업 중단과 장애로 인해 부모를 원망하면서 좌절과 실의에 빠져 거의 매일 술을 마셨다고 한다(불안에 대한 감정반사적 회피 행동). 내담자는 아버지가 술을 마시고는 어머니를 구타하고, 집에 불을 지르겠다고 위협하는 것, 농약으로 자살 위협하는 것 등 항상 불안이 심한 상태에서 자랐다. 또한 내담자의 형제자매는 공부보다는 부모님을 도와 농사일도 해야 했다.

내담자는 너무나 공부를 하고 싶었지만 숙제도 하지 못하고 들에 나가 일을 할 수밖에 없었다. 아버지는 나무 그늘에서 술을 마시면서 뙤약볕에서 일을 하고 있는 아내와 아이들에게 잔소리만 했던 것으로 기억하고 있었다. 이러한 아버지를 보면서 내담자는 '아빠는 감독자 같고, 우리를 일 시키려고 낳았나 보다.'는 생각이 드니 아버지의 폭력과 무능력이 너무나 싫었다(폭력과 무능력에 대한 만성불안 형성).

내담자는 어머니에 대해서도 만성불안과 미분화된 감정을 가지고 있었다(아버지의 폭력으로 인한 2차 관계 과정). 내담자는 아버지의 폭력에 대하여 어머니가 적극적으로 대처해서 자신들을 보호해 주기를 바랐지만, 기대와는 달리 어떤 대처도 하지 않았던 어머니에 대하여 서운한 감정을 가졌다. 그리고 들에 나가 일만 시키는 어머니에 대하여 '우리를 너무 힘들게 일만 시키는 엄마'로 기억하고 있었다. 그러나 내담자가 초등학교 다닐 무렵에 어머니가 여러 번 집을 나갔던 경험이 있어 '엄마가 우리를 떠나 버릴지도 모른다.'는 두려움에 어떤 표현도 하지 못하고 착한 딸로서 과대기능하는 패턴을 반복하게 되었다(불안에 의한 감정반사 반응). 이러한 과정에서 내담자는 어머니에게 다가가는 융합된 삼각관계를 형성하고, 아버지로부터 거리 두기를 하면서 폭력에 대한 강한 불안과 어머니로부터 버려짐에 대한 불안이 내재화된 것으로 보였다(삼각관계 고정화). 내담자의 이러한 성장기 불안과 불안반사적인 행동 유형이 핵가족에서 자녀와의 관계와 남편과의 관계, 시댁과의 관계에 투사되어 다양한 관계 갈등을 만들어 내고 있음을 볼 수 있었다.

상담사는 가계도 탐색에서 내담자가 가졌던 아버지의 폭력에 대한 분노와 두려움이 만성불안이 되어 현재 핵가족 내에서 큰아들이 둘째 아들과 다툴 때마다 과도하게 감정반사적이 되는 것에 대하여 이야기를 나누었다. 내담자는 자신의 원가족에서 형성된 아버지에 대한 만성불안이 자녀에게 투사되어 과도하게 감정반사적이 되고(세대 간 가족투사과정), 자신의 야단과 질책을 받은 큰아이가 동생에게 분노를 투사하여 더욱 폭력적이 되는 순환 과정을 반복하고 있다는 것을 인식하고는 자기 자신의 역할에 초점을 두기 시작하였다.

표 4-2 가족투사와 순환적 관계 과정에 대한 질문

구분	상담내용	개입
상담사	어렸을 때 아버지의 폭력을 보면서 어떤 생각을 하였던 것 같나요?	내적 과정질문
내담자	너무나 무서웠고, 싫었어요. 아버지는 거의 매일 술을 마셨고, 술을 마시면 엄마를 정말 못살게 했어요. 일도 안 하고, 우리만 못살게 굴고, 능력도 없으면서 술만 마시고……. 일주일이면 거의 매일 깨지고 부서지고…… 울고, 동생들도 울고, 너무나 창피했어요. 이웃 사람들이 다 듣고, 보고 있는데…… 아무도 말려 주지 않고…….	
상담사	정말 많이 무서웠겠네요! 두렵고…… 거의 매일? 얼마나 불안하고 힘들었을까? 아버지가 밉기도 하고…… 상처가 많았겠네요. 그때 우리 집이 좀 어떻게 되었으면 좋았을 것 같아요? ……(중략)……	
내담자	저는 우리 집이 정말 싫었어요. 아버지가 창피했어요. 집에 불을 질러 버리겠다, 죽어 버리겠다 하면서 소리를 고래고래 질렀고, 집안의 물건이 제대로인 것이 없었어요. 저는 엄마가 아버지를 좀 어떻게 해 줬으면 좋겠다고 생각했지만 그렇지 못했어요. 어머니도 원망스럽고, 우리 집 상황이…… 그런 것이 정말 너무나 싫었어요……. (울음을 터뜨린다)	
상담사	……우리 아버지가 좋은 아버지였으면 좋았을 텐데 그렇게 안 돼서 정말 많이 슬프고 아팠겠네요. 그런 아버지를 보면서 어떤 생각을 하면서 살았던 것 같나요?	가족투사과정 탐색
내담자	부모는 아이가 잘 클 수 있게 도움이 되어야 하는데 도움은 못 줄망정 너무 상처가 많아서 '나는 커서 저런 부모는 안 돼야지…….'	
상담사	음, 그렇지요. 그런데 '저런 부모'는 무슨 뜻이지요?	

내담자	아버지같이 무능하고, 폭력적이고, 아이들을 항상 불안하게 하는 아버지…… 뭐, 그런 거지요. 그런데 내가 그렇게 되고 있는 것 같아서……. (또다시 울음을 터뜨린다)	
상담사	요즘 그런 생각이 드세요? 그럼 더 마음이 많이 아프겠군요! 우리 아이가 동생을 때리고, 소리지르고 하면 내 마음속에서 어떤 불안한 생각이 나를 흔들어 놓는 것 같나요?	불안 탐색
내담자	'내 아이가 아버지처럼 될 것 같아!' 그런 생각이…… 그럼, 안 돼요!	만성불안 표출
상담사	아, 내 아이가 아버지와 같은 나쁜 사람이 될 것 같아서 괴로운 거네요. 그래서 고쳐 주고 싶었던 거네요?	가족투사
내담자	네, 그런데 그게 잘 안 되고, 애가 점점 더 나빠지는 거예요.	
상담사	그렇군요. 그런 불안에 휩싸이면 바로 나서서 야단치게 되는 거네요? 하다 보니 점점 더 심하게 되는 것 같고…… 그리고 나는 내가 어려서 꿈꾸던 '괜찮은 부모가 못 되는 거고…….' 저런, 그동안 이중으로 힘드셨네요? 고생만 실컷 한 셈이네요. 이런 마음이 내 안에 있는 것을 아니까 어떠세요?	감정반사 패턴의 악순환
내담자	그런 마음이 내 안에 있는 줄 몰랐어요. 우리 아버지에 대한 미움 때문에 내 아이한테 그렇게까지 심하게 하게 되는 줄은 몰랐어요.	자기 자신에게 초점 두기
상담사	그렇죠? 그런데 아이를 고쳐 주려고 애쓴 셈인데, 그게 잘 되신 것 같으세요? 고치는 게…….	
내담자	아니에요. 더 나빠진 것 같아요.	순환적 인과관계
상담사	그럼 야단치는 방법이 더 나빠지게 했으니 안 되겠고, 뭔가 다른 방법이 필요하겠네요…….	

(3) 3회기 상담: 원가족 아버지와의 관계에서 형성된 불안 감소와 분화

2회기 때 다루었던 부분에 대하여 간단히 점검하고, 2회기에 이어 내담자와 아버지와의 관계에서 형성된 만성불안의 감소를 위해 개입하기로 했다.

내담자가 고등학교에 진학하게 되자 어머니는 자녀 교육을 위해 아버지만 고향에 남겨 두고 대도시로 이사를 했다. 어머니는 도시에서 조그만 음식점을 하면서 내담자와 여동생에게 일을 시켰고, 주말이면 다시 시골로 농사를 지으러 갔다. 이 과정에서 아버지는 죽어 버리겠다고 농약을 먹는 소동을 피웠지만 어머니의 고집을 꺾지 못했다. 내담자는 어머니가 주말에 시골에 갈 때면 어머니 대신 가게 일을 하면서 혹시라도 어머니가 맞아 죽을까 봐 두려웠다. 어머니는 항상 "속아서 결혼했다." "너희 때문에 내 인생은 없다."는 말을 자주 했고, 내담자는 아주 어려서부터 '엄마를 위해 살아야 한다.'는 결심을 하면서 어머니의 뜻을 맞추면서 살았다(삼각관계 형성: 미분화된 융합관계, 과대기능). 내담자는 한 번도 어머니에게 요구하거나 거절하지 못하는 착한 딸로 살았다. 그러나 속으로는 일하기도 싫었고, '죽고 싶다.'는 생각을 참 많이 하면서 성장했다.

상담사는 가계도 탐색에서 이러한 어머니와의 관계에서 자기 자신을 존중하기보다는 항상 타인 중심으로 눈치를 보면서 살았던 내담자 자신을 돌아볼 수 있도록 하였다. 내담자는 자신의 감성과 생각을 다른 사람에게 표현하는 것을 정말 어려워하였고, 누구에게 요구하거나 요청하는 일이 어려워서 시댁과 남편과의 관계에서도 이러한 패턴을 보였다. 내담자가 가진 이러한 자기억압적 감정패턴은 어머니가 떠나 버릴지도 모른다는 만성불안에 의해 현재에도 자동적으로 반복되고 있음을 통찰하게 되었다.

이어서 상담사는 내담자와 아버지와의 관계에서 형성된 미분화된 감정을 다루기 위해 아버지의 원가족을 탐색하였다. 아버지는 내담자가 결혼하여 큰아들을 낳을 때쯤 돌아가셨기 때문에 아버지와는 직접적인 치료 과정을 가질 수 없었다. 내담자와 함께 아버지의 원가족 과정을 탐색한 결과, 아버지는 일찍부터 학업이 좌절되었고, 장애를 가지고 살아야 했던 것에 대한 아버지 가족의 배경을 살피게 되었다. 아버지도 부모로부터 수용적이고 존중적인 돌봄과 지지를 받지 못함으로써 성장의 좌절에서 오는 상처와 슬픔이 내재된 만성불안을 경험하고 있었다는 것을 새롭게 인식하게 되었다. 아버지의 행동은 가족에게 심각한 피해를 가져다주었지만 아버지의 그 행동조차도 체계의 산물이었다는 것을 인식을 하게 되면서 내담자는 과도한 책임감과 죄책감을 서서히 내려놓게 되었다. 내담자 자신도 원

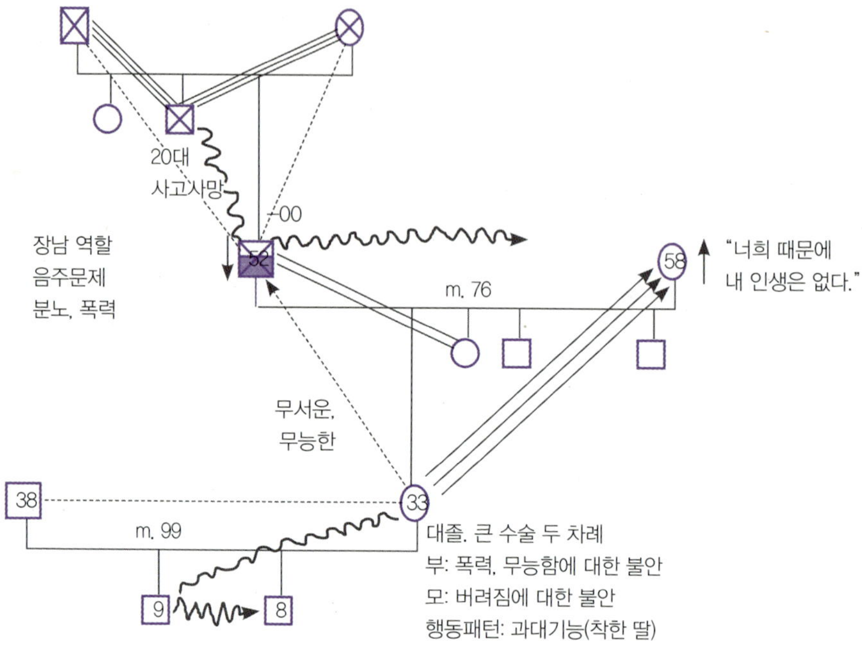

그림 4-2 내담자 아버지의 원가족 포함 3세대 가계도

가족에서 형성된 만성불안 때문에 자신의 자녀에게 지나치게 관여하고, 폭력적이 되어 버린 것을 인정하게 되었다. 이제 자신의 문제를 스스로 해결해야만 세대 간 전수를 막을 수 있다는 것을 통찰하면서 자기 자신에게 초점 두기를 할 수 있게 되었다.

이 시점에서 내담자는 불안이 감소되는 경험을 하게 되었다. 상담사는 내담자에게서 감정반사적 반응이 감소되는 모습을 관찰하고, 내담자의 객관적 사고의 기능을 확장하는 질문을 시작하였다. 이를 위하여 상담사는 가계도 탐색에서 나타난 사실을 중심으로 아버지가 폭력적이고, 무능력하다는 내담자의 만성불안적인 해석에 도전하는 과정질문을 하였다. 이러한 시도는 조심스럽게 이루어졌는데, 내담자가 가지고 있는 과거의 가계도에 대한 미숙한 해석에서 벗어나 좀 더 확장된 해석을 함으로써 미분화된 감정에서 벗어나게 하는 효과를 가져온다. 아버지의 다른 면을 발견한 내담자는 아버지에 대한 미숙하고, 부정적인 해석에서 벗

표 4-3 아버지와의 관계 불안 감소와 분화를 위한 과정질문

구분	상담내용	개입
상담사	(아버지와의 관계에서 형성된 불안의 영향에 대한 이야기를 나눈 후) 그렇게 힘든 세월을 사셨는데, 아버지는 어떻게 그렇게 자기 자신을 감당하지 못하고, 가족을 힘들게 하는 사람이 되었을까요? 뭐 생각해 보신 게 있으세요?	확대가족 관계 과정 탐색
내담자	아버지가 사실은 손목에 장애가 있어요. 어려서 할머니, 할아버지가 가난해서 공장에 기술 배우라고 보냈는데 ……(중략)…… 아버지는 공부를 하고 싶으셨대요. 대학도 가고 싶었고, 그런데 할아버지가 큰아버지만 공부시켰는데…… 큰아버지는 젊어서 돌아가셨어요. 그래서 아버지가 큰아들 몫까지 해야 했지요. 아버지는 항상 그것도 불만이셨던 것 같아요. 술만 마시면 그 한탄이었어요. 전 그게 정말 듣기 싫었어요.	아버지에 대한 내담자의 인식수준 탐색(불안에 의한 불균형한 사고)
상담사	그랬군요. 상황이 그렇게 되면 가족 입장에서는 정말 듣기기 괴로웠을 거예요. 어린 내담자가 이해하기 힘들었을 거예요. 그리고 아버지에 대한 기대가 있었을 테니까……. 아버지가 정말 좌절이 많았던 것 같은데, 하고 싶은 공부도 못하고 공장에 갔다가 장애인이 되어 버리고……. 큰아들만 위해 준다고 생각했던 아버지는 그런 할아버지를 보면서 많이 서운했겠네요. 어떤 마음이었을까요? 아버지에게 들은 이야기가 좀 있으세요? (가계도상 할아버지와 큰아버지, 아버지 관계에 삼각화 과정 탐색 후) 이렇게 할아버지, 아버지, 큰아버지 삼각관계로 놓고 보니 어떠세요? 아버지는 아버지의 원가족에게서도 소외된 위치에 있고, 핵가족에서도 소외된 위치에 있네요? ……(중략)……	체계적 관점에서 가족관계 탐색
내담자	우리 가족에서의 모습과 똑같네요. 아버지도 외롭기는 했을 것 같아요. 가족 중 누구도 아버지 옆에 가지 않았으니까. 우리는 다 어머니 편이었거든요. 제가 고등학교에 가면서 어머니는 우리 교육시켜야 한다면서 도시로 이사를 했어요. 거기서 주중에는 가게를 운영하고, 주말에는 시골 가서 농사를 짓고, 우리는 주말에 가게 일을 보고요.	

상담사	어머니도 정말 생활력이 대단하신 분이네요. 교육열도 정말 높으시고……. 그럼 주말에만 어머니가 시골에 가서 농사일을 하셨다면 주중에는 누가 농사일을 하지요? 아버지가 농사일을 안 하셨다고 했는데, 누가 대신 농사일을 해 주신 분이 있었나요?	
내담자	(주춤하며 생각함) 아, 아니에요. 주중에는 아버지가 농사일을 했을 거예요. 맞아요. 아버지가 하셨어요.	체계질문에 의한 사고의 확장
상담사	아, 네……. 그런데 제가 이 가계도를 보면서 궁금한 게 하나 있어요. 형제 분이 모두 대학을 졸업하셨는데, 모두 자립으로 하셨나요?	
내담자	아니에요. 부모님이 모두 학비를 대 주셨어요. 공부만은 다 해야 한다고……. 저희 아버지는 학교에 낼 돈이 없으면 온 동네를 다니면서 빌려서라도 제 날짜에, 한 번도 기한을 어기지 않도록 제 날짜에 돈을 만들어 주셨어요.	
상담사	아, 그러셨어요? 정말 대단한 분이시네요. 어머니도, 아버지도 교육에 대한 관심이 매우 높으셨네요. 그 부분에 대해서는 어떻게 생각하세요? 지난번에 아버지가 일도 안 하고, 무능력한 사람이라고 하셨는데…… 제가 보기에 장애가 있는 분으로 혼자 농사일도 하시고, 자녀들 학비도 제 날짜에 꼭꼭 챙겨 주시고…….	사고의 확장을 돕는 과정질문
내담자	정말 그러네요. 그러고 보니 정말 아버지를 잘못 알고 있었네요.	아버지에 대한 새로운 정의(불안 감소)

어나 아버지가 자신에 대하여 어떤 존재였는지를 재해석함으로써 자기정체성과 자존감이 회복 및 성장하는 경험을 하게 되었다.

(4) 4회기 상담: 어머니와의 관계에서 형성된 미분화된 불안 다루기

4회기에 참석한 내담자는 그동안의 변화에 대한 질문에 큰아이에게 신기하게도 예전처럼 화를 내지 않고 있는 자신을 발견했다고 하였다. 남편도 "요즘 다른 사람하고 사는 느낌이다."라고 말해 주었다며 미소를 지었다. 내담자는 평정 상태를 많이 회복한 모습을 보였다. 이 회기에서는 가계도 탐색을 통하여 어머니와의 관계에서 형성된 만성불안에 대하여 다루었다.

내담자는 항상 일을 시켰던 어머니, 적극적으로 보호해 주지 못했던 어머니에 대한 서운함이 많았지만, 어머니가 자신을 떠나 버릴지도 모른다는 두려움 때문에 자기 자신을 억압할 수밖에 없었던 과거의 사건들을 이야기하면서 많은 눈물을 보였다. 초등학교 시절 몇 번에 걸친 어머니의 가출로 인해 형성된 만성불안이 그 후로 어머니에게 지나치게 충성스러운 착한 딸로 살아가기로 선택한 자신의 과대기능 행동패턴을 낳았고, 자신의 요구와 생각을 말하지 못하는 감정 억압의 패턴이 고정되어 있음을 인식하였다. 그리고 현재의 사회적 관계(부부관계, 시댁관계, 직장) 속에서도 타인의 요구에 맞춰 주는 패턴을 자동적으로 사용함으로써 항상 내적인 갈등 속에서 만족스럽지 못한 삶을 살아가고 있음을 통찰하였다.

이러한 과정은 여러 장면에서 반복되고 있었다.

- 어머니의 돈 걱정에 부탁받지도 않았는데 먼저 나서서 대출을 받아 보내드리고는 갚지 않는 어머니에 대해 섭섭해 하면서 돈이 필요해도 말을 못하고 있는 것
- 시댁에서 막내며느리이면서도 알아서 먼저 과대기능함으로써 큰며느리인 동서와의 관계가 갈등적이 되고 있는 것
- 직장에서 자신의 일이 아닌데도 자기주장을 못하고 할 수 없이 맡아서 과도하게 기능하여 부담을 느끼고 내적 갈등을 겪는 것
- 직장에서 자신의 권한인데도 주장하지 못하고 눈치를 보면서 오히려 관계 갈등을 일으키고 있는 것
- 최근 들어 남동생의 결혼과 올케의 임신을 두고 어머니의 관심이 그쪽으로 쏠리자 자신이 소외된 것으로 과도하게 느끼고, 어머니와 남동생과의 관계에서 감정반사적으로 연락을 끊어 버리고 혼자 힘들어하는 것

내담자는 가계도상의 자신을 돌아보면서 스스로 진짜 자기를 회복하여 자기주장을 하는 것이 자신도 만족하고, 타인과의 관계에서도 갈등이 없는 평안한 관계를 유지할 수 있다는 것임을 통찰하게 되었다. 상담사는 내담자의 위치와 역할에 대하여 가계도 통찰을 도운 후에 새로운 가계도 탐색을 시도하였다. 이 시점에서 상담사는 내담자 어머니의 원가족을 탐색함으로써 과거의 가족이야기를 새롭게 조명하고 재명명하는 시간을 가졌다. 성장기 어린 나이에 아버지가 돌아가시고, 어머니가 재혼하여 떠난 가정에서 큰오빠 밑에서 올케의 눈치를 보며 초등학교도 졸업하지 못하고 슬프게 자랐던 어머니의 만성불안에 초점을 두었다. 어머니가 내담자를 두고 떠났던 시간에 초점을 두기보다 다시 돌아온 시점으로 관점을 돌려 어머니가 아버지의 심한 폭력에도 집을 영원히 떠나지 않고 다시 돌아와 자녀 옆에 있어 주고, 끝까지 배움의 길을 가도록 해 주었던 어머니에 대한 새로운 분화

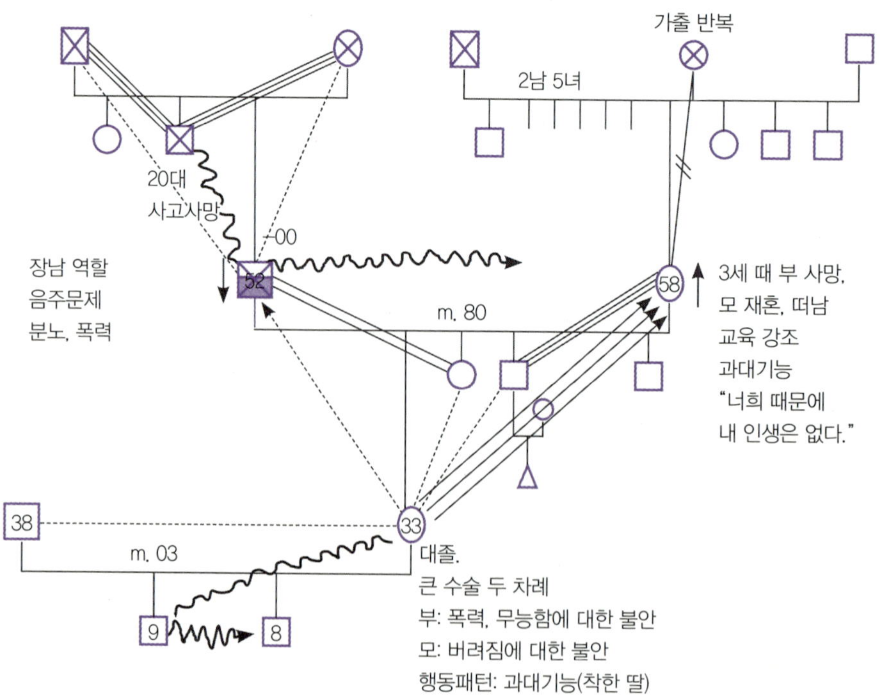

그림 4-3 내담자 어머니의 원가족 포함 3세대 가계도

된 해석을 하게 되었다. 이것을 통하여 내담자는 자기 자신을 버려질지도 모르는 불안한 존재가 아닌 어머니가 모든 역경 속에서 자신을 희생하면서까지도 소중하게 지켜 주고 싶었던 중요한 존재로 재정의하게 되었다. 이를 통해 내담자는 자신에 대한 미숙하고, 미분화된 해석으로 인한 만성불안에서 벗어나 자존감을 회복하는 경험을 하였다.

(5) 5회기 상담: 어머니와 남동생과의 관계에서 탈삼각화 돕기

5회기에서는 이전 회기의 가계도 작업에서 어머니와 자신의 관계에 대하여 재해석의 작업으로 불안이 감소된 내담자에게 어머니와 남동생과의 균형 있는 관계 회복을 위한 탈삼각화 접근을 시도하였다. 내담자가 어머니와 지나치게 융합되어 살아온 결과, 자신이 어머니의 가장 사랑하는 자녀로 인정받고자 어머니와 밀착을 추구했던 패턴이 남동생의 결혼과 올케의 임신을 계기로 불안한 경험을 하게 되었다. 어머니가 남동생의 결혼에 더 많은 관심과 재정 투자를 하는 것을 보고 이제는 자신이 소외되고, 남동생이 더 중요한 위치로 옮겨진 것 같은 불안한 삼각관계로 느끼는 반응을 하게 되었다. 이렇게 오랫동안 고정된 삼각관계 유형을 형성하였던 사람은 다른 관계에서도 상황에 대하여 민감하게 삼각관계로 해석하고 반응하게 된다. 그리고 내담자는 올케의 임신에 대하여 눈에 띌 정도로 기뻐하는 반응을 하는 어머니에 대해 자신의 임신·출산 과정 때의 어머니의 태도와 비교하고, 또한 자신이 어머니로부터 사랑받지 못하는 소외된 위치에 있는 것처럼 자신의 위치를 삼각관계의 외부인으로 해석을 하였다.

일반적으로 이 사례와 같은 경험을 한 내담자는 자신에게 익숙한 융합된 정서반응을 얻지 못한다고 생각하면 단절을 시도하는 감정반사 행동을 한다. 내담자 역시 자신이 원하는 융합된 관계가 아닌 소외된 상황으로 해석되자 깊은 상처를 받고 어머니와 단절을 시도하고 있었다. 이 또한 내담자의 최근의 생활상의 스트레스 원으로 크게 작용하고, 우울한 상태가 되게 한 주 요인이 되고 있었다.

상담사는 내담자에게 삼각관계의 특성과 내담자의 입장에 대하여 체계론적으로 볼 수 있도록 돕는 한편, 가족생활주기와 우리 문화에서의 가족관계의 특성,

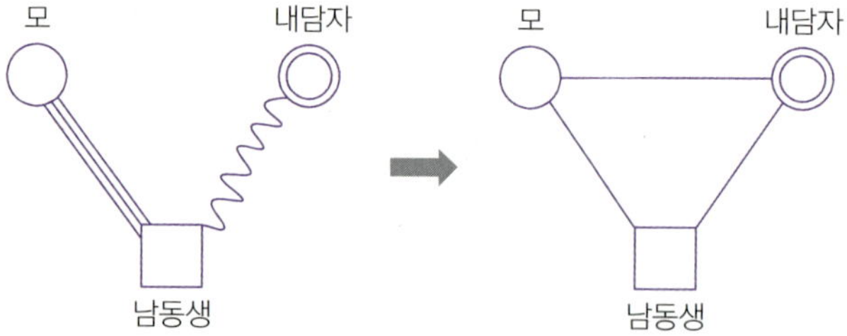

그림 4-4 어머니와 남동생과의 부모-형제 삼각관계의 변화

다른 가족의 일반적인 관계 경험 등을 나누는 시간을 가졌다. 그리고 어머니와 동생들과의 만남의 시간을 갖도록 권하였다(탈삼각화 시도: 소원한 관계에서 다가가기). 그 만남에서 서로 자신의 경험을 감정반사하지 않으면서 이야기를 나눌 수 있도록 코치하였다.

2) 중간 단계: 변화를 계획하고 수행하는 단계(관계실험, 자기 위치 지키기, 탈삼각화 작업)

(1) 6회기 상담: 변화에 대한 보고, 관계실험, 탈삼각화

내담자는 그동안의 변화에 대한 질문에 자녀의 산만한 행동이 감소되고, 안정된 모습을 보여 주고 있으며, 큰아이가 동생을 때리는 행동이 눈에 띄게 감소되었다면서 내가 변화하니 자녀가 이렇게 변화하는 것에 놀랍다는 반응을 보였다. 이제는 아이들에게 감정반사적이 아닌 모습으로 다가갈 수 있어서 기쁘고, 아이들과의 관계가 개선되고 있다고 하였다. 이러한 경험을 하면서 자신이 정말로 자녀에게 자기불안을 투사하고 있었다는 것을 새삼 확인하였다고 했다.

남동생과도 감정적으로 단절된 패턴에서 벗어나 동생에게 다가가는 시도를 하였고, 올케도 수용할 수 있게 되었다고 하였다. 예전에는 동생네 집에도 가지 않으려고 했는데, 이제는 기쁜 마음으로 다녀와서 좋았다고 하였다.

내담자는 어머니와 여동생과 긴 시간 함께 여행을 하면서 상대방의 이야기를 있는 그대로 듣게 되었으며, 이것이 '사랑의 방식이구나.' 하는 생각을 하게 되었다고 했다. 여동생과도 아버지와 내담자와의 삼각관계, 어머니와 내담자와의 삼각관계에서 벗어나 감정반사 없이 다가갈 수 있게 되었으며, 예전의 상처에 대해서도 담담하게 서로 이야기 나누며 위로하는 시간을 가졌다고 하였다.

(2) 7회기 상담: 변화 수행하기, 자기입장 지키기

여전히 자녀와의 안정된 관계에 대하여 보고하면서 가까이 다가온 복직에 대한 불안을 호소했다. 권위적이고 부정직한 행위를 요구하는 직장의 책임자에게 원가족 아버지와의 관계에서 형성된 만성불안과 관련된 감정투사가 있음을 통찰하고, 직장 상사와의 관계에서 갈등이 되고 있는 자신의 가족규칙에 대해 점검하였다. 부모로부터 물려받은 정직과 윗사람 공경의 규칙이 내적으로 서로 갈등하고 있음을 자각하고, 상사와의 관계에서 상대방의 요구에 예전처럼 휘말리지 않으면서 관계에서 자기입장을 지킬 수 있는 방법을 함께 찾아 연습하였다. 다행히 노조가 있는 직장이어서 동세가 가능한 지장인을 인식하여 불안을 낮추고, 중요한 것은 내담자가 자신과 타인의 입장을 존중하면서 융통성 있는 방법으로 대처하는 것임을 인식하고 격려하였다.

(3) 8회기 상담: 변화 수행하기, 자기입장 지키기

직장에 복귀하여 상사로부터 염려와 배려 섞인 인사를 받으며 예전의 자신의 판단이 감정반사적인 패턴이었음을 인식하였고, 앞으로 관계에 대한 희망을 갖게 되었다고 보고하였다.

그리고 남편과도 아이들 문제로 함께 고민하고 의논할 수 있게 되었고, 그동안 자신이 표현하고 요구하지 못해서 부부관계가 소원했던 것 같다고 하면서 부부관계도 많이 나아졌다고 기뻐했다. 예전에는 혼자서 불만거리만 찾았는데, 요즘에는 서로 다른 생각을 나누면서 남편의 취미생활도 수용하게 되고, 남편도 내담자가 야간 대학원에 가는 동안 자녀를 돌봐 달라는 부탁을 들어주고 있다고 하였다. 이런 이야기를 하면서 내담자는 역시나 '나의 문제'였고, 내가 변하니 남편도 안정되고, 서로 수용적이 되고, 아이들과도 잘 어울리게 되었다고 했다.

이전에는 자신만 피해자이고, 주변의 모든 사람이 자신을 못살게 구는 가해자들이라고 생각했는데, 원가족 관계, 부부관계, 자녀 관계, 이 모든 것의 한가운데에 자기 자신이 있었다는 사실을 발견하고 놀라워했다.

(4) 9회기 상담: 변화 수행하기, 가족관계에 적용하기

상담 초기에 내담자와 설정했던 자녀와의 갈등문제가 해결되고 있어서 이제 처음 약속대로 부부관계와 시댁과의 갈등을 다루는 것에 동의하였다. 상담사가 부부관계에서 경험하는 구체적인 어려움이 무엇인지 묻자 내담자는 잠시 생각하더니 상담 초기에는 문제라고 생각했던 것이 지금 생각하니 그렇게까지 심각한 문제는 아닌 것 같다고 하였다. 내담자 자신이 불안 때문에 혼자서 피해자 역할을 하였던 것 같으며, 남편은 충분히 함께 의논하면서 도울 수 있는 사람이었는데 지나치게 감정 반응을 한 것 같다고 하였다.

내담자가 경험한 초기 갈등은 가족생활주기상 신혼 초의 스트레스에 만성불안이 투사되어 나타난 것으로 보였다. 초기 신혼기에 부부갈등의 핵심문제는 경제문제였는데, 내담자 자신이 어려서 겪은 가난 때문에 지나치게 빚에 대한 걱정이 많았고 그로 인해 자신이 감정반사적이었다고 했다. 그 당시에는 어려서부터 만들어진 '돈에 대한 오래된 불안'이 있는 데다 전세와 혼수까지 빚으로 시작했고, 신혼기에 자녀 출산까지 겹쳐서 스트레스를 더 심하게 받은 것 같다고 했다. 그 빚은 3년간 두 사람이 열심히 모아서 다 갚을 수 있었기 때문에 더 이상 문제가 되지 않고, 지금 생각해 보니 경제적인 부분은 더 이상 문제가 되지 않는다고 했다.

결혼 전에 잠깐 사귀었던 남자가 있었는데, 그 사람은 독단적이었고, 내담자에게 직장을 그만둘 것을 강요해서 헤어졌는데, 이제 보니 아버지의 무능함과 폭력에 대한 만성불안 때문에 그렇게 하였던 것을 알고 마음이 가벼워졌다고 했다. 그 대신에 온유하고 안정된 직업을 가진 현재의 남편을 소개받았을 때 바로 결혼을 결정하였는데, 이것 역시 아버지에 대한 불안투사였던 것 같다고 했다. 그런데 결혼 이후에 남편이 우유부단하게 보여 불평이 많았다고 하면서 이 모든 과정 안에 자신의 원가족에게서 형성된 만성불안이 있다는 것을 발견하였고, 이제는 남편과의 관계가 새롭게 해석되고 감사하게 되었다고 하였다. 내담자는 이와 같이 부부관계를 점검하면서 과거의 불안한 감정에서 안정적으로 분화되는 모습을 보였다.

시댁과의 갈등에 있어서도 자신이 막내며느리인데도 큰며느리 입장을 고려하지 않고 지나치게 기능한 것이 시부모의 칭찬을 듣게 되었지만 그것이 곧 삼각관계 형성이었다는 것을 알게 되었다. 자신이 마치 큰며느리인 것처럼 과대기능하는 행동을 하면서 마음으로는 불평하고 있었던 자신의 패턴 반복을 발견하였다. 이 삼각관계가 가족의 경계선을 혼란시키는 결과를 가져와 소외된 위치에 있게 된 큰며느리의 감정반사를 초래했고, 결국 가족갈등의 중심에 과대기능하는 내담자 자신의 원가족 유형이 있음을 통찰하게 되었다. 내담자 자신이 지나치게 과대기능함으로써 경계선을 침범하게 되었고, 관계 갈등이 발생한 것에 대한 자신의 역할과 책임을 인식하고 뒤로 물러서기를 시도하기로 하고, 나머지 문제들은 충분히 남편과 상의함으로써 해결해 갈 수 있을 것이라고 하였다.

3) 종결 단계: 일반적인 환경에서 스스로 변화 노력을 수행하는 단계

(1) 10~12회기 상담: 내담자의 변화 행동 확장하기(자기입장 지키기)

내담자의 직장생활에서 반복되는 과거의 만성불안에 의한 패턴에 대하여 다양한 상황에서 새롭게 배운 분화적 패턴을 적용하고, 성공하는 경험을 계속함으로써 이제는 자신감을 회복하고, 종결을 준비하기로 하였다.

(2) 13회기 상담: 변화 확인하기, 종결하기

내담자와 약속된 종결의 시간을 가지면서 이제까지 상담을 통해 수확한 것들에 대하여 나눔의 시간을 가지고, 변화를 더욱 견고하게 하는 시간을 가졌다. 내담자와의 상담을 통하여 내담자가 이제는 만성불안에서 벗어나 평정 상태에서 자신의 삶을 잘 조절하면서 일치적으로 살아가는 분화된 모습을 보여 주었다. 내담자는 가계도를 통하여 자기 가족의 모습을 객관적으로 보고, 삼각관계 속의 자신의 모습을 보고 알게 된 것이 일상생활에서 자기 자신에게 용기를 불어넣어 주고, 자기

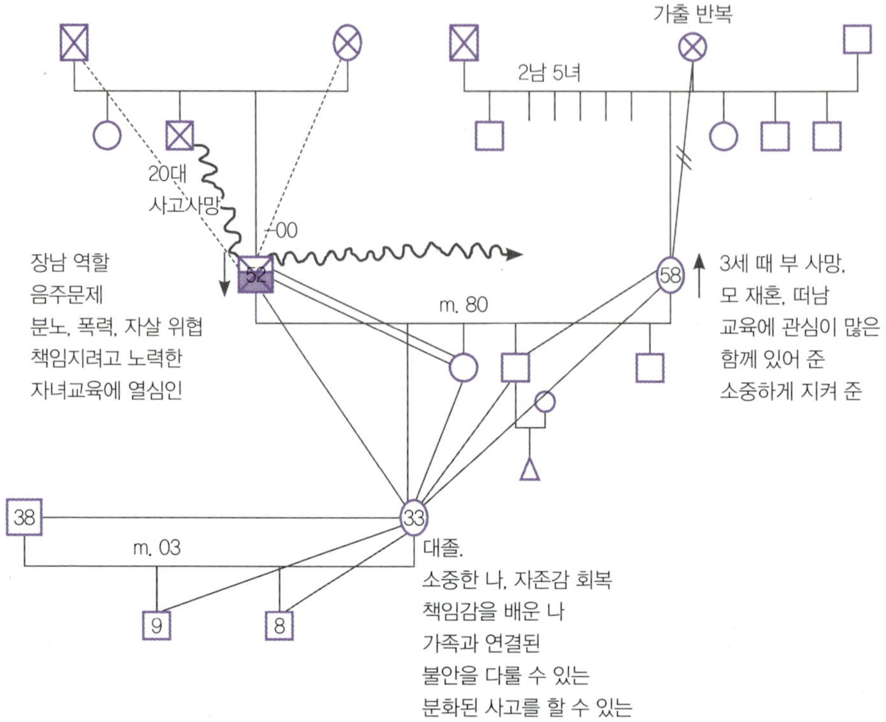

그림 4-5 종결 단계에서 변화된 내담자 가족체계의 가계도

자신으로 살아가게 하는 데 큰 도움이 되었다고 하였다. 내담자가 보고한 변화된 자신과 가족의 모습은 다음과 같다.

가족에서의 변화 자녀와 함께 보내는 시간이 더 많아지고, 더 친밀한 관계를 나눌 수 있게 되었다. 핵가족 안에서 평안과 행복한 느낌을 경험하고 있다.

아이들에 대한 불안도 감소되었고, 자녀의 인생으로 분화시켜 바라볼 수 있게 되었다. 아이들을 귀찮은 존재에서 사랑스러운 존재로 보는 관점으로 변화되었다.

부부관계에서도 분노하지 않고 주장할 수 있게 되었고, 남편을 진심으로 배려할 수 있게 되었다. '마음속의 나'와 '밖으로 표현되는 나'가 일치되는 것이 많아졌다.

원가족 관계의 변화 원가족 관계에서도 이전에는 어머니에게 빚진 마음 때문에 여행을 갈 때에도 어머니와 꼭 함께 가야 한다는 생각에 부담스러웠지만, 이제는 내담자 가족끼리도 죄책감 없이 즐겁게 다녀올 수 있게 되었다.

동생과도 자주 연락하고 지내고, 원가족이 모일 때 이제는 서로 마음을 알아 주고, 기쁘게 지낼 수 있게 되었다.

직장에서의 변화 전에는 자신에 대한 부정적 평가가 있을까 봐 항상 미리부터 신경 쓰고 민감하게 반응했지만, 이제는 전처럼 큰 걱정을 안 하고, 직장생활에 대한 부담도 많이 감소되었다. 직장에서도 쉽게 불안에 휘말리지 않고, 관계 속에서 다양한 상황을 미리 예측하여 대비할 수 있는 여유가 생겼다.

척도질문 결과 남편에 대한 신뢰감은 5~6점에서 9점으로 상승되었으며, 자기 삶에 대한 만족도는 9.5점, 감사하는 마음은 8점으로 표현하였다. 그리고 남편에게 아내의 평가점수를 물었을 때 10점을 주었다고 하면서 행복한 웃음을 지었다. 그리고 앞으로 잘할 수 있겠다 하는 희망감은 10점으로 보고하면서 상담사와 기쁨과 감사함을 나누고, 상담을 종결하였다.

복습 문제

1. 보웬이론을 적용한 사례과정에 대한 설명에서 빈칸에 들어갈 단어로 옳은 것은?

> 아들의 문제를 호소하는 어머니가 아들에게 하고 있는 야단치고 혼내는 행동은 부모형제 (　　)에서 아들의 소외와 거부의 불안을 고조시키고 동생에게 더욱 감정반사 행동을 하게 하는 역할을 하고 있다.

① 형제 위치　② 다세대 전수과정
③ 삼각관계　④ 불안한 관계　⑤ 분화

2. 보웬이론을 적용한 사례과정에 대한 설명에서 빈칸에 들어갈 단어로 옳은 것은?

> 상담사는 내담자가 아들과의 관계에서 하고 있는 대처행동이 아들의 불안을 더욱 높이는 역할을 하고 있으며 두 사람 사이에 (　　) 상호작용이 반복되고 있음을 통찰하도록 도움으로써 내담자가 변화된 행동을 할 수 있도록 개입하고 있다.

① 삼인관계　② 감정반사
③ 악순환적　④ 다세대 과정　⑤ 정서 단절

3. 보웬이론을 적용한 사례과정에 대한 설명에서 빈칸에 들어갈 단어로 옳은 것은?

> 상담사는 과정질문을 통해 내담자의 아들의 행동에 대한 과도한 감정반사가 원가족 아버지와의 관계에서 형성된 (　　)의 투사로 인한 것임을 통찰하고 내담자의 불안이 감소될 수 있도록 도와 좀 더 분화된 행동을 할 수 있도록 개입하고 있다.

① 분리불안　② 현실불안
③ 애착불안　④ 만성불안　⑤ 발달상 불안

4. 현재 상담사는 내담자가 높은 복합적 스트레스 상황에서 불안이 고조되어 아들과의 관계에 지나치게 투사되고 있다고 보고 있다. 그래서 내담자의 불안 감소를 위해 원가족 어머니와 남동생과의 관계에서 느끼고 있는 고조된 불안(삼각관계에서 자신을 소외된 위치로 인식)을 다루고 있다. 상담사가 내담자 원가족 관계에서 불안 감소를 위해 사용한 접근법은?

① 탈삼각화 ② 가족투사과정이해
③ 의사소통기법 ④ 스트레스 관리 ⑤ 감정이입

5. 보웬이론을 적용한 사례과정에 대한 설명에서 빈칸에 들어갈 단어로 옳은 것은?

> 상담 후반부에서 상담사는 내담자가 상담에서 얻은 변화 경험을 복직 후 사회적 관계에 적용하여 건강한 패턴을 배울 수 있도록 돕고 있다. 내담자는 불안에 감정반사하지 않고 합리적이며 균형 잡힌 잘 (　　)된 대처방식을 사용하여 기능적으로 적응하고 있음을 볼 수 있다.

① 통찰 ② 분화
③ 통제 ④ 관리 ⑤ 밀착

소집단 토론

1. 내담자가 원가족 성장 과정에서 부모와의 관계에서 형성된 불안은 무엇이고 그로 인해 형성된 내담자의 감정반사 행동이 핵가족 자녀와의 관계에서 어떻게 나타나고 있는지 토론해 봅시다.

2. 내담자는 상담사의 도움을 받아 원가족에서 형성된 불안에서 벗어나 원가족 관계를 어떻게 재구성할 수 있었는지 보웬의 개념을 활용하여 토론해 봅시다.

3. 원가족에서 삼각관계가 어떻게 형성되었는지와 탈삼각화를 위해 상담사는 어떤 개입을 하였는지 함께 토론해 봅시다.

나의 요점 정리

✎...

복습 문제 정답: 1. ③ 2. ③ 3. ④ 4. ① 5. ②

제5장

경험적 가족치료 모델

경험적 가족치료 모델은 개인의 정서적 경험과 가족체계에 대한 이중적 초점을 강조하는 접근이다. 개인의 변화가 가족체계에서 주고받는 상호작용의 변화를 끌어내므로 개인의 경험을 확장시키는 것이 가족을 위한 새로운 시작을 가능하게 한다고 본다. 경험적 가족치료는 1960~1970년대에 전성기를 맞이하여 현재는 사티어(V. Satir)의 후계자인 반먼(J. Banmen)을 중심으로 사티어의 경험적 가족치료 모델이 활발하게 보급되고 있다. 제5장과 제6장에서는 사티어의 경험적 가족치료 모델을 중심으로 경험적 가족치료 모델을 소개한다. 사티어의 경험적 가족치료 모델은 자기가치와 자아존중감을 중시하여 가족 구성원이 의사소통 유형을 자기가치와 일치시키도록 도와 보다 선택적인 삶을 살 수 있도록 한다. 또한 가족상담사 자신을 적극적으로 활용하고, 개인 내면의 다양한 정서적 경험 수준에 접촉하여 경험을 변화시키는 다양한 기법과 도구를 사용하고 있다.

1. 경험적 가족치료 모델의 배경과 가정

경험적 가족치료 모델은 인본주의와 실존주의를 배경으로 지금-여기에서의 주관적인 체험을 중요시한다. 경험적 가족치료 모델은 가족치료가 출현하였던 초기 체계론에 기초하면서 개인치료와 집단치료의 기법을 도입하였고, 게슈탈트 치료(Gestalt therapy)와 참만남 집단에서 역할놀이와 정서적 직면 기법을 많이 빌려왔으며, 예술과 심리극으로부터 가족조각, 가족그림, 드라마 등과 같은 표현적인 기법들을 가져와 활용하였다.

최근 가족치료에서의 경험적 접근에는 그린버그(L. Greenberg)와 존슨(S. Johnson)의 '정서중심 부부치료', 그리고 슈바르츠(R. Schwarz)의 '내면가족체계치료'가 있다. 이러한 접근들은 개인의 내적 경험과 접촉하게 도와주는 창의적 접근법이라는 점에서 가족 구성원 간의 상호작용 저변에 깔려 있는 깊은 감정을 탐색하는 경험적 접근의 영향을 받았다고 할 수 있다.

1) 이론적 배경

경험적 가족치료 모델은 1960년대의 즉시적이고 지금-여기에서의 경험을 중요시하는 인본주의 심리학에 뿌리를 두고 있다. 경험적 가족치료 상담사들은 감정 표현을 개인이 가족과 함께 공유하는 경험으로서 개인적이고, 가족적인 충족 방법이라고 본다. 경험적 가족치료 모델은 가족 내에 존재하는 모든 것과 모든 가족 구성원은 영향을 주고받는다는 상호작용의 역동성을 고려하면서도 정서적 경험을 강조한다는 점에서 체계론에 입각한 다른 모델들과 차별화된다.

한편 경험적 가족치료 모델은 실존주의의 영향을 많이 받았다. 실존주의는 어떤 사실 자체보다는 개인의 지금-여기에서의 주관적이며 실존적인 체험을 강조한다. 또한 정신분석과 행동주의 접근에 대한 반동으로, 자유와 경험의 즉시성 안에서 개별성과 전체적인 존재로서 개인을 가정하고, 개인의 성장을 지지한다. 이에 경험적 가족치료 모델에서 인간은 '성장을 추구하는 존재'로서 잠재력을 지니고 있다고 믿는다. 따라서 개입 과정에서 가족 구성원이 과거의 모습이 아닌 새롭게 자각한 지금-여기의 모습에 초점을 두도록 한다.

경험적 가족치료 모델에서는 가족을 하나의 체계로 보기보다는 개인의 집합으로 보고, 가족 구성원의 변화를 통해 가족이 변화하도록 돕는다. 가족 구성원의 개인적 성장에 따라 가족체계의 변화가 자동적으로 따라오도록 하는 것이다. 경험적 가족치료 모델의 특징은 가족체계에서 개인의 중요성을 강조하고, 개인의 자기표현을 강화하여 가족체계의 힘을 회복시키는 것이다.

2) 주요 인물

경험적 가족치료 모델의 대표적인 인물은 사티어와 칼 휘터커(C. Whitaker, 1912~1995)이다. 두 사람은 지금-여기에서의 내담자의 체험을 강조하고, 가족에 대한 상담사의 개인적인 관여가 치료적 변화를 촉진한다는 점에서 공통점을 가지고 있었다. 그렇지만 그 방법에서는 차이를 보였다. 휘터커는 자신의 치료를 상징적 경험주의 모델(symbolic-experiential model)로 규정하고, 가족의 무책임과 위장을 드러내어 가족 구성원이 그 자신이 되도록 도와주는 '내면의 표면화'라는 자유분방하고 직관적인 접근법을 사용하였다. 한편, 사티어는 정서적 경험과 의사소통에 기초한 성장모델(growth model)을 강조하였다. 사티어는 교육학과 사회복지학을 전공하였으며, 팔로알토(Palo Alto)의 정신건강연구소(MRI) 초기 멤버로서 가족치료 훈련 프로그램을 고안하고 지도하였다. 사티어는 1966년부터 빅서에 있는 에살렌연구소를 맡아 성장모델을 발전시켰으며, 1988년 췌장암으로 사망하였다.

사티어
(V. Satir, 1916~1988)

사티어는 분명하고, 민감하게 의사소통할 수 있는 뛰어난 능력을 가진 가족상담사였다. 그녀는 가족이 의사소통을 명확하게 하도록 적극적으로 개입하고, 과거에 매여 있는 사람을 치료장면에서 지금-여기에 초점을 두도록 하였으며, 개인이 가지고 있는 자원에 변화된 인식을 추가하여 해결책을 찾도록 촉진하였다. 또한 가족 구성원이 자아존중감을 향상시킬 수 있도록 가족과의 첫 만남부터 개입과정 내내 가족 구성원 개개인의 자아존중감을 민감하게 감지하고, 지지하며, 긍정적인 감정을 격려했다. 무엇보다도 그녀는 가족이 서로 따뜻하게 대하는 태도와 부드러운 언어를 사용하도록 모델링을 하였다. 가족 구성원이 연결됨을 인식하면서 개별적 존재로서 경험을 확장할 수 있도록 밧줄을 사용하거나, 가족조각을 하는 등 적극적으로 접촉하고 개입하는 강력한 가족상담사였다.

3) 치료적 신념

사티어는 MRI에서의 경험을 토대로 의사소통 접근과 정서적 경험을 강조하는 경험주의 접근을 통합한 자신만의 독특한 성장모델을 발전시켰다. 그녀는 자신의 치료를 체계화하는 과정에서 매슬로(A. H. Maslow), 로저스(C. R. Rogers)와 같은 맥락에서 사람이 외부적인 조건이나 상황과 상관없이 내적으로 변화할 수 있다는 믿음을 가지게 되었다. 사티어의 경험적 가족치료 모델은 개인의 대인관계뿐만 아니라 가족상담사와 내담자 사이에서의 평등한 세계관과 인간의 독특성, 성장 잠재력과 전인적 존재, 사건의 복합적인 요인과 상황을 고려하고, 변화하고 성장하는 인간의 능력을 전제하고 있다.

사티어의 경험적 가족치료 모델의 치료적 신념과 원칙은 인간, 부모, 성장과 변화, 스트레스와 대처, 치료목표에 대한 전제이다(Satir et al., 1991).

인간에 대한 신념 우리는 모두 성공적으로 대처하고, 성장하는 데 필요한 내적 자원을 가지고 있다. 인간은 유사점을 바탕으로 관계를 형성하고, 차이점을 바탕으로 성장한다. 우리는 모두 동일한 생명력을 가지고 있다. 감정은 우리에게 속해 있고, 우리 모두는 감정을 가지고 있다. 인간은 본래 선하다. 자기가치를 인정하고, 자신의 내적 보물을 찾아야 한다. 건강한 인간관계는 평등한 가치 위에 세워진다.

부모에 대한 신념 부모는 그들 나름대로 최선을 다한다. 부모는 비록 역기능적일지라도 흔히 자신이 자랄 때 배운 익숙한 양식을 반복한다. 전인성을 이루기 위해서 부모를 하나의 인간으로 받아들이고, 부모 역할을 하는 사람이 아니라 인간적 수준에서 만나야 한다.

성장과 변화에 대한 신념 변화는 가능하다. 비록 외부 환경의 변화에는 제한이 있어도 내면의 변화는 가능하다. 희망은 변화의 매우 중요한 요소이다. 우리는 과거를 변화시킬 수 없다. 하지만 그것이 우리에게 미치는 영향은 변화시킬 수 있다. 과거를 감사히 여기고 받아들일 때 현재를 다룰 수 있는 능력이 생긴다. 인간이 겪는 과정은 상황, 환경, 문화에 관계없이 보편적이다. 과정은 변화의 통로이며, 변화가 일어날 수 있는 관계성을 형성시킨다.

스트레스와 대처에 대한 신념 문제 자체는 문제가 아니다. 대처하는 방법이 문제이다. 우리는 스트레스 상황에 반사적으로 반응하는 대신에 적절하게 선택하여 대처할 수 있다. 스트레스를 받으면 대부분의 사람은 좋고 바람직한 것보다는 자신에게 익숙한 방법을 선택한다. 대처방식은 자기가치의 수준을 드러내며, 자기가치가 높을수록 대처하는 방법도 건강하다.

치료목표에 대한 신념 치료는 병적인 것보다 건강함과 가능성에 초점을 맞추어야 한다. 치료의 주요 목표는 사람이 스스로 선택할 수 있게 하는 것이며, 무엇보다도 일치성과 높은 자아존중감이 중요하다.

2. 경험적 가족치료 모델의 주요 개념

사티어의 경험적 가족치료 모델은 사정과 개입에 있어서 자아존중감, 의사소통 유형, 가족규칙을 가장 중요하게 다루고 있다(Satir & Baldwin, 1983). 가족상담사는 개입 과정 내내 가족 구성원의 자아존중감을 사정하고 재구성한다. 또한 가족 구성원이 자신이 사용하는 역기능적인 의사소통 유형을 인식하도록 하여 자신과 상대방의 자아존중감을 향상시키면서 감정이나 생각을 일치적 의사소통 유형에 의하여 전달할 수 있도록 돕는다. 또한 가족상담사는 가족 구성원의 행동을 지배하는 가족규칙에 개입하여 가족 구성원의 자아존중감과 의사소통 유형이 향상되도록 돕는다.

1) 자아존중감

자아존중감(self-esteem)은 자기에 대한 신뢰와 존중을 의미하며, 타인이 자신을 어떻게 판단하는가 하는 것과는 별개이다. 긍정적인 자기가치는 개인과 가족의 정신건강에 기초가 된다. 자기가치가 높은 사람은 삶의 모든 측면을 존중하며, 자신과 타인을 위해 건설적으로 에너지를 사용한다. 반면에 자아존중감이 낮은 사람은 높은 불안을 경험하고, 자신에 대한 타인의 생각에 지나치게 관심을 가진다. 이러한 타인에 대한 의존이 삶을 무력하게 만든다.

자아존중감은 인간의 기본 욕구이자 에너지 자원이다. 성장을 지향하는 경험적 가족치료 모델은 개인의 낮은 자아존중감을 향상시켜 자신의 가치를 인정하고, 자신의 장점과 자원을 발견하고 활용하도록 함으로써 해결책을 찾게 한다. 자아존중감의 세 가지 요소는 자기, 타인 및 상황이다. 이 세 요소 중 어느 한 부분이라도 온전하지 못하면 역기능적이고, 개입의 목적은 이 세 부분이 보완되어 일치적으로 기능하게 하는 것이다.

그림 5-1 자아존중감의 요소

출처: 정문자(2007), p. 69. 재구성

2) 의사소통 유형

모든 의사소통은 언어적 · 비언어적 메시지를 담고 있다. 특히 비언어적 메시지는 사람의 내면 상태를 반영한다. 언어적 메시지와 비언어적 메시지가 다를 때, 이를 의사소통의 불일치라고 한다. 아동은 성장하면서 부모 및 중요한 타인과 언어적 · 비언어적 의사소통이나 암묵적인 가족규칙을 통해서 자신의 가치에 대한 느낌을 발달시킨다. 우리는 알아차리거나 추측할 수 있는 언어적 또는 비언어적 위협으로부터 자기가치를 지키기 위해 소통한다. 그러므로 의사소통 유형은 자아존중감의 세 가지 요소(자기, 타인, 상황)의 배제나 고려와 관련이 있다. 일반적으로 자아존중감이 낮으며, 심리적으로 평형 상태가 깨질 때에는 회유형, 비난형, 초이성형, 산만형의 역기능적인 의사소통 유형을 사용한다. 경험적 가족치료 모델은 이와 같은 역기능적인 의사소통 유형을 일치형으로 변형시키고자 한다.

우리는 역기능적인 의사소통 유형의 어느 한 가지만이 아니라 여러 가지를 함께 사용하기도 한다. 스트레스를 많이 받는 상황이나 대인관계에서 거절당할 가능성이 있다고 느낄 때, 여러 방식 중에서 특히 한 가지 방식을 주로 사용하게 된다.

표 5-1 의사소통 유형의 사례

※ 밖에서 놀다가 집에 돌아와 배가 고프다고 밥을 달라는 아들에 대한 어머니의 반응을 상상해 보자. 각 유형의 신체적 자세, 신체적 언어와 내면의 감정을 경험해 보자.

- 회유형: (무릎을 꿇은 후 한 손은 주먹을 쥐어 가슴에 대고, 다른 한 손은 번쩍 들어 간청한다) 미안해, 우리 아들을 배고프게 하다니…… 엄마 노릇도 제대로 못하는구나.
- 비난형: (등을 꼿꼿이 세우고 팔을 쭉 뻗고는 손가락질을 하며 상대방을 지적한다. 상대방을 겁주기 위해 한 발을 내딛는 자세를 취한다) 배 좀 고프다고 난리를 치냐? 배가 고프면 일찌감치 들어왔어야지. 네가 잘한 것이 뭐니?
- 초이성형: (팔짱을 끼고) 미안하다. 오늘은 엄청 바쁜 날이구나.
- 산만형: (엉뚱한 곳을 쳐다보며) 저런, 무슨 일이야? 비가 오네.
- 일치형: (아들과 눈높이를 맞추며) 우리 아들, 배가 고프구나. 엄마가 바빠서 아직 식사를 준비하지 못했어. 미안해, 엄마가 금방 밥해 줄게.

(1) 회유형

회유형(placating)은 대부분의 문화에서 붙임성 있고, 매우 겸손하고, 착한 행동을 하는 것처럼 보인다. 이들은 생존이 위협받거나 거부되었다고 느낄 때, 자신의 내적 감정이나 생각을 무시하고 타인의 비위에 맞추려고 한다. 따라서 다른 사람의 의견에 동조하고, 비굴한 자세를 취한다. 다른 사람이나 상황을 존중하면서 자신의 내면의 진정한 감정은 존중하지 못한다. 이들의 또 다른 특징은 어떤 갈등이나 다른 사람의 불편함을 견디지 못하고, 자기 일처럼 시간, 돈, 생명까지도 주어 가면서 상대방의 고통을 가볍게 해 주려고 노력한다. 더 나아가 일이 잘못되면 책임이 자신에게 있다고 생각하고 비난받아야 한다고 주장한다. 정작 자신은 스스

표 5-2 회유형의 반응

언어: 동의	정서: 구걸	행동: 의존적 순교자
"내 잘못이다." "네가 없으면 나는 아무것도 아니다." "나는 너를 행복하게 하기 위해 존재한다."	"나는 어떻게 할 수가 없다." 변명하는 표현과 목소리 비굴한 신체 자세	'지나칠 정도로 친절하게' 행동한다. 사죄하고, 변명하고, 우는 소리를 하고, 구걸하고, 모든 것을 주려고 한다.
내적 경험	**심리적 영향**	**신체적 영향**
'아무것도 아닌 것같이 느낀다.' '나는 아무 가치가 없다.'	신경과민 우울증 자살 경향, 자멸적인 성향	소화기관의 고통 위장장애, 구토, 변비 등 당뇨, 편두통
	자기를 무시  자원: 돌봄, 예민성	

출처: Satir et al. (1991), p. 56. 재구성

로를 돌보거나 다른 사람에게 도움을 요청하지 못한다.

(2) 비난형

비난형(blaming)은 자신을 보호하기 위해 다른 사람을 괴롭히거나 비난하고, 환경을 탓한다. 비난을 할 때 사람들은 적대적이고, 독재적이고, 잔소리꾼이고, 혹은 폭력적으로 보인다. 회유형과 그 특성이 대조적이다. 타인을 무시하는 성향을 갖고 있어 타인의 말이나 행동을 비난하고, 통제하며, 명령한다. 외면적으로는 공격적인 행동을 보이나, 내면적으로는 자신이 소외되어 있어 외로운 실패자라고 느낀다. 따라서 내적인 힘을 지니고 살아가는 사람이 비난하는 사람에게 도전하면 이들은 쉽게 흔들리고, 무너져 내린다. 우리 모두는 생존하기 위해 행동하고

표 5-3 비난형의 반응

언어: 논쟁, 불일치	정서: 비난	행동: 공격
"너는 제대로 하는 것이 없어." "뭐가 문제라는 거야." "모든 것은 네 잘못이야."	"내가 최고야." 분노 무시하고 싶다.	심판, 명령 힘이 있어 보이는 자세 약점 발견 경직성
내적 경험	**심리적 영향**	**신체적 영향**
소외됨 '나는 외로운 실패자이다.' '부자연스럽다.'	편집증 일탈행동 살인할 수 있는 성향	근육 긴장과 등의 통증 고혈압 등 혈액순환장애 관절염, 변비, 천식
	다른 사람을 무시  자원: 강한 주장	

출처: Satir et al. (1991), p. 60. 재구성

말한다. 날카롭게 비난하는 것도 실은 도움을 간청하는 것이다.

(3) 초이성형

초이성형(super-reasonable)은 자신과 타인 모두를 무시하고, 상황만을 중시한다. 지나치게 이성적이고, 주로 자료와 논리의 수준에서 기능한다. 이 유형의 가장 중요한 특징은 비인간적이며, 객관적이라는 것이다. 흔히 초이성형은 지성인처럼 보이지만, 실제로는 자신이 옳다는 것을 증명하고 갈등을 해결하고자 자료나 연구 결과를 인용한다. 하지만 이들의 내면은 쉽게 상처받고, 소외감을 느낀다. 감정이 취약하므로 감정에서 상황으로 초점을 바꾸어 버리는 것이다.

표 5-4 초이성형의 반응

언어: 극단적인 객관성	정서: 완고, 냉담	행동: 권위적
규칙과 '옳은' 것에 관한 자료 사용, 추상적 단어 사용, 정확한 논리적 설명 "사람은 지적이어야 한다."	"사람은 어떤 희생이 있어도 냉정하고, 조용하고, 침착해야 한다." 경직된 굳은 자세, 고자세	경직, 원칙론적 행위 행동을 합리화 조작적, 의도적, 강제적
내적 경험	**심리적 영향**	**신체적 영향**
'나는 쉽게 상처받고, 고립되는 느낌이다.' '어떤 감정도 표현할 수 없다.'	강박적-강제적, 반사회적, 사회적으로 위축 과도한 긴장	건조성 질병 점액, 임파 조직에 질병 발생 암, 심장마비 등의 통증
	자기와 다른 사람을 무시  자원 : 지식	

출처: Satir et al. (1991), p. 63. 재구성

(4) 산만형

산만형(irrelevant)은 자기, 타인, 상황 모두를 무시한다. 따라서 접촉하기가 가장 어려운 유형이다. 보통 재미있거나 익살스러운 모습과 혼동되기도 한다. 초점을 잃은 이야기를 하고, 행동이 산만하며, 심리적으로 혼돈스럽다. 산만형은 초이성형과 대조적이다. 이들은 스트레스를 주는 주제로부터 관심을 돌릴 수 있는 한 생존할 수 있다고 믿는다. 따라서 쉬지 않고 움직이면서 관심을 분산시키고자 한다. 이들의 내면은 현재를 자신이 머물기에 부적절하다고 여기는 극단적인 심리적 불균형 상태에 있다. 그러한 불균형 상태에서 어떻게든 균형을 유지하기 위하

표 5-5 **산만형의 반응**

언어: 관계없는 말 사용	정서: 혼돈스러움	행동: 산만함
뜻이 통하지 않는다. 이야기에 요점이 없다. 계속해서 "그냥 놔둬."라고 말한다.	"나는 실제로 여기 있는 것이 아니다." 계속해서 움직인다. 비스듬히 앉는다.	부적절하게 조정한다. 지나치게 활동적이다. 끼어들어 중단시킨다.
내적 경험	**심리적 영향**	**신체적 영향**
'아무도 상관치 않는다.' '거기는 내게 적절한 곳이 아니다.' 균형이 없다. 끼어들어 주목받고자 한다.	혼돈됨 부적절한 정신질환	중추신경계 장애 위장장애, 메스꺼움 당뇨병, 편두통, 변비
	자기, 다른 사람, 상황 모두를 무시  자원 : 즐거움, 자발성, 창의성	

출처: Satir et al. (1991), p. 66. 재구성

여 계속 산만하게 움직인다. 이들의 움직임은 대체로 부적절하고, 지나치며, 무의미하다.

(5) 일치형

일치형(congruent)은 의사소통의 내용과 내면의 감정이 일치하는 유형이다. 일치형은 대처방식이라기보다는 충만한 인간이 되어 전인성을 이루고자 하는 선택이다. 높은 자아존중감과 일치성은 보다 충분히 기능하는 인간을 나타내는 두 가지 중요한 지표이다. 일치적 의사소통은 스스로를 방어하거나 다른 사람이나 상황을 통제하기 위하여 선택하는 것이 아니다. 일치형을 선택하는 것은 자기 자신

표 5-6 일치형의 반응

언어	정서	행동
말의 내용이 신체 자세, 목소리의 음조, 내면의 느낌과 일치한다. 말이 감정을 자각하고 있음을 나타낸다.	정서 표현이 말과 일치된다. 정서가 자유롭게 표현된다.	창조적이고 생동적이다. 개성이 드러난다. 유능하다.
내적 경험	**심리적 영향**	**신체적 영향**
조화 균형 높은 수준의 자기가치	건강함	양호한 건강 상태
	자기, 다른 사람, 상황을 중요시  자원: 관계성, 접촉, 높은 자아존중감	

출처: Satir et al. (1991), p. 86. 재구성

이 되기를 선택하는 것이며, 다른 사람과 만나고, 관계를 맺고, 상호작용하기 위해서 선택하는 것이다. 자기 자신, 타인, 상황을 자각하고, 돌보는 자세로 반응하는 것이다.

(6) 개인의 빙산과 의사소통 유형의 변형

개인의 빙산(personal iceberg)은 개인 및 가족의 심리 내적 경험을 이해할 수 있는 지도이다. 개인이나 가족에 대한 개입에서 경험은 다양한 수준에서 이루어진다. 그것을 개인의 빙산에 비유해 보면 수면 위에 보이는 것이 사람의 행동(behavior)과 대처방식(coping)이고, 수면 밑에는 감정(feeling), 지각(perception), 기대(expectation), 열망(yearning)의 여섯 가지 경험 수준이 가정된다. 그리고 빙산

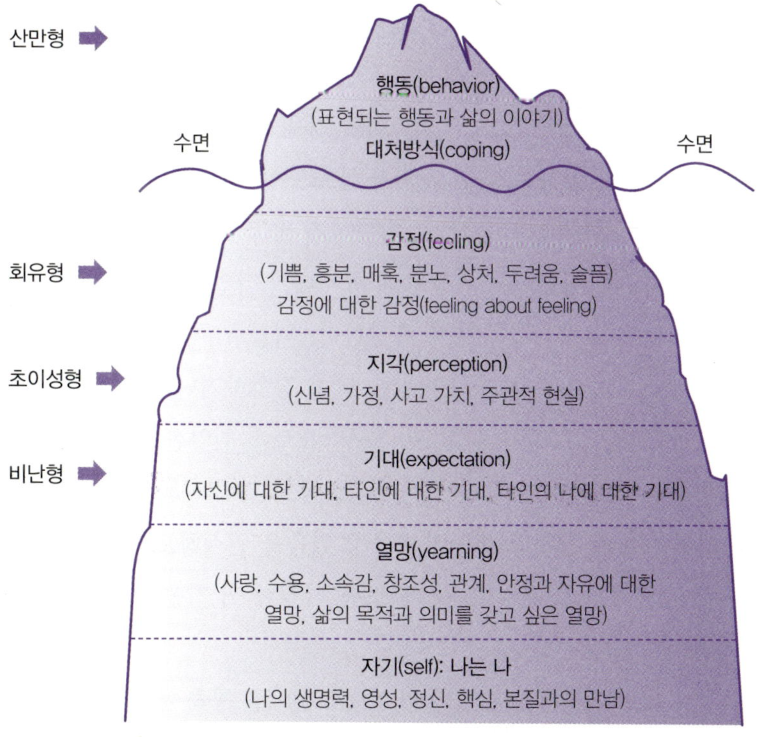

그림 5-2 빙산에 비유한 인간의 심리 내적 경험

출처: Banmen (2001); 김영애(2015) 재구성.

의 가장 바닥에 내적 경험의 근원인 자기(self)가 있다. 개인의 내적 과정을 이끌어 내는 은유적인 방법으로 사티어는 빙산기법을 활용하였다. 빙산기법을 통해 전달하고자 하는 것은 우리의 경험 대부분이 '수면 아래'에서 경험된다는 것이다.

가족 구성원의 의사소통 유형을 일치형으로 변화시키기 위해 이면에 숨겨져 있는 충족되지 못한 기대 및 열망에 많은 관심을 두고, 각각의 의사소통 유형이 이미 변화의 씨가 될 수 있는 강점을 가지고 있다고 믿어야 한다. 4개의 의사소통 유형은 각기 다른 내면의 경험 세계에 머물러 있다. 개인의 빙산에 비유해 보면 회유형은 감정에, 비난형은 기대에, 초이성형은 지각의 수준에 머물고 있다. 그리고 산만형은 내면의 어디에도 초점을 두지 못하고 수면 위의 상황에 머무를 뿐이다. 의사소통 유형을 변화시키는 작업에서 중요한 것은 어떤 것을 제거하는 데 초점을 두는 것이 아니라 가족 구성원이 이미 지각하고 인식하는 내면의 경험에 새로운 경험을 추가하는 것이다.

- 회유형은 다른 사람을 돌보고, 염려하는 자원을 가지고 있다. 따라서 이들은 자신의 유형을 인식하고, 다른 사람을 돌보듯이 자신을 돌보도록 이끈다.
- 비난형은 자기주장이 자원이므로 비판하지 않고 주장하는 것이 중요함을 깨닫도록 한다. 즉, 내면에서 자신에 대한 기대가 타인에 대한 기대로 확산되면서 비난한다는 것을 인식하도록 촉진한다. 역할극, 가족조각을 통하여 비난하는 사람과 비난받는 사람의 역할을 직접 경험하거나 관찰하도록 한다. 이들에게는 "어떻게 느끼는가?"라고 질문함으로써 취약한 자신의 감정을 인식하도록 돕는다.
- 초이성형은 내면이 지각 수준에 머물고 있음을 인식하도록 돕고, 애정, 감정과 지적인 체계의 모든 것이 통합되도록 '감정에 귀 기울이기' '가족의 감정에 귀 기울이기'를 훈련하도록 이끈다.
- 산만형은 내면 어디에도 초점이 없으므로 신체를 통하여 내면으로 들어갈 수 있도록 신체활동을 권고한다. 심호흡으로 호흡을 느끼기, 산보하면서 느껴지는 감각에 접촉하기, 수시로 어머니와 자녀가 눈 맞추기 등이 도움이 된다.

그림 5-3 일치형으로의 변형작업

출처: Satir et al. (1991), p. 92. 재구성

3) 가족규칙

가족규칙(family rule)은 일종의 명령으로 가족 구성원이 부모와의 관계에서 내재화한 것이다. 가족규칙은 정보를 처리할 때 따르는 규준이며, 가족 구성원의 행동을 지배한다. 가족 구성원이 당연히 믿어야 하거나 어떠한 상황에서 해서는 안 되는 행동을 모두 포괄한다. 가족규칙은 명시적이거나 암묵적이다. 잠자는 시간, 귀가 시간, 가사 책임 등과 같은 규칙은 명시적이다. 암묵적인 규칙은 가족 모두가 의식하고 있으나 말하지 않는 규칙이다. 예를 들어, 아버지의 알코올 문제, 부모의 재혼 사실, 어머니의 첫 남편, 어려서 죽은 자녀 등과 같이 결코 입에 올리지 않는 것들이다.

가족상담사는 가족사정에서 가족체계에 적용되고 있는 규칙의 타당성을 가족 구성원과 함께 검토하고, 역기능적인 의사소통과 낮은 자아존중감에 영향을 미치는 규칙에 개입한다. 특히 규칙이 너무 시대에 뒤떨어졌을 때, 불공평할 때, 불명확할 때, 부적절할 때, 현재 상황에 맞지 않을 때 가족상담사의 교육적인 역할이 요구된다. 가족상담사는 가족이 규칙의 타당성을 질문하고 평가하는 것을 돕고, 역기능적일 때 거부하도록 돕는다. 대부분의 규칙은 매우 익숙하게 사람의 의식 밖에서 자동적으로 작동하므로 민감한 탐지기술이 필요하다. 따라서 가족이 가족상담사를 신뢰하고, 안전하게 느낄 때에야 규칙을 다루는 것이 가능하다.

가족규칙은 그 가족 구성원이 지킬 수 있을 정도로 인간적이어야 하며, 변화하는 상황에 맞게 변동 가능한 융통성이 있어야 한다. 또한 정보는 모든 가족 구성원에게 공유되어야 하며, 경험과 감정은 표현되어야 한다. 사티어는 특히 경험과 감정의 표현에 관한 가족규칙에 관심이 많았다. 그리고 사회화에 관한 규칙, 상황의 변화에 따른 규칙의 융통성, 차이를 다루는 규칙, 정보를 다루는 규칙, 금지된 주제, 성과 연령에 따른 규칙 등을 중요하게 다루었다(Satir & Baldwin, 1983).

3. 경험적 가족치료 모델의 개입 과정

문제를 가진 가족은 가족 구성원의 자아존중감 결여, 경직되고 비인간적인 가족규칙, 역기능적인 의사소통 및 대처 유형, 지역사회와의 연결망 결여 등의 어려움을 가진다. 사티어 모델은 가족 구성원의 자아존중감, 의사소통 유형, 가족규칙을 민감하게 사정평가한다. 개입 과정은 경험과 학습의 차원에서 의사소통 유형이 일치형으로 변화하도록, 그리고 치료 과정을 통해서 해결점을 찾도록 새로운 경험을 제공한다. 이 절에서는 사티어 모델의 개입 과정을 개입 목표, 변화 과정, 개입 기법을 중심으로 살펴본다.

1) 개입 목표

사티어의 경험적 가족치료 모델은 가족 구성원의 독립적인 성장 욕구와 가족체계의 관계성을 통합하여, 개인의 성장에 궁극적인 목적을 두고 있다(Satir & Baldwin, 1983). 구체적으로 좀 더 높은 자존감을 가지고, 좀 더 나은 선택을 하고,

좀 더 책임감을 가지며, 좀 더 일치적인 상태가 되도록 하는 것이다. 가족체계에 대한 성장목표는 다음과 같다(김영애, 2015).

- 가족이 공유하는 특성이 있으면서 가족 구성원의 개체성과 독립적 성장을 존중하도록 한다.
- 가족 구성원이 새로운 꿈과 희망을 가질 수 있게 한다.
- 가족 구성원이 새로운 관점에서 상황을 바라보고, 새로운 삶의 방식으로 대처할 수 있게 한다.
- 문제보다는 대처하는 방식에 초점을 맞추어 일치적인 대처방식을 취할 수 있도록 한다.
- 가족 구성원으로 하여금 상호작용에서부터 삶의 태도를 선택하는 것에 이르기까지 인생 전반에 걸쳐 새로운 선택을 할 수 있다는 것을 자각하게 한다.
- 증상은 생존과 자기보호를 위해 만들어진 것임을 알게 하고, 결핍된 것을 다른 방법으로 충족시킬 수 있게 한다.
- 심각한 위기상황에 처했을 때, 가족응집력을 높여 위기를 성장의 기회로 삼게 한다.

2) 변화 과정

치료적 변화는 과거에 일어난 일과 현재에서 발생하는 일 사이의 연결을 발견하고, 수면 아래의 내면 과정을 알아차리고, 상황을 있는 그대로 이해하며, 새롭게 경험하고 학습한 방식을 적용하는 것을 포함한다. 가족상담사는 가족 구성원을 수용하고, 그들 자신과 치료 과정의 변화에 대한 희망을 전하며, 가족과 신뢰관계를 확립하고, 가족이 변화를 이룰 수 있다는 것을 자각하고 인정하도록 촉진한다. 변화의 과정이 여러 요인의 상호작용에서 일어난다는 관점을 가족이 가지게 될 때 변화 과정은 시작된다.

사티어의 경험적 가족치료 모델은 변화 과정을 변화를 위해 거쳐야 할 치료적 변형의 순환적 단계로 정의한다. 모델 초기에는 접촉하기, 혼돈, 통합의 3단계로 규정했는데, 현재는 6단계 또는 7단계로 설명한다. 변화가 뿌리 내리기 위해서는 1단계에서 7단계를 거치게 되는데, 이 단계들은 반복되어 나타날 수도 있다(Satir

표 5-7 사티어의 경험적 가족치료 모델에서의 변화 과정

단계	특징	가족상담사의 과업
1단계: 정체 상태	• 가족체계는 항상성의 상태를 유지하면서 위기 상황이 발생하기 전까지 자신의 생존 유형을 폐쇄적으로 지속하려고 함 • 위기 상황이 견디기 어렵게 되거나 심각한 갈등이 표면화되면 외부의 도움을 요청하는 단계	• 가족체계의 잠재적 위기를 찾아내고, 가족이 사용하는 다양한 보호 행동양식과 저항을 생존을 위한 자원으로 활용하기 • '사람은 자신이 알고, 인식하고 있는 수준에서 나름대로 할 수 있는 최선을 다한다.'는 신념을 가지고 접근하기 • 가족이 문제보다 자신에게 초점을 두도록 하기
2단계: 외부 요인의 도입	• 가족이 외부 요인(가족치료 상담사)의 개입을 수용하는 단계 • 가족이 보이는 저항은 일종의 생존을 위한 것이며, 하나의 대처방식임	• 문제를 탐색하고, 목적을 긍정적으로 진술하기 • 가족체계 속의 개인을 공감과 이해로 수용하기 • 주요 개입 기술: 내담자와 접촉하기, 내담자의 기대를 탐색하기, 변화의 장애물 살펴보기, 저항을 존엄성으로 재구성하기
3단계: 혼돈	• 가족이 스스로를 객관적으로 바라볼 수 있는 단계까지 개방하기 시작함 • 새로운 역동을 향한 모험을 하면서 혼돈의 과정을 경험하는 중에 가족은 안전감을 잃고, 해체에 대한 두려움이나 상실의 압박 및 공포를 느끼는 단계 • 혼돈의 국면은 바로 치유가 시작되는 시점임	• 가족이 느끼는 두려움과 불안의 정상화, 가족규칙을 드러내어 가족체계를 개방하기 • 가족 구성원의 역기능적인 행동을 이용하여 변화를 일으킬 수 있는 상황을 제공하기 • 주요 개입 기술: 접촉을 지속하기, 계약하기, 개인의 내적 과정과 연결하기, 지금-여기의 현재에 초점 두기, 지지와 수용, 희망과 가능성 지원하기

4단계: 변형	• 가족의 초점이 문제에서 목표로 전환하는 시기 • 가족 구성원의 정서가 인정받고, 이전에 경험하지 못했던 매우 깊은 감정을 경험하며, 자기 자신과 깊이 연결되는 경험을 하는 단계	• 이전에 몰랐던 사건과 개인의 관계에 대한 변형을 돕기 • 내담자가 좀 더 책임감을 갖고 자아존중감을 향상하며, 더 나은 선택을 하고, 일치적으로 되는 목표의 실현을 돕기 • 개인의 빙산 활용하기
5단계: 통합	• 변형된 것이 경험되고, 느껴진 후에 통합이 이루어져 새로운 의사소통 유형이 자리 잡는 단계 • 잠재적 자원의 사용과 부분의 통합, 과거와 현재의 기대를 재평가함으로써 새로운 가능성을 개발하는 시기 • 과거의 경험과 관련된 신체적 표현과 새롭게 배운 신체적 표현 간의 차이를 구별할 수 있게 됨	• 가족 구성원의 새로운 생존 유형, 새로운 희망, 새로운 지각, 새로운 피드백이 자신과 통합을 이루도록 지지를 제공하기
6단계: 연습	• 자동적이고 익숙한 반응 패턴에서 벗어나 새롭게 학습한 것을 연습하는 단계 • 삶의 에너지를 좀 더 현재에 집중하면서 건강하고 새로운 상태를 형성하게 됨	• 좀 더 기능적으로 자연스러운 흐름을 방해하는 것으로부터 빠져나올 수 있도록 돕기 • 매 회기 끝부분에 새로운 변화를 연습하고, 존재에 대한 새로운 감각을 가질 수 있도록 내담자의 능력과 헌신의 정도에 맞춘 과제를 제시하기
7단계: 새로운 상태	• 좀 더 건강한 균형과 좀 더 충분히 기능적으로 행동할 수 있는 개인, 건강한 관계가 형성되는 단계 • 새로운 자아상과 희망, 자율성과 창조성이 좀 더 발휘되고 행복감이 증대됨	–

et al., 1991; 정문자, 2007). 변화 과정의 단계별 특징과 가족상담사의 과업을 중심으로 정리하면 〈표 5-7〉과 같다.

3) 개입 기법

사티어의 경험적 가족치료 모델은 기본적으로 상담사의 경험과 감수성을 활용하면서 내담자 가족의 잠재력과 경험을 풍부하게 할 수 있는 많은 기법을 다른 모델로부터 차용하고 독자적으로 개발하였다. 게슈탈트 치료와 참만남 집단에서 역할극과 정서적 직면기법을 빌리고, 예술과 심리극으로부터 가족조각, 가족그림, 드라마 등과 같은 표현적인 기법들을 가져왔다. 또한 독특한 치료 기법으로서 가족지도, 개인의 빙산, 부분들의 잔치, 은유, 재구성, 접촉, 밧줄기법, 만다라, 가족재구성, 명상, 그리고 가족규칙을 지침으로 바꾸기, 심리적 온도 측정하기, 유머 등의 변화를 가져오는 여러 도구를 개발하였다. 여기서는 접촉하기, 가족지도, 그리고 가족조각을 소개한다.

(1) 접촉하기

접촉하기는 경험적 가족치료 모델을 대표하는 사티어의 특징적 기법이다 (Nichols & Sean, 2020). 접촉하기는 상담사 자신의 민감성과 적극성을 활용하는 기법이다. 접촉하기의 목적은 관계 맺기이다. 이 기법은 경험적 가족치료 모델의 첫 상담에서부터 거의 모든 상담장면에서 흔하게 사용된다. 또한 상담사의 내면에서 일어나는 것을 내담자 가족의 내면과 연결시키는 일치적인 자세 유지하기의 핵심 기법이기도 하다.

상담사는 언어적 · 비언어적 차원에서 가족 구성원의 내면에 접촉한다. 언어적 차원에서는 존중을 전하는 부드러운 언어 사용하기, 단호한 내용을 부드러운 언어로 전달하기 등이 사용된다. 비언어적 차원에서는 표정이나 신체적 메시지 관찰하기, 손잡기, 포옹하기 등의 신체적 접촉이 있다. 접촉하기 위해 상담사는 가족에게 다가서려는 태도를 지녀야 한다. 내담자 가족의 가치를 존중하는 것은 문제보다 더 중요하고 우선되어야 하며, 이는 상담사와 가족을 연결해 준다. 이때 신체적 접촉 등 구체적인 기법은 문화적 다양성을 고려한다.

가족과 친밀감을 이루기 위해서는 일치성을 보여 주어야 한다. 그것은 상황에 적절한 메시지, 음성, 접촉, 공간을 고려하는 것이다. 사람의 생명력이 활성화될 수 있도록 상담사의 자기를 존재 그대로 보여 주고, 들려 주고, 그들이 사랑받을 수 있는 기회를 제공하는 것이다.

(2) 가족지도

가족지도(family map) 치료의 목적은 원가족 삼인군 가족관계(어머니, 아버지, 아동)에서 가족체계의 역동, 상호작용, 역기능적 패턴을 검토하고, 현재의 변화된 관점에서 상황을 이해하게 하여 이 쟁점들을 현재의 삶에서 긍정적인 의미로 변화시키는 것이다.

치료에 필요한 가족지도는 현재의 가족, 어머니의 원가족, 그리고 아버지의 원가족 가족지도이다. 사티어는 치료 대상에 대해 내담자(client) 또는 IP(Identified Patient, 문제가 되고 있는 내담자)라는 용어를 사용하는 대신 '스타'라고 불렀다. 가족 구성원이 공동으로 가족지도를 작성한 과정과 완성한 가족지도를 설명하고 재구성한다. 추가적으로 조각 또는 역할놀이를 병행하면서 치료 과정을 진행할 수도 있다. 가족지도 치료 과정은 다음과 같다.

1단계: 가족지도 그리기 가족지도 작성 단계는 인구사회학적 정보를 포함한 가족에 관한 기본 정보를 얻는 과정이다. 기본적인 정보로는 인구사회학적 정보 외에 가족 구성원의 성격, 자아존중감의 정도, 의사소통 및 의사소통 유형, 가족 규칙, 가족의 역동성, 가족 구성원 간의 상호관계, 세대 간의 유사점과 차이점, 사회와의 연계성 수준 등이 있다([그림 5-4] 참조).

- 스타의 아버지와 어머니를 각각 도형(□, ○)으로 그리고, 각 도형 안에 아버지와 어머니의 이름, 출생일, 연령을 적는다. 부모가 사망한 경우에는 사망일을 적고, 도형에 ×표시를 한다(예를 들어, ☒, ⊗).
- 부모의 도형 옆에 부모의 인구사회학적 정보를 적는다.
- 부모의 연결선 위에 결혼 날짜, 별거 또는 이혼 날짜를 적는다.
- 스타 형제의 출생 순서대로 도형을 그리고, 인구사회학적 정보를 적는다.
- 가족 구성원의 각 도형 옆에 성격적 특성을 긍정적 특성과 부정적 특성 각각 세 가지를 형용사로 표현한다.
- 의사소통 유형을 적는다. 가족 구성원이 스트레스를 받을 때 일차적으로 보이는 의사소통 유형을 적는다. 의사소통 유형은 회유형, 비난형, 초이성형, 산만형, 일치형으로 표시한다.
- 관계의 양상을 그린다. 스트레스를 경험한 특정한 상황을 생각하면서 그때의 가족관계를 표시한다. 만약 두 사람 간에 하나 이상의 양상이 보이면 모두 표시한다. 두 사람의 관계에서 관계의 양상이 서로 다를 때, 관계 양상이 향하는 방향의 끝에 화살표를 그린다.
  - 얇은 선(————): 정상적 · 수용적 · 긍정적인 관계
  - 굵은 선(━━━━): 자주 밀착된 관계
  - 꺾은 선(/\/\/\/\): 자주 부딪히고, 적대적인 관계
  - 점　선(············): 소원하고, 부정적이며, 무심한 관계
- 스타를 표시하기 위해 스타 주위에 ★를 그린다.

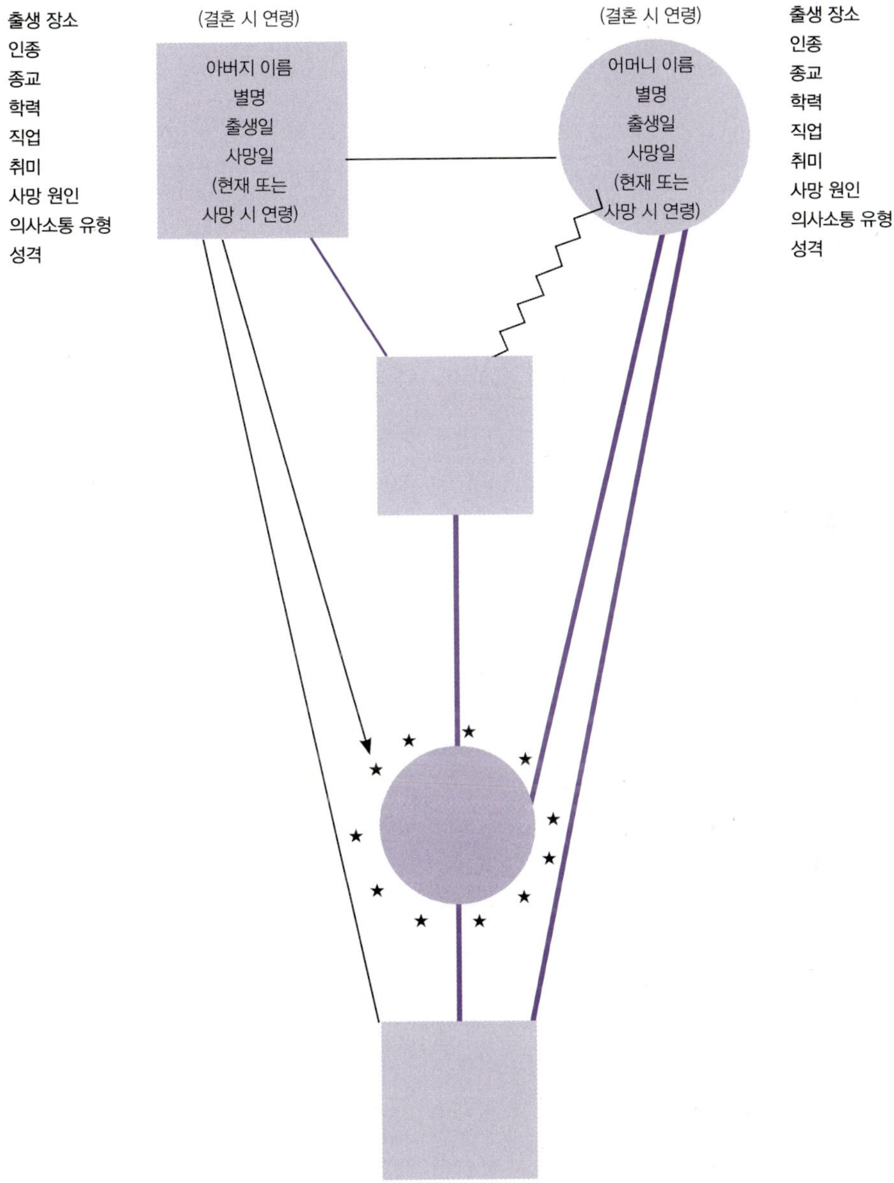

그림 5-4 가족지도 모형

출처: 정문자(2007), p. 136.

2단계: 가족지도의 탐색 가족지도의 탐색은 전반적인 치료를 위한 사정도구이자 치료도구이다. 현재 가족에서 과거의 역기능적 패턴을 학습적으로 교정하고, 새롭게 경험을 이해하기 위해서는 가족지도를 잘 탐색하는 것이 중요하다. 부모의 특성 탐색, 의사소통 유형의 탐색, 그리고 가족관계의 탐색에 초점을 둔다.

- 개입을 시작하면서 가족상담사는 스타에게 원하는 변화에 관하여 질문한다.
- 준비된 가족지도 세 장을 벽에 붙여 놓고, 스타가 삼인군 가족에 관하여 대처 유형, 성격 특성, 관계의 측면에서 설명하게 한다.
- 상담사는 스타가 도표에 나타난 내용에 대하여 설명하도록 질문한다. 그리고 친가와 외가의 가족지도를 같은 방법으로 탐색한다. 이 과정에서 가족의 관계와 구조가 이해되고, 새로운 발견과 변화 과정이 발생한다.

(3) 가족조각

가족조각(sculpture)이란 어느 시점을 선택하여 정서적인 가족관계를 언어를 사용하지 않고 신체적으로 상징화하여 사람이나 대상물을 배열하는 비언어적인 기법이다. 가족조각은 경험적 가족상담사인 캔터(D. Kantor)와 덜(F. Duhl)이 개발하였다. 사티어는 언어를 통해서 가족의 경험이 변화되지 않을 때 가족조각을 즐겨 사용하였다. 가족 구성원에게 역기능적인 네 가지 의사소통 유형을 설명하고, 그것을 내담자 가족에 적용하여 신체적으로 표현하도록 하였다. 가족조각은 가족 구성원이 경험하는 것을 체험하게 할 수 있고, 또 미래의 희망하는 가족관계를 체험적으로 느낄 수 있도록 한다. 따라서 가족조각은 가족진단과 목표 설정의 도구이면서 치료 기법으로 활용된다. 조각기법은 말을 많이 사용하지 않으면서 관계 유형의 변화를 촉진시킨다. 가족 구성원이 말없이 몸짓과 공간적 관계를 나타내도록 함으로써 행위와 감정을 표현하고 느끼게 한다. 또한 3차원적인 시각적 모델을 제시함으로써 내적인 감정을 표면화하고, 은밀한 생각과 느낌을 외면화한다. 즉, 정보는 말로 전해지는 것이 아니라 행동과 관찰을 통해 경험하게 된다. 가족조각의 실연 과정은 다음과 같다.

제1단계: 준비 단계 조각기법에 관한 설명을 한 후에 조각을 실시한다. "가족은 지금 진흙덩어리입니다. 가족의 몸이나 얼굴을 마음대로 움직여서 당신과 가족이 어떤 관계에 있는지를 나타내어 주세요." 이때 가족상담사는 조각을 하는 동안 가족이 이야기하거나 웃지 않는다는 원칙을 알려야 한다. 가족상담사와 조각자는 질문하고 대답하면서 진행한다. 조각의 주제는 과거의 어려웠던 시점과 사건에서 선택하게 한다. 주제를 표현하기 위해 가구나 주변의 소품을 사용할 수 있다.

제2단계: 조각 완성 단계 가족조각의 배치가 끝나면 가족상담사는 그 자세를 유지하면서 1분간 정지하도록 요구한다. 이것은 가족에게 자신의 내면에 있는 감정과 접할 수 있는 기회를 주는 것이다. 가족상담사는 가족 구성원 개개인에게 조각하는 동안 어떤 느낌을 가졌는지 물어본다. 이때 가족상담사는 가족이 감정적 차원에서 보다 많은 피드백을 나누도록 도와야 한다.

제3단계: 성숙 및 변화 단계 가족상담사는 내면세계의 감정, 기대, 열망, 인지, 자기가치에 대하여 가족과 대화를 나눈다. 이때 다음과 같은 질문이 가능하다. "조각한 장면에 어떤 제목을 붙이겠어요?" "조각을 만든 가족 구성원이 가족을 이렇게 인식하고 있다는 것을 다른 사람은 알고 있었나요?" "이렇게 표현된 가족기능에 동의합니까? 불편한 것은 무엇입니까?" "가족이 어떻게 변화하는 것을 원하나요? 희망하고 기대하는 것은 무엇인가요?"

제4단계: 종결 단계 이상적인 상태를 재조각하고 나서 이러한 변화가 온다면 자신은 무엇을 어떻게 하겠는지를 가족 구성원 개개인에게 질문한다. 이러한 질문은 가족의 변화에 대한 통찰을 가능하게 한다.

복습 문제

1. 사티어가 제시한 개념 중 다음 설명에 해당하는 것은?

> ○ 자기에 대한 신뢰와 존중을 의미하며, 타인이 자신을 어떻게 판단하는가 하는 것과 별개이다.
>
> ○ 이것이 높은 사람은 삶의 모든 측면을 존중하며 자신과 타인을 위해 건설적으로 에너지를 사용한다.
>
> ○ 이것이 낮은 사람은 높은 불안을 경험하고, 자신에 대한 타인의 생각에 지나치게 관심을 가진다.

① 자기신뢰 ② 자아존중감
③ 자기애 ④ 자존심 ⑤ 효능감

2. 사티어의 경험적 가족치료 모델에서 의사소통 유형은 자아존중감의 세 가지 구성요소와 관련하여 설명한다. 의사소통 유형과 그 내용의 연결이 옳지 않은 것은?

① 회유형: 자신 무시, 타인 존중, 상황 존중
② 비난형: 자신 존중, 타인 무시, 상황 존중
③ 산만형: 자신 무시, 타인 무시, 상황 무시
④ 일치형: 자신 존중, 타인 존중, 상황 존중
⑤ 초이성형: 자신 존중, 타인 무시, 상황 무시

3. 부모-자녀 관계에서 어려움을 겪는 어머니와 그 자녀의 상황에 사티어의 경험적 가족치료 모델에서의 의사소통 유형을 적용한 것으로 옳지 않은 것은?

① 회유형: 모든 것이 내 탓이야. 우리 아들을 굶기다니, 엄마가 제대로 하는게 없구나.
② 비난형: 배가 고프다고? 나는 네 나이에 알아서 밥 챙겨 먹었어. 할 줄 아는 것이 없어.
③ 산만형: 얼마나 배가 고플까? 엄마가 금세 밥해 줄게.

④ 일치형: 우리 아들, 많이 기다렸지. 엄마가 늦어서 미안해. 금방 밥해 줄게.

⑤ 초이성형: 오늘 마감이야. 무슨 일이 있어도 일을 마쳐야 되거든. 배고파도 참아!

4. 가족조각 기법에 관한 설명으로 옳지 않은 것은?

① 가족의 상호작용 양상을 공간 속에 배치하는 방법이다.

② 가족 내 숨겨져 표현되지 못했던 감정이나 가족규칙 등이 노출될 수 있다.

③ 조각 후, 가족상담사는 현재의 조각이 어떻게 변화되기 바라는지를 다시 조각으로 표현하게 한다.

④ 조각을 하는 동안 서로 웃거나 이야기하지 않는다.

⑤ 가족을 조각한 사람은 객관성을 유지하기 위해 조각에서 제외되는 것이 일반적이다.

5. 사티어의 경험적 가족치료 모델에서 강조하는 가족규칙에 관한 설명으로 옳지 않은 것은?

① 일종의 명령으로 가족 구성원이 부모와의 관계에서 내재화한 것이다.

② 정보를 처리할 때 따르는 규준이며, 가족 구성원의 행동을 지배한다.

③ 잠자는 시간, 귀가 시간처럼 명시적이거나 금기시하는 주제와 같이 암묵적이기도 하다.

④ 가족의 문화와 전통을 전수하므로 가족 구성원의 인내와 희생을 감수하고 지켜져야 한다.

⑤ 가족상담사는 가족이 규칙의 타당성을 질문하고 평가하는 것을 돕고 역기능적일 때 거부하도록 돕는다.

소집단 토론

1. 사티어의 경험적 가족치료 모델에서는 '내담자' 또는 '문제가 되고 있는 내담자' 대신에 '스타(star)'라는 호칭을 사용합니다. '스타'라는 용어가 가지는 의미를 토론해 봅시다.

2. 자신의 핵가족을 대상으로 가족지도를 그리고, 의사소통 유형(대처 유형), 성격 특성, 가족관계의 특성을 탐색해 봅니다. 탐색한 결과를 소집단이나 짝을 지어 토론해 봅시다.

3. 자신(또는 가상)의 가족문제를 열린 자세로 나누기를 자원하는 '스타'와 스타의 '가족 구성원'을 선정하여, 가족문제의 특정 상황에 대한 가족조각을 시연해 봅니다. 가족조각 시연 후, 스타와 가족 구성원 역할을 한 학생들의 맡은 역할에 대한 감정을 표현하도록 합니다. 그리고 가족조각 전체 과정에 대한 학생들의 생각과 느낌을 토론해 봅시다.

나의 요점 정리

✎...

복습 문제 정답: 1. ② 2. ⑤ 3. ③ 4. ⑤ 5. ④

제6장

경험적 가족치료 모델의 실제

경험적 가족치료 모델은 가족관계에서 구성원의 개별성을 중요하게 여긴다. 특히 사티어의 경험적 가족치료 모델에서는 가족 구성원이 사랑을 경험하면서 높은 수준의 자아존중감과 자기가치의 감정을 경험하는 것을 강조한다. 경험적 접근의 핵심은 개인이 경험한 사건이나 상황은 그대로 있을지라도 그것과 관련된 개인 내면의 경험이 변화됨으로써 자기가치가 일치적으로 변화되는 데 있다. 경험적 가족치료 상담사는 개입의 첫 만남부터 가족 구성원 개개인과 적극적으로 접촉하고, 자아존중감을 민감하게 인식해야 한다. 더불어 가족 구성원이 서로를 돌보고 사랑하고자 하는 기대, 열망과 감정을 인식하면서 지금-여기에서의 문제해결책을 찾도록 촉진하고, 일치적인 의사소통을 하도록 돕는다. 개입 과정에서 가족상담사는 학습과 변화를 위한 모델링 역할을 하고, 변화에 대한 강한 신념을 가족에게 전달한다.

1. 사례의 개요

이 사례는 S시 변두리에 위치한 영구임대 아파트 단지 내 종합사회복지관으로부터 가족상담사에게 의뢰되었다. 가족상담은 약 4개월 동안 1~2주의 주기로 1회 50분씩 8회기에 걸쳐 진행되었다. 가족상담사는 1회기 첫 상담에 가족이 모두 참여하도록 요청하였다. 상담은 전체 가족이 참여할 수 있는 저녁에 이루어졌다. 매 회기는 들어가기, 작업하기, 나가기의 과정으로 구성되었다. 들어가기에서는 상담에 오기 전에 발생한 특별한 사건이나 과제에 관련된 것을 공유하고, 작업하기에서는 상담목표와 관련된 작업을 하고, 나가기에서는 상담내용을 요약하고, 상담에 대한 가족의 평가를 확인한 후 다음 일정을 약속하는 방식으로 구조화되었다. 이 가족은 40대 초반의 부모와 중학교, 초등학교에 다니는 두 자녀로 구성된 저소득층 4인 가족이다.

1) 가족문제: '나는 나, 그대로를 사랑해 주세요.'

종합사회복지관으로부터 처음 사례가 의뢰될 때 제시된 문제는 둘째 자녀[스타, 김호영(가명)]의 도벽과 또래에 대한 폭력문제, 그리고 아버지의 아내와 자녀에 대한 언어적 · 신체적 폭력이었다. 스타 호영은 초등학교 5학년(12세) 남자 아이로, 또래의 보통 키에 다소 마른 체격을 가졌다. 어머니는 자녀를 모두 자연분만으로 출산하였다. 스타는 출산 당시와 유아기 성장 과정에서 발달상 별다른 문제가 발견되지 않았다. 문제는 1년 전부터 발생하기 시작했다. 스타가 반 친구들의 학용품과 용돈을 훔친 문제로 어머니가 학교에 불려간 일이 두 차례 있었다. 스타는 사회복지관의 방과 후 교실을 다니고 있는데, 방과 후 교사는 친구들을 때리고 위협하는 스타의 행동문제가 심각하다고 판단하여 사례관리 팀에 개입을 의뢰하였다.

사회복지관 사례관리 사회복지사는 스타의 어머니와 상담한 결과 아동의 문제가 아버지의 폭력과 부부문제와 관련이 있다고 판단하고, 외부 기관의 가족상담사에게 사례를 의뢰하기로 결정하였다. 가족상담사는 개입의 초점을 단순히 스타의 품행문제나 분노 조절만이 아니라 가족의 성장과 변화에 두었다. 또한 스타가 남의 물건을 훔치거나 친구를 때리는 사건은 타인의 관심을 받고 싶은 욕구 및 의사소통 유형과 관련이 있다고 가정하였다. 개입 과정에서 스타 가족은 역기능적인 방식으로 인정과 사랑의 열망을 충족하고 있는 것으로 나타났다. 즉, 스타와 그의 가족은 사랑과 인정을 받고 싶은 열망에 관한 미해결된 과제 '나는 나, 그대로를 사랑해 주세요.'로 명명한 가족문제를 가지고 있었다.

2) 가족 배경

이 가족의 원가족을 살펴보면 스타의 아버지는 남매 중의 막내로, 중학교 때 배 사고로 선원이었던 아버지가 돌아가시고, 어머니는 고등학교 때 가출한 후로 연락이 끊겨 생사조차 알지 못한다. 아버지는 친척 집을 전전하면서 고학으로 야간 고등학교를 마치고 서울로 올라와서 공장에 다녔다. 아버지의 누나는 초등학교를 마치고 서울로 올라가서 공장을 다녔는데, 불행을 많이 겪었고, 형편도 상당히 어렵다. 현재 아버지는 누나와 거의 왕래 없이 지내고 있으며, 스타의 어머니와 함께 트럭으로 야채장사를 하고 있다.

스타의 어머니는 3남 2녀 중의 막내로, 어머니는 초등학교에 입학할 무렵에 병으로 돌아가셨다. 공무원이었던 아버지는 고등학교 때 심장마비로 돌아가셨고, 어머니를 양육해 준 사람은 할머니와 손위 형제들이었다. 어머니는 고등학교를 졸업한 후에 서울에 사는 큰오빠 집에서 생활했다. 결혼 전 여러 업종의 판매원 일을 하다가 지금의 남편을 만나 결혼하였다. 현재 어머니는 큰오빠 부부를 비롯한 다른 형제들과 금전문제로 갈등적이거나 소원하여 거의 접촉이 없다.

부모의 성장기 양육 과정을 보면, 두 사람 모두 성인이 되기 전에 부모가 사망하거나 가출하여 충분한 돌봄과 사랑을 받지 못한 상처를 가지고 있다. 또한 부모로서 적절한 역할모델을 가지고 있지 않다. 가족상담 개입 과정에서 밝혀진 바에 따르면 할아버지 역시 술을 많이 마셨으며, 술을 마시면 행동과 감정이 통제되지 않아 할머니와 자녀를 때렸다. 스타의 어머니는 외할아버지의 사랑을 기억하고 있지만, 여러 형제 가운데 막내로 자라면서 개별적인 관심과 인정을 받지 못했던 것으로 나타났다.

뿐만 아니라 스타와 누나 역시 부모로부터 적절한 관심과 사랑을 받지 못하고 있다고 느끼고 있었다. 부모가 하루 종일 장사를 하느라고 집에 없기 때문에 첫째인 누나가 어려서부터 집안일을 하며 동생을 챙겼다. 누나는 중학교 3학년이 되어 학교에서 친구들과 보내는 시간이 많아지면서 스타를 돌보는 것을 부담스럽게 여겼다. 또한 스타가 누나의 지도를 잘 따르지 않는 데 불만이 있었다. 스타 입장에서는 누나가 자신에게 지나치게 간섭하고 있다고 호소하였다.

가족상담사는 제기된 스타의 문제는 부모로부터 사랑과 관심을 받고 싶은 열망과 부모 및 자신에 대한 기대가 충족되지 못한 점에서 비롯된 것으로 보았다. 충족되지 못한 열망과 기대는 낮은 자아존중감을 초래하고, 역기능적인 의사소통 방식으로 나타난다. 또한 부모의 원가족에게서 해결되지 못하고, 충족되지 못한 '사랑과 돌봄에 대한 열망'이 현재 가족에서 역기능적인 요구와 기대로 나타나고, 역기능적인 의사소통 방식을 유지시키고 있다. 모든 가족 구성원은 상처받았

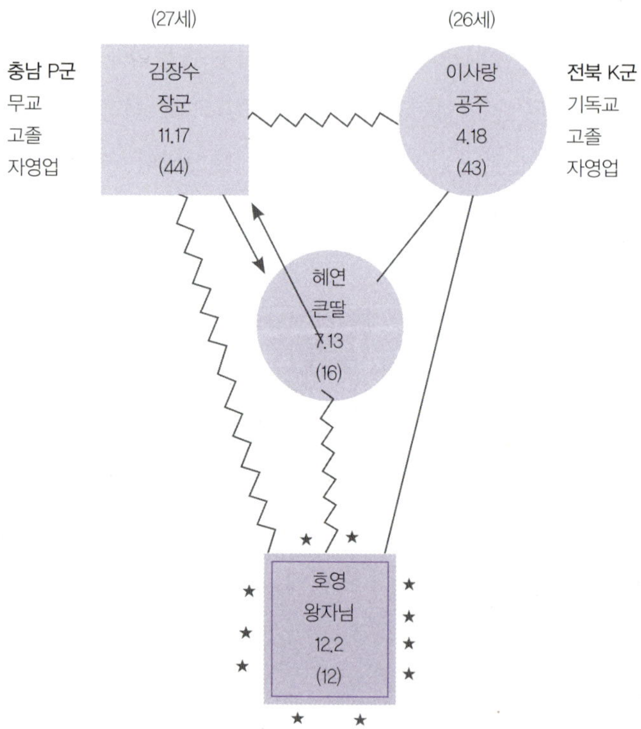

그림 6-1 사례 가족의 기본 가족지도

다고 느끼고 있었다. 이러한 가족에서의 상처와 좌절 경험은 가족 구성원의 사랑과 돌봄에 대한 열망과 자신 및 타인에 대한 기대와 매우 불일치적이다. 문제는 스타의 폭력이나 도벽이 아니라 자기가치나 정서와 불일치하는 경험이다. 가족 구성원의 별칭(장군, 공주, 큰딸, 왕자님)을 보면 표현된 메시지와 정서의 불일치가 잘 드러난다.

가족과 이웃, 친인척, 사회적 지원체계 사이의 교류는 낮은 수준으로 평가되었다. 스타가 다니는 사회복지관의 방과 후 교실과 어머니와 스타가 다니는 교회가 지지체계의 전부라고 해도 과언이 아니다.

2. 경험적 가족치료의 개입 과정

사티어의 경험적 가족치료 모델은 초기에 변화 과정을 1단계 접촉하기, 2단계 혼돈, 3단계 통합으로 단계화하였다(Satir & Baldwin, 1983). 제5장에서 기술하였듯이, 현재는 6, 7단계로 좀 더 세분화하고 있다. 개입 과정을 3단계 변화 과정으로 정의한다면, 초기 단계에서는 접촉을 하고 비공식적인 계약을 한다. 중간 단계는 혼돈이 특징으로, 상담사가 가족체계에 개입하여 그 정체 상태를 흔들어 놓고 변형을 시도한다. 종결 단계에서는 새로운 통합을 이루고, 연습을 하며, 새로운 상태를 확인하고 종결한다. 각 단계의 특징은 명확하지만, 과정은 단계별로 명확하게 분리할 수 없다. 오히려 변화의 단계는 겹치거나 순환적으로 발생한다. 또한 모든 가족 구성원이 한 시점에서 동일한 단계에 있지 않다.

따라서 상담사는 현재 개입이 변화의 어느 과정에 있는지를 알아야 한다. 또한 개입은 가족사정을 완전히 마치기 전에 처음 접촉부터 시작되어야 한다. 개입 과정을 통해 개개인의 자아존중감이 향상되고, 의사소통 유형이 일치적으로 되기 전에 가족이 임의적으로 치료를 중단할 수 있는 권한을 가진다는 점을 인식하여야 한다. 스타 김호영 가족에 대한 개입 과정을 초기 단계, 중간 단계, 종결 단계의 주요한 개입을 중심으로 살펴본다.

1) 초기 단계

개입 초기 과정에서 가족은 현상을 유지하는 정체 상태에 있다. 가족상담사는 외부 요인으로서 적극적으로 개입하기보다는 가족과 편안한 관계를 형성하여 다음 단계에 참여할 수 있도록 준비한다. 이 과정에서 개입 목표는 가족 구성원과 신뢰를 형성하고, 사정을 하며, 계약을 한다. 개입 기술은 주로 접촉하기, 인정하기, 자각 촉진하기 등이다. 상담사는 가족과 인간적으로 접촉하고, 사정을 위한 정보를 수집하며, 가족치료와 관련하여 문제보다는 희망과 변화 및 기대를 묻고, 가족과 치료 계약을 맺는다. 이 사례에서는 1, 2회기가 초기 단계에 해당한다.

(1) 1회기 상담

가족상담사는 가족을 만나기 전에 이 가족에게서 문제라고 제시되고 있는 두 남성, 즉 스타와 아버지의 문제행동과 그에 관련된 정서 및 자기가치와 의사소통 유형, 그리고 아버지의 신체적 · 언어적 폭력에 반응하는 어머니와 자녀의 감정과 자기가치 및 의사소통 유형에 대해 가정해 보았다. 또한 가족 구성원이 상담사의 개입에 대하여 자기를 보호하기 위해 보여 줄 보호방식으로서의 방어기제를 다룰 준비를 하였다.

가족상담사는 가족 구성원 각자와 인사를 하고, 가족상담에 대해 편안하게 느끼도록 개별 구성원과 접촉을 하면서 소개하고, 임시적인 계약을 하였다. 1회기에서는 가족이 문제를 떠나서 변화에 초점을 맞추도록 이끌었다.

접촉하기 1회기 상담 초기에는 어머니가 가족을 대변하는 대변인 역할을 하였지만, 가족상담사의 주도로 가족 구성원 개개인이 자신의 목소리를 내었다. 아버지는 매우 소극적인 태도로 묻는 말 이외에는 자신을 드러내지 않으려고 하였다. 첫 상담에서 상담사는 가족 구성원과 개별적으로 접촉하고, 그들의 감정과 관심을 인정해 주며, 서로에 대해서 자각하도록 이끌고, 변화에 대한 관심을 자각하도록 촉진하였다.

표 6-1 1회기 상담에서 가족 구성원과 처음 접촉하기

구분	상담내용	개입
상담사	요즘은 가족이 모두 모여 식사하는 것이 어렵지요? 아버님 김장수 씨와 어머님 이사랑 씨 맞지요? (부부가 머리를 끄덕인다) 두 분이 마주 보고, (양쪽의 자녀를 바라보며) 혜연이와 호영이도 마주 보는구나.	상담사는 식사를 함께할 기회가 많지 않다는 가족의 생활패턴을 인정(정상화)하면서 가족 구성원과 개별적으로 접촉한다.
상담사	이제 혜연이는 엄마보다 크구나. 나중에 네 의견을 듣도록 할게. 호영이는 초등학교 5학년이구나. 호영이는 무엇을 좋아하지?	혜연이가 엄마보다 크다고 말함으로써 혜연이의 성장 욕구를 인정하고, 제기된 문제와 별개로 호영이가 좋아하는 것에 초점을 둔다.

가족상담 소개 대부분의 가족은 상담에 대하여 잘 이해하지 못하고, 특히 가족상담을 알지 못해 약간의 두려움을 가진다. 스타 가족과의 첫 면담을 시작하면서 가족상담에 대해 소개를 하고 임시적 계약을 하였다.

표 6-2 가족상담 소개와 임시적인 계약하기

구분	상담내용	개입
상담사	저는 성장과 변화를 원하는 가족과 일하는 가족상담사입니다. (모빌을 손에 들고) 가족은 모빌과 같아요. 식구는 모빌에 매달린 인형들처럼 줄만큼의 거리를 두면서 서로 연결되어 있습니다. 저는 가족 한 사람 한 사람이 좀 더 자신을 가치 있는 사람으로 여기고, 독립적이면서 가족과 잘 연결되도록 안내합니다. 저와 함께 가족치료를 어떻게 해 나갈 것인지는 여러분이 결정할 수 있습니다.	상담사 자신과 가족치료를 소개함으로써 가족이 가족상담에 대해 이해하고, 안전감을 가지게 한다. 또한 가족치료 참여에 대해 가족이 결정 권한을 가진다는 메시지를 전한다.

상담사	저와 함께 한 사람 한 사람의 삶과 가족생활의 변화를 시도해 보시겠어요? (가족 전체에게, 그리고 개별적으로 질문함) (아버지에게) 호영이, 혜연이는 상담에 참여할 의향이 있다고 했고요. 어머님도, 아버님께서도 기꺼이 참여해 주신다니 고맙습니다. 저는 호영이뿐만 아니라 가족 모두가 좀 더 나은 삶을 살 수 있도록 함께 노력하는 것은 매우 가치 있다고 생각합니다.	상담사는 호영이에게 초점을 두는, 아버지에게 가족 구성원의 개개인의 삶으로 관심을 확대시키고, 함께 노력하는 것이 가치 있는 일이라고 말한다. 또한 가족 구성원 모두가 '가치'에 관심을 가지도록 촉진하면서 상담에 대한 임시적 계약을 맺는다.

변화에 초점 두기 가족상담사는 가족에게 치료에서 원하는 변화가 무엇인지를 물었다. 제기된 문제에 초점을 두지 않고, 가족에게 원하는 바가 무엇인지 내면의 희망과 기대를 질문하였다. 스타 호영은 가족이 함께하는 시간이 적다는 불만으로 시작해서 아버지가 술을 마시고 하는 부정적인 말과 행동이 바뀌었으면 좋겠다는 희망을 말하였다. 가족상담사는 아버지의 화내는 행동을 우리 모두가 가지는 문제로 정상화하고, 호영과 누나 사이에서 발생하는 호영이의 화내는 행동과 연결시켰다. 호영과 아버지는 서로의 행동을 연결시켜 생각하게 되었고, 호영의 화에 대한 정의인 '자신과 다른 생각을 인정하지 않을 때 발생한다.'는 생각에 대하여 자각할 수 있게 되었다.

스타의 누나인 혜연은 가사와 동생을 돌보는 부담감, 자신의 미래에 대한 불확신으로 인한 불안을 표출하였다. 어머니는 호영과 비슷하게 남편의 화 감정 다루기와 남편과의 원활한 의사소통을 원하고 있었다. 아버지는 가족의 이야기를 잘 들었다면서 자신은 다음에 이야기하고 싶다고 하였다. 상담사는 가족과의 임시 계약을 상기시키고, 각자가 제기한 변화에 대한 기대와 희망을 요약하였다. 그리고 가족 내에서 언어적 · 신체적 폭력을 중단해야만 가족상담을 할 수 있다는 원칙을 말하면서 아버지에게 가정폭력에 대해 가족에게 기꺼이 사과할 수 있는지를 물었다. 이에 아버지는 가족에게 사과하였다. 상담사는 상담에 기꺼이 참여한 가족에게 고마움을 표현하며 다음 회기 일정을 확인하고 첫 상담을 마쳤다.

이 과정에서 가족상담사의 역할은 가족 구성원이 가지는 서로에 대한 불만을 변화, 희망, 기대로 초점을 바꾸도록 촉진하고, 그것을 내면의 다양한 경험 수준(행동, 의사소통 유형, 감정, 지각, 기대, 열망)에서 접촉하도록 촉진하는 것이다([그림 5-2] 참조). 그리고 타인에 대한 기대에서 자기 자신의 변화로 관심의 초점을 전환하도록 '개별화와 연결'을 계속 안내하였다. 사례에서 상담사는 호영이와 충분히 분노 감정에 관해서 접촉한 후, 혜연이에게 초점을 옮겼다.

표 6-3 변화에 초점 두기

구분	상담내용	개입
상담사	호영아, 너는 오늘 여기에서 무슨 일이 생겼으면 좋겠니? 네가 하고 싶은 것이면서 우리 모두가 함께할 수 있는 것으로 말이야. 무언가 집에서 변화되었으면 하는 것 말이야.	가족상담사는 문제행동으로 위축되어 있는 호영이에게 문제가 아닌 변화에 대해 질문함으로써 호영이의 자아존중감을 향상시킨다.
호영	제가 바라는 것은 아빠가 술을 안 마시고, 소리를 지르지 않고, 나쁜 말도 안 하고, 때리지 않았으면 해요.	
상담사	호영아, 넌 지금 아빠가 화를 내실 때 이전과는 다르게 행동을 할 수 있을지에 대해 말하려는 것 같은데……. 우리 모두 화를 다루는 데 어려움이 있어. 화를 잘 다루기 위해 노력을 해야 하는데 말이지. 넌 화가 났을 때 기분이 어떤지 아니? 넌 어떻게 느끼는지 궁금하구나.	우리 모두는 화를 다루는 어려움이 있으며(정상화), 이것을 잘 다루는 것이 중요하다는 메시지를 전한다. 또한 아버지의 화내는 행동에 대한 초점에서 호영이 자신의 내면을 지각하도록 촉진한다(빙산 탐색).
호영	잘 모르겠어요.	
상담사	내 생각에는 너도 누나한테 화가 날 때가 있을 것 같은데 어떠니?	호영과 누나 사이의 갈등 내면을 지각하도록 안내한다.
호영	네, 맞아요. 누나한테 화가 날 때가 많아요. 나도 생각이 있는데, 누나가 이래라 저래라 하고, 엄마처럼 간섭하고, 자기 맘대로 하라고 해요.	

상담사	너와 누나가 생각이 다를 때가 있다는 거지. 생각이 다르고, 상대방과 다른 네 생각을 인정하지 않으면 화가 난다는 거지. 내가 네 말을 맞게 들었니?	누나와의 갈등을 '생각이 다른 것'으로 재정의(재구성)한다. 호영이의 의견을 확인하여 의사소통을 명료화한다.
호영	네, 맞아요. 아빠가 화가 났을 때에도 그럴 거예요. 아빠 생각과 내 생각이 다를 수 있는데요. 화를 내기 전에 내 생각을 물어봤으면 해요. 나도 생각이 있어요.	
상담사	그러면 넌 아빠를 화나게 하는 것도 다르게 생각하셨으면 좋겠다는 거지. 그럼 넌 네 자신을 위해서 뭘 하고 싶니?	개인의 변화, 상호작용의 변화, 가족체계의 변화 그리고 다시 개인의 변화가 순환적으로 발생하도록 촉진한다. 아버지에 대한 기대에서 호영이 자신에 대한 열망으로 관심을 전환하도록 한다(빙산 탐색).

(2) 2회기 상담

2회기를 시작하면서 지난 1주일간 있었던 일을 함께 공유하였다. 특이한 일은 지난 한 주가 아무 탈 없이 지나갔다는 것이다. 이 가정에서는 부모와 자녀 사이에 접촉 시간은 많지 않으나 항상 작은 말썽이 큰 소란이 되는 경우가 많았기 때문에 조용한 한 주는 새로운 변화의 조짐이라고 볼 수 있다. '조용한 일주일'과 관련해서 가족 구성원의 내면을 탐색하였다. 모든 가족 구성원이 변화에 대한 기대와 실현 가능성에 대한 불안이라는 양가감정을 표출하였다. 상담사는 양가감정을 당연한 반응으로 인정해 주고, 계속 서로를 믿어 보자고 격려하였다. 2회기에는 가족지도를 그린 후 탐색하였으며, 정체 상태에서의 가족역동을 탐색하였다.

가족지도 그리기 2회기 대부분의 시간을 세 장의 가족지도(현재 가족, 부모의 원가족) 그리기 작업으로 보냈다. 형제 서열과 연령 등의 정보를 적은 후에 각 인물의 성격 특성을 형용사(3개)로 표현하였다. 자녀는 부모의 원가족에 대해서는 거의 아는 바가 없었던 터라 상담 과정에서 새롭게 많은 정보를 알게 되었다. 부

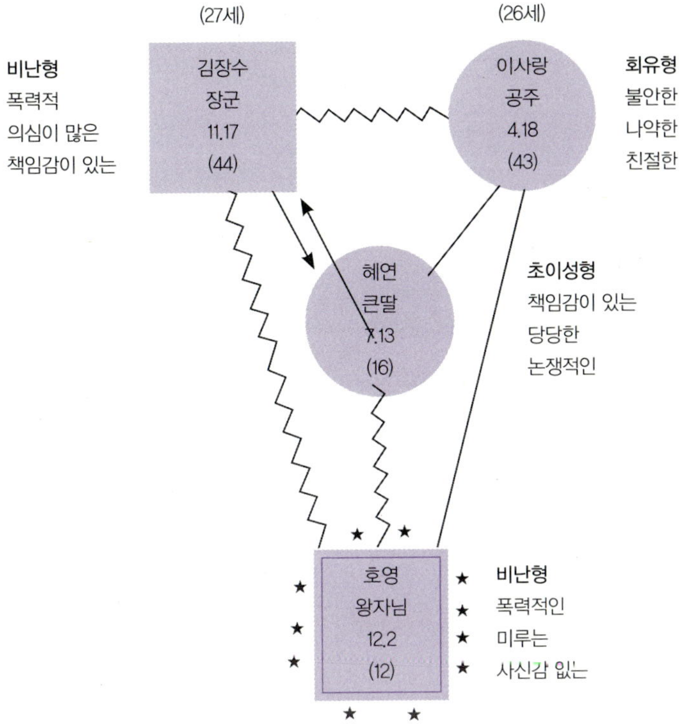

그림 6-2 사례 가족의 가족지도

부 역시 상대방의 원가족에 대해 거의 대부분 새롭게 알게 되었다. 가족이 정보를 주고받으면서 가족지도를 작성한 후에 다양한 경험 수준에서 개인의 내면을 탐색하고([그림 6-2] 참조), 가족 구성원 사이를 내면적으로 연결하였다.

가족지도 탐색하기 가족상담사는 첫 상담 서두에 성장의 욕구를 내비쳤던 혜연을 중심으로 가족지도를 탐색하였다. 상담사가 예측한 대로 혜연은 있는 그대로 자신을 인정받기를 열망하고 있었다. 가정 형편상 자신의 욕구보다는 가족의 기대를 수용하고, 그 역할을 잘하는 것이 사랑받는 길이라고 생각하고 '큰딸' 역할을 수용하기로 결정했던 것이다. 탐색을 통해서 부모를 정서적으로 이해하고, 자신의 삶과 연결시킴으로써 자신을 이해하고, 열망을 자각할 수 있었다.

정체 상태 탐색 가족상담사는 가족에게 의사소통 유형을 설명하고, 스트레스 상황에 대처하는 가족을 표현하도록 했다. 상담실에 있는 가구를 이용하여 사람을 물리적으로 배치하고, 가족조각을 하였다. 그리고 자신의 조각과 전체 가족조각에 대한 각자의 느낌을 그 자리에서 탐색하였다. 다음은 가족이 표현한 조각 느낌이다.

호 영: 나는 의자 위에 올라가니까 처음에는 힘이 느껴졌다. 하지만 누나가 계속 등을 돌리고 있으니까 무시당한다는 느낌이 들어 화가 났다. 애걸하는 엄마의 모습을 볼 때 안타까워서 팔의 힘이 빠지는 느낌이었다. 아빠가 엄마를 비난하는 모습을 보자 또다시 화가 머리끝까지 올라와서 다 부수어 버리고 싶은 마음이었다. 그리고 오랫동안 손가락질을 하는 자세를 하고 있으니까 힘들다.

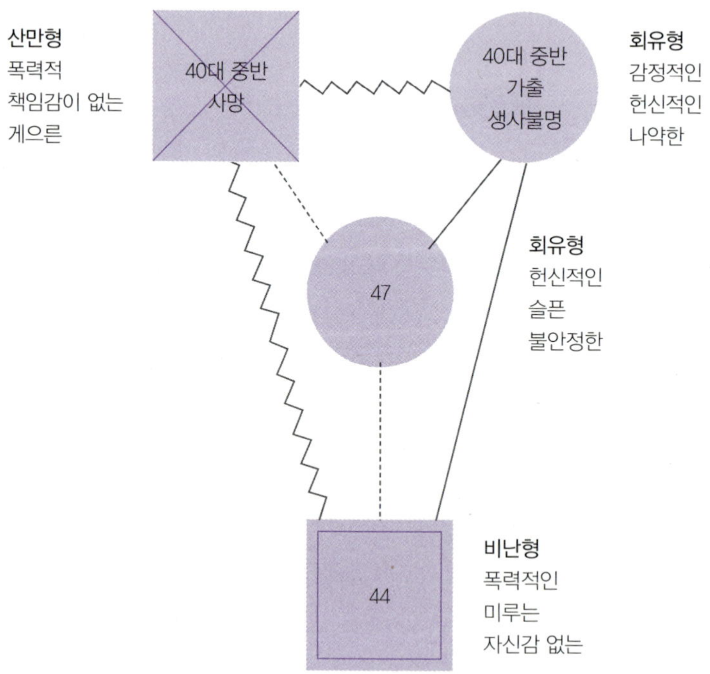

그림 6-3 아버지의 원가족 가족지도

혜 연: 나는 등을 돌리고 있었지만 신경은 뒤를 향하고 있어 공부에 집중할 수 없었다. 게다가 아버지의 화내는 모습에 내가 이 문제에 대해 할 수 있는 것은 없고, 오직 내가 할 수 있는 것은 공부밖에 없다고 생각했다.

어머니: 나는 아이들이 상처받는 것이 안타깝고, 하루 종일 팔을 들고 있더라도 어떻게든 두 아이를 화해시키고 싶었다. 그런데 남편이 호통을 치

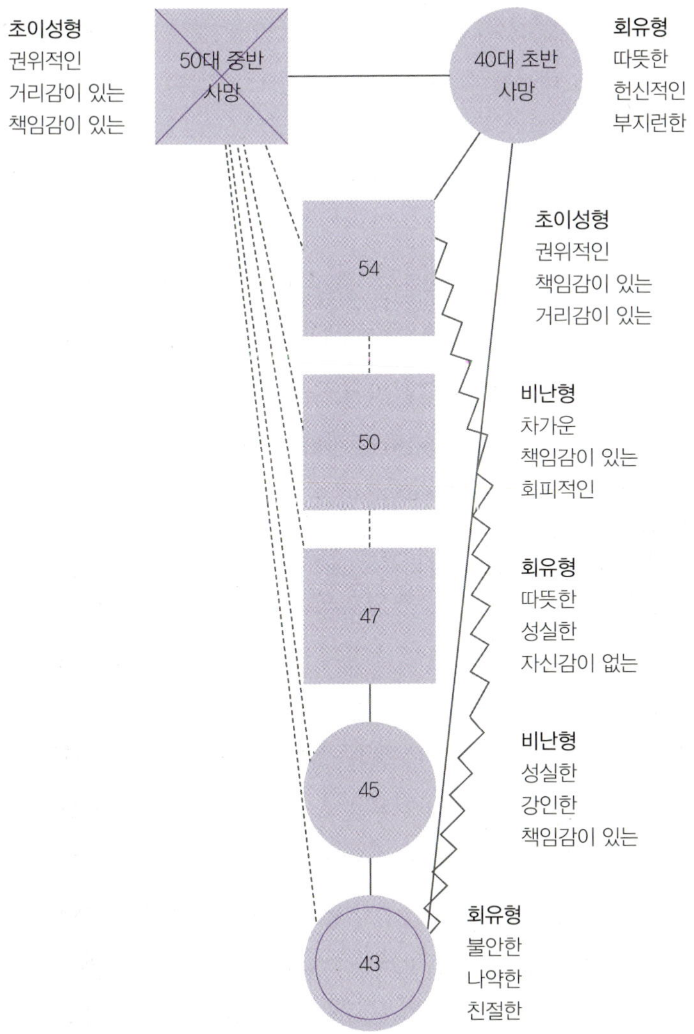

그림 6-4 어머니의 원가족 가족지도

자 더욱 어찌할 바 모르는 절망감이 들었다.

아버지: 나는 의자 위에서 손가락질하는 호영이가 나에게 도전한다는 생각이 들었다. 가족에게 등 돌린 혜연이가 답답하고, 무릎 꿇은 아내가 불쌍했다. 나 스스로 가장의 책임을 다하지 못한다는 자책감이 들었다.

가족상담사는 가족의 수고에 고맙다고 답하였다. 가족에게 포옹을 권유하여 가족과 상담사는 함께 어울려 서로를 포옹하였다. 다음 일정을 확인한 후, 1주일간 폭력을 사용하지 않고 대화를 나누도록 메시지를 주고 상담을 마쳤다.

2) 중간 단계

초기 과정의 특징이 상담사가 가족의 상호작용을 관찰하고 그대로를 인정하는 정체 상태였다면, 이 단계의 특징은 상담사라는 외부 요인 투입에 따른 혼돈, 무질서와 변형이다. 상담사는 가족 구성원이 자신과 타인에 대해 드러내기 원치 않는 보호방어 영역 너머로 갈 수 있도록 돕는다. 상처와 고통을 표현하는 것은 상당한 괴로움을 수반한다. 따라서 상담사의 역할은 친밀감과 지지적 분위기를 만드는 것이다.

중간 단계는 외부에 알려지지 않은 영역으로 접근해 가는 가족의 자발성과 상담사의 단호하고 힘이 있는 접근을 요구한다. 경험적 가족치료 상담사는 자신과 작업하는 사람을 지지하면서 다른 가족 구성원과 접촉을 유지하고 지지할 수 있어야 한다. 특히 가족 구성원 사이의 변형 속도가 다르기 때문에 가족 구성원이 상처받은 과거가 아닌 현재에 초점을 두도록 촉진한다. 여기서 가족상담사의 주요 기술은 가족 구성원이 가족상담에 관여하며, 자기 일로 받아들이도록 하고, 역기능적인 유형에 도전하도록 도우며, 건강성에 기초한 새로운 대안을 개발하도록 촉진하는 것이다. 이 사례에서 중간 단계는 3~6회기가 해당된다.

중간 단계에서 진행된 가족상담의 내용을 요약하면, 3회기에 가족상담의 목표와 총 횟수(8회기)에 대해 계약을 했다. 가족과 합의한 가족상담의 목표는 폭력을 사용하는 역기능적인 관계에서 성장을 촉진하는 기능적인 관계로 변화하는 것이었다. 중간 단계에서는 가족조각, 개인의 빙산, 가족규칙의 개정을 활용하여 의사소통과 내면의 경험 수준을 탐색하고, 새로운 대안을 선택하는 작업을 하였다. 가족상담사는 방어기제를 벗은 사람, 자발성이 높은 사람에서 낮은 사람의 순서로 접근해 갔다. 개입 과정 동안 내담자 가족에게서 폭력은 없었다. 아버지는 술을 마시지 않았고, 호영은 학교와 복지관에서 폭력적인 행동을 하지 않았다.

(1) 3회기 상담

개입 목표 설정 가족상담사는 외부인이기 때문에 가족에게 부드러움과 끈질김으로 다가갔다. 호영은 가족지도에 자신감이 없고, 게으르다고 묘사되어 있어 상담사는 호영의 속도에 맞추어 천천히 진행하고, 집중하여 경청함으로써 존중하는 태도를 전달하였다. 가족 구성원 각자의 가족조각을 마치고, 느낌을 공유하는 과정을 통해 가족상담 목표에 합의하였다. 혜연은 부모와 동생을 함께 가까이 있게 하고 자신은 그들과 거리를 두고 바라보기를 원하였고, 어머니는 아버지와 손을 잡고 함께 아이들을 바라보기를 원하였다. 그리고 아버지는 어머니가 자신을 바라보고 자녀는 약간 떨어져서 앞을 보고 서 있기를 원하였다. 가족조각을 통해서 자녀는 성장하는 존재로서 인정받기를 원하고, 부모는 부부로서 가까이 하기를 원하였다. 가족상담사는 가족 구성원과 대화하면서 각자 자신의 위치와 자세를 만족할 때까지, 그리고 서로가 적당하다고 인정하는 거리에 배치하기까지 계속해서 조각을 해 나갔다(〈표 6-4〉 참조).

표 6-4 가족상담 목표 설정하기

구분	상담내용	개입
상담사	호영이가 열두 살이라고? 이제는 컸다는 거지. 그럼 열두 살 호영이는 마음속 깊이 부모님에게 어떤 것을 원하니?	상담사는 호영이의 성장 욕구를 인정하고, 부모에 대한 기대를 질문한다. 의사소통을 분명히 하기 위해 추측하지 않고, 내담자에게 직접 묻는다.

호영	저도 많이 컸어요. 이제는 애기 취급을 하지 말고, 진짜 제가 원하는 것이 무엇인지 물어봐 주고, 제 말을 들어 주세요. 저도 무엇이 내게 좋은 것인지 알아요.	
상담사	엄마, 아빠 뜻대로가 아니라 호영이가 원하는 것을 물어보고 들어 달라는 거니? 좋아, 그럼 네가 생각하는 그림을 조각해 보자.	호영이의 표현을 되풀이하고 확인질문을 함으로써 인정을 하고 힘을 실어 준다.
호영	(자신의 오른쪽에 어머니가 아버지와 손을 잡고 서 있고, 누나를 오른편에 세웠다. 호영이는 의자 위에 올라가서 부모와 누나에게 팔을 벌리고 손을 내밀고 있다)	상담사가 성장과 해결에 초점을 두자, 호영이는 정체 상태와 전혀 다른 그림을 조각했다.
상담사	(가족에게) 자, 그대로 있으세요. 그리고 마음속 깊은 곳에서 올라오는 느낌을 간직하고 있으세요.	가족이 지금-여기에서 내면의 경험을 탐색하도록 촉진한다.

(2) 4회기 상담

부모의 내면 변화 부모의 가족지도를 사용하여 어머니와 아버지의 내면을 탐색하고, 변화를 시도하였다. 호영은 체험학습에 참가하여 오지 않고, 부모와 혜연이 참석한 회기였다.

스타의 아버지는 부모로부터 받은 상처가 컸다. 할아버지로부터의 학대와 죽음으로 인한 상실, 그리고 할머니로부터 버림받은 상처를 가지고 있었다. 남편으로서 아내에게 버림받지 않고, 아이들의 어머니를 지켜 주기 위해서 책임감 있고 힘 있는 가장이 되고 싶었다. 힘에 대한 열망이 결과한 것은 지나치게 엄격하고, 권위적인 자신에 대한 기대였다. 아내에게 비현실적인 완벽한 어머니상을 기대하였고, 자녀, 특히 아들에게는 항상 최선을 다하는 모습을 기대하였다. 하지만 현실에서 기대는 좌절되었고, 분노 감정이 가득 차게 되었다. 가족상담사는 혼자서 짐을 다 지고 있는 모습을 그린 조각(아버지 어깨를 뒤에서 아내와 딸이 차례로 누르는)을 통해서 '나 홀로 짐 지기'를 계속하여도 좋은지 혹은 포기하도록 자신에게 허용할 것인지를 물었다. 또한 전형적인 비난형의 조각(자신은 손가락질을 하면서 비난하고, 아내와 딸은 애원하다가 결국에는 등을 돌리는)을 통해서 비난형으로 의사소통할 때 초래되는 가족관계를 경험하도록 하였다. 아버지는 새롭게 변화하겠다고 선택하였다. 가족상담사는 정서적 경험과 의사소통 유형은 학습할 수 있다고 격려하였다.

(3) 5회기 상담

역기능적인 상호작용의 변화 4회기에 이르기까지 가족 구성원의 내면 탐색을 통해 개별화를 점차적으로 촉진하였다. 5회기에서는 가족상담사와 가족의 친밀한 관계 형성과 가족의 자발성에 기초하여 가족에게서 일어나는 역기능적인 상호작용에 개입하였다. 가족상담사는 아동의 복지에 중요한 영향을 미치는 체계는 부모체계이며, 부모체계는 동시에 부부체계라고 전제하였다. 따라서 역기능적인 상호작용을 다룰 때, 부모 및 부부체계를 중심으로 다루면서 개입 과정에 자녀가 함께 관여하도록 이끌었다. 역기능적인 상호작용의 변화를 끌어내기 위해 갈등 상황의 과정을 탐색하고, 문제 상황에서 일어나는 내면의 경험과 장애물을 탐색하고, 가족의 상호작용을 경험적 수준에서 촉진하며, 지금-여기에서의 변화를 유지하도록 촉진하였다.

표 6-5 지금-여기에서의 변화 유지 및 촉진하기

구분	상담내용	개입
상담사	아버님께서 사과를 했는데, 뭔가 더 필요한 게 있나요? (가족의 손을 잡으며) 어머님은 아이들과 놀다가 과일을 먹고 있지만, 좌절하고 불행해 하고 있어요. 아버님은 아이들 위에서 지도하는 권한을 가지지만, 좋은 의도와 달리 화를 내게 되었어요. (아이들을 양팔로 안으며) 지금 이 순간 무엇을 원하나요?	가족상담사는 은유를 사용하여 숨겨진 의도와 드러난 행동의 일치를 촉구한다. 또한 부부에게 말하면서도 자녀에게 신체적으로 접촉하여 자녀를 개입에 계속 참여하게 한다.

아버지	저는 아이들과 잘 지내고 싶고, 형편은 넉넉하지 않지만 집안을 반듯하게 세우고 싶습니다. 그런데 어떻게 해야 할지 잘 모르겠습니다.	
어머니	저는 남편이 아이들을 말로 가르쳤으면 해요.	어머니는 자신이 원하는 것 대신에 아버지를 비난한다.
아버지	(턱을 내밀며 비아냥거리는 말투로) 말 잘하고, 친절한 당신이 하지 그래.	아내의 지적에 남편은 부정적으로 반응한다.
상담사	아니 언제 과거로 가셨어요? 지금-여기에서 이야기하던 것으로 돌아오세요. 잠시 눈을 감고 자신의 목소리와 말투를 느껴 보세요. 어떤가요?	가족상담사는 부부가 지금-여기에 초점을 두도록 적극적으로 개입한다.
어머니	저는 다정하지만 제가 말하고자 하는 것을 말하지 못해요.	
아버지	저는 부드럽게 말하고 싶은데, 그냥 뱉어 버리죠.	
상담사	두 분은 성장기에 상처가 많았습니다. 그 상처는 지금도 당신들 안에 살아서 아프게 합니다. 그 상처로 인해서 때로는 마음과 말이 다르게 됩니다. 상처가 혼란스럽게 만들죠.	가족은 내면의 변화가 있으나 아직은 안정적이지 않고, 감정이나 의사표현 방법이 미숙하다. 변화를 위해 교육과 훈련이 필요하다.

(4) 6회기 상담

가족규칙 검토 내담자의 가정에서 부모가 강조하고 요구하는 규칙이나 금기가 있는지 목록을 작성하고, 그것을 지키는 것이 현실적으로 가능하고, 인간적이며, 가족 구성원의 자아존중감에 어떤 영향을 주는지를 탐색해 보았다. 이 집의 가훈은 '책임지는 사람이 되자.'였다. 이는 아버지 김장수 씨가 지향하는 규범이었고, 어머니의 특성은 아니지만 외할아버지와 삼촌들이 지향하는 것이었다. 스타 호영은 '책임지는 사람'이라는 가훈을 말썽을 피우면 매 맞고, 약속을 하면 지켜야 하는 것으로 이해하고 있었다. 상담사와 함께 가족은 책임지는 행위와 관련해서 성공과 실패의 경험을 검토하고, 그때의 감정과 자신에 대한 느낌(자아존중감)에 대해 탐색하였다. 책임지는 행위와 관련해서 어머니와 호영은 실패의 경험이 많은 편이었고, 결과적으로 낮은 자아존중감을 지니고 있었다. 반면에 아버지와 누나는 성공의 경험이 많았으나 항상 성공에 대한 강박적인 태도를 지니고 있었고, 결과적으로 최선을 다해 책임을 지고자 하였으나 관계가 나빠지는 경험이 있었다. 특히 아버지는 원가족에서 부모가 무책임하였으므로 과도하게 책임감 있는 사람이 되고자 다른 사람의 감정을 무시하는 경향이 있었다. 누나의 경우에는 어머니로부터 위임받은 동생 돌보기가 자신에게 부담스러운 일이었는데도 자신의 일로 알고 항상 책임을 다하려다 보니 동생과 자주 다투게 되었다. 또한 이 가족은 부모의 원가족과의 불편한 관계로 인해서 친척 사이에 왕래가 없고, 친척에 대해 말을 하지 않는 금기가 있었다. 상담사와 가족의 관계가 매우 잘 형성되고, 가족 구성원의 내면에 변화가 발생하였기 때문에 가족규칙에 대한 검토는 비판으로 인한 상처 없이 진행되었다.

3) 종결 단계

종결 단계의 특징은 통합이다. 이 과정에서 가족은 희망적이며, 자발적이다. 또한 학습한 문제해결 기술을 다른 상황에 사용할 수 있게 된다. 상담사는 종결을 위하여 리더의 역할을 적극적으로 하게 되는데, 종결을 앞두고 치료의 방향성에 주목하여야 한다. 치료의 방향성이란 처음 가족을 의뢰하였던 기관의 의뢰 동기와 가족과 합의한 가족치료의 목표에 의해서 결정된 치료의 전체 방향과 개입 과정에서 새롭게 등장한 이슈 간에 균형을 유지하는 것이다. 그리고 종결을 앞두고 해결되지 않은 과제가 있는지를 확인해야 한다. 사티어의 경험적 가족치료 모델은 변화와 교육의 중요성을 강조하는데, 종결 과정에서 필요하다면 교육적인 방법이 활용된다. 이 단계에서 가족상담사의 주요 기술은 실제 지도하기와 자각 촉진하기이다. 이 사례에서 종결 단계는 7회기와 8회기가 해당된다.

(1) 7회기 상담

나-전달법 7회기의 주요 작업은 효율적인 의사소통을 위한 '나-전달법'을 중심으로 이루어졌다. 나-전달법은 나의 입장에서 행동이나 상황이 미치는 영향과 감정을 전달하는 대화법이다. 나-전달법은 상대방에게 자신의 감정에 초점을 맞추어 자신의 의견을 전달하므로 상대방을 비난하지 않는다. 호영의 부모는 성장기에 부모를 상실하고 어려움을 많이 겪은 결과 상처가 많다. 또한 현재의 가족 역시 외부의 지지체계가 취약하고, 부모와 자녀 모두 심리적으로 매우 취약하였다. 따라서 개입 과정을 통해서 개별적이며, 관계적인 측면에서 내면의 변화가 있음에도 불구하고 의사소통에서 상처(과거 경험과 연관된 낮은 자아존중감)가 반응하는 경우가 있다. 이에 대한 개입으로 개인의 빙산 탐색과 나-전달법을 교육하고 연습하는 시간을 가졌다.

호영의 경우에는 학교나 복지관에서 폭력적으로 행동할 때의 내면 과정을 탐색하였다. 호영은 친구에게 놀자고 했는데 같이 놀지 않을 때, 자신을 무시한다고 느끼면서 바로 화가 나 때린다는 것이다. 이 상황에 대하여 가족이 함께 탐색을 하였다. 이 상황에서 호영의 내면은 어떤 수준에서 엉켜 있는지, 친구에 대한 기대, 사랑과 존중에 대한 열망, 무시당한 감정에 대한 감정, 호영이 이 상황에서 진정으로 원하는 것은 무엇인지, 그리고 의사를 전달하는 방법으로 어떤 것들이 있는지 등이 탐색되었다.

변화의 장애물 다루기 호영의 부모는 부모나 부부로서 상호작용할 때, 변화된 지금-여기의 모습보다는 과거의 모습으로 돌아가곤 했다. 상담사는 부부가 변화의 장애물을 경험하고, 쉽게 과거의 역기능적인 대처 유형으로 돌아가는 것을 주목하였다. 이 가족에서 변화의 장애물은 상처받은 과거로 되돌아가는 것이나 왜곡된 가족규칙과 관련된 과거의 관습적인 태도였다. 혜연과 어머니에게는 여성에 대한 차별이나 전통적인 여성상에 대한 강제, 여자가 아닌 개인으로서 성장하도록 지지받지 못하는 것, 부부의 성별 역할에 대한 고정관념 등이 해당한다. 변화의 장애물은 자기 자신과 상대방, 그리고 상황을 왜곡시켜서 변화와 성장을 가로막았다. 가족상담사는 변화된 자아가 있는 지금-여기에 초점을 맞추어 부정적인 영향이 발생하는 과정을 탐색하였다. 그리고 상황이나 상대방의 반응에 흔들리지 않고 '나는 나'의 위치에서 상호작용하도록 촉진하였다.

(2) 8회기 상담

성취 확인 및 종결 감정 다루기 8회기는 계약한 대로 종결 회기이다. 그동안의 성취를 확인하고, 의뢰기관에서 제시한 호영의 폭력적 행동의 중단 여부를 확인하였다. 가족 구성원은 자신과 가족에 대한 자부심이 향상되었고, 의사소통 유형이 변화되었으며, 편안하게 함께하는 시간이 증가하였고, 호영과 아버지의 폭력 행동은 개입 기간 동안 없었다고 하였다. 가족상담사는 그들의 성취를 격려하였다. 그리고 7회기에 다루었던 변화의 장애물에 관련해서 새롭게 치료를 시작할 필요가 있는지를 물었는데, 가족은 스스로 노력하고 필요하다면 다음에 다시 도움을 받겠다고 하였다.

가족상담사는 특별히 호영 부모의 원가족에서 부모의 상실과 관련된 부정적인 경험이 종결 감정에 미치는 영향을 고려하였다. 시간의 구조화를 통해서 개입 초기부터 종결을 예고하고 가족이 헤어짐에 대해 정서적으로 준비할 수 있게 하였다. 상담사는 먼저 내담자 가족이 가진 강점과 성장 동기를 열거하고, 가족의 참여와 특별한 만남에 대하여 감사를 표현하였다. 또한 헤어짐은 새로운 출발을 의미한다고 정의하였다. 마지막으로, 가족 구성원의 개별화와 연결됨의 필요성을 역설하는 칼릴 지브란의 『예언자』에 나오는 사랑과 결혼의 서사문을 함께 낭독하고 느낌을 나눈 후 종결하였다.

> 그러나 그대들이 같이 있음에 공간이 있게 하라.
> 하늘의 바람이 그대들 사이로 춤을 출 수 있도록
> 서로 사랑하라.
> 그러나 사랑의 구속을 만들지 말라.
> 그대들 영혼의 해변에
> 출렁이는 바다가 있게 하라.
> 상대방의 잔을 채워 주되 한 잔으로 마시지 말라.

당신의 빵을 상대방에게 주되 같은 빵을 서로 먹지 말라.

같이 노래하고 춤추며 즐거워하라.

그러나 각자는 혼자 있도록 하라.

마치 거문고의 줄이 같은 음악을 따라 움직이면서도 혼자 있는 것과 같이.

너의 마음을 상대방에게 주되 상대방이 소유하지 않게 하라.

생명의 손만이 너의 마음을 완전히 소유할 수 있느니라.

같이 서 있되 너무 가까이 서지 말라.

성전의 두 기둥은 서로 떨어져 있으며

참나무와 사이프러스 나무는 상대방의 그늘에서 자랄 수 없다.

– 칼릴 지브란의 『예언자』 중에서 –

복습 문제

1. 사티어가 전제하는 기능적 가족과 역기능적 가족에 관한 설명으로 옳지 않은 것은?

① 기능적 가족의 구성원들은 그들의 감정과 경험에 대해 지지를 받으며 성장한다.

② 기능적 가족은 문제가 발생했을 때 가족 구성원 모두가 문제를 공유하고 대처한다.

③ 가족의 문제는 가족 구성원들의 낮은 자존감에서 비롯되었다고 본다.

④ 역기능적 가족의 구성원들은 서로의 불안을 투사하는 상호작용을 한다.

⑤ 기능적 가족은 자신의 감정과 타인의 감정, 주변의 상황을 인지하며 의사소통한다.

2. 사티어의 치료적 신념에 관한 설명으로 옳은 것은?

① 문제가족은 가족 구성원의 성장에 필요한 내적 자원을 결여하고 있다.

② 문제가족의 부모는 문제해결을 위한 능력이 부족하다.

③ 문제 자체는 문제가 아니다. 대처하는 방법이 문제이다.

④ 아동의 문제는 발달 과정의 어려움이므로 가족문제로 다루지 않는다.

⑤ 치료는 병적인 것에 초점을 맞추어 원인이나 결핍을 보완하는 접근을 한다.

3. 사례에 적용한 사티어의 경험적 가족치료의 개입 과정에 관한 설명으로 옳지 않은 것은?

① 초기 단계에서 접촉을 하고 계약을 임시적으로 한다.

② 초기 단계에서 가족 구성원이 자기 자신보다 제시된 가족문제에 초점을 두도록 한다.

③ 중간 단계는 혼돈이 특징으로, 상담사가 가족체계에 개입하여 정체 상태를 흔들어 변형을 시도한다.

④ 종결 단계에서 새로운 통합을 이루고 연습을 통해 새로운 상태를 확인하고 종결한다.

⑤ 개입 단계의 특징은 명확하지만, 과정은 단계별로 명확하지 않고, 변화는 순환적으로 발생한다.

4. 사례에서 사티어의 경험적 가족치료의 개입목표 설정에 관한 설명으로 옳지 않은 것은?

① 가족 구성원의 독립적인 성장 욕구와 가족체계의 관계성을 통합하여 궁극적으로 개인의 문제에 초점을 둔다.

② 아버지의 화내는 행동, 호영이와 누나의 다툼은 가족이 공유하는 특징이다.

③ 가족이 모두 화를 다루는 어려움이 있다고 정상화하고 그 중요성을 제기한다.

④ 화를 '생각이 다른 것'으로 재정의하여 의사소통을 명료화한다.

⑤ 가족문제를 다루면서 구성원 개개인의 독립적인 성장 욕구를 직접 질문하여 명확화한다.

5. 사티어의 가족지도(family map) 그리기 개입에 관한 설명으로 옳은 것은?

① 가족지도는 다세대 가족에 관한 종단적 정보를 얻는 과정이다.

② 가족상담사는 스타에게 원하는 변화에 관하여 먼저 질문을 한다.

③ 가족상담사는 삼인군 가족의 불안과 투사과정을 가족과 함께 탐색한다.

④ 가족상담사는 스타가 그린 가족지도에 나타난 대처 유형과 관계에 관한 가설을 제시한다.

⑤ 가족지도 탐색에서 가족문제의 원인을 체계적으로 파악한다.

소집단 토론

1. 사례에서 내담자 가족과 의뢰기관이 제시한 문제가 무엇인지 토론해 봅시다.

2. 사례에서 사티어의 경험적 가족치료는 어떻게 진행되었는지 개입 과정을 토론해 봅시다.

3. 이 사례에서 발견한(주목되는) 사티어의 경험적 가족치료의 특징은 무엇인지 토론해 봅시다.

나의 요점 정리

복습 문제 정답: 정답: 1. ④ 2. ③ 3. ② 4. ① 5. ②

제7장

구조적 가족치료 모델

피어리 사령관은 썰매 끄는 개들을 세차게 몰면서 북쪽을 향해 이동하고자 하루 종일 여행을 했다. 그가 밤에 위도를 측정해 보았을 때, 자기가 아침에 출발한 장소보다도 훨씬 더 남쪽에 떠내려가 있는 것을 보고 몹시 놀랐다. 그는 대양의 조류를 따라 남쪽으로 떠내려가고 있는 거대한 빙산 위에서 하루 종일 북쪽을 향해 가려고 애를 썼던 것이다. 인간의 경험은 빙산 위의 피어리 사령관과 비슷한 상황에 처해 있다. 인간의 경험은 개인 내면에 의해서만 구성되는 것이 아니라 그를 둘러싼 환경과의 상호작용에 의해서 큰 영향을 받게 된다.

구조적 가족치료 모델은 미누친(S. Minuchin)에 의해 1960년대에 필라델피아 아동상담소에서 개발되어 1970년대에는 가장 인기 있고 영향력 있는 가족치료 모델로 주목받았다. 이 치료는 개인보다는 개인이 속한 가족구조를 변화시키는 데 중점을 두는데, 이는 가족 집단의 구조가 변형됨에 따라 그 가족 집단 내의 구성원의 위치가 변화하게 되고, 그 결과로 각 가족 구성원의 경험도 달라지기 때문이다.

구조적 가족치료 모델의 가장 큰 장점은 가족의 상호작용에 대해 명쾌한 설명을 제공한다는 점이다. 당시에 상담사들은 가족치료를 매우 복잡한 치료방법으로 여겼는데, 이는 가족을 서로 영향을 미치는 개인들의 집합체로 보면서도 그들 간의 교류방식을 예측하기 어려웠기 때문이다. 그런데 구조적 가족치료가 가족 교류 안에 존재하는 '구조'라는 개념을 제시하면서 이러한 가족구조 안에 일관되고 반복적인, 조직화되고 예측 가능한 행동방식이 있다는 것을 설명하고 있다(김임 외, 1987). 구조적 가족치료는 가족문제의 진단과 치료에 필요한 구체적인 지침을 제공하기 때문에 단순하고 실용적인 치료 모델이라는 평가를 받고 있다.

1. 구조적 가족치료 모델의 배경과 가정

1) 발달 배경

미누친
(S. Minuchin, 1921~2017)

구조적 가족치료 모델의 개발자인 미누친은 1921년에 아르헨티나에서 러시아 유대인 계통의 유럽 이민자 부모로부터 태어나 아르헨티나에서 성장하였다. 그는 의과대학에서 의학을 전공하였고, 졸업 후 소아과 레지던트로 활동하기도 하였다. 그러다가 1950년대에 미국으로 건너와 윌리엄 알란슨 화이트 정신분석연구소(William Alanson White Institute of Psychoanalysis)에서 정신분석학을 수학하였다.

이후 그는 뉴욕시 외곽에 위치한 비행 청소년들을 위한 기숙학교인 윌트윅 소년학교에서 정신과 의사로 근무하였는데, 이때 구조적 가족치료이론을 정립하여 청소년과 그 가족을 함께 만나서 치료하기 시작하였다. 여기서 흥미로운 점은 한때 정신분석에 매료되어 정신분석 수련을 받던 미누친이 '어떻게 가족치료사가 되었는가.'이다. 윌트윅 소년학교에서 일하면서 그의 관심은 개인 내면의 역동에서 가족 구성원 간의 상호작용으로 이동하였다. 특히 그가 윌트윅 소년학교에서 비행 청소년들을 상담하면서, 지적 능력과 언어표현력이 요구되는 기존의 개인치료가 경제적으로 취약하고 복잡한 문제를 가진 사회경제적 수준이 낮은 가족들에게는 효과적이지 않음을 발견하게 된 것이다. 당시에 애커먼(N. Ackerman)과 잭슨(D. Jackson)은 중산층 가족들과 함께 가족치료 작업을 하고 있었는데(Nichols, 1984), 이때 미누친은 가족질서가 잘 정립되지 않은 빈곤층의 가족들과 함께 일하기 위해 구조적 가족치료 모델을 정립해 갔다. 그는 빈곤 가족에게 좀 더 적극적이고 즉각적인 개입과 행동을 중심으로 하는 치료적 개입이 필요하다고 생각하였다. 미누친은 가족이 한 개인을 형성하는 중요하고 강력한 맥락이기 때문에 자녀와 부모를 함께 만나는 것이 중요함을 강조하였다. 이때 미누친과 그의 동료들이 개발한 치료방법 중 하나가 '실연'이다. 실연은 가족이 경험하는 중요한 문제를 상담 과정에서 직접 행동하도록 하여 상담사가 관찰하고 변화시키는 기법이다. 이후 가족치료에 대한 그의 관점은 더욱 확장되었다. 보다 큰 체계들이 개인과 가족의 생활에 미치는 영향을 인식하게 되면서 가족이 속해 있는 지역사회 및 사회적 맥락에까지 관심영역을 확장하여 탐구하였다.

미누친은 밀워키에서 빈곤 가족과의 작업을 통해 얻은 새로운 개념과 임상적 접근방법을 소개하였고(Minuchin et al., 1967), 구조적 가족치료 모델에 대한 체계적인 치료방법을 저술하였다(Minuchin, 1974; Minuchin & Fishman, 1981). 미누친의 평판은 더욱 높아졌으며, 1965년에는 필라델피아 아동임상클리닉의 책임자와 필라델피아 아동병원의 정신과 과장, 그리고 펜실베이니아 대학교 의과대학의 아동정신과 교수가 되었다. 미누친의 동료로는 몬탈보(B. Montalvo), 헤일리(J. Haley), 로즈먼(B. Rosman), 아폰테(H. J. Aponte), 월터스(M. Walters)와 그린스타인(S. Greenstein) 등이 있는데, 이들은 모두 구조적 가족치료의 발전에 중요한 역할을 하였다. 또한 이들 외에도 차세대의 구조적 가족치료사들이 미국과 전 세계에 널리 퍼져 있다. 구조적 가족치료의 효과성은 심인성 질환, 식욕부진증, 약물 중독, 청소년 범죄 및 슬럼가의 저소득층 가족을 비롯한 다양한 가족을 통해 확인되었다.

2) 건강한 가족에 대한 관점

구조적 가족치료 모델에서 말하는 정상 가족은 가족 구성원 간의 경계가 명확하게 잘 확립되어 있고, 가족 위계질서 내에서 부모가 더 높은 권위를 유지하는 가족이다. 그러면서 동시에 가족은 유연성을 가지고 있어서 각 가족 구성원의 개성과 차이를 인정하며, 궁극적으로는 가족 구성원이 자주성과 독립성을 가진 개인으로 성장할 수 있도록 지원한다. 정상 가족은 가족의 내적 및 외적 변화에 따라 잘 적응하며 유지되는 가족을 뜻한다(Minuchin, 1974). 하지만 정상 가족의 삶이라고 해서 문제가 발생하지 않고 모든 관계가 조화로울 것이라는 생각은 지극히 환상에 가까운 잘못된 기대임을 강조한다.

정상 가족들 또한 생활 속에서 야기된 다양한 문제로 인해 끊임없이 갈등한다. 현실적으로 가족의 정상성과 비정상성을 구분하는 것은 문제의 유무에 달린 것이 아니라 기능적 가족구조에 달려 있다. 정상 가족의 가족구조에서는 남편과 아내가 갈등 상황에 당면하더라도 서로가 서로에게 맞추고 조율하는 법을 배운다. 어린 자녀의 양육, 결혼 후 양가 부모로부터 적당한 거리를 형성하면서 부모를 대하는 새로운 방법, 서로 간의 역할 분담 등에서 상호 조율을 한다. 이처럼 정상 가정의 삶도 늘 평온하지만은 않고 문제가 없는 것도 아니다.

미누친은 가족 내에서 발생하는 여러 가지 문제에 대해 병리적으로 보는 것은 실수라고 제안하였다. 정상 가정도 가족 구성원이 성장하고 변화함에 따라 불안과 분열을 경험하기 마련이다. 많은 가정이 변화하는 상황 속에서 도움을 요청한다. 이때 가족치료사들은 이들이 새로운 환경에 적응하기 위해 가족의 구조를 수정하고 있는 중이라는 것을 명확히 인식해야 한다. 이처럼 정상 가족과 비정상 가족 사이에서 문제 발생 자체에 대해서는 뚜렷한 차이가 없다 할지라도, 정상 가족은 변화하는 상황 속에서 적응하기 위해 가족의 구조를 수정하는 경향이 높다. 반면에 비정상 가족은 기능적이지 않은 가족구조를 고수하거나 변화를 회피하는 경직된 특성을 보인다.

3) 증상의 발달

가족 구성원은 함께 살아가면서 대체로 유사한 상호 교류를 반복하고, 이와 같은 반복적인 상호 교류 유형에 의해 가족구조가 형성된다. 가족구조는 서로의 상호작용을 예측할 수 있을 만큼 안정적이어야 하지만, 동시에 변화하는 다양한 상황에 적응하기 위해서 충분히 융통성이 있어야 한다. 융통성이 없는 가족구조가 위급하고 새로운 상황에 적절하게 대응하지 못할 때 증상이 발생한다. 가족 또는 가족 구성원이 스트레스에 직면하여 새로운 전환점을 위한 가족구조의 변화를 필요로 하는데, 가족이 그러한 요구에 부응하지 못하고 정체되거나 기존의 패턴에 고착될 때 증상이 발생할 수 있다(Nichols, 1984). 구조적 가족치료 상담사는 구조적 문제를 도표화하기 위해 다음의 몇 가지 상징을 사용한다([그림 7-1] 참조).

증상을 보이는 역기능적인 가족은 관계상의 경계선이 명확하지 않고, 엄격하거나 지나치게 혼돈된 특성을 보인다. 또는 가족 위계질서가 적절하게 확립되지 못해서 부모체계가 안정적인 위계를 확립하지 못한 채 자녀 하위체계가 세대를 넘는 혼란스러움을 나타내거나 각 하위체계가 제 기능을 못하는 경우이다.

미누친은 가족 구성원이 비슷한 방식의 상호작용을 반복함으로써 누가, 언제, 어떻게, 누구와 관계를 맺는지에 관한 가족구조를 만들어 낸다고 하였다. 증상은

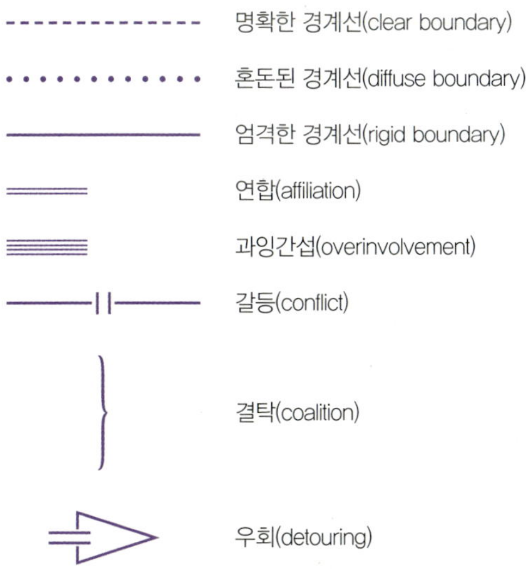

그림 7-1 구조적 가족치료의 상징들

출처: Nichols (1984), p. 479.

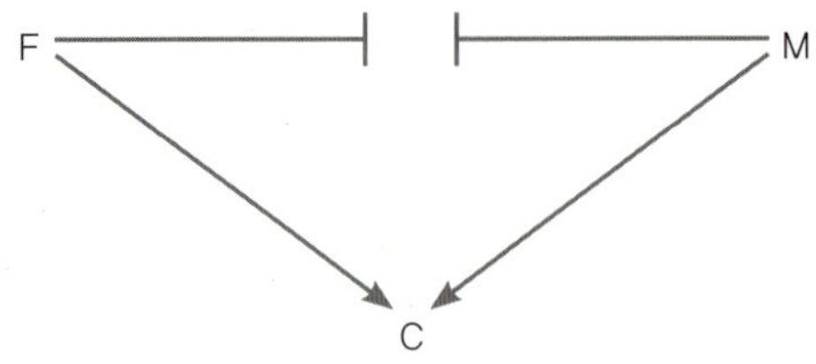

그림 7-2 갈등을 우회하는 수단으로서의 속죄양 아동

출처: Nichols (1984), p. 480.

이처럼 가족의 반복적인 상호작용에 의해 만들어진 역기능적인 가족구조의 산물이거나 혹은 그 역기능적인 가족구조가 고착됨으로써 강화된 것이다. 일반적으로 가족은 변화하고 있는 내적·외적 요구에 효율적으로 적응하지만, 그렇지 못한 가족의 경우에는 예기치 못한 역기능이 발생하기도 한다. 예를 들면, 부모가 자신의 갈등을 해결하지 못하고 그 관심의 초점이 아이에게 전환될 때 증상이 나타난다. 이때 부부는 아이에 대해 지나치게 관심을 두며 염려한다. 이러한 경우, 비록 아버지(F)와 어머니(M) 사이의 긴장은 감소되었을지 몰라도 결과적으로 자녀(C)를 희생시키고 역기능적인 가족구조를 만든 것이다([그림 7-2] 참조).

부모는 아이를 통하여 서로 논쟁을 계속한다. 아버지는 어머니에게 지나치게 방임적이라고 말하고, 어머니는 아버지가 너무 엄격하다고 말한다. 아이를 돌보는 일로 어머니가 아버지를 비판하게 될 때 아버지는 뒤로 물러나게 될 것이고, 이것은 부부경계에서 더 큰 분리를 야기시킨다. 그 결과로 어머니(M)와 아이(C) 사이에 세대를 초월한 밀착이 형성되고, 가족관계에서 아버지(F)는 소외되고 배제된다([그림 7-3] 참조).

그림 7-3 어머니-자녀 연합

출처: Nichols (1984), p. 480.

2. 구조적 가족치료 모델의 주요 개념

구조적 가족치료 모델을 구성하는 주요 개념은 가족구조, 하위체계, 경계선, 위계질서이다.

1) 가족구조

가족구조는 가족 구성원의 상호작용 방식을 조직화하려는 기능적인 요구로서 가족체계가 유지되고 지속되기 위해서 필요하다. 가족구조의 중요한 두 가지 기능은 예측 가능성과 가족통제이다. 가족구조는 가족 간에 명시적으로 지시되거나 원칙으로 정해진 것이 아니면서도 반복되는 상호작용 때문에 패턴을 형성하게 되고, 결국은 가족 상호작용이 예측 가능해진다. 가족 간에 반복되는 패턴들은 누가, 언제, 어떻게 연결되는지를 결정한다. 예를 들어, 어머니는 딸에게 장난감을 정리하라고 말하고 딸은 아버지가 자신에게 소리칠 때까지 거부할 경우, 이러한 패턴이 반복된다면 아버지는 규율가로서 권한이 있고 어머니는 권한이 없는 가족구조를 만들어 내게 된다.

또한 가족구조는 가족 간에 반복되는 상호작용의 형태 속에서 가족 구성원의 행동을 통제한다. 가족구조는 오랜 기간의 가족 상호작용에 의해 만들어진 것이기도 하지만, 역으로 이러한 구조는 이후 부지불식간에 가족 구성원에게 규칙을 부과하고, 무의식적으로는 그들의 상호작용 양식을 규정한다. 가족구조에 의해 가족 구성원은 가족역할에 대한 의식 없이도 가족균형을 유지하고, 그 기능을 계속 보유한다. 이처럼 가족구조는 가족 구성원 간에 존재하는 상호작용의 규칙이자 관계의 패턴이다. 이러한 패턴 안에서 가족 구성원의 상호작용은 반복되고 연속성을 갖게 된다(김임 외, 1987).

2) 하위체계

하위체계는 크게 부부 하위체계, 부모 하위체계, 부모-자녀 하위체계, 형제 하위체계 등의 네 가지 하위체계로 구성된다. 이 하위체계 간에는 경계와 위계질서가 존재한다. 각 가족 구성원은 동시에 여러 하위체계에 속하기 때문에 다양한 가족 구성원과 다양한 상호작용을 하도록 기대될 수 있다. 먼저 부부 하위체계는 남편과 아내로 구성된 하위체계로, 구조적 가족치료 모델에서는 부부의 상호 보완성의 개념이 중시된다. 부부의 상호 보완성이란 남편 또는 부인의 행동이 독자적으로 수행되기보다는 상대 배우자의 행동과 경험에 영향을 받아서 행동이 결정된다는 뜻이다. 부모 하위체계는 자녀의 출생으로 인한 가족구조의 변형에 초점을 두면서 자녀 양육과 사회화에 대한 부모의 역할과 기능을 중시한다.

부모-자녀 하위체계는 부모와 자녀 세대로 구성되는 하위체계로, 부모와 자녀 간에 위계질서를 적절히 형성하는 데 초점을 둔다. 부모가 자녀보다 더 높은 권위를 가질 경우에, 부모는 자녀를 적절하게 통제하고 지원할 수 있다고 전제한다. 마지막으로 형제 하위체계는 자녀로만 구성된 체계로, 부모는 자녀만의 하위문화가 형성되도록 허용해야 한다. 때로 자녀는 부모에게 원하는 것을 얻어 내기 위해 부모와 타협하고자 할 때 형제끼리 연합할 수 있다.

3) 경계선

구조적 가족치료 모델에서는 경계선이 명확한지, 혼돈되었는지, 엄격한지에 따라서 하위체계의 관계가 다르다고 전제한다. 명확한 경계는 서로 분명한 경계를 가지면서도 필요할 때 활발하게 소통하고 공유할 수 있다. 명확한 경계선을 가진 가족관계에서 가족원은 가족 간에 서로 연결되어 지지받고, 건강하게 양육되는 경험을 하게 한다. 그러면서도 각 가족 구성원은 자율성과 자신만의 자아정체성을 가질 수 있다고 느낀다. 이 조화된 모순이 바로 명확한 경계선의 특성이다. 명확한 경계선은 각 가족 구성원에게 자신의 역할과 위치를 정확하게 알려 주기 때문에 가족 구성원 간에 불필요한 갈등을 감소시킬 수 있다.

엄격한 경계선은 하위체계 간에 강력하게 분리된 상태를 만들게 한다. 가족체계 내에서 가족 구성원은 각각 분리되고 고립되어 있으며, 이러한 가족은 외부 사회체계와도 엄격한 경계선을 유지하여 고립되어 있을 가능성이 높다. 한편, 혼돈된 경계선은 엄격한 경계선과는 대조적으로 모든 가족 구성원이 서로의 일에 지나치게 관여하며, 필요하지 않은 경우에도 지지하는 등 혼돈스러운 상태이다. 하위체계 간의 필요한 구분과 경계도 약화되어 하위체계 간에 위계질서가 무너지기 쉽다.

4) 위계질서

일반적으로 위계질서란 권한과 책임의 정도에 따라 직무를 등급화하고, 이에 따라 지휘와 감독이 이루어지는 위계구조의 질서를 의미한다. 가족체계에도 상위체계 및 하위체계와 같은 위계구조가 존재하는데, 두 체계가 가진 권한, 책임, 영향력이 다르다. 예를 들어, 부부체계 같은 상위체계는 전체 가족 구성원의 행동에 영향을 미치는 의사결정권을 갖고, 이들을 통제하는 규칙을 만들어서 시행한다. 한편, 하위체계는 가족 구성원 중 일부에 영향력을 미치는 의사결정권을 갖는 것으로, 전형적인 예가 형제체계이다. 가족의 위계질서는 부부체계, 부모체계, 형제체계 순서로 권한과 영향력을 가질 때 유지될 수 있다.

각 가족 구성원은 가족 위계질서 안에서 적절한 권한과 영향력을 가져야 하는데, 물론 이것이 절대적인 권력을 의미하는 것은 아니다. 일반적으로 부모체계가 자녀체계보다 더 높은 수준의 위계를 갖지만, 이러한 상위체계의 권한도 위기나 특수 상황에 따라서는 상대적이고 유연할 수 있어야 한다.

3. 구조적 가족치료 모델의 개입 과정

구조적 가족치료 모델은 가족구조와 가족 상호작용의 과정을 분석할 수 있는 청사진을 제공한다. 사실상, 수련 초기의 상담사들은 가족역동을 볼 수 있는 어떠한 이론도 가지고 있지 못한 경우가 많다. 반면에 가족은 잇따른 문제들과 반복되는 위기에 당면하고 있어서 빠른 해결책을 원하고, 그들이 어떠한 행동을 하고, 어떤 대책을 세워야 할지를 상담사가 명확히 말해 주기를 원한다.

1) 개입 목표

구조적 가족치료 모델에서는 가족문제가 역기능적인 가족구조에 의해 발생하거나 유지된다고 전제하기 때문에 개입 목표는 역기능적인 가족구조를 수정하는 것이다. 역기능적인 가족구조를 수정하기 위해 상담사는 가족에 합류하여 명확한 경계선을 만들고, 위계질서를 형성하며, 각 하위체계의 고유한 기능을 강화한다. 물론 상담사가 문제를 직접 해결하는 것이 아니라 문제해결은 가족의 몫이지만, 상담사는 가족기능이 변화하도록 지원하며, 결국은 가족 구성원이 자신의 문제를 스스로 해결하도록 돕는 것이다.

이와 같이, 구조적 가족치료에서는 가족구조를 변화시키는 것이 일차적 목표이고, 가족의 문제 및 증상 해결은 이차적 또는 부차적 목표로 제시하는데, 사실상 가족구조의 변화와 문제해결은 불가분한 관계이다. 이는 증상을 변화시키는 가장 효과적인 방법이 증상을 유지시키는 가족구조를 변화시키는 것이기 때문이다. 때로 거식증과 같이 삶을 위협하는 응급문제가 있을 경우에는 증상의 해결이 가장 우선적인 목표가 될 수 있고(Minuchin et al., 1967), 증상을 경감시키는 것이 단기목표가 될 수 있다. 이때 치료 과정에서 증상 해결을 위해 상담사는 행동적 대처기법이나 조언 등을 제공할 수 있지만, 궁극적으로 가족체계 내에서의 구조적 변화가 없다면 증상 해결 중심의 단기 개입은 그 효과의 지속성을 확신할 수 없다. 이에 상담사는 응급문제에 있어서도 증상 해결과 가족구조 변화를 함께 시도한다. 물론 구조적 가족치료 모델에서도 각 가족이 제시한 문제에 따라 개별적이고 특수한 개입 목표도 수립될 수 있지만, 가족구조의 변화를 위해 위계질서 형성 및 경계선 재조정, 각 하위체계의 기능 강화 등이 일반적 목표로 제시된다.

2) 개입 과정

구조적 가족치료 모델은 적극적이고, 지시적이며 목표지향적인 치료 모델이지만 점차 가족의 정서 표출 및 감정 조절과 같은 정서과정을 다루는 것에도 비중을 높여 왔다(Jones & Lindblad-Goldberg, 2002). 구조적 가족치료 상담사는 가족체계에서 지도자로서 영향을 미치고, 구조의 변형과 가족관계의 변화를 위해 매우 주도적으로 이끌어 가기 때문에 치료 과정과 치료 결과에 대해서도 책임이 크다. 구조적 변화가 일어나기 위해서 상담사는 가족의 주의와 관심을 집중시킬 수 있을 만큼 확고하고 분명한, 때로는 강한 입장에서 치료환경을 구성한다. 가족치료사의 행동은 곧 그 가족이 경험하는 상황의 일부가 된다. 이에 구조적 가족치료 모델에서 상담사의 '사기사용(use of self)'은 매우 중요한 치료적 기제이다.

치료를 위한 개입 과정은 가족에 합류하기, 가족구조 사정, 가족 재구조화 순으로 진행된다.

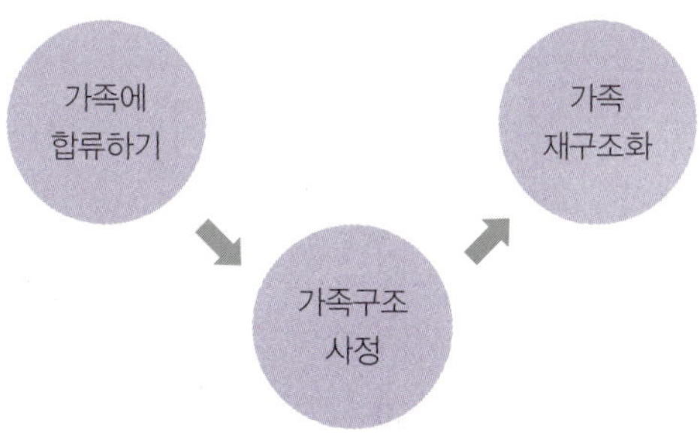

그림 7-4 구조적 가족치료의 개입 과정

(1) 가족에 합류하기

합류는 '상담사가 가족과 의도적으로 형성하는 상담적 관계 형성'으로, 가족구조의 변화를 위해서 상담 초기부터 선행되어야 하는 전초적이고 필수적인 과정이다. 구조적 가족치료 상담사는 치료 초기부터 상당한 지도자로서 지위를 가지고 상담을 시작하여 가족상담 전체를 진행해 가는 지도자 역할을 하는 동시에, 가족체계의 한 구성원으로서 참여를 한다. 상담사가 이러한 두 가지 기능을 해 나가기 위해서 상담사의 위치는 가족 밖에서 가족을 관찰하고 조정하는 곳에 있는 것이 아니라, 가족체계 내부로 들어와야 한다. 그러므로 구조적 가족치료 상담사의 우선적인 과제는 가족체계 안에 최대한 빨리 합류해서 조화롭게 적응하는 것이다. 가족도 상담사가 가족체계 안으로 들어오도록 허용하고, 가족이 겪는 긴장이나 불편함 또는 고통을 변화시키는 데 상담사가 역할을 하도록 승인해야 한다(김임 외, 1987).

상담사가 각 가족에게 적합한 합류의 수준과 방법을 결정하는 것은 매우 중요하다. 효과적인 합류는 가족이 상담사를 가족 안에 들어오게 하고, 자신들의 익숙한 스타일에 상담사를 참여시켜서 영향력을 행사할 수 있도록 허용함으로써 결과적으로 상담사가 가족구조를 변형시키는 개입을 하는 것이다. 반면에 합류가 적합하게 이루어지지 않아서 상담사가 가족 밖에 남아 있거나 상담사의 개입이 너무 지나쳐서 가족이 고통스러울 경우에 가족은 상담사를 거부할 수 있다. 또한 상담사가 가족에게 너무 밀착되어서 지나치게 동조적인 개입을 사용한다면 가족은 이전의 상호작용으로 오히려 역행할 수도 있다. 이러한 경우에는 더 이상 가족의 구조적 변화는 기대할 수 없게 된다. 가족 내에 변화가 일어나기 위해서 가족원은 먼저 상담사를 수용해야 하고, 새로운 상황에서 상담사의 개입에 반응해야 한다. 상담사의 합류는 가족 항상성에 불균형을 야기하는 스트레스를 높이는 동시에 다른 한편으로는 구조적 변화의 대안을 향하여 가족에게 새로운 가능성을 제시할 수 있다. 가족에게 합류하기 위하여 상담사는 가족원에 대한 수용을 표현하고, 그들의 행동방식을 존중해야 한다. 때로 상담사는 예상치 못한 가족의 요구에도 융통성 있게 적응하고 대처할 수 있어야 한다.

(2) 가족구조 사정

상담사는 가족구조의 역기능을 확인하기 위해서 가족의 경계선, 위계질서, 하위체계 기능을 사정한다. 가족구조의 사정 단계에서 상담사는 가족이 진술하는 문제를 재명명하여 가족에게 문제를 다시 설명하고 행동의 변화를 시도하는 경우가 많은데, 이는 문제의 원인이나 고통의 부위, 그리고 치료 과정에 대해 가족과 상담사의 이해가 다른 경우가 많기 때문이다. 보통 가족은 문제를 개인의 문제 및 부적응으로 혹은 외부 상황으로 정의한다. 그러나 구조적 가족치료사는 가족문제를 가족구조의 역기능으로 사정한다. 사실상, 상담사가 가족구조의 역기능에 관심을 갖는 것은 가족에 대한 초기 정보를 접하게 되면서부터이다. 숙련된 상담사는 면접 전에서부터 가족구조의 역기능에 대한 초기 가설을 가정할 수 있다. 예를 들어, 부모가 어른들의 말을 듣지 않고 과잉행동을 보이는 아동 때문에 상담을 의뢰하였을 경우, 상담사는 이미 가족구조를 예측하고 그 문제행동이 어머니와 밀착된 아동과의 관계 또는 양육적 권위를 갖지 못하는 어머니의 위계문제 등의 역기능을 가정할 수 있다.

가족이 가족구조의 역기능에 대해 이해할 수 있도록 돕기 위해 상담사는 문제의 발생 과정을 추적하고 파악하여 가족이 익숙한 내용으로 설명하고, 실례를 들어 가며 입증하기도 한다. 이때 구조적 가족치료사가 가족의 관점을 재명명하기 위해 자주 사용하는 방법은 실연이다. 실연이란 즉각적인 치료 과정에서 가족의 상호작용을 보면서 가족역동을 수정해 나가는 것이다. 상담사는 가족으로 하여금 가족구조의 역기능이 문제임을 자각하게 하여 가족 내에 잠재된 바람직한 행동양식을 새롭게 활성화시킨다. 가족구조에 대한 가족의 인식은 기존의 상호작용 방식과는 다른 대안적 상호작용 형태를 새롭게 받아들일 동기를 갖게 하고, 이러한 대안적 상호 교류 형태가 새롭게 시도되고 규칙적으로 반복되어 그것이 효과적일 때 궁극적으로 가족구조의 변화를 가져오게 된다.

(3) 가족 재구조화

가족 재구조화를 위해 상담사는 가족의 위계질서, 하위체계, 경계선의 적절한 확립을 시도한다. 먼저, 안정적인 위계질서를 형성하기 위해 부모에게는 보다 큰 책임과 의사결정권이 기대되고, 부모와 자녀의 책임 수준과 권한이 다르다는 것을 기본 전제로 삼는다. 자녀 양육에 있어서 부모가 함께 응집력 있는 감독 체계가 되도록 하며, 한부모가족 또는 다자녀가족에서는 첫째 자녀와 같이 서열이 먼저인 자녀가 부모를 돕는 위계질서를 형성하는 것이 바람직하다. 또한 경계선의 재조정에 있어서 혼돈된 가족의 목표는 각 개인을 개별화하고 하위체계의 경계를 강화하는 것으로, 개인이나 하위체계가 서로 분화하도록 돕는다. 반면에 엄격한 가족은 경계를 보다 느슨하게 하고, 융통성 있도록 하여 상호작용을 증진시키는 것으로, 가족 구성원 간의 상호작용의 빈도를 증가시킴으로써 명확한 경계선을 갖도록 돕는다. 마지막으로 각 하위체계의 기능 강화를 목표로 설정할 때에는 부부체계, 부모체계, 부모-자녀체계, 형제자매체계 등의 각 하위체계가 고유의 기능을 수행하도록 지원한다. 부모는 연합하여야 하고, 연합된 부모는 자녀가 동년배의 형제자매체계로 기능할 수 있도록 지원해야 한다.

상담사는 문제해결을 위해 가족 재구조화를 시도할 때 가족의 기존 상호작용의 방식에 순응할지, 혹은 기존의 상호작용 방향과 방식을 완전히 바꿀지를 선택해야 한다. 예를 들어, 부인에게 대답을 하지 않고 회피하는 남편의 경우에 상담사는 남편으로 하여금 부인에게 반응을 보이고, 직접 대화할 것을 지시할 수도 있다. 필요하면 아들을 시켜서라도 남편이 부인에게 반응을 하도록 한다. 때로 상담사는 구조의 변화를 위해 가족에게 도전하거나 강하게 변화를 요구하기도 한다 (Minuchin, 1974).

3) 개입 기법

상담사가 사용하는 치료 기법은 예술적 작업에 비유되기도 한다. 상담사는 가족의 상호 교류 유형과 상담사 자신에게 맞는 치료 기법을 발견한 후 적절하게 사용해야 한다(Minuchin & Fishman, 1981).

(1) 합류

합류는 라포와 같이 상담사와 가족 간의 관계에 관한 개념이지만 둘 간에는 차이가 있다. 일반적으로 라포가 '상담사-가족 간의 치료관계 상태'를 의미한다면, 합류는 좀 더 상담사가 의도적으로 가족과 관계를 형성하는 것으로서 '치료적 관계 형성을 위한 상담사의 자발적인 행동'을 의미한다(Minuchin, 1974). 합류기법에서는 상담사가 가족의 일원으로 참여하여 가족을 있는 그대로 존중하고 수용하며, 가족 상호작용의 일원이 되어 가족 상호작용의 패턴을 이해하고, 가족의 위계구조를 존중한다. 상담사는 가족을 이끌기 위해 수용하고, 격려하고, 지지하고, 지시하고, 암시하며 따라간다. 또한 상담사는 가족의 정서체계에도 포함되어 각 가족이 갖는 고유한 가족의 분위기를 파악하며 동조한다. 만일 그 가족 정서가 우울할 경우, 상담사도 슬픈 기색을 보이고, 자신의 우울을 표현함으로써 가족의 분위기에 동조한다. 상담 초기 과정에서 합류를 위해서 유지, 추적, 모방과 같은 기법 등이 사용되는데, 유지는 상담사가 가족구조를 사정하고 파악할 때 기존의 가족구조를 의도적으로 지지하는 기법이다. 추적은 가족의 의사소통과 행동을 따라가며 그것이 지속되도록 격려하는 기법이다. 모방은 가족의 소통방식이나 정서 상태에 적응하기 위해 상담사가 가족의 언어적 표현, 의사소통 방식, 몸짓, 태도 등 가족이 갖는 특성을 그대로 따라하는 기법이다(정문자 외, 2007).

(2) 초기 가설의 설정

충분한 자료가 확보되고 검증되기 전에 자신의 직관이나 사전 정보로 상황을 예측하거나 이론화하는 것은 잘못이라고 셜록 홈즈는 말하였지만(Minuchin & Fishman, 1981), 그럼에도 불구하고 구조적 가족치료 상담사에게 초기 가설은 매우 중요하다. 첫 접촉인 전화 통화나 초기 면접을 통해 얻은 가족에 대한 대략적인 정보는 가족의 형태와 문제가 무엇인지에 대한 예측과 초기 가설을 도식화하게 한다.

초기 가설을 세우는 데 가장 직접적인 단서 중의 하나가 가족형태이다. 가족은 여러 형태를 이루며 살아가는데, 이러한 가족형태에 따라 가족이 잘 기능하는 영역과 취약한 영역이 보편적으로 존재한다. 경험적으로 그리고 통계적으로 부모와 자녀로 구성된 핵가족에서보다 3세대 가족, 2인가족, 분거가족 등에서 가족형태에 따라 발생할 수 있는 특수한 스트레스가 존재하는 경향이 있다. 예를 들어, 3세대 가족의 경우에는 자녀의 부모역할을 누가 수행하고 있는가가 주요 쟁점일 수 있다. 조부모가 부모보다 더 높은 권한과 의사결정력을 가지고 자녀 양육에 관여하거나, 자녀 양육에 관한 조부모와 부모 간의 불일치와 갈등으로 가족 전체가 혼란스러워질 수 있다. 두 가족이 합쳐진 재혼가족 형태에서는 친부모와 계부모에 대한 충성심 갈등, 미해결된 상실감, 부부하위체계 확립의 어려움에 대한 초기 가설을 세울 수 있다. 물론 초기 가설은 상담사의 합류 과정을 통해 확인되고 검증되어야 한다.

(3) 도전하기

상담사는 가족 항상성으로 인해 발생되는 역기능에 도전을 시도한다. 이러한 도전은 증상에 대한 도전, 가족구조에 대한 도전, 가족현실에 대한 도전 등의 세 가지로 구분된다. 먼저 증상에 대한 도전으로, 오래 지속된 갈등 후에 치료에 오는 가족은 문제가 가족 중 한 사람에게 있다고 생각하고, 그들이 그동안 시도해 왔던 노력이 실패한 것을 설명한다. 하지만 상담사는 문제가 한 가족 구성원에게 있는 것이 아니라 현재 가족이 적합하지 않은 가족 상호작용을 하고 있는 게 문제라고 말하며 증상에 도전한다. 상담사는 증상과 증상을 보이는 가족 구성원의 주위에 있는 가족의 구조를 관찰함으로써 가족구조 문제를 발견한다.

상담사는 가족구조에 대한 도전으로 '가족 구성원이 가진 가족 내 위치와 상호교류'를 변화시키고자 한다. 가족 구성원이 갖는 사고는 상당 부분 그들이 속해 있는 가족체계에서의 위치 및 입장에 의해 좌우된다. 가족에서 역기능을 갖는 영역은 상호 교류가 지나치게 많거나 적은 결속의 문제이다. 대부분의 가족상담은 가족 구성원 간의 밀접성과 거리감을 조정하는 과정이다. 상담사는 가족 구성원이 가족구조 내에서 형성해 온 기존의 역할과 기능에 대해 도전하면서 대안적인 위치와 상호 교류로 변화시킨다.

가족현실에 대한 도전으로 상담사는 가족이 제공하는 자료, 현실을 구성하는 이야기를 재조직하게 된다. 가족이 지닌 갈등이나 고정된 현실을 새로운 이야기로 재명명하며, 가족 구성원이 자신과 타인, 그리고 당면한 현실에 대해 다르게 인식하고 경험하게 될 때 새로운 변화를 위한 가능성이 열린다.

(4) 재명명하기

상담사가 가족에 합류하면서 하는 첫 번째 작업은 가족이 말하는 문제 상황에 관한 현실의 재명명이다. 치료는 목표를 지향하는 계획이기 때문에 모든 현실이 다 반영될 필요는 없다. 가족 구성원의 상호 교류를 관찰하는 과정에서 상담사는 문제해결에 사용될 수 있는 현실을 선택하여 재명명한다. 상담사는 그들이 말하고 그려 왔던 현실이 수정되고, 확장될 수 있다고 가족을 확신시켜야 한다.

때로 재명명은 부정적인 행동에도 긍정적인 암시를 부여할 수 있다. 예를 들어, 아들에게 공부하라고 늘 소리를 지르는 어머니에 대해서 어머니 입장에서는 고함이 아니라 아들을 향한 관심의 표현이라고 재명명할 수 있다. 모든 행위에는 긍정적인 면과 부정적인 면이 있는데, 재명명은 긍정적인 면을 부각시키면서 이를 통해 행위의 수용도를 높이고자 하는 것이다. 행위가 수용될 때 문제행동은 감소될 수 있다. 재명명은 상담사가 가족과 처음 작업을 시작할 때부터 지속적으로 유용하게 쓰일 수 있다.

(5) 실연

실연은 상담사가 가족에게 그의 앞에서 춤을 추도록 요청하는 기법이다. 즉, 상담사 앞에서 가족의 있는 그대로의 상호작용이 나타날 수 있도록 상담사는 가족에게 요청하고, 가족 또한 상담사의 요청에 따라서 그것을 보여 주는 것이다. 상담 과정에서 가족 구성원 간의 의사 교류가 현재의 맥락 안에서 상담사와의 관계 안에서 일어나는 것이다. 상담사는 가족 간의 상호작용을 격려하면서 가족 구성원 간에 오고가는 언어적 · 비언어적 소통방식을 관찰한다. 실연에서는 언어적 의사소통 못지않게 비언어적 의사소통을 통한 파악도 중요하다.

가족 구성원의 실연 과정 가운데 상담사는 직간접적으로 개입하여 이전과 다른 방식으로 상호작용을 하도록 대안을 제시할 수 있다. 이때 상담사는 소원했던 가족 구성원 간에 의사소통의 시간을 연장시키거나 효과적인 의사소통 방식을 제시해 줄 수 있고, 가족 상호관계의 융통성 증진 및 문제해결에 대한 대안을 제시할 수도 있다. 예를 들어, "지금 아이가 큰 소리로 고함을 치고 있어서 서로 들리지가 않는군요. 아이가 조용해질 수 있도록 부모님이 아이를 침착하게 설득해 보세요 시간이 좀 걸려도 괜찮아요." 하고 지시적인 방법을 사용하면서 실연을 할 수 있다.

(6) 초점 두기

초점이라는 단어는 사진의 영역에서 빌려 온 용어이다. 가족상담에서 초점은 사진의 화면구성으로 비유될 수 있다. 예를 들어, 사진사가 어떤 장면에서 집을 두드러지게 보이기 위해 렌즈를 축소시켜서 사진을 찍고, 그다음에 창문과 문까지 포함하기 위해서 렌즈를 확대시켜 다시 찍는다. 마찬가지로 상담사는 자신이 의미를 두는 구성으로 소재를 선택하고 조정할 것이다. 가족을 관찰하는 과정에서 상담사는 수많은 정보를 얻게 되는데, 이를 한번에 모두 다룰 수도 없고 초점 없이 개입하는 것은 효과적이지 않다. 상담사는 치료적 변화와 관련된 요인들을 선택하고, 가족 상호 교류에 의미를 부여하는 하나의 주제를 중심으로 가족 상호 교류의 데이터를 구성해야 한다. 이를 위해서 먼저 상담사는 초점을 선택하고, 그 다음 치료를 위해 특정 주제를 발전시켜야 한다. 또한 상담사가 관심이 있다고 하더라도 그 시점에서 치료목적에 기여하지 못하는 많은 주제는 선택하지 않아야 한다. 쇄도하는 많은 정보를 가려내고 선별함으로써 상담사는 치료적으로 적절한 주제에 집중할 수 있게 된다.

(7) 강도 높이기

상담사가 강도 높이기를 사용해야 할 때는 다음의 경우이다. 상담사의 메시지가 가족의 귀에 다다르지 못하거나 아무 반응도 얻지 못할 때, 상담사가 가족이 의도적으로 '듣도록' 만들어야 할 때, 혹은 가족 구성원이 상담사의 메시지를 듣고는 있지만 그들의 주의를 끌지 못할 때이다. 이때 상담사는 강도를 높여야 할 필요성을 느끼게 되고, 상담사는 가족에게 충격적인 치료적 메시지를 전달한다.

강도를 높이기 위한 메시지의 내용은 사실적이고 명료해야 하며, 목소리 톤은 진지하고 단호하게 하는 것이 더 효과적이다. 상담사는 역기능적 상호 교류가 얼마나 빈번하게 다양한 형태로 나타나는지, 그것이 가족 하위체계에서 어떻게 영향을 미치고 있는지를 강조한다. 강도를 높이는 정도는 상담사가 치료에 관련되는 정도에 따라 다양할 수 있고, 상담사가 사용하는 강도 높이기의 방법으로는 메시지의 반복, 의사거래에 참여하는 사람들의 시간과 빈도를 변화시키기, 의사거래에 참여하는 사람들의 관계를 변화시키기, 가족의 의사소통 방식이 지닌 힘에 저항하기 등이 있다. 이와 같은 가족 간 상호작용 과정에서 상담사는 의도적으로 스트레스를 증가시켜서 가족이 지켜 온 고착된 의사소통 패턴을 벗어나게 하고, 평형 상태를 흔들어서 가족구조가 변화될 수 있도록 해야 한다. 가족상담에서 가장 일반적으로 쓰일 수 있는 방법은 가족이 당연시해 온 익숙한 의사소통 패턴을 지적하거나 강자 중심의 의사소통 방식을 바꾸도록 요구하는 것이다. 예를 들어, 가족 내 의사결정력이 높고, 가족관계를 주도하는 가족 구성원이 가족 내 참여가 적고 소극적인 다른 가족 구성원을 대신하여 말하거나 말을 가로막을 때, 상담사가 소극적인 가족 구성원이 적극적으로 의사표현을 직접 하도록 함으로써 기존의 소통방식과 다르게 한다.

(8) 경계 설정하기

경계 설정하기는 가족 구성원 간의 관계를 변화시키거나 심리적 거리를 변화시키는 것을 목적으로 한다. 일반적으로 가족 구성원 간의 심리적 거리는 의사소통에서 표현된다. 한 가족 구성원이 이야기하고 있을 때 누가 도움을 주고 그 이야기를 완성시키는지, 혹은 누가 방해하거나 가로막는지 등을 통해서도 알 수 있다. 예를 들어, 상담사가 남동생에게 질문했는데 누나가 두 번이나 연이어 대답을 대신한다면 상담사는 남동생에게 이렇게 말할 수 있다. "누나가 너를 대신해서 우리 대화에 도움을 주고 싶어 하는 것 같구나. 그런데 누나는 지금 너의 기억까지 대신하려고 하네. 나는 너에 대한 얘기를 너의 멋진 목소리로 직접 듣고 싶구나." 이와 같은 상담사의 말은 새로운 경계를 창조하기 위한 인지적 접근이다.

한편, 상호작용의 강도를 증가시키는 방법은 가족경계를 변화시키는 데 유용하다. 예를 들어, 엄마가 딸을 효과적으로 통제할 수 있게 된 후에 상담사는 다양한 인형을 가지고 와서 엄마와 딸이 함께 20분 이상 인형놀이를 지속하게 한다. 이때 상담사는 모녀간의 인형놀이 내용에는 별다른 관심을 갖지 않고, 엄마와 딸 간의 경계를 유지시키는 데 관심이 집중될 수 있다.

(9) 균형 무너뜨리기

균형 무너뜨리기는 가족 구성원 간의 위계적 관계 변화를 목표로 한다. 상담사는 자신을 치료체계의 한 구성원으로 사용하면서 가족의 권력 배정에 도전하여 기존의 가족균형을 무너뜨린다. 이때 가족 구성원은 상담사가 '강력하지만 정당한' 입장을 취해 주기를 기대한다.

일반적으로 가족은 상담사가 변화되지 않은 가족특성을 인정해 주고, 모든 사람의 입장이나 견해를 지지해 주기를 원한다. 그렇지만 상담사는 특정 가족 구성원의 불만족이나 불평을 감수하면서라도 한 개인이나 한 체계에 합류하여 기존의 힘의 균형을 흔들고, 건강한 힘의 재분배를 시도한다. 이를 위해 상담사는 위계상 낮은 위치에 있는 가족 구성원에게 힘을 실어 주고 그와 합세를 한다. 상담사는 가족이 형성해 온 위계의 저울을 무시하고, 한 가족 구성원이 다른 가족 구성원을 공격하는 데 합세하기도 한다. 이와 같은 상담사의 개입으로 기존의 가족의 권력 균형이 무너지고 새롭게 가족위계가 재편성된다.

(10) 상보성 인식하기

상보성에 대한 인식을 통해 가족 구성원은 개별적인 자기보다 더 큰 실체에 자기가 소속되어 있다는 것을 경험할 수 있다. 가족체계에서 한 가족 구성원의 행동이 독자적으로 수행되기보다는 다른 가족 구성원의 행동과 경험에 영향을 받으면서 결정되고 행동화된다는 것이다. 즉, 전체 가족의 목적과 규율을 충족시키고자 상대방의 행동과 반응을 고려하여 자신의 행동을 결정한다는 것이다. 상보성에 대한 또 다른 표현으로 "보이는 것이 어느 쪽의 양상인가는 상황에 달려 있다."라는 말이 있다. 각 개인의 초점이 개인에게만 고정된 게 아니라 전체 중 한 부분으로서 개인을 본다는 것이다. 예를 들어, 가족상담에 온 사춘기 여중생에게 상담사가 최근의 근황을 묻자 부모가 동시에 대신 대답하였다. 상담사가 부모에게 왜 대신 대답하느냐고 묻자 엄마는 딸이 자기로 하여금 말을 하도록 만든다고 하고, 딸은 부모의 의사소통 방식이 자신의 입을 다물게 한다고 하였다. 상담 과정에서 가족 구성원은 자신의 행동이 다른 가족 구성원의 행동과 경험에 영향을 받으면서 결정되고 행동화되는 측면을 인식하게 된다.

(11) 역설적 개입

가족이 상담사에게 도전하는 상황에서는 역설적 개입을 사용한다. 역설적 개입은 상담사가 표면적으로 표명하는 내용과 반대되는 결과를 얻고자 할 때 적용되는 기법이다. 즉, 상담사의 지시에 가족이 도전하거나 불합리해서 뒤로 물러서는 시점에서 결국 상담사를 따르도록 만드는 방법이다. 예를 들어, 남편이 사업에 크게 실패하여 생계의 부담을 갖게 된 부인은 사실상 남편에게 불만이 크다. 그런데 남편은 이 문제에 대해 직접 직면한다면 자신은 우울증에 빠질 것이라는 강한 신호를 부인에게 보내고 있다. 이에 부인은 남편에게 화가 날 때마다 아들에게 잔소리하며 화를 내고 있고, 아들은 엄마한테 반항하며 학교 부적응 문제를 유발한다. 이때 상담사는 아들에게 (아버지 대신) 자신에게 초점을 두어 야단을 치는 어머니의 실망이 유지되도록 하는 것으로 아빠를 계속해서 보호하라고 하고, 아버지에게는 이 패턴이 계속 유지되도록 이에 대해 협력하라고 지시한다. 이에 대해 어머니는 상담사에게 되묻기를 "내가 성인인 내 남편 대신에 여덟 살 난 아들과 싸우고 있다는 겁니까?"라며 불쾌함을 표시하였고, 아버지는 오히려 상담사에 동조했다. 동조의 이유인즉 부인의 잔소리에 아들은 본인처럼 우울해하지 않기 때문에 잔소리 대상이 아들이 되는 게 더 나을 수 있다는 것이다. 이때 남편이 상담사의 설명을 타당화하려는 것에 화가 치민 부인은 결국 남편과 싸우게 된다. 이 상황에서 상담사는 표면적으로는 어머니가 아들에게 계속 잔소리를 유지하라고 했지만, 결과적으로는 어머니가 남편과 싸우게 되었다.

복습 문제

1. 미누친(S. Minuchin)의 가족구조에 관한 설명으로 옳은 것을 모두 고른 것은?

ㄱ. 가족구조는 가족 구성원들의 행동양식을 예측 가능하게 한다.
ㄴ. 가족구조에는 조직화된 가족 상호작용 양식이 있다.
ㄷ. 가족구조에는 반복적이고 일관적인 행동양식이 있다.
ㄹ. 가족구조는 보편적이어서 모든 가족은 동일 가족구조를 갖는다.

① ㄱ, ㄴ ② ㄷ, ㄹ
③ ㄱ, ㄴ, ㄷ ④ ㄱ, ㄴ, ㄹ ⑤ ㄱ, ㄴ, ㄷ, ㄹ

2. 미누친(S. Minuchin)이 제시한 개념 중 다음 설명에 해당하는 것은?

○ 상담사가 가족의 조직과 상호 교류 유형을 있는 그대로 수용한다.
○ 상담사가 가족의 강점을 직접 경험하며 관계를 맺는다.
○ 치료적 관계 형성을 위한 상담사의 자발적인 행동이다.
○ 상담사는 가족의 위계구조를 존중한다.

① 재명명 ② 합류
③ 강조 ④ 모방 ⑤ 유지

3. 구조적 가족치료의 주요 개념으로 옳은 것을 모두 고른 것은?

ㄱ. 위계질서에 따라 각 하위체계의 권한, 책임, 영향력 등이 다르다.
ㄴ. 부부 하위체계에서 강조되는 것은 자녀 양육과 사회화이다.
ㄷ. 가족 간에 소속감 및 충성심이 지나칠 때 엄격한 경계선을 갖게 된다.
ㄹ. 부모가 형제 하위체계만의 하위문화가 형성되도록 허용하는 것은 바람직하다.

① ㄱ ② ㄱ, ㄴ
③ ㄱ, ㄹ ④ ㄱ, ㄴ, ㄹ ⑤ ㄱ, ㄴ, ㄷ, ㄹ

4. 미누친(S. Minuchin)의 구조적 가족치료에 관한 설명으로 옳은 것을 모두 고른 것은?

ㄱ. 부모가 연합된 모습을 보일 때 자녀들은 안정적인 형제자매 체계로 기능할 수 있다.
ㄴ. 가족의 하위체계는 집이라는 물리적 구조의 '층'에 비유로 설명된다.
ㄷ. 가족의 재구조화를 위해 상담사는 첫 상담부터 가족의 위계구조를 변경하도록 요구한다.
ㄹ. 구조적 가족치료에서는 개인치료와 가족치료의 두 가지 방식을 병행하도록 권장한다.

① ㄱ ② ㄱ, ㄴ
③ ㄱ, ㄴ, ㄷ ④ ㄱ, ㄴ, ㄹ ⑤ ㄱ, ㄴ, ㄷ, ㄹ

5. 다음 사례에서 적용된 구조적 가족치료의 개입 기법에 해당하는 것은?

학교 숙제도 제대로 하지 않고 공부에 무관심한 아들에게 어머니는 공부하라고 늘 소리를 질러서 모자간에 갈등이 깊다. 가족상담 시 상담사는 아들에게 소리치는 어머니에 대해서, "어머니 입장에서 큰 소리로 말하는 것은 아들을 향한 관심을 강하게 표현하는 것이다."라고 말하였다.

① 초점 두기 ② 합류
③ 강도 높이기 ④ 재명명 ⑤ 실연

소집단 토론

1. 구조적 가족치료 모델을 개발한 미누친은 한때 정신분석에 매료되어 정신분석 수련까지 받았지만, 이후 윌트윅 소년학교에서 일하게 되면서 가족을 상담하는 가족치료사가 되었습니다. 미누친에게 왜 이러한 변화가 생겼는지에 대해 토론해 봅시다.

2. 미누친의 구조적 가족치료 모델에서 실연 기법은 어떻게 활용될 수 있는지를 토론해 봅시다.

3. 구조적 가족치료 모델에서 변화를 위한 개입 과정은 가족에 합류하기, 가족구조 사정, 가족 재구조화 순으로 진행됩니다. 각 과정에서 가족치료사가 해야 할 구체적인 역할에 대해 토론해 봅시다.

나의 요점 정리

✎...

복습 문제 정답: 1. ③ 2. ② 3. ③ 4. ① 5. ④

제8장

구조적 가족치료 모델의 실제

이 장에서는 가족 구성원의 자살로 심각한 외상을 겪은 자살 유가족들이 정신적 충격과 가족갈등에서 벗어날 수 있도록 구조적 가족치료 모델을 활용하여 가족구조의 변화를 시도한 사례를 소개한다(전혜성, 2017). 구조적 가족치료 모델에서는 개인의 정신적 고통, 관계상의 갈등 등이 전적으로 개인 내적 작용이 아니라 역기능적인 가족구조의 산물이라고 전제한다. 이에 가족구조가 변화되면 가족 구성원의 정신적 과정과 가족 상호작용이 달라진다고 본다. 이러한 관점에서 볼 때 자살 유가족의 정신적 외상 대처와 가족갈등 해소, 지지적인 가족 상호작용의 증진을 위해 구조적 가족치료 모델의 적용은 매우 유용하다.

구조적 가족치료 모델에서는 상담사의 '자기사용(use of self)'을 매우 중요한 치료적 기제로 강조한다. 이 치료 모델은 상담사의 역할과 영향력, 치료 결과에 대한 높은 책임감을 강조하는 특성이 있는데, 이와 같이 관계 형성에 적극적이고 리더십 있는 상담사의 역할은 자살 유가족과 같은 위기 상황에 당면한 가족을 안정시키고, 가족기능을 강화시키는 데 있어서 매우 중요하다.

1. 사례의 개요

1) 가족문제: 자살 유가족의 외상 경험으로 인한 정서적 혼란과 가족갈등

'장남의 자살로 가족이 너무 혼란스러워요.' '자살현장을 목격한 70대 노모가 먹지도 못하고 잠도 못 자요.' '노모와 차녀 간에 말다툼이 심하고, 가족 간에 대화가 안 돼요.'

(1) 의뢰 과정

집 안에서 극단적 선택을 한 장남의 시신을 발견한 어머니의 정신적 충격과 가족 전체의 혼란 때문에 가족이 자진해서 상담을 신청하였다.

(2) 제시된 문제

자살자인 장남은 인생에 대한 실패감과 무능감, 스스로 통제가 되지 않는 성적 행위 등으로 인해 자신에 대해 강한 수치심을 느꼈고, 이로 인해 의도적으로 자살을 선택하였다. 현장을 목격한 어머니의 충격이 매우 큰 상황이었는데, 가족이 노모를 물리적으로는 보호하면서도 한편에서는 자식을 자살에 이르게 한 데에는 노모의 부적절한 양육방식이 문제였다는 비난을 하는 자녀도 있었다. 이러한 가족갈등으로 가족은 자살로 인한 외상 대처에 어려움을 호소하였다.

2) 가족 배경

현재 가족상담에 참여한 가족은 어머니, 장녀, 차녀, 차남이다. 어머니는 70대 중반의 노인이고, 자녀는 40대 중후반의 연령이다. 딸들은 기혼이다. 자살한 가족 구성원은 장남이고, 아버지는 3년 전에 신체적 질환으로 사망하였다. 가족 구

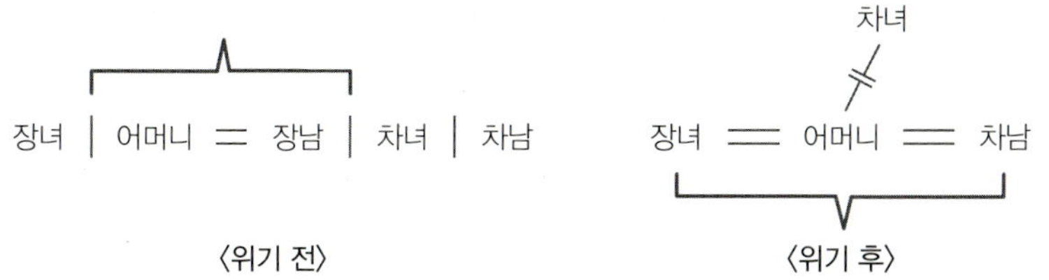

그림 8-1 가족관계도

성원이 설명한 지나온 가족 역사에서는 가족생활 전반에 걸쳐 부모의 부부싸움과 불화가 끊이지 않았고, 자녀는 방치되었다는 감정 가운데 성장하였다. 자녀가 성인으로 성장한 후에는 어머니와 장남이 밀착된 관계를 형성해 왔고, 가족에게서 상처받기 싫어서 스스로 분리된 차남은 힘들 때 장녀에게 의지하였다. 차녀는 친정을 위한 경제적 기여는 높았지만, 가족 구성원 누구와도 정서적으로 긴밀하지는 못하였다. 경제적 문제는 가족에게 항상 큰 스트레스 요인이었다.

(1) 부부체계

남편은 3년 전에 심장마비로 사망하였고, 부인은 75세이다. 남편과 아내 모두 국졸로, 학력은 높지 않았으나 기능적으로 일을 수행하는 데에는 뛰어난 예술적 감각과 유능성을 가지고 있었다. 그러나 경제적으로 늘 어려웠다. 남편은 뛰어난 기술로 국보급 수준의 물건을 만들기는 했지만 판로를 찾지 못해 제품을 헐값에 넘겼고, 부인도 뛰어난 공예 기술을 가졌으나 주로 남들에게 공짜로 주어 재료비 손실이 발생하였다. 부부 둘 다 사람의 욕구와 감정을 읽는 사회적 민감성, 대인관계 기술은 현저하게 부족하여 부부간에 서로 비난하며 오랜 갈등을 겪었다. 특히 정서적 의존성이 높은 부인은 이러한 부부갈등 속에서 남편에게 거절당했다는 분노로 늘 괴롭고 고통스러워했다.

(2) 부모체계

자녀 양육에 있어서 부모는 자녀가 사랑받고 수용되고 싶은 욕구를 가졌다는 것을 잘 인식하지 못하였다. 아버지는 자녀들과 정서적 거리를 두고 일 중심으로 살아갔고, 남편에게 분노한 어머니는 힘들 때마다 어린 자녀들을 보며 위안을 얻기보다는 위로를 바라며 친정 식구에게 달려갔다. 늘 힘겹게 살아온 어머니는 네 자녀에게 의식주를 해결해 주는 것이 자신이 할 수 있는 최선이라고 생각했다.

(3) 부모-자녀체계

다른 자녀들은 일찌감치 부모의 사랑에 기대를 접고 각자 살아온 반면, 부모로부터 사랑받고 싶은 욕구가 유독 강했던 차녀는 어렸을 때부터 부모의 사랑을 적극적으로 갈구했으나 반복되는 실망과 거절감을 경험하였다. 성인이 되어서도 다른 자녀들은 가족 일에 크게 개의치 않고 살아온 반면, 차녀는 성인이 되어서도 가족의 울타리를 지키기 위해 중요한 가족행사가 있을 때마다 물질적으로 가족을 지원해 왔다. 그러나 경제적으로 자수성가한 차녀는 늘 다른 가족 구성원의 무능을 비판하며 가족 구성원 누구와도 친밀한 정서적 유대감을 형성하지 못하였다. 홀로 된 어머니는 함께 살던 장남에게 정서적으로 의지하였다.

(4) 형제자매체계

장녀와 차녀는 40대 중반의 전업주부이고, 차남은 새로 시작한 가게를 어렵게 운영하는 중이다. 거주지는 서로 멀리 떨어져 있다. 네 명의 자녀는 어렸을 때부터 깊은 정서적 유대감 없이 대체로 각자 생활해 왔다. 그나마 동생들이 힘든 일이 있을 때에는 장녀에게 털어놓으며 위로를 얻고자 했고, 장녀는 동생들을 받아주는 것이 버거웠지만 장녀의 역할이라고 생각하며 내색 없이 참아 왔다. 딸 둘은 비교적 유하고 지지적인 배우자를 만나서 결혼 이후의 삶이 정서적으로 호전되었다.

3) 개입 목표

상담사는 구조적 가족치료 모델에 준하여 다음의 상담목표를 설정하였다.

- 가족 전체가 위기 이전과 유사한 수준의 정서적 · 신체적 안정감을 회복한다.
- 노모는 차녀의 정서적 욕구를 이해하고, 차녀는 높은 위계를 낮추고 어머니에게 갖는 기대를 현실적으로 조정하여 갈등을 해소한다.
- 장녀의 낮은 권위를 높이고, 차녀의 높은 위계를 조정한다.
- 자매간에 명확한 경계선을 형성하여 친밀감을 높임으로써 자매 하위체계를 강화한다.
- 어머니와 아들 간의 경계선을 명확히 하여 모자간에 갈등을 낮추는 상호작용 방식을 형성한다.

그러나 가족의 현실적 요구를 반영하여 가족과 상담사 간에 합의된 목표는 다음과 같다.

- 어머니를 비롯한 가족 전체가 심리적 안정을 찾고 일상생활을 잘 유지한다.
- 어머니의 새로운 거주 장소가 마련된다.
- 어머니와 차녀 간의 갈등이 해소된다.
- 가족 간에 문제해결적이고, 지지적인 의사소통 방법을 습득한다.

2. 구조적 가족치료의 개입 과정

이 사례의 개입 회기는 총 10회기로 이루어졌고, 종결 이후 추후상담이 진행되었다. 8회 상담에서만 차녀가 불참하였고, 그 외 모든 상담에 어머니, 장녀, 차녀, 차남이 참석하였다. 전반적인 개입 과정은 〈표 8-1〉과 같다.

표 8-1 전반적인 상담 개입 과정

구분	회기	내용
합류	1~3	상담사는 가족체계에 적극적이고 신속하게 합류하여 심각한 위기 상황을 사정하고, 가족을 위기 이전 수준으로 안정화시키는 데 초점을 두었다. 상담사는 가족을 있는 그대로 수용하고 존중하면서도 지도자로서 가족을 이끌며 가족 내 적응을 시도하였다.
가족구조 사정	4	상담사는 가족문제의 원인 및 현상을 가족구조의 역기능으로 재구성하였다. 가족은 기존의 가족문제를 다툼을 일으키는 어머니 또는 차녀의 성격문제로 규정하고 있었다. 상담사는 가족에게 구체적으로 설명하면서 가족문제를 가족구조의 역기능에 기초하여 재명명하였다.
가족 재구조화	5~9	어머니와 차녀 간의 감정적 대립과 분노를 직접적으로 다루는 과정에서 가족 전체의 하위체계, 경계선, 위계 등에 변화를 시도하였다. 이러한 가족 재구조화를 통하여 가족갈등이 완화되고, 서로에 대한 이해가 증진되었다.
종결	10	가족이 제시한 가족상담의 목표가 상당 수준에서 달성된 것으로 평가되어 합의하에 상담을 종결하였다.

1) 초기 단계: 합류

(1) 1회기 상담…가족체계에 합류하기, 위기사정 및 문제의 명확화, 상담 구조화

가족이 장남의 자살 후에 긴급히 가족상담사를 방문하기는 했지만, 가족은 상담사의 개입에 대해서 각자 입장이 달랐다. 상담을 통해 위기 해소가 될 것이라는 믿음이 있는 가족 구성원이 있는가 하면, 가족문제가 가족 내에서 먼저 정리되기 전에 외부인에게 공개하는 것을 수치스럽게 느끼는 가족 구성원도 있었다. 상담사는 가족이 신속한 대처방식으로 상담을 신청한 것에 대해 매우 문제해결적 선택임을 격려하고, 상담의 거부감에 대해서도 수용하였다. 상담을 통해 내담자 가족이 중요한 도움을 받을 수 있다는 확신을 주었고, 이때 상담사는 위기 대처를 위해 지도자로서 명료함, 적극성, 목표지향성을 중시하면서도 동시에 가족 구성원 중의 하나로서 가족의 정서 표출 및 감정 수용 등의 정서과정을 공유하면서 가족체계에 합류하였다. 가족의 적극적인 주도성을 권장하면서도 위기 상황에서의 상담인 만큼 상담사의 적극적 개입의 필요성과 그에 따른 동의도 구했다.

상담사는 가족에게 신속하게 합류한 후, 위기사정을 하고 문제를 명료화하였다. 각 가족 구성원의 긴급 욕구 및 위기의 심각성을 파악하였고, 위기 정서의 표출을 시도하였다. 40대 장남이 계획적으로 화장실에서 자살한 장면을 본 70대 중반인 노모의 심리적 충격과 신체적 증상이 심하였고, 자살사건에 놀란 자녀들도 가족의 무능력이 자살자를 만들어 냈다는 죄책감과 혼란을 호소하였다. 자살한 큰아들은 계획적으로 집 안에 아무도 없는 틈을 타서 화장실에서 자살하였다. 장남은 내성적이고, 남들과 어울리는 것이 힘들어 주로 칩거 생활을 했다. 평소에는 유순한 편이다가도 작은 일에도 흥분하여 욕을 하고, 분노를 폭발하는 등 감정기복이 몹시 심했다. 대학 졸업 이후 근 20년간 제대로 직장을 유지한 적이 없이 무직으로 세상과 단절되어 지냈다. 현재 가족은 높은 위기감을 표현하면서도 "여기서 우리 가족이 무너지면 안 된다, 그러기 위해선 가족이 변해야 한다." 등의 삶에 대한 의지 및 가족관계 변화에 대한 동기가 있었다. 무엇보다 고령인 어머니의 식욕 감퇴, 수면문제, 심리적 문제가 중요하였다.

(2) 2회기 상담…자살사건에 대한 가족 간의 인지적 · 정서적 공유, 외상 후 스트레스 장애 예방 접근

각 가족 구성원이 생각하는 자살문제의 발생 과정, 현재 위험 내용 및 수위를 확인하였다. 다각적인 평가와 더불어 가족이 겪는 외상이 외상 후 스트레스 장애(PTSD) 증상으로 연결되지 않도록 예방 차원에서 인지정서적 접근을 활용하였다. 즉, 자살에 대한 전반적인 과정에 있어 각 가족 구성원의 기억과 정보를 취합하여 가능한 한 하나의 공통적인 사건 내용으로 연결 및 조합하였다. 이 과정에서 자살과 죽음이 더 이상 숨겨진 비밀이 아니라 하나의 객관적 사건으로 외부로 표출되고 공유함으로써 자살을 둘러싼 인지왜곡을 최소화하고 감정이 노출되도록 하였다. 이러한 접근은 이후라도 자살사건이 가족에게 공포스러운 플래시백 현상으로 나타나지 않도록 예방하고자 한 의도에 기반한 것이다. 또한 가족 간에 죽음에 대한 정보의 공유는 자살이 암묵적 비밀이 되어서 갖게 되는 다른 역기능을 예방하고자 한 것이었다.

또한 큰아들의 자살 후, 현재 유가족 각자가 느끼는 전반적인 심리사회적 문제와 현실적인 문제에 대해 평가를 하였다. 당면한 가장 현실적 문제는 아들이 자살한 집에서 노모가 더 이상 살 수 없는데 집을 빨리 팔 수 있을지에 대한 우려, 또한 금전적인 문제로 다른 집으로 이사 가기 어려운 여건, 누가 어머니를 모시거나 보호할 것인가에 대한 부양문제, 자살사건으로 발생한 법적 문제 등 실제적인 다양한 문제가 있었다. 이때 위기를 극복하기 위해서 유가족 각자가 사용하는 대처기제도 탐색하였는데, 가족에게는 종교적 신앙이 큰 버팀목이 되고 있었다.

종합적으로 평가하면 가족은 의료적 개입이 필요한 수준의 PTSD 증상은 보이지 않았고, 다양한 현실적인 문제가 있지만 가족이 협력해서 해결할 의지가 있었다. 하지만 현재 가족이 가장 혼란스러워 하는 문제는 자살한 장남에게 죄책감을 느끼는 동시에 그에 대한 원망과 분노가 공존하는 것이었다. 불쌍한 장남을 원망하면 안 되는데 불쑥불쑥 부정적 감정들이 떠오르는 게 문제였다. 이에 따라 다음 상담에서는 좀 더 구체적이고 진솔하게 자살한 장남에 대한 감정을 '장남에 대한 추모의 글'로 적어서 공유하기로 하였다.

이 회기에서 주로 적용된 가족치료 기법은 지도자로서의 합류와 초기 가설 설정이다. 상담사는 상담 초기부터 지도자의 지위를 지니며 가족과 같은 배에 타게 되어 가족 내에서 키잡이가 되는 역할을 수행할 수 있는데, 위기가족일수록 상담사의 지도적 역할 수행은 더욱 중요하다. 또한 상담사는 자살 유가족이 가질 수 있는 위기요인에 대한 초기 가설을 설정하고 적극적인 개입을 하였다.

(3) 3회기 상담…자살한 장남에 대한 가족의 정서 탐색과 표출

상담사는 가족이 갖는 죄책감, 원망, 자책 등의 다양한 정서를 탐색하고 표출하기 위해 자살과 관련된 촉발사건, 자살 전후의 관련 상황을 질문하였다. 지난 2회기에서 과제로 부여한 '장남에 대한 추모의 글' 을 공유하고자 하였는데, 결과적으로 과제를 수행한 사람은 상담사뿐이었다. 어머니는 기능상 글을 쓰는 데 어려움이 있었고, 자녀들은 무슨 말을 써야 할지 몰라서 과제 수행을 하지 못하였다고 했다. 상담사는 조금 당황스럽기는 했지만, 가족의 정서체계에 합류하고자 가족 앞에서 상담사가 작성한 추모의 글을 진심을 담아 읽었다. 결과적으로 상담사의 추모의 글은 상담사가 가족체계 안으로 들어가서 고인이 된 자살자와 관계의 연결고리를 만들고, 가족의 솔직한 감정을 표출하는 데 매우 효과적이었다. 가족은 상담사가 자신의 가족 구성원에 대해 추모를 한 성의를 받아들였고, 추모의 글 속에서 상담사의 진심을 느꼈다. 이후 가족은 가족 내 비밀을 어렵게 실토하기 시작했다. 사실 가족이 추모의 글을 쓰려면 그 비밀을 드러내야 하는데 그것이 어려웠던 것이다. 다음은 상담사가 쓴 추모의 글이다. 추모의 내용은 가족에게 들은 정보를 중심으로 사실적으로 작성하였다. 여기서 주로 적용된 가족치료 기법은 '가족의 일원으로서의 합류'이다. 상담사는 가족을 있는 그대로 존중하고 수용하며, 가족

고 김승필(가명) 님께

안녕하세요. 처음 인사를 나눕니다. 저는 김승필 님의 가족 분과 상담을 하게 된 상담사입니다. 가족 분을 통해서 선생님이 어떤 분인지 알게 되었습니다. 선생님은 섬세하고 따뜻한 마음을 가져서 어머니의 생활의 동반자, 마음의 친구, 그리고 조카들에게는 따늣한 삼촌이셨습니다.

그러나 때로는 다른 사람들과 관계를 맺고 함께 지내는 데에는 익숙치 않아서 어렸을 때에는 동생 분을 때리거나 거칠게 대하기도 하고, 직장에서는 사람들과의 적응이 어려우셨던 것으로 이해하고 있습니다. 혹시 제 이해가 잘못된 부분이 있다면 가족 분을 통해 다시 선생님에 대해 알아가도록 하겠습니다.

때로 가족 분과의 대화 과정에서 가족이 돌아가신 선생님에 대해 원망과 서운함을 표현할 수도 있습니다. 그러나 그러한 과정은 우리가 당신을 온전히 이해하고, 선생님과 진실한 관계를 맺기 위함입니다. 선생님과 함께하지 못한 아쉬움과 안타까움이 크지만, 선생님의 가족과라도 진심 어린 대화, 우정을 나누고 선생님에 대한 깊은 추모를 하고자 합니다.

가족상담사 드림

상호작용의 일원이 되어 가족 상호작용의 패턴을 이해하고 가족의 위계구조 및 가족 정서를 존중하였다.

상담사가 추모의 글을 읽은 후, 가족이 드러낸 비밀은 자살자가 집 안에서 여동생들에게 했던 혐오적인 행동, 지하철 등의 공공장소에서 일으켰던 범법 행동에 관련된 것이었다. 자살자에 대한 가족의 오래된 원망, 분노 등에 대한 감정도 있는 그대로 표현되도록 하였다. 다만, 어머니는 세상이 뭐라고 해도 본인에게는 소중한 효자 아들이었다고 하였다. 각 가족 구성원이 현재 갖는 다양한 감정을 표출시키기 위한 필수적인 방법은 적극적인 경청이었다. 가족 간에 서로의 감정에 대해 듣고 이해할 수 있는 기회를 공유하며, 어떠한 감정 표현에도 제한하거나 비판하지 않도록 상담사가 중재하였다. 상담사의 추모의 글의 공유는 가족합류를 도왔고, 원망, 분노 등의 부정적 감정 표출을 통해 가족이 정서적으로 환기되고 많이 안정되었다.

2) 중간 단계: 가족구조 사정 & 가족 재구조화

(1) 4회기 상담…문제를 가족구조의 문제로 재명명하기, 가족구조 사정, 상담목표 수립

자살위기로부터 가족이 점차 안정화되면서 오래전부터 지속되었던 가족갈등 문제가 수면 위로 떠올랐다. 가족은 가족문제의 원인을 어머니의 잘못된 양육방식, 성격이 강한 어머니와 차녀의 갈등으로 인식하고 있었고, 가족은 가족문제를 개인의 성격문제에 기인한 것으로 규정하였다. 직선적이고 비난조로 말하는 차녀나 고집이 세고 자기중심적인 어머니에게 문제가 있다고 생각하고 있어서 상담사는 가족문제를 가족구조의 역기능의 문제로 재명명하였다. 즉, 가족갈등의 핵심으로 표면적으로는 어머니와 차녀와의 갈등 표출이 반복되어 왔으나, 이러한 갈등의 이면에는 장녀와 차남은 어머니 편에 서서 어머니–장녀–차남의 하위체계를 형성해 왔다. 혼자 소외감과 분리감을 느끼는 차녀는 더 거세게 어머니의 위계와 권위에 도전하였다.

이때 적용된 기법은 '재명명하기, 도전하기, 초점 두기'이다. 가족은 문제를 '아들을 잘못 키운 어머니' 또는 '어머니를 비난하는 차녀' 등의 개인문제라고 보았지만, 상담사는 문제를 가족구조의 문제로 재명명하고 기존의 가족관점에 도전하였다. 또한 가족체계가 갖는 여러 가지 문제 중에 어머니와 차녀 간의 갈등 해소에 우선적인 초점을 두고 가족위계를 재편성하였으며, 가족 간의 경계선을 조정하고자 하였다.

표 8-2 4회기 상담 개입 과정

구분	상담내용	개입
어머니	하나님이 나만 사랑하는 것 같아요. 집도 마련되고……. 사실 사람이 죽어 나간 집을 살 사람이 어디 있겠어요. 그런데 두 군데 부동산에서 연락이 와서 서로 경쟁도 하고…… 이제는 지난 일은 잊어버리고 앞으로 잘 살 일만 생각하고 싶어요. 자식들, 손주들에게도 좋은 할머니로 기억되고 싶고…….	
장녀	평소에 엄마와 자주 연락을 하지는 않아서 그날 그런 일이 생길 줄은 전혀 몰랐어요. 운이 좋은 면이 있기는 해요. 엄마가 그 일이 있던 날 혼자서 넋 잃고 주저앉아 있을 때, 때마침 위층 할머니가 우연찮게 내려왔다가 엄마 옆에 함께 있어 줬어요. 그 할머니한테 고맙죠.	
아들	저도 뒤늦게 소식을 듣고 정말 놀랐어요.	
차녀	(갑자기 흥분한 표정으로) 아니, 자식을 잘못 키워서 죽은 자식도 있고, 살아 있는 자식들도 아직 과거의 상처들이 해결이 안 됐는데…… 어떻게 잘 살 일만 생각을 해?	
어머니	너는 어떨지 몰라도…… 당시에 난 자식들 밥 먹여 살리느라 최선을 다했다. 난 네 아버지랑 그렇게 날마다 싸우고…… 나도 내 맘이 내 맘 같지 않은 상태에서 너희 때문에 살았다. 너한테 그런 소리 들을 만큼…… 그래서 전에도 여러 번 내가 미안하다고도 했잖니.	

차녀	밥만 주면 그게 엄마야? 자식 마음은 갈래갈래 찢어지게 해 놓고……. 애들 마음은 멍들어 가는 것도 모르면서. 그게 역할을 다한 거야? 또 진짜 미안한 마음이 있는 사람이면 자식이 상처받은 얘기할 때 그냥 듣고 있는 거지. 엄마는 미안하다고 하면서 전혀 고쳐지지도 않고. 이중적인…… 난…… 나는 내 아이들을 생각하면……. 아무리 노력을 했어도 늘 부모로서 미안하고 부족할 뿐이야.	
상담사	두 분 다 지금 많이 흥분하신 것 같은데요. 제가 물을 좀 드릴게요. 드시고 차분한 마음으로 얘기해 보시지요. (상담사는 흥분한 모녀에게 안정을 취하도록 각각 물을 주었는데, 어머니에게 먼저, 더 깍듯하게, 물의 더운 정도가 괜찮은지 등의 따뜻한 말을 건네며 어머니의 편안한 정도를 염려하면서 1~2분의 시간을 어머니한테 관심을 두었다. 이후 차녀에게는 친절하게 물만 제공하였다)	균형 무너뜨리기 가족 구성원 간의 위계적 관계 변화를 목표로 한다. 상담사는 기존의 가족 권력 배정에 변화를 일으키고자 하였다. 이때 상담사가 모와 차녀를 대하는 태도를 의도적으로 달리하였다. 상담사는 어머니 중심으로 말을 건네면서 비언어적으로, 간접적으로 무너진 어머니의 권위를 높여 주고자 하였고, 이미 자신의 위치보다 높은 위계를 가진 차녀에게는 중립적으로 대하였다.

가족사정을 통해 파악된 가족구조는 다음과 같다. 경제적 기여도가 높은 차녀가 높은 위계를 가지고 어머니를 중심으로 모든 가족을 비난하고 있다. 이에 따른 영향으로 어머니, 장녀, 아들로 구성된 세대 간의 경계를 넘어선 하위체계가 형성되어 있었다. 가족경계선 면에서는 자살이라는 위기사건으로 장녀가 어머니와 밀착되어 있지만, 장녀는 어머니와 밀착된 상황을 힘들어하며 참고 있는 상황이다. 사실상 가족은 모두 제각각 엄격한 경계선을 가지고 있고, 이상적인 가족관에 대한 기대를 포기하지 못한 차녀 혼자 이러한 경계선이 가족문제라며 비난하고 있

었다. 가족 구성원에 대한 차녀의 비난은 다른 가족 구성원을 결합하게 하여 차녀와 대립구조를 만들었다. 이로 인해 차녀는 점점 더 고립되고 분노하게 되며, 이러한 대립구조는 가족이 위기를 대처하는 데 의사소통을 방해하는 요소로 작용하고 있다. 차녀와 가족 간의 대립구조를 변화시키는 데에는 가족위계, 경계선, 하위체계 등의 변화가 필요하다.

가족구조의 사정 후 가족의 욕구를 반영하여 다음 상담목표를 설정하였다. 구체적인 내용으로는 '① 어머니를 비롯한 가족 전체가 심리적 안정을 찾고 일상생활을 잘 유지한다. ② 어머니의 새로운 거주 장소가 마련된다. ③ 어머니와 차녀 간의 갈등이 해소된다. ④ 가족 간에 문제해결적이고 지지적인 의사소통 방법을 습득한다.'이다.

(2) 5회기 상담…장녀의 낮은 권위를 높이고 차녀의 높은 위계를 조정하여 자매간에 명확한 경계선을 형성함으로써 자매 하위체계를 강화

차녀의 과도한 위계로 인한 가족에 대한 거센 비난은 다른 가족에게 반감을 사서 모–장녀–아들의 하위체계를 강화시켰고, 차녀를 외롭게 만들었다. 장남을 잃은 노모의 다음 관심은 차남에게 향하고 있고, 오랜 갈등을 겪고 있는 차녀는 어려워하였다. 이에 차녀를 위해, 장녀와 자매 하위체계를 강화시키는 것이 필요하였다. 상담사는 구조적 가족상담사로서 불균형 기법을 사용하여 가족체계 내에 스트레스를 증가시켜서 가족구조의 변화를 시도하였다. 상담사는 불균형 기법을 사용하여 장녀에게 언니로서 권위를 인정받지 못하고 동생이 경계를 넘어서 언니에 대해 비난하는 것을 방치하는 패턴에 직면시켰다. 이로 인해 이때까지 살아오면서 거의 처음으로 자매가 얼굴을 붉히며 언성을 높여 싸웠다. 상담사는 자매간의 언쟁은 보통 있을 수 있는 일이라고 일반화시켰다.

가족의 대립구조와 의사소통을 변화시키기 위해 상담사는 가장 협조적이고 유연한 장녀를 시작으로 자매간의 위계 및 의사소통 패턴의 변화를 시도하였다. 차녀가 당황스러워했으나 언니의 화를 표현하게 하는 상담사의 개입에 맞서지는 못했다. 장녀는 속시원하게 동생한테 말하며 상담사로부터 지지를 받는 것으로 보였다.

표 8-3 5회기 상담 개입 과정

구분	상담내용	개입
차녀	우리 식구는 모두 문제예요. 모두 게으르고, 어떻게 그 옛날부터 지금까지 하나도 변한 게 없이 이렇게 사는지 모르겠어요. 언니는 누워만 있고 움직이지를 않아요. 교회에도 자주 빠지고. 그래서 형부가 혼자 고생이에요. 동생은 아직도 철이 들지 않아서 지금 하는 가게를 제대로 유지할 수 있을지도 걱정이에요.	
상담사	(차녀의 대화 독점을 낮추고자 각 가족 구성원을 둘러본 후 장녀를 쳐다보며) 큰따님은 어떻게 생각하시나요? (역시 차녀가 또다시 대답하였다) (장녀를 보며) 제가 큰따님한테 물었는데, 큰따님 얘기를 동생 분이 대신 대답하시네요. 그래도 괜찮은 건가요? 언니가 듣기에 동생 얘기가 어떻게 들리시나요?	균형 무너뜨리기, 경계선 조정 균형 무너뜨리기를 통해 동생이 언니보다 더 높은 위계를 갖는 기존의 가족위계 배분에 도전하였다. 이 기법을 사용하여 언니의 위계를 높이고자 하였다. 또한 경계선 설정을 통해 자매간에 정서적 소통이 엄격한 경계에서 '상호 연결과 자율성이 공존하는' 명확한 경계가 되도록 시도하였다.
장녀	(상담사를 바라보며) 제가 일요일에 좀 누워있기는 해요. (얼굴이 상기되어 동생을 쳐다보며) 그래도 내가 너보다 어린 사람도 아니고, 네가 나에 대해, 내가 어떻게 사는 줄 알고 말을 네 맘대로 하니? …… 너 참 말은 쉽게 잘 하더라. ……(중략)…… 사실 어릴 때부터 지금까지 거의 싸운 적이 없었어요. 얘가 뭐라고 해도 제가 그냥 듣는 식으로 넘겼으니까요.	
상담사	자매가 어렸을 때 싸우지 않고 자란 것은 아주 드문 일 같아요. 서로 상대방이 못마땅할 때에는 좀 다투더라도 마음을 표현하는 것이 진정성 있는 관계가 아닐까요? 지금까지 상담을 하면서 두 분이 이렇게 큰 소리로 부딪힌 적은 이번에 처음인 것 같아요.	재명명하기 무조건 갈등을 회피하는 것보다 다툼을 통해서라도 서로가 갈등을 다루는 것이 진정성 있는 자매관계인 것으로 재명명하였다.

(3) 6회기 상담…어머니와 아들 간의 경계선 조정, 자매간의 위계 및 경계선 조정

아들 입장에서는 식당에 어머니가 나오면 반찬도 해 주고 젊은 애기 엄마들도 상대해 줘서 좋은 면도 있는데, 사장인 본인이 결정할 일에도 어머니가 너무 간섭이 심하고 고집이 세서 힘들게 느껴졌다. 소통에 어려움을 느낀 아들은 아예 어머니와 접촉 자체를 피하고 식당에 나오시지 말라고 하였다. 상담사는 어머니와 아들의 동의하에 다음과 같이 조정하였다. 어머니가 식당에는 나가시되 대화 과정에서 너무 과도하게 관여한다고 느껴질 때, 아들이 '선~' 하고 한마디만 하면 어머니가 잠시 멈추고 기다리기로 하였다. 이때 적용된 기법은 경계선 조정으로, 아

표 8-4 6회기 상담 개입 과정

<table>
<tr><th>구분</th><th>상담내용</th><th>개입</th></tr>
<tr><td>치녀</td><td>그 법무사한테 서류처리를 이전부터 했으면 진작 끝났을 것을……. 지금까지 질질 끌어서 그 법무사도 기억을 제대로 못하고……. 결국은 안 한다고까지 하고…….</td><td rowspan="4">실연
실연은 상담사 앞에서 가족의 있는 그대로의 상호작용이 나타날 수 있도록 상담사가 가족에게 요청하는 것이다. 실연 중에 상담사는 이전과 다른 방식으로 상호작용하도록 대안을 제시할 수 있다. 장녀가 기존 방식대로 참는 의사소통 방식과 다르게, 장녀가 차녀한테 하고 싶은 말을 직접 표현하도록 요청하였다. 장녀도 상담사를 의지하여 용기를 내어 말했다.</td></tr>
<tr><td>장녀</td><td>내가 안 하려고 한 게 아니라 그게 다 순서가 있는 거야. 그냥 나와 명준이가 스케줄을 정해서 하려고 했던 건데, 네가 불같이 화내고 따지고……. 우리 다 같이 일하는 입장인데, 내가 너보다 어린 것도 아니고 너희 회사 직원도 아닌데……. 어떻게 나를 아랫사람 대하듯이 하니? 그리고 엄마 얘기할 때 화내지 좀 마. 그리고 앞으로 입조심 해. 어떻게 너는 하고 싶은 대로 말 다하고 사니?</td></tr>
<tr><td>차녀</td><td>일처리들이 매사에 우선순위가 없어요. 서두르는 법도 없고…….</td></tr>
<tr><td>장녀</td><td>너는 항상 우리 가족이 변해야 한다고 말하는데, 내 생각에는 진영이 너도 말 좀 함부로 하지 말고 너도 좀 같이 변했으면 좋겠어. 우리도 네가 말한 것 못 알아듣는 것 아니고 다 알아들으니까……. 우리도 변할 테니까 너도 좀 변하고…….
……(중략)……</td></tr>
</table>

들이 '선~'이라고 말하는 의미는 '관계의 적정선을 넘어 왔다.'라는 의미로 이해하기로 한 것이다. 장남을 잃은 후에 새로운 밀착 대상이 필요한 어머니는 차남과의 관계에서 지나치게 관여하고 간섭하는 혼란된 경계를 형성하고 있고, 차남은 어머니를 보호하고자 하는 의무감은 있지만 갑작스러운 어머니의 관여가 몹시 불편해서 아예 회피하거나 관계를 단절하고자 하는 엄격한 경계선을 형성하고자 하였다. 이에 상담사가 개입하여 명확한 경계선을 만들고자 시도하였다. 명확한 경계는 서로 간에 활발하게 소통하고 공유하면서도 필요할 때 명확한 자율성을 인정하는 것이다.

자매간의 위계 및 경계선 조정을 위해 상담사는 자매에게 지난주 둘 사이에 있었던 언쟁을 실연하도록 요청하였다. 두 자매 모두 상대방에게 했던 말들을 그대로 표현하면서 그때 하지 못했던 말들이 있으면 추가해서 표현해 달라고 하였다.

(4) 7회기 상담…노모와 차녀 간의 갈등 해소를 위해 모녀간의 경계선 및 기대를 조정, 차녀의 감정 환기 및 의사소통 패턴에 대한 자기이해 증진

노모와 차녀 간의 갈등 해소를 위한 경계선 및 기대를 조정하였다. 어머니와 차녀의 갈등이 고조화되었다. 어머니도 억울해 하며 자신의 입장을 변명하였고, 딸도 지지 않고 어머니를 지속적으로 비난 및 공격하였다. 장녀와 차남은 둘 간의 갈등에 무력하였다. 이에 상담사가 양자의 갈등 해소를 위해 가족의 일원으로서 참여하였다. 이때 상담사는 차녀의 기대 수준을 조정하고자 하였다. 차녀의 요구에 대한 어머니의 수용 능력은 낮은데, 차녀는 어머니한테 여전히 수용, 이해, 애정에 대한 기대가 높았다. 원래도 공감 능력이 높지 않았고, 특히 현재 외상을 겪은 노모의 변화 가능성에 대해 상담사는 한계를 느끼고 차녀의 기대를 낮추고자 하였다.

표 8-5 7회기 상담 개입 과정 1

구분	상담내용	개입
차녀	내가 바라는 건 돈 많이 벌어서 나한테 뭐 해 달라는 거가 아니고……. 그냥 그 잘 사는 모습을 보고 싶을 뿐이에요. (울먹이며) 엄마는 내가 돈 가지고 그런다고……. (큰 소리로) 한 번도 내가 가족한테 그런 모습 보인 적 있어? 그런데 엄마라는 사람이 그런 말을 한다는 게 정말 참담한 생각이 들어요.	
어머니	(큰 소리로) 내가 언제…… 또 무슨 말을 했다고…….	
차녀	(어머니의 말을 바로 끊으며 큰 소리로) 내가 남에게도 그런 소리하겠어요? 가족이니까 좀 잘 살아 보고, 그러면서 좀 변해 보자는 거예요. 그래서 내 시간을 쓰고, 내 돈을 쓰고, 내 노력을 쓰고, 내 열정을 써서 가족한테 했을 뿐이에요. 그런데 가족한테서 돌아오는 것이 너는 생색내고, 공치사하고, 네가 준만큼 받으려고 하는 치사한……. 남도 절 그렇게 생각하지 않아요. 어떻게 남보다도 엄마가 자식을 더 몰라요! 전 이해가 안 돼요!	
어머니	내가 그랬잖아……. 네가 꼭 받으려고 한다는 것은 아니라고……. ……(중략)……	
차녀	어렸을 때부터도 그랬어요. 엄마라고 가서 뭐라도 얘기할라치면 눈도 안 보고, 쳐다도 안 봐요. 그러면 '나는 가치가 없구나.'라는 생각이……. 아무리 자기가 힘들어도 어린애가 와서 뭐라도 얘기하면 좀 듣기라도 해야죠. 엄마는 아빠와 싸워서 힘들면 외가 식구한테 달려갔어요. 부모가 소리치고 싸우는 집에 버려진 듯한 애들 마음이 어떤지는 전혀 모르고…….	
어머니	너는 그 얘기를 한두 번 한 게 아니야.	
차녀	몇 번을 얘기해도 못 알아들으니까 자꾸 하는 거지.	

어머니	난 애랑 얘기하기도 싫어요. 지 편리한 대로 얘기하는 거예요. 내가 지금 와서 어떻게 지 어렸을 때 못해 준 것부터 다시 잘해 주겠어요. 자꾸 옛날 얘기 들먹이면서 내 마음에 못을 박는데 내가 뭘 어떻게 해 줘야 해요.	
차녀	자기가 자식한테 어떻게 했는지 생각은 안하고……. 저렇게 모른다 하고, 싫다고 하고……. 남한테도 저럴 수는 없어요.	
상담사	(잠시 손짓을 하여 언쟁을 중단시키며) 아…… 어머니, 둘째 따님…… 잠깐만요……. 가족분, 지금 이 상황에서 누가 가장 힘들게 느낄까요? (잠시 침묵)	
장녀	선생님이요.	
상담사	왜 그렇게 생각하시지요?	
장녀	엄마 편을 들 수도 없고, 동생 편을 들 수도 없고……. (쓴웃음을 짓는다)	
상담사	아…… 맞아요. 저예요. 누구를 편들어야 할지 모르겠어요. 연세가 많은 어머니는 딸의 요구를 감당할 힘도 없는데 자꾸 비난을 받아서 안타깝고……. 어머니는 아이에게 줄 젖이 메말라 있는데 아이는 엄마이니까 무조건 젖을 줘야 한다고 매달리고……. 또 둘째 따님은 어린 애기였을 때부터 사랑받고 싶어서 엄마 품에 달려가 보기도 하고, 무뚝뚝한 아빠한테 다가가 애교도 부리는 착한 아이였는데 여태껏 그렇게 받아들여지지 않았다니……. 그 실망한 어린아이의 얼굴이 자꾸 떠올라 저도 눈물이 날 것 같아요.	**합류를 통한 편들어 주기** 상담사는 가족체계의 일원으로서 가족과 감정을 공유하고, 모녀간의 갈등을 중재하였다. 모와 차녀를 번갈아 편들어 줌으로써 양쪽에 감정이입을 시도하고, 상대방에 대한 이해의 폭을 넓히고자 하였다.
차녀	(차녀는 눈물을 글썽이고, 가족은 잠시 침묵하였다)	

이어서 상담사는 차녀의 의사소통 패턴에 직면하였다. 강하게 가족을 비난하는 차녀를 중단시킬 수 있는 힘을 가진 가족원이 없었고, 차녀는 자신의 의사소통 패턴에 대해 잘 인식하지 못해서 상담사는 차녀에게 의도적으로 '듣도록' 강도 높이기 기법을 적용하였다.

표 8-6 7회기 상담 개입 과정 2

구분	상담내용	개입
상담사	그런데 사실…… 저는 오늘 상담을 시작하기 전에 든 생각이 있어요. 음…… 오늘은 둘째 따님한테 내가 혼날 차례이구나.	**강도 높이기** 상담사는 가족이 의도적으로 '듣도록' 만들어야 할 때 강도 높이기 기법을 사용한다. 상담사는 표정이나 태도 등 비언어적인 면은 부드럽게 표현하면서도 내용상으로는 가족 구성원을 비난하고 야단치는 차녀의 의사소통 패턴을 직면시켰다.
차녀	(놀라서 쳐다보며) 왜요?	
상담사	그동안 여기 있는 가족이 번갈아 가며 야단맞는 느낌이었어요. 그러니 오늘은 혼날 사람이 나밖에 안 남았구나……. 참 이상하게…… 제가 둘째 따님보다 나이도 많고, 이 상담실도 제가 주로 사용하는 공간인데…… 따님한테 제가 야단맞을 수도 있다는 불안한 느낌이 들었어요.	
차녀	어? 선생님이요? 진심이세요?	
상담사	그런 생각이 정말 스쳐 지나가기는 했어요. (가족 모두는 웃었지만 둘째 딸은 무슨 뜻인가를 생각하는 듯했다)	

(5) 8회기 상담…가족 구성원 간에 유사성과 개별성의 이해 증진, 차녀에 대한 가족의 이해 증진, 가족 구성원의 자존감 강화

이번 회기는 차녀가 불참하였다.

차녀가 공식적인 일이 생겨서 불참하고 나머지 가족 구성원만 참여했다. 이날 이전과는 다르게 세 가족 구성원은 웃으며 여유롭게 편안한 상담을 하였다. 새로운 가족역동이었다. 둘째 딸의 지나친 영향력을 막기 위해 보이지 않게 암묵적으로 이 세 가족 구성원의 연합이 있어 보였다. 상담사는 그동안의 가족역동을 이해한 결과를 참여한 가족에게 전달하였다. 아버지, 어머니, 아들 모두는 독립적인 자기세계를 가진 예술가 유형으로, 대인관계에 대한 욕구 및 타인에 대한 관심이 높지 않은 공통점을 가지고 있다고 제시하였다. 장녀 또한 독립적 세계를 추구하는 예술가형에 가깝지만, 장녀의 책임감 때문에 가족의 불평불만을 다 들어 주면서 어려움을 참고 가족의 욕구에 맞춰 주는 특성이 있다고 하였다. 반면에 차녀는 사랑에 대한 갈망 및 관계에 대한 욕구가 매우 높음을 설명하였다. 또한 가족에게 혼자서 특별히 다른 성향을 가진 차녀가 오랜 시간 동안 경험하였을 외로움과 고립감에 대해 설명하였다. 가족도 이렇게 생각해 본 적은 없지만 사실이라며 동의하였다.

한편 차녀가 언니한테 '누워만 있다, 게으르다.'라고 했던 비난은 '장녀가 아무 때나 터뜨리는 어머니, 동생들의 불만을 여과 없이 받아 주다가 지쳐서 위축된 것'으로 재명명하였다. 장녀는 밝게 웃으며 상담사의 해석을 받아들였다. 또한 어머니에게도 자녀에 대한 사랑이 없는 어머니가 아니라 독립적인 자기세계를 가진 예술가 유형이어서 다만 자녀들의 욕구에 대한 민감성이 낮은 것이었다고 재명명하였다. 상담사는 위축된 가족 구성원의 자존감 향상을 위해 기존의 행동에 대해 재명명하였다.

상담 과정에서 어머니가 손재주가 좋아서 판매할 수준의 작품을 만들 수 있고, 실제적 판로도 있음이 드러났다. 이에 어머니가 만든 작품을 아들네 가게에서 팔아 번 돈을 자녀들에게 2만 원씩 용돈을 주는 과제 부여를 했다. 어머니도 그렇게 해서라도 차녀의 마음을 돌려 보겠다며 좋아했다. 어머니가 자녀에게 용돈을 주는 과제 부여는 어머니의 낮아진 자존감 및 위계를 높이고자 한 의도였다.

(6) 9회기 상담…차녀와 가족 간의 경계선 조정, 자매 하위체계를 강화, 차녀가 어머니에 대한 기대를 현실적으로 조정하기

2주 만에 참여한 차녀가 먼저 이야기를 시작했다. 최근 내가 생각하기에 아무리 좋은 것, 옳은 것이라도 상대방이 달라고 요구하기 전에 먼저 해 주는 것은 아무 소용이 없다는 생각이 든다고 했다. 아니, 오히려 자기만 잘해 주고 상처 입어서 앞으로는 그렇게 하지 않겠다고 하였다. 가족이나 다른 대인관계에서도 마찬가지라고 하였다. 그래서 잘해 주면 고마워하는 내 남편, 내 아이들에게 집중하기로 했다고 하였다. 상담사는 차녀의 이러한 발언이 친정 내에 자신의 한계가 있다는 위계에 대한 인식이 증진되고, 다른 가족 구성원에게 경계선을 명확하게 하려는 의도로 이해가 되어서 차녀의 심사숙고한 의견에 지지를 표하였다.

상담사는 지난 상담에서 차녀의 불참 가운데 진행된 주제인 '가족 구성원의 차이'에 대해 설명했고, 가족은 '관계 욕구 및 사회적 민감성이 낮은 예술가 타입'과 '관계 욕구 및 사회적 민감성이 높은 타입'으로 구분되었는데, 가족은 차녀가 후자인 것 같다고 대답했음을 전했다. 상담사는 가족에게 상담사는 어느 유형일 것 같은지를 물었다. 가족은 두 번째 사회성 유형인 것 같다고 대답하였다. 상담사는 "맞다."고 인정하며, 나는 둘째 따님과 같은 유형이어서 그녀의 오랜 시간 동안의 서운함, 슬픔, 외로움도 잘 알 것 같다고 했다. 차녀는 밝은 표정으로 흡족해 했다. 이어서 상담사는 자녀에게 그래도 가족 중에 가장 마음을 맞출 수 있는 사람은 중간 유형인 언니라고 하며, "언니는 언니답게 동생한테 할 말도 하고 잔소리도 좀 해라, 동생은 동생답게 언니에게 허물없이 맛있는 것도 같이 사 먹자, 같이 놀러 가자고 졸라 봐라."라고 권하면서 자매 하위체계를 강화시켰다.

또한 상담사는 차녀에게 어머니는 관계 욕구가 적고 사회적 민감성이 낮은 예술가 유형으로, 사실 이러한 성향은 기질적으로 타고난 부분도 많다고 설명했다. 그러므로 이제는 어머니가 차녀가 원하는 방식으로 변해야 한다는 기대를 내려놓을 것을 제안했다. 그러자 차녀가 고개를 끄떡였다. 차녀가 원하는 대로 어머니가 변화하지는 못했지만, 어머니에 대한 기대 수준을 낮춤으로써 차녀의 마음이 편해졌다. 상담사는 차녀가 어머니를 놓아 주는 대신에 언니와 관계가 가까워질 수 있도록 개입하였다. 이와 같은 개입은 차녀가 어머니에 대한 현실적 기대를 갖도록 조정함으로써 궁극적으로 차녀가 정서적 안정감을 찾도록 돕고자 한 것이다.

3) 종결 단계: 종결 평가 및 추후 계획

(1) 10회기 상담…상담목표의 달성 여부 확인 & 종결 감정 다루기

상담 초기에 설정한 상담목표의 달성 여부를 확인하였다. 먼저 상담 전반에 걸쳐 갖게 된 변화를 살펴보고, 상담목표가 달성된 정도를 공유하였다. 상담목표는 '어머니를 비롯한 가족 구성원이 심리적 안정을 찾고, 어머니의 거주 장소가 결정되는 것, 어머니와 차녀 간의 갈등이 해소되고, 가족 간에 바람직한 의사소통 방식을 찾는 것'이었다. 각각의 목표에 대해 가족도 상당한 수준의 호전이 있었다고 평가하며 만족하였다. 최근 차남과 같이 살게 된 어머니의 요청으로 어머니의 적응을 위해 종결 후에 추후상담을 하기로 하였다.

종결 감정을 다루는 과정에서 가족은 상담을 통해 큰 위기의 산을 넘고 안정된 삶으로 돌아갈 수 있게 되었다며 고마움을 표현하였다. 어머니는 상담사에게 직접 손으로 뜬 예쁜 공예품을 선물로 건넸고, 차녀는 어머니한테 높은 기대를 안 하니까 오히려 마음이 편하다고 하며 안정된 모습을 보였다. 어머니의 거주지도 정해져서 자녀 간에도 큰일을 협력해서 잘 해결했다는 안도감과 성취감을 느끼고 있었다.

복습 문제

1. 구조적 가족치료모델을 적용하는 상담사는 가족관계를 변화시키기 위해 가족구조에 주요한 변화를 체계적으로 일으킨다. 다음에서 괄호 안에 들어갈 용어를 순차적으로 제시한 것 중 옳은 것은?

> 어머니가 성인인 아들에게 과도하게 관여하고 참견하여 아들은 아예 어머니와의 접촉을 피하는 상황이다. 이러한 상황에서 가족상담사는 모자간의 상호작용을 변화시키기 위해서, 가족원 개인과 (ㄱ)의 안팎을 구분하는 기능을 가진 (ㄴ)의 변화를 시도하였다. (ㄴ)은 가족원 사이에 허용되는 접촉의 양과 종류를 규정한다.

① 경계선 – 위계구조　② 경계선 – 하위체계
③ 위계구조 – 하위체계　④ 하위체계 – 경계선　⑤ 위계구조 – 경계선

2. 미누친(S. Minuchin)의 구조적 가족치료의 과정으로 옳은 것은?

① 가족구조 사정 – 가족관계 재명명 – 가족 재구조화
② 라포형성 – 가족구조 사정 – 가족 재구조화
③ 라포형성 – 가족구조 사정 – 가속 성장
④ 가족에 합류하기 – 가족 정서 사정 – 가족 재구조화
⑤ 가족에 합류하기 – 가족구조 사정 – 가족 재구조화

3. 구조적 가족치료의 기법 중 다음 설명에 해당하는 것은?

> ○ 가족상담사는 가족에게 평소 가족 간 상호작용을 상담실에서 실제로 행동하게 한다.
> ○ 가족상담사는 가족 간의 오고 가는 언어적 및 비언어적 의사소통을 모두 관찰한다.
> ○ 가족상담사는 가족관계 변화에 필요한 문제해결의 대안을 제시할 수 있다.

① 사정　② 초점 두기
③ 실연　④ 초기 가설의 설정　⑤ 역할극

4. 구조적 가족치료의 기법 중 다음 설명에 해당하는 것은?

- 기존의 가족 상호작용의 흐름을 막는다.
- 가족이 예전 상태로 되돌아가지 않고 평형 상태에서 벗어나도록 한다.
- 가족이 의도적으로 '듣도록' 만들어야 할 때, 가족상담사는 이 기법을 사용한다.

① 초점 두기 ② 강도 높이기
③ 실연 ④ 초기 가설의 설정 ⑤ 역할극

5. 사례에 적용된 구조적 가족치료의 개입 기법으로 옳은 것을 고르면?

(상담사는 차녀가 대화를 독점하는 패턴을 낮추고자 장녀를 쳐다보며) 큰따님은 어떻게 생각하시나요? (이번에도 역시 차녀가 또다시 대답하였다)
(상담사는 장녀를 바라보며) "제가 큰따님한테 물었는데, 큰따님의 얘기를 동생분이 대신 대답하시네요. 그래도 괜찮은 건가요? 언니가 듣기에 동생 얘기가 어떻게 들리시나요?"

① 재명명 ② 역설적 개입
③ 균형 무너뜨리기 ④ 합류 ⑤ 실연

소집단 토론

1. 본 사례에서 외상 사건 후 가족의 하위체계, 경계선, 위계질서는 어떻게 조정되었는지 토론해 봅시다.

2. 가족구조의 변화를 위해 상담사가 적용한 상담기법에는 어떠한 것들이 있었는지 토론해 봅시다.

3. 전반적인 개입 과정에서 상담사는 어떻게 '자기사용'을 시도했는지 토론해 봅시다.

나의 요점 정리

✎...

복습 문제 정답: 1. ④ 2. ⑤ 3. ③ 4. ② 5. ③

제9장

해결중심치료 모델

다친 달팽이를 보게 되거든
먼저 도우려 들지 말아라.
그 스스로 궁지에서 벗어날 것이다.
당신의 급한 도움은 그를 화나게 만들거나 상심하게 만들 것이다.

하늘의 여러 시렁 가운데서
제자리를 떠난 별을 보게 되거든
별에게 충고하고 싶더라도
그만한 이유가 있을 것이라고 생각하라.

더 빨리 흐르라고 강물의 등을 떠밀지 말아라.
강물은 나름대로 최선을 다하고 있는 것이다.

– 장 루슬로의 〈다친 달팽이를 보게 되거든〉 중에서 –

해결중심치료 모델은 임상실천과 실증연구에 기초를 두고 발전해 왔다. 상담개입에서 해결중심치료 모델은 전통적 모델과는 많은 차이가 있다. 내담자의 감정을 해석하고 직면과 교육에 초점을 두는 전통적 상담과는 달리, 이 모델은 내담자의 힘과 이전의 성공에 초점을 두고 내담자가 어떻게 변하고자 하는지에 근거한다. 이러한 변화를 위해 주로 질문의 형태를 활용하며, 내담자의 요구와 관련된 예외, 힘 그리고 자원에 대한 것이 중심이 된다.

이 장에서는 해결중심치료 모델의 발달 배경, 기본 원리와 가정, 상담사와 내담자의 관계 형성, 그리고 개입 과정에서 활용하는 목표 설정의 지침, 질문 기법, 치료적 피드백인 메시지 작성에 대해 서술한다.

1. 해결중심치료 모델의 배경과 기본 원리

1) 해결중심치료 모델의 발달

드 세이저와 버그
(S. de Shazer, 1940~2005, I. K. Berg, 1934~2007)

해결중심적 모델은 스티브 드 세이저(Steeve de Shazer, 1940~2005)와 인수 김 버그(Insoo Kim Berg, 한국명 김인수, 1934~2007), 그리고 동료들의 작업을 통하여 처음 시작되었다. 그들은 정신건강연구소(Mental Research Institute: MRI)에서 함께 활동했으며, 이후 1978년에 단기가족치료센터(Brief Family Therapy Center: BFTC)를 설립하였다. 이곳에서 개발된 치료모델을 1982년에 해결중심치료(solution-focused brief therapy)라고 부르기 시작했다.

드 세이저와 버그는 상담사와 내담자가 함께 작업하는 과정을 관찰하고, 숙고하는 것을 통해 효과적인 상담방법을 알 수 있을 것이라고 믿었다. 그들은 일방경 뒤에서 상담사의 기술을 관찰하였으며, 상담 과정에 대한 것을 관찰 팀과 함께 의논하기도 하였다. 단기가족치료센터의 상담 팀은 내담자의 삶에서 문제가 일어나지 않은 상황을 탐색하는 것과 내담자와 함께 작업하여 목표를 설정하는 것에 관심을 가졌다(de Shazer, 1985). 이 모델은 이러한 과정을 통해 귀납적인 방법으로 발전되었다.

해결중심치료 모델의 형성 및 발달에 영향을 준 것은 MRI의 단기치료 모델, 에릭슨(M. Erickson)의 치료방법, 그리고 사회구성주의적 관점이라고 할 수 있다.

(1) MRI의 단기치료 모델의 영향

MRI의 단기치료 모델은 전통적으로 시간이 많이 걸리는 정신역동치료와는 달리, 10회기 이내의 짧은 시간 동안에 내담자의 문제를 해결하려고 하였다. 단기모델을 사용했던 이유는 초기 연구(예를 들어, Gurman, 1981)의 결과에서 찾아볼 수 있듯이, 상담사들이 계획한 것과는 달리 내담자들의 상담 회기가 평균 6~10회 정도에 그쳤기 때문이다(de Shazer, 1985). 그러나 상담이 단순히 단기에 끝나는 것만이 중요한 것은 아니었다. 그들은 내담자들이 가능한 한 빨리 자신의 문제로부터 해방되고 싶어 한다고 믿었으므로 제한된 상담 시간을 가장 잘 활용하는 것이 상담사의 윤리적 의무라고 생각하였다. MRI의 상담사들은 내담자의 편의를 위하여 상담 횟수를 줄일 필요가 있다고 믿었다. 또한 상담의 초점을 문제의 원인을 파악하고 이해하기보다는 문제에 대해 효과적으로 생각하는 방법과 그것을 다루는 실용적인 방법을 찾는 것에 두었다(Furman & Ahola, 1994).

(2) 밀턴 에릭슨의 영향

밀턴 에릭슨(Milton Erickson)이 1950년대 중반에 보여 준 단기치료의 선구적인 작업은 드 세이저와 해결중심치료 모델의 초기에 중요한 영향을 미쳤다. 드 세이저는 어떻게 하면 치료가 효율적일 수 있는가를 알아내기 위해 에릭슨의 단기최면치료의 모델기법을 공부하였다. 이를 통해 드 세이저가 배운 것 중에서 해결중심치료 모델에 사용한 것으로는 내담자가 갖고 있는 자원을 활용하는 것이며, 심리적 장애의 원인을 찾아내거나 교정하려고 하지 않는 것이었다. 두 요소가 해결중심치료 모델의 주요 가정이 되었는데, 그것은 내담자의 강점과 자원을 인정하는 것과 과거는 변할 수 없으므로 현재와 미래에 초점을 맞추는 것이다.

(3) 사회구성주의와의 관련성

사회구성주의는 해결중심치료 모델의 철학에 영향을 미쳤다(Berg & De Jong, 1996; Franklin, 1998). 객관적인 사실과 실재만을 믿는 과학적 실증주의와는 달리, 사회구성주의는 현실이란 사람 사이에서 구성된 것이라고 주장한다. 개인은 타인과 상호작용하고, 삶을 관찰하면서 새로운 의미를 구성하고, 이를 발달시킨다. 이 과정에서 일어나는 변화에 근거하여 무엇이 실체인지에 대한 사고구조를 형성한다. 따라서 사회구성주의라는 인식론적 관점이 임상적으로 적용되기 위해서는 구체적으로 상담에서 이루어지는 언어적 과정이 중요하다(de Shazer, 1991).

해결중심치료 모델에서는 언어를 중심으로 한 상호작용을 통해 상담이 이루어지므로 상담에서 언어를 어떻게 사용하느냐가 상담의 성공을 결정한다고 본다. 그러므로 해결중심치료 상담사는 질문 기법을 사용하여 내담자와 함께 목표를 세우고, 내담자의 강점을 활용하며, 협력적 관계 속에서 해결하려고 노력한다. 목표는 내담자가 인생에서 변화했으면 좋겠다는 것을 의미하며, 자원이란 목표를 충족시키기 위해 사용될 수 있는 것을 말한다(Berg & De Jong, 1996). 이러한 기본 개념은 사회구성주의와 맥락을 같이하며, 해결중심치료 모델의 주된 특성이기도 하다.

2) 해결중심치료 모델의 기본 원리

해결중심치료 모델은 상담에 있어서 전통적 모델과는 차이가 있다. 내담자의 과거 실패와 문제보다는 내담자의 힘과 이전의 성공에 초점을 둔 모델이다. 내담자의 이해와 관심, 그리고 내담자가 달라지고 싶은 상황에 초점을 두고 일한다. 이러한 해결중심치료 모델의 개입과 전략을 이해할 수 있는 원리와 가정은 다음과 같다(Berg & Miller, 1992).

(1) 병리적인 것 대신 건강한 것에 초점

이 원리는 내담자가 자신의 문제를 다루는 데 있어서 성공하였던 경험에 일차적인 초점을 두는 것으로, 이를 상담에 적용한다. 따라서 내담자의 강점, 자원 및 능력을 내담자의 결함이나 장애에 비해 더 많이 강조한다. 해결중심치료 모델에서는 무엇이 잘못되었고, 고착되었다고 하는 것보다는 무엇이 잘 되었고, 그것을 어떻게 활용할 것인가를 찾고자 한다.

건강한 면에 초점을 둔다는 것은 상담사가 아닌 내담자가 자신의 문제에 대한 해답을 갖고 있다는 신념에 근거하고 있다. 이 모델은 내담자가 문제를 해결하는 데 필요한 기술과 자원을 갖고 있다고 믿기 때문에 상담사가 내담자의 문제에 대한 해결책을 제시하지 않으려고 한다. 해결중심치료 모델의 이러한 신념은 보편적인 심리학에서 일반적으로 사용하는 원리를 뛰어넘는 것이다. 전통적인 모델과는 다른 시각을 갖고 내담자와 상호작용하는 것이 이 모델의 기초가 된다.

(2) 내담자의 강점, 자원을 상담에 활용

해결중심 상담에서는 내담자의 강점, 자원, 건강한 특성을 도출시킴으로써 제시된 문제를 해결하려고 한다. 이를 활용이라고 일컬으며, 해결중심치료 모델의 두 번째 원리이다.

이 원리는 내담자가 바라는 것을 성취하기 위해 내담자의 강점, 자원, 능력, 성공적인 경험 등을 끌어내고, 이를 확인하고 지지하여 제시된 문제해결에 활용하는 것이다. 잘못된 것이나 과거의 실패를 고치려고 노력하는 것보다는 과거의 성공적인 경험이나 강점을 찾아내어 그것을 활용하고 확대시키는 것이 더 수월하다. 즉, 내담자가 바라는 것을 성취하기 위해 내담자가 이미 갖고 있는 자원, 지식, 믿음, 행동, 사회적 관계망, 개인적 환경 특성은 물론 내담자의 증상까지도 활용한다.

(3) 탈이론적이고, 비규범적이며 내담자의 견해 존중

해결중심치료 모델은 내담자가 경험하는 문제에 대해 어떤 가정을 하지 않는다. 문제를 유형화하여 어떤 이론적 틀에 맞추려고 하기보다는 내담자의 개별적이고 특별한 불평에 주목하여 개별적인 해결책을 발견하고자 한다. 이 모델은 내담자가 결정한 상담목표에 따르기 때문에 문제의 존재 이유를 밝히거나 설명하기 위해 많은 시간을 소모하지 않는다. 대신에 즉각적으로 해결책을 도모하는 과제를 만드는 작업에 착수한다.

(4) 간략화

해결중심치료 모델은 원하는 상담목표를 달성하기 위해 사용되는 상담방법의 경제성을 추구한다(de Shazer, 1985). 이러한 경제성은 복잡한 것에서 단순한 것으로 접근하는 것이 아니라, 단순한 것부터 상담함으로써 성취된다. 복잡한 문제라고 하여 반드시 그 해결방법이 복잡할 것이라는 가정은 잘못된 것이다. 작은 변화가 물결처럼 번져서 다른 부분에 변화를 가져오며, 더 나아가 큰 변화까지 가져올 수 있다. 해결중심치료 모델은 불만을 해결하기 위해서 오직 작은 변화들이 필요하며, 일단 변화가 시작되면 내담자를 위해 더 나은 변화들이 일어나게 될 것이라고 본다. 그러므로 상담 개입은 가장 단순하며 성취하기 쉬운 것부터 시작한다.

(5) 변화의 불가피성

인간의 삶 속에서 변화가 불가피하다는 생각은 변화란 생활 속에서 끊임없이 일어나고 있는 하나의 연속적인 과정이므로 안정은 일종의 착각에 불과하다는 의미이다. 그러므로 어떠한 문제 상황이라도 문제가 발생하지 않는 때가 있고, 내담자가 문제를 문제라고 생각하지 않는 경우도 있다. 이것은 매우 힘든 문제의 사례에서도 예외 없이 발견된다. 그러나 내담자들은 상담에 갖고 오는 불만에 모든 관심이 있기 때문에 많은 경우 예외를 인식하지 못한다. 이러한 성향을 교정하기 위해 해결중심치료 모델에서는 상담사가 문제가 되지 않는 시기에 대해 탐색한다. 상담은 자연스럽게 일어나는 변화를 확인하고, 그 변화를 해결책으로 활용하는 것이다. 그러므로 상담사의 역할은 긍정적인 변화가 일어나도록 돕고, 이를 문제해결로 이어지게 하는 것이다.

(6) 현재와 미래 지향

해결중심치료 모델은 현재와 미래를 강조한다. 따라서 내담자가 현재와 미래에 적응하는 것이 과거에 적응했던 어떤 것보다도 중시된다. 그렇다고 해서 과거에 대해 말하는 것을 무시한다는 것은 아니다. 이보다는 과거에 대한 정보란 내담자가 현재 살아가는 방법을 반영하여 주는 것으로 인식한다. 이러한 이유로 해결중심치료 모델에서는 과거를 깊이 탐색하기보다는 내담자가 현재와 미래에 적응하는 것을 돕는 데 일차적인 초점을 둔다.

현재와 미래에 대한 지향은 해결중심치료 모델의 모든 면에 해당되는 것이지만, 내담자를 상담하는 독특한 방법에서 그것이 가장 분명하게 나타난다. 이 모델의 상담 과정은 내담자를 과거와 문제로부터 멀어지게 하고, 미래와 해결지향적이 되도록 한다.

(7) 협력관계의 중시

해결중심치료 모델에서는 협력적 태도가 중시된다. 초기에 이 모델을 체계적으로 설명하면서 협력을 주요한 조직 원리로 포함시켰고, 해결중심치료 모델이 상당히 발전한 지금도 협력은 중요한 방법으로 남아 있다(Berg, 1989; de Shazer, 1985, 1988, 1991). 협력이란 다른 사람과 함께 일하는 것을 의미한다. 진정한 협력적인 상담관계란 내담자가 상담사에게 협력하여야 할 뿐만 아니라 상담사도 내담자에게 협력하여야 하는 것이다. 특히 내담자와 라포를 형성하며, 해결방안을 발견하고 구축하는 상담 과정에 있어 내담자의 협력은 중요하다. 그러므로 상담사는 내담자가 상담에 협력할 수 있도록 의식적인 노력을 기울여야 한다.

(8) 중심 철학

해결중심치료 모델에는 '중심 철학'이라고 부르는 세 가지 규칙이 있는데, 그것은 다음과 같다.

- 내담자가 문제 삼지 않는 것은 건드리지 않는다.
- 일단 무엇이 효과가 있는지를 안다면 그것을 더 많이 하게 한다.
- 그것이 효과가 없다면 다르게 시도하게 한다.

2. 해결중심치료 모델에서 상담사와 내담자의 관계 형성

1) 내담자와의 관계 형성

상담에서 관계란 일반적으로 상담사와 내담자의 관계를 의미한다. 이러한 관계는 두 사람 간의 상호작용의 산물로서 '좋은 라포'라는 말로 표현하기도 한다. 상담사와 내담자의 좋은 관계를 발전시키는 것은 상담 노력의 필수 부분으로 간주된다(이영분 외, 2001).

관계란 본질적으로 지적이라기보다는 정서적이다. 따라서 내담자는 상담사와의 좋은 관계 속에서, 즉 편하고 따뜻한 정서적 분위기 속에서 마음을 쉽게 개방하고 방어의 벽을 풀 수 있다. 이러한 분위기 속에서 상담사와 내담자는 함께 목적을 향해 협동적인 노력을 하게 된다. 이와 같은 상담사와 내담자의 상호작용이야말로 상담에서의 실천 노력의 핵심이며, 이에 관련된 지식 기반은 상담 과정의 전 영역에서 활용된다.

해결중심치료 모델에서는 내담자와의 협조적인 관계 형성(Berg & Miller, 1992)을 중시한다. 상담사가 내담자 스스로 자신의 목표를 세우고 이를 성취하도록 허용함으로써 협조적인 분위기를 만들었을 때 상담의 진전이 빠르다는 사실을 다양한 연구(Hester & Miller, 1989; Miller, 1985a, 1985b)에서 지적하고 있다. 해결중심치료 모델이 본래 지니고 있는 협조적인 분위기는 긍정적인 결과를 가져오는 기초가 된다. 이러한 협조적인 분위기는 상담사와 내담자의 상호작용에서 만들어진다. 내담자와 상담사 간의 관계와 상호작용을 강조하는 데에는 여러 가지 이유가 있다. 그중에서도 가장 중요한 이유는 상담의 효과가 내담자와 상담사 양측에 달려 있다는 사실을 상담사에게 상기시키기 위함이다. 이런 상호작용적 관점은 상담의 결과가 내담자의 특성과 관계되는 것으로 생각하는 전통적 모델과는 아주 대조적이다.

해결중심치료 모델에서 상담관계와 상호작용을 강조하는 또 다른 이유는 내담자와 상담사가 함께 상담관계를 형성해 나간다는 믿음 때문이다. 상담사를 상담 전문가로만 생각할 때에는 서로 만들어 나가는 관계 형성의 책임을 상담사가 더 많이 지게 된다. 그러나 해결중심치료 모델에서는 상담사가 내담자와 협력해서 가장 좋은 상담관계를 만들어 간다고 믿고, 그 점을 강조하고 있다.

2) 문제해결에 대한 다양한 입장을 취하는 내담자와의 관계 형성

해결중심 상담에서는 그간 내담자와 상담사 간의 관계 유형을 분류하여 이를 고객형 관계 유형, 불평형 관계 유형, 그리고 방문형 관계 유형(Berg, 1989; de Shazer, 1988; Miller & Berg, 1991)의 세 가지로 분류해 왔다. 이 세 가지 관계 유형은 내담자와 상담사 사이에 일어나는 상호작용의 본질을 서술하고 목록화한다. 단순한 서술만을 읽을 때에는 이러한 개념이 내담자에게만 해당되는 것으로 착각하기 쉽다. 실제로 우리는 편의를 위해서 내담자를 '방문형' '불평형' '고객형'으로 부르지만, 이는 상담 상황에서 내담자와 상담사 간에 맺어지는 관계의 유형을 서술하는 것이지 내담자의 개인적인 특성, 장점 또는 특질을 의미하는 것은 결코 아니다(정문자, 이영분, 김유순, 김은영, 2024).

최근의 상담현장은 내담자의 유형에 따라 실천방법도 유형화할 수 있다고 믿고, 이를 체계화하는 데 몰두해 있는 듯하다. 모든 상담영역에서 내담자의 특성과 유형을 파악해 내는 사정도구를 개발하는 것이 거의 유행처럼 이루어지고 있다. 토마스(F. N. Thomas)는 이렇게 유형화하는 것은 자칫 해결중심 상담사가 멀리하고자 하는 '아는 자세'를 보여 주는 것처럼 오인될 수 있음에 주의해야 한다고 주장하였다(Thomas, 2007).

이런 배경으로 버그와 드 세이저는 내담자와의 관계 유형을 파악하는 것보다는 내담자가 원하는 미래 비전과 관련된 목표를 얼마나 발전시켰는지에 주의를 기울이는 것이 내담자를 존중하면서도 훨씬 더 간단하게 그 다음에 무엇을 알아볼지를 결정하는 데 도움이 되는 방식이라는 것을 깨달았다고 주장하였다(De Jong & Berg, 2013).

그러나 그동안 한국 사회에서는 상담사와 내담자와의 관계 유형을 분류하여 일하는 것에 익숙해 있고, 특히 교육이나 훈련을 처음 받는 교육생들이 쉽게 이해할 수 있다는 의견이 지배적이다. 이런 배경으로 이 책에서는 내담자의 문제해결에 대한 다양한 입장과 관계 유형을 함께 제시한다. 그러나 해결중심치료 모델이 유형화를 강조하지 않을 뿐 아니라 이를 멀리하고 있다는 점을 유념하기 바란다.

내담자가 원하는 미래 비전을 어떻게 이루어 나가야 하는지에 관한 구체적인 방법은 다음과 같다.

(1) 내담자가 변화에 무관심할 때(방문형 관계)

내담자가 변화에 무관심한 경우에 상담사는 내담자가 상담에 비자발적으로 참여한다고 생각하고, 내담자는 상담목표 및 과업, 그리고 해결책이 자신이 원하는 것과는 다른 것이라고 생각한다. 이런 때 내담자는 종종 '동기화되지 않는' 혹은 '저항하는' 사람으로 오해를 받기도 한다. 따라서 이 관계에서는 상담사와 내담자는 함께 작업해야 할 불평이나 목표를 공동으로 확인할 수 없다(Berg & Miller, 1992). 내담자는 자신이 상담사와 함께 다뤄야 하는 문제가 있다고 생각하지 않고 다른 사람에게 문제가 있다고 생각한다. 예를 들어, 학교 선생님이 의뢰한 경우, 보호관찰소에서 의뢰한 경우, 부모에게 억지로 끌려온 경우의 내담자는 상담사를 만나는 것 등에 당황해 하고 분노할 수도 있다.

이 단계에서의 상담과업은 내담자가 상담에 옴으로써 그가 무엇을 찾고 있는지를 분명히 하는 것과 같은 실행 가능한 목표를 만드는 것이다. 예를 들어, 다른 사람들(선생님, 보호관찰사 혹은 부모 등)에 의해 강제로 상담에 오게 된 내담자가 의뢰기관의 목표에 동의하지 않는다면 상담사는 내담자로 하여금 의뢰기관의 제안을 따르게끔 요구 또는 강요를 되풀이하지 않도록 해야 한다. 그 대신에 상담사는 내담자가 하고 있는 것에 대해 자주 긍정적인 반응을 하여 내담자가 상담에 더 많은 관심을 가지도록 하는 것이 바람직하다. 때때로 상담사는 아주 작은 일을 탐색해야 한다. 내담자가 상담에 온 것이 자신의 생각이 아니었다고 하더라도 상담에 오는 것을 선택한 사람은 바로 내담자 자신이었음을 잊지 않아야 한다. 따라서 상담사는 작지만 성공하는 데 의미가 있는 첫 단계를 수행한 점에 대해 칭찬할 필요가 있다. 크든 작든 성공을 찾고, 이에 대한 의미를 부여해야 한다. 그리고 내담자가 이러한 성공을 계속하도록 이끌어야 한다.

(2) 내담자가 다른 사람이 변해야 한다고 할 때(불평형 관계)

이러한 경우의 내담자는 불평이나 문제를 함께 확인하고는 있지만, 이 문제를 해결하기 위해 자신이 무엇인가를 해야 한다고는 생각하지 않는다(Berg & Miller, 1992). 가장 일반적인 예는 부모나 배우자 혹은 가족이 다른 사람의 문제에 대해 불평하는 경우이다. 내담자는 주로 해결책은 다른 누군가(예를 들어, 배우자, 자녀, 고용주, 친구, 동료)의 변화를 통해 이루어질 수 있다고 믿는다.

이러한 내담자는 문제를 야기한다고 생각하는 사람(예를 들어, 문제가 되거나 골치 아픈 배우자, 자녀, 남자친구)을 상담사가 변화시켜 주기를 바란다. 이때 상담사는 내담자에게 그동안 문제 있는 가족을 돕기 위해 끊임없이 노력한 것을 칭찬할 수 있다. 또는 상담이 필요한 사람을 돕기 위해 더욱 노력하려는 의지에 대해 칭찬한다면 내담자는 자신이 더욱 가치 있고 지지적인 사람이라고 느끼게 된다. 이러한 과정에서 결국 내담자는 좀 더 협조적이 된다. 이런 내담자는 다른 사람의 문제를 분석하기 위해 많은 에너지를 소모했기 때문에 다른 사람의 문제행동을 예리하게 관찰하는 사람이 되어 있다는 것을 상담사는 고려해야 한다. 그리고 이러한 내담자의 태도를 상담의 방해라고 생각하기보다는 상담의 자원으로 탐색해야 한다. 가장 바람직한 것은 그 내담자를 격려해서 과거와는 다르게 생각하고 관찰하게 하는 것이다.

(3) 내담자가 원하는 변화가 있고, 또 자신이 변하고자 할 때(고객형 관계)

이 경우의 내담자는 자신과 관련된 상담목표를 표현하고, 또 다양한 방법으로 자신의 행동을 변화시킬 준비가 되어 있다. 더 나아가서 내담자는 자기 자신을 문제해결의 한 부분으로 보며, 문제해결을 위해 무엇인가를 할 의지를 보인다. 이러한 내담자는 상담을 통해 얻고자 하는 것을 알고 있고, 자신이 상담목표를 달성하기 위해 노력해야 한다는 것도 알고 있다.

이 단계에서 상담사가 해야 할 중요한 상담과업은 내담자와 더불어 내담자가 제일 먼저 행하고자 하는 적극적이며 행동적인 조치가 무엇인가를 밝히는 것이다. 이런 경우 내담자에게는 흔히 상담 전에 어떤 변화나 의도적 예외가 있다. 그러므로 상담사는 그 예외를 지지하고 강화해야 한다.

내담자를 자발적 혹은 비자발적이라거나 협조적 혹은 비협조적이라고 생각하는 것은 상담사의 마음속에 다양한 내담자의 문제해결 능력에 대해 부정확한 기대를 설정하게 할 수 있다. 내담자를 그 같은 범주로 분류하지 않을 때, 내담자의 가능성에 대해 좀 더 희망을 갖게 된다. 내담자와 상담사는 함께 내담자가 원하는 것을 이해하고, 또 그것이 내담자에게 어떤 의미를 갖고 있는지를 인식할 때 이것이야말로 내담자에게 도움 되는 일이며, 상담사에게도 보다 많은 힘을 부여해 준다.

3. 해결중심치료 모델의 개입 과정

해결중심치료 모델에서 사용하는 상담절차는 이론과 실천의 적합성에 관심을 갖고 개발되었다. 변화에 대한 생태체계적 전제를 근거로 하고 있기 때문에 개입 설계는 좀 더 쉽게 이루어질 수 있다(de Shazer, 1982). 이 모델에서는 상담사 1명이 가족을 돕는 형식보다는 팀 접근을 선호한다. 팀은 일방경 뒤에서 상담회기에서 나타나는 가족체계의 영향을 탐색하고, 가족의 반응을 예측한다. 또한 상담사의 칭찬에 대한 가족의 반응을 주시하고, 가족에게 부여된 과제에 어떻게 반응할지를 예측한다. 상담사는 가족에게 어떤 문제해결의 실마리를 주기 전에 가족이 어떻게 반응하는지를 주시한다. 그러나 우리 사회의 상담 상황에서는 팀이 없는 경우도 많아 1명의 상담사가 상담을 하는 경우가 대부분이다. 이때 상담사는 상담사의 역할뿐 아니라 팀의 역할도 동시에 해야 한다.

회기는 대체로 자문 시간을 포함해서 1시간 정도 지속된다. 일반적으로 처음 40~45분 정도는 상담사와 내담자가 상담을 한다. 그 후 상담사는 5~10분을 팀과의 자문 시간으로 사용하며, 팀이 없는 경우에 상담사는 정리의 시간으로 사용한다. 나머지 5~10분 동안 상담사는 내담자에게 메시지를 전달한다. 상담활동은 상담실에서 상담하는 상담사와 일방경 뒤의 팀이 함께하는 모든 것을 포함한다.

해결중심치료 모델은 일반적인 다른 모델과는 달리 단기로 진행되므로 대개 5~6회로 종결되기도 하고, 때로 1회로 종결되기도 한다. 개입 과정은 상담목표를 정하는 첫 회기 이외에는 매회 유사한 절차로 진행된다.

1) 상담 구성과 과업

일반적으로 처음 내담자가 상담에 오게 되면 상담소에 준비된 접수지에 기록을 하게 한다. 그 후에 상담사가 내담자에게 상담의 진행 방법과 절차에 대해 설명을 하는 것으로 상담이 시작된다. 해결중심치료 모델에서는 다음과 같은 내용으로 첫 회기 상담을 구성하고, 단계마다 과업을 수행한다. 첫 회기 이후의 상담은 첫 회기 상담 이후의 긍정적 변화에 초점을 둔다. 상담사는 무엇이 좋아졌는지를 내담자로부터 이끌어 내며 긍정적 변화를 확장시키고 이를 강화한다(정문자 외, 2024).

첫 회기 상담의 진행 방법과 절차

- 상담 구조와 절차 소개
- 문제 진술
- 예외 탐색
- 상담목표 설정
- 해결책 정의
- 메시지 작성
- 메시지 전달

(1) 상담 구조와 절차 소개

내담자가 도착하면 내담자에게 상담 과정에 대한 간단한 설명을 하며 녹음이나 비디오 녹화를 하는 경우에는 이에 대해 허락을 구한다. 또한 팀이 상담에 참여하는 경우, 이에 대한 설명이 필요하다.

첫 상담이 시작되기 전에 선입견을 최소화하기 위해 상담사는 내담자에 대한 최소한의 정보를 얻는다. 물론 의뢰한 경위를 더 잘 알 필요가 있는 경우는 예외이다.

(2) 문제 진술

내담자 가족 중 누가 일하고, 누가 어떤 학교를 다니는지 등에 관해 간단히 이야기한 후 곧 상담이 시작된다. 상담사는 가족의 불평에 관해 다음과 같은 질문을 할 수 있다.

> "우리가 어떻게 당신을 도울 수 있을까요?"
> "어떤 어려움으로 오게 되었습니까?"

이에 대한 내담자의 반응은 다음과 같은 것이 될 것이다.

> "우리가 싸울 때 간혹 남편이 폭력을 행사하곤 합니다."
> "아이가 밤에 오줌을 싸요."
> "아이가 게임중독이에요."

이 경우 상담사는 내담자가 좀 더 구체적으로 표현할 수 있도록 상세하게 질문한다. 상담사는 이러한 것들이 어떻게 문제가 되는지를 묻는다. 상담사의 이러한 질문은 내담자의 문제를 파헤치려는 것이 아니고, 문제를 근거로 어떤 도움을 줄 수 있는가를 알기 위함이다. 또한 내담자의 '문제 진술을 목표로 전환'할 수 있는 기회가 되기도 한다. 문제가 하나 이상일 때에는 어느 것이 가장 우선적으로 다루어져야 하는지를 묻는다.

"하나씩, 하나씩 정확하게 어떤 일이 일어납니까?"

"그러한 것이 어머니에게 어떻게 문제가 되지요?"

"그 문제는 누가 관여하고, 관여하지 않느냐에 따라 어떻게 달라집니까?"

내담자가 문제에 대해 좀 더 구체적으로 말할수록 개입 가능성과 목표는 더욱 많아진다.

(3) 예외 탐색

이 단계에서 문제가 일어나지 않을 때 어떤 일이 일어나는지, 가족이 어떻게 그 예외가 일어나게 하는지를 찾는다.

"부부싸움이 폭력적이 되지 않는 경우에는 어떤 일이 일어나나요?"

"아이가 오줌을 싸지 않을 때에는 어떤 일이 일어나지요?"

"아이가 게임을 하지 않을 때는 무엇을 하나요?"

상담사와 내담자 모두 내담자가 무엇을 효과적으로 하는지를 알 필요가 있다. 내담자가 효과적인 무엇인가를 하고 있다는 것을 알게 되면 문제해결을 위한 개입 계획을 할 수 있다. 예외란 적어도 내담자에게 어떤 새로운 변화를 제공한다. 어떤 것이 잘되고, 어떤 것이 잘되지 않는지에 대한 차이를 알게 해 준다.

(4) 상담목표 설정

상담의 목표를 구체적으로 만드는 일은 상담 방향의 지침이 될 뿐 아니라 내담자의 성장과 변화, 즉 상담의 효과성을 측정할 수 있는 기초를 준비하는 것이다. 목표를 설정하지 않고 상담을 진행하는 경우 상담 효과를 평가하고 측정할 수 있는 근거가 없기 때문에 더 많은 시간과 에너지가 소모될 수 있으며, 더 중요하게는 상담 결과에 대한 만족도가 상대적으로 낮을 수 있다. 구체적인 목표는 상담을 평가할 때 매우 중요한 부분이며, 추후 서비스와 결과 평가에도 필요한 부분이기도 하다.

(5) 해결책 정의

내담자는 일반적으로 구체적인 목표를 물을 때에도 모호하고 광범위하게 답한다. 그럴 때 상담사는 내담자에게 문제가 해결되는 것을 어떻게 알 수 있는지 묻는 것이 바람직하다. 문제가 과거에 일어난 것이었다면, 앞으로 무엇이 다르게 될 것인지에 관해 이야기하는 것이 좋다. 우리의 목표는 상호 간의 대화를 통해 문제가 없는 상황에 초점을 두는 것이다. 사람은 똑같은 나쁜 일이 반복해서 일어난다고 생각하기 때문에 불평은 단지 그 자체가 지속되는 것처럼 보인다. 문제가 더 이상 문제가 아닐 때 가능한 대안적 미래에 대해 이야기하여 변화가 가능할 뿐 아니라 그 변화가 불가피하다는 기대를 할 수 있게 된다.

(6) 메시지 작성

40~45분 정도의 상담 후에 상담사는 상담내용을 정리하기 위해, 혹은 팀과의 자문을 위해 내담자에게 양해를 구한다. 이 시간의 목적은 무엇을 어떻게 할 것인가를 결정하기 위한 것으로, 대체로 5~10분 정도를 사용한다. 이 시간에는 해결책에 관심을 갖고 있으므로 문제에 대해서는 거의 생각하지 않거나 이야기하지 않는다. 즉, 어떻게 문제가 유지되는지, 내담자가 실패한 것이 무엇인지 혹은 가설의 원인론에 대해서는 생각하지 않거나 언급하지 않는다. 대신에 다음의 것들에 초점을 두고 논의 혹은 정리를 한다.

- 내담자가 자신에게 도움이 되는 어떤 것들을 했는지 탐색한다.
- 문제 상황에 대한 예외를 찾는다.
- 문제가 이미 지나간 것이라면, 앞으로 무엇을 할 것인지를 상상한다.
- 내담자에게 줄 메시지를 만든다.

(7) 메시지 전달

상담사는 5~10분 동안 상담 상황에서 내담자와 나눈 이야기를 근거로 정리를 하거나, 팀이 있는 경우 팀과 의견을 나눈 후에 다시 공식적인 개입을 한다. 때때로 이 메시지는 상담사가 읽을 수 있도록 기록한다. 휴식시간 동안 상담사를 기다렸기 때문에 내담자의 관심은 증가된다. 이러한 메시지는 5분 이내로 짧게 하는 것이 좋다. 다음 약속을 하는 등의 행정 관련 일은 가능하면 다른 장소에서 하도록 한다. 그리고 상담사는 신속하지만 예의를 지켜서 상담을 끝낸다.

2) 개입 기법

해결중심치료는 내담자 중심의 모델이다. 상담사는 내담자 자신이 원하는 것을 달성할 수 있도록 도와주는 역할을 한다. 이를 위해 내담자의 자원과 강점 등을 활용한다. 그러기 위해 상담사는 내담자와 함께 목표를 만들고, 이를 달성하기 위한 작업을 한다. 이에 필요한 기법으로는 크게 목표 설정의 기법, 질문 기법, 치료적 피드백인 메시지 작성 기법이 있다.

(1) 목표 설정 기법

해결중심치료 모델은 내담자 중심의 모델이다. 상담사는 내담자 자신이 원하는 것을 달성할 수 있도록 도와주는 역할을 한다. 정신건강 혹은 기능적인 가족 및 결혼에 대한 표준을 기초로 발전한 모델들은 내담자에게 바람직한 것이 무엇인가를 지적하고, 상담의 목표를 지시한다(Walter & Peller, 1992). 그러나 해결중심치료 모델은 전적으로 내담자가 하고 싶어 하는 것에 초점을 맞춘다.

내담자가 원해야만 하는 것 대신에 그가 진정으로 원하는 것에 초점을 맞추고자 하기 때문에 내담자의 목표는 매우 중요하다. 목표 자체가 중요할 뿐 아니라 목표 설정의 기준을 적용하는 것도 중요하다. 이는 상담의 효과와도 직결된다.

버그와 밀러가 제시한 목표 설정의 원칙(Berg & Miller, 1992)과 월터와 펠러가 제안한 잘 정의된 목표(Walter & Peller, 1992)를 근거로 재정리한 목표 설정의 지침은 다음과 같다.

목표 설정의 지침

- 내담자에게 중요한 것을 찾기
- 작고 구체적이며 행동적으로 표현하기
- 과정형으로 표현하기
- 없는 것보다는 있는 것에 관심을 두고 긍정적으로 표현하기
- 지금-여기에서의 목표로 시작하기
- 내담자가 성취 가능한 현실적인 것으로 하기
- 목표 수행을 힘든 것으로 인식하기

내담자에게 중요한 것을 찾기 이 지침은 상담사 자신을 점검하게 하는 역할을 한다. 해결중심치료 모델은 상담사가 원하는 목표나 내담자에게 필요하다고 생각하는 목표가 아니고, 반드시 내담자가 원하는 목표를 지향한다. 내담자와 상담사가 함께 내담자에게 중요한 것을 상담목표로 설정하는 것은 협조의 원칙을 근거로 하고 있다. 이런 원칙의 맥락에서 상담사의 목표나 프로그램의 목표를 주장하기보다는 내담자의 목표를 수용하면서 진행하는 것이 좀 더 도움이 된다.

목표가 무엇인지 분명히 하기 위해서는 내담자가 원한다고 이야기하는 것을 그의 말 그대로 기록해야 한다. 내담자가 처음에 원한다고 이야기한 내용과 최종적으로 말한 내용이 다른 경우도 흔히 있다. 목표에 대한 이야기를 나누고, 목표를 명료화하는 동안에 목표의 형태는 충분히 바뀔 수 있다. 그러므로 최종적인 형태의 목표가 내담자가 원하는 것이고, 내담자의 말로 표현되어 있는지에 관하여 분명히 하여야 한다.

한편, 목표를 설정하는 과정에서 여러 내담자, 상담 전문가들 혹은 내담자를 상담하기 위한 서비스 기관들(예를 들어, 지역사회복지관, 가족센터, 사법처리기관, 의료서비스기관)이 관여할 경우에 상담목표를 협상하는 상황에서 어려움이 발생할 수 있다. 이와 같은 경우에 상담 과정에 관련된 개인, 서비스 제공자, 기관 등은 상담을 위한 다른 목표를 가지고 있을 수 있다. 한 가족의 경우에도 각 가족 구성원의

목표가 다를 수 있다. 아버지, 어머니, 자녀가 원하는 것에 차이(예를 들면, 아버지는 아들의 행동 수정, 어머니는 아들의 순종, 아들은 부모의 친밀)가 있을 수 있다. 이와 같은 경우에 각자의 견해를 말하도록 하여 서로의 목표를 알도록 하고, 참여자 사이에 동의할 수 있는 영역을 찾아내는 것이 유용하다.

작고 구체적이며 행동적으로 표현하기 내담자가 설정하는 목표는 작은 것으로, 내담자가 성취할 수 있는 것이어야 한다. 상담목표가 작을 때 내담자는 쉽게 성공할 수 있다. 목표를 성취하는 것은 내담자에게 성공하고 있다는 확신을 주고, 희망을 갖게 하며, 변화하고자 하는 동기를 증가시킨다. 또한 내담자가 '행동하고, 생각하고 있는' 것이라고 함은 구체적인 행동에 대한 설명과 자신이 아닌 다른 사람에게 이야기할 내용을 의미한다.

애매모호하게 목표를 설정할 때에는 상담사와 내담자의 상담 과정이 제대로 이루어지고 있는지를 파악하기 어렵다. 상담사와 내담자 각자가 생각하는 의미가 서로 다를 수 있고, 추상적인 목표가 상담의 초점이 되었을 때 상담은 필요 이상으로 길어질 가능성이 많다. 목표를 명확하게 설명하는 것이 유익한 것은 상담사와 내담자가 상담에서 진행되고 있는 것을 쉽게 평가할 수 있고, 나머지 목표도 알 수 있기 때문이다. 목표를 분명히 하는 상담 과정에서 치료가 좀 더 효과적이고, 효율적이라는 것을 임상 경험을 통하여 발견하게 된다.

과정형으로 표현하기 과정형으로 하라고 말하는 것은 목표에 관한 묘사가 마치 하나의 고정된 사진이라기보다 동영상과 같은 과정으로 되어야 한다는 의미이다. 과정형의 표현을 이끌어 내기 위해서는 '어떻게'란 단어를 사용한다. 아마도 내담자는 무엇이 진행되어 가고 있는가를 기술하든지 자신의 행동들이 어떤 순서로 이루어질 것인지를 설명하게 될 것이다. '무엇'이라는 질문에 대한 답은 주로 명사를 유도하고 과정에 대한 묘사를 끌어내기에는 유용하지 않다.

없는 것보다는 있는 것에 관심을 두고 긍정적으로 표현하기 상담을 통해 무엇이 성취되기를 바라느냐고 질문하면 내담자들은 대부분 문제가 제거되거나 문제로부터 해방되기를 원한다고 대답한다. 즉, 성공적인 상담결과에 대한 내담자의 생각은 문제가 없어지는 것을 의미한다.

목표를 언어적으로 표현할 때에는 일반적으로 '아니다.' '싫다.' '절대로 안 된다.' '할 수 없다.' '해서는 안 된다.' '하지 마라.' '하기 싫다.'와 같이 부정적인 단어를 사용한다. 그러나 임상 경험에 따르면 문제가 되는 것을 없애는 것보다는 이미 하고 있는 것에 관심을 두고 부정적인 단어를 사용하지 않는 목표들이 좀 더 효과적이고 효율적이다. 목표를 언어상 긍정적인 표현으로 진술하는 이유는 내담자로 하여금 자신의 생각과 경험 속에서 목표의 표현을 전개해 나가길 원하기 때문이다. 여기서 중요한 것은 이러한 표현은 어떤 것이 있거나 없는 상태가 아니라는 점이다. 목표는 내담자가 하지 말아야 하는 것 대신에 해야 하는 것에 관하여 긍정적으로 설명되어야 한다.

지금-여기에서의 목표로 시작하기 지금-여기의 과정이란 내담자가 해결책을 즉시 시작하거나 해결을 위한 행동을 지속하는 것을 의미한다. 내담자는 자신이 원하는 것에 관한 이야기를 할 때 마치 목표가 먼 미래의 어떤 것처럼 말한다. 목표란 여행의 목적지라기보다는 내담자가 성취하고자 하는 시작 단계가 되어야 한다. 내담자는 처음에는 완전한 것, 절대 행복한 것 등과 같은 목표를 설명한다. 달리 말해, 내담자의 목표는 최후에 이루어지기를 희망하는 것이다. 그러나 목표가 너무 먼 미래에 속해 있을 때의 문제는 그것을 달성하기에 너무 멀리 있다는 점이다. 목표가 너무 멀리 떨어져 있기 때문에 내담자가 목표를 달성하기 위해 해야 하는 일은 너무 힘들게 된다. 내담자가 즉시 제 궤도에 올라 달성할 수 있는 바로 현재의 과정형으로 목표를 만들면 내담자는 그가 지금 곧 할 수 있는 일 또는 이미 하고 있을지도 모르는 일에 초점을 맞추게 된다. 상담사는 내담자의 목표에 대한 견해를 수용하는 한편, 원하는 결과를 성취하기 위하여 처음 단계에서 필요한 것을 명확하고 구체적으로 인지하도록 도와야 한다.

내담자가 성취 가능한 현실적인 것으로 하기 내담자의 문제를 다룰 때 내담자의 목표를 달성하기 위해 중요한 것은 상담사가 내담자의 생활환경에서 어떠한 것이 현실적이고, 성취 가능한지 혹은 비현실적이고 성취 불가능한지를 결정하는 것이다. 즉, 내담자가 원하는 변화가 자신의 생활 속에서 성취될 수 있는 것이어야 한다.

내담자가 비현실적이고, 성취 불가능한 목표를 가지고 있을 때 상담사는 내담자가 실제로 실행할 수 있는 목표를 설정하도록 조정해야만 한다. 대부분의 내담자는 상담을 위한 자신의 초기 목표가 성취 불가능한 것을 이미 알고 있거나 재빨리 재조종하고, 좀 더 현실적인 것으로 바꾸어 협상하기도 한다. 예를 들어, 홀어머니와의 갈등문제로 찾아온 내담자의 경우에 돌아가신 아버지가 살아계시기를 바란다면 이 목표는 비현실적인 것이다. 그러나 상담사가 내담자의 고통을 이해하고, 공감해 주면 많은 경우에 내담자들은 사실을 인식하고 좀 더 현실적으로 목표를 협상하게 된다. 예를 들면, '어머니가 조금 덜 고생하고, 내가 어머니를 좀 더 도와주는 것'을 자연스럽게 생각하게 된다.

목표 수행을 힘든 것으로 인식하기 내담자는 목표란 '힘든 일'이라고 인식해야만 한다. 상담목표를 협상할 때 '힘든 일'을 강조하는 것은 내담자와 상담사가 성공적인 상황에 있게 하는 일이다. 따라서 결과가 어떠하든지 내담자와 상담사는 그들의 노력을 성공으로 볼 수 있다. 만일 내담자가 목표에 도달하지 못하였다면 이것은 단순히 좀 더 열심히 하여야 하는 일이 남아 있다는 신호이다. 우연히 내담자가 빨리 문제를 해결할 수 있었다면 상담사는 특별한 인정을 해 주어야 하고, 짧은 기간에 매우 어려운 문제를 어떻게 해결했는지 설명할 때 칭찬을 해 주어야 한다. 마지막으로 내담자가 천천히, 안정감 있게, 규칙적으로 진행한다면 상담사는 이를 정상적인 것으로 인정하고, 내담자가 열심히 한 것을 칭찬해 주어야 한다.

(2) 질문 기법

최근 많은 학자는 상담을 상담사가 문제와 그 해결방법을 제시하는 과정에 능동적으로 참여하는 '치료적 대화'로 본다(Anderson & Goolishian, 1988; Tomm, 1987a, 1987b; Weakland, 1991). 해결중심치료 모델에서 상담사와 내담자는 상호 신뢰와 협동에 근거한 치료적 단위로 간주된다. 이 상담체계의 참여자들은 대화로서 내담자에게 문제가 되는 것을 파악하고 내담자와 상담사가 그 문제를 해결하기 위해 협동할 방법을 구상해 나간다. 상담 과정에서 문제에 대한 내담자의 견해나 잠재적 해결 능력이 변화할 수 있다고 믿기 때문에 내담자가 문제를 보는 시각에 영향을 주어 문제를 해결하게 하는 상담기법이 개발되어 왔다. 이 과정에서 해결로 이끄는 대화를 풍성하게 하는 유용한 질문을 발견하였다.

상담사의 질문을 통해 내담자는 상담목적을 성취하는 데 중요한 것이 무엇인지를 알게 된다. 상담사가 내담자에게 하는 질문은 내담자에게 유용하다는 가정과 믿음에 근거해야 한다. 해결중심치료 모델에서는 다음과 같은 질문을 통해 내담자가 자신의 힘과 자원을 활용할 수 있도록 돕는 것이 최상의 방법이라고 본다.

질문 유형

- 첫 상담 전 변화에 관한 질문
- 보람질문
- 예외질문
- 기적질문
- 척도질문
- 대처질문
- 관계성질문

첫 상담 전 변화에 관한 질문 해결중심치료 모델은 계속적으로 변화가 일어난다는 것을 기본 원리로 삼고 있다. 내담자가 첫 상담에 오기 전에 변화가 있었음을 알게 되는 일도 자주 있다. 여러 연구에 따르면 내담자가 상담 약속을 한 후 상담을 받으러 오기 전에 문제 상황에 중대한 변화가 일어난다는 것이다(Noonan, 1993; Talmon, 1990). 그러나 그런 변화를 내담자가 직접 보고하는 경우는 드물다.

그러므로 상담사는 내담자에게 어떤 변화가 있었는지에 관해 질문할 필요가 있다. 탈몬(Talmon, 1990)은 상담사가 내담자에게 상담 전 변화에 관해 물어볼 때 내담자의 2/3 정도가 어떤 변화를 보였음을 발견했다고 보고했다.

자기 스스로 변화하고 있는 내담자에게는 격려가 필요하다. 왜냐하면 내담자가 이런 변화를 한다면 자신의 문제를 해결하는 데 있어서 주도권을 갖는 것이 좀 더 쉬워질 수 있기 때문이다. 상담사가 내담자로 하여금 자신의 문제해결을 주도하도록 도와준다면 그 내담자의 문제해결은 더 쉬워질 것이다.

첫 상담 전, 변화를 발견하기 위한 질문은 다음과 같다.

> "우리의 경험에 따르면 처음 상담을 약속했을 때와 상담을 받으러 오는 사이에 호전되어 있는 사람이 많습니다. 민석 씨는 그런 변화를 알아챈 적이 있습니까?"

척도를 활용하여 다음과 같이 질문할 수 있다.

> "오늘 여기 가지고 오신 문제가 다 해결되어 최상의 상태가 됩니다. 그때를 10점 만점이라고 합시다. 그리고 여기 상담에 와야겠다고 생각했던 가장 힘든 상태를 1점이라고 합시다. 오늘은 몇 점이나 됩니까?"

보람질문　이 질문은 목표 설정을 위한 질문으로 우리 사회에서 해결중심치료 모델을 교육하고 실제 사례에 적용하는 과정에서 '한국단기가족치료연구소'에서 명명한 질문이다. 어찌 보면 토착화 과정의 결과물이라고 할 수 있다.

상담사는 내담자가 상담의 결과로서 어떠한 긍정적 변화를 원하고 있는지를 질문한다. 이 질문은 내담자로 하여금 문제가 해결된 상황을 구체적으로 생각해 보도록 돕고, 상담사는 내담자의 기대와 욕구를 명확하게 파악할 수 있게 되어 그것을 바탕으로 상담목표를 구체적으로 설정할 수 있다.

> "무엇이 좀 좋아지면 여기 와서 상담을 받은 것이 보람 있었다고 할 수 있을까요?"

"상담의 결과로서 무엇이 좋아지면 여기 온 것이 보람이 있었다고 할 수 있을까요?"

예외질문 상담 전의 변화가 매우 중요한 것과 마찬가지로 문제 상황이 아닌 예외적 상황을 찾아내서 그것을 밝힐 필요가 있다(O'Hanlon & Wilk, 1987). 이 모델의 접근방법은 내담자가 가지고 있는 자원을 활용하여 내담자의 자아존중감을 강화하는 것이다.

예외란 내담자가 문제로 생각하고 있는 것이 일어나지 않는 상황이나 행동을 의미한다. 어떠한 문제에도 예외는 있기 마련이라는 것이 해결중심치료 모델의 기본 전제이므로 한두 번의 중요한 예외를 찾아내어 그것을 계속 강조하면서 내담자의 성공을 확대하고 강화시켜 준다. 예외가 자주 반복되었고 자세히 드러난 경우, 내담자의 성공은 더욱 현실화된다. 내담자가 지금껏 그런 예외를 수행하는 단계를 밟아 왔음을 인정하고, 자신의 성공을 볼 수 있게 될 때 내담자는 어떻게 해야 문제행동을 하지 않는지를 자신이 알고 있다는 사실에 직면하게 된다. 그 사실을 인식할 때 내담자는 자신이 가지고 있는 자원을 활용하여 자아존중감을 강화할 수 있다.

"선생님께서 지금까지 생활하시는 동안 문제가 일어나지 않거나 덜 심각한 때는 언제였습니까?"

"무엇이 더 좋아졌습니까?"

기적질문 기적에 관한 질문은 이 모델에서 가장 독특하고 중요한 질문이다. 기적질문은 문제 자체를 제거하거나 감소시키지 않고 문제와 떨어져서 해결책을 상상하게 하는 것이다. 내담자는 이 질문으로 인해 문제가 해결되어 있는 미래의 상황을 그려 볼 수 있고, 상담이 성공적으로 끝날 수 있다는 희망을 갖기 시작한다. 질문은 다음과 같은 방식으로 한다.

"이제 좀 색다른 질문을 해 볼까 합니다. 이번에는 상상력을 발휘해야 할 것 같군요.

오늘 상담 받은 후에 집에 가서 모든 일을 끝내고 주무시게 되지요? 잠자는 동안 기적이 일어나 현준 씨가 오늘 이곳에 가지고 온 문제가 극적으로 다 해결됩니다. 현준 씨는 잠을 자고 있었기 때문에 이런 기적이 일어났는지를 모르겠지요? 그런데 아침에 일어나서 무엇을 보면 지난밤에 기적이 일어나 모든 문제가 해결되었다는 것을 알 수 있을까요?"

시간이 지나면서 놀라운 일이 발생한다. 내담자는 바뀐 현실을 꿈꾸며 희망을 갖기 시작한다. 그리고 내일이 어떻게 달라질지를 자세히 설명하기 시작한다. 내담자는 얘기를 하면서 미소를 띠기 시작하고, 눈이 빛나며, 자세가 곧아지고, 마치 현실이 자신의 설명대로 바뀌는 것처럼 보인다.

이런 경험은 대부분의 내담자에게는 강력하고 새로운 것이 된다. 내담자가 자신의 고통스럽고 상처를 주는 삶을 일관성 있고, 조화롭고, 성공적인 삶으로 바꾸는 부사적 상상을 할 수 있을 때 이 경험은 어떤 힘을 부여하게 된다. 즉, 희망과 가능성은 상담사가 내담자에게 줄 수 있는 가장 중요한 선물이다.

여기서 유의할 점은 상담사는 실제로 기적이 일어날 수 있을 뿐 아니라 내담자도 다르게 행동할 수 있다는 식으로 질문을 해야 한다는 것이다. 즉, 기적이 '일어났을 때'라고 질문해야 하며, '일어난다면'으로는 질문하지 않는다. 처음에는 내담자가 어떻게 달라질지를 가정해서 물어보지만, 점차 내담자가 무엇을 다르게 할 것인가 하는 내담자의 의지를 물어본다. 물론 계속되는 질문은 지속적인 답을 얻기 위한 것이다. 이런 식의 질문에 긍정적인 대답을 지속하게 될 때 내담자는 다르게 해야 한다고 생각한다. 질문을 통해 내담자가 기적을 현실화하기 위해서는 새롭게 행동해야 한다는 것을 암시해야 하며, 동시에 많은 정보를 얻어야 한다.

척도질문 숫자는 마술적이다. 척도질문은 이러한 숫자의 마력을 이용하여 내담자가 자신의 문제, 문제의 우선순위, 목표 설정, 성공에 대한 태도, 정서적 친밀도, 자아존중감, 상담에 대한 확신, 변화를 위해 투자할 수 있는 노력, 진행에 관한 평가, 종결의 시점, 변화 유지에 대한 의지 등의 수준을 수치로 표현하도록 하는 방법이다. 척도질문을 통해서 상담사는 내담자의 문제해결에 대한 태도를 보다 정확하게 알 수 있으며, 내담자의 변화 과정을 격려하고 강화해 주는 구체적인 정보를 얻을 수 있다. 첫 상담에서는 상담 전 변화에 관한 내용이나 동기에 대한 파악을 한다. 척도질문은 다음과 같이 진행할 수 있다.

"1부터 10까지의 척도에서 10은 문제가 다 해결되었다고 확신하는 것을 말하고, 1은 문제가 가장 심각할 때를 말합니다. 오늘은 몇 점쯤 되시나요?"

"남편이 여기에 있다면 그는 이 문제가 해결될 가능성을 몇 점 정도라고 말할까요?"

"같은 1부터 10까지의 척도에서 이 문제를 해결하기 위해 몇 점 정도 노력할 수 있나요?"

"1점을 높이기 위해 무엇을 다르게 해야 할까요?"

대처질문 상담사를 지도 감독하고, 자문하다 보면 자신과 자신의 미래를 절망적으로 보는 내담자에게서 가장 어려움을 느낀다는 상담사가 많이 있음을 알게 된다. 이런 내담자에게는 희망에 대한 확신이나 안도를 갖게 할 필요가 있다. 상담사들은 보통 이런 내담자를 '매우 낙담한' '매우 낙담시키는' 유형으로 묘사한다. 종종 상담 상황을 두려워하고, 내심 내담자가 나타나지 않기를 바라고, 내담자를 꾸짖으며, 심각한 진단명을 붙이거나 쓸데없이 계속 내담자를 확신시키는 상담사도 있다. 그 결과 상담사는 내담자와 마찬가지로 절망감을 갖고 상담을 끝내기도 한다(Berg & Miller, 1992).

이런 낙심천만한 상담 상황에 직면했을 때 내담자의 신념체계와 무력감에 대항해 보는 동시에 내담자에게 약간의 성공을 느끼도록 하는 대처방법에 관한 질문이 성공적일 수 있다. 내담자에게 그런 심각한 문제를 가지고 어떻게 지금까지 가까스로 대처해 왔는지에 관해 질문을 하면 내담자는 매일 간신히 지탱해 올 수 있었던 작은 방법을 설명하기 시작한다. 가까스로 지금까지 대처해 온 이 방법이야말로 내담자가 계속해야 되는 기본적인 것이다. 설령 사소한 것이라고 해도 그것은 내담자가 가까스로 생활을 꾸려 나가게 한 것이며, 그 작은 일을 바탕으로 앞으로 성공적인 방법을 만들어 갈 수 있다. 그러기 위해서는 그 작은 일을 지속해야 한다. 다시 말해, 그 작은 일은 지속되어야 하는 바로 그 일이다. 이러한 내담자는 자신이 하는 일에 대해 격려받아야 하고 또 알아야 한다. 내담자가 자신의 생활을 더 즐길 만한 가치가 있다는 것은 사실이지만 그것은 나중의 일이다. 첫 단계는 내담자가 자신이 대처기술을 가졌음을 깨닫는 일이다.

"어머니는 그 어려운 상황 속에서 어떻게 지금까지 견딜 수 있었습니까?"

관계성질문 이 질문은 내담자와 중요한 관계에 있는 사람을 활용하여 하는 질문이다. 사람이 자신의 희망, 힘, 한계, 가능성 등을 지각하는 방식은 자신에게 중요한 타인이 자신을 어떻게 보고 있을 것이라는 생각과 밀접한 관계가 있다. 때때로 내담자는 문제가 해결되었을 때 자신의 생활에서 무엇이 달라질 것인지에 대하여 전혀 예측하지 못하는 경우가 있다. 그러나 내담자가 자기 자신을 자신에게 중요한 타인의 눈으로 보게 되면 이전에는 없었던 가능성을 만들어 낼 수도 있다.

"여진 씨, 어머니가 여기 계시다고 가정하고 제가 어머니께 여진 씨 문제가 해결될 경우 무엇이 달라지겠느냐고 묻는다면 어머니는 뭐라고 말씀하실까요?"

"아드님이 귀가가 늦는다고 어머니께 전화를 하면 아드님은 어머니께서 어떻게 반응하기를 바랄까요?"

(3) 치료적 피드백의 메시지 작성 기법

해결중심치료 모델에서 상담 종결 시의 치료적 피드백은 아주 독특한 것으로, '메시지'라는 형태로 표현한다.

상담사의 매우 작은 긍정적 지지와 격려는 내담자에게 상당한 효과를 가져올 수 있다. 내담자가 해 온 것을 인정해 주고, 가치 있다고 말해 주는 것은 내담자에게 자신의 문제가 아무리 어렵다고 해도 그것은 변화 가능하며, 새로운 행동 형태를 만들 수 있음을 알게 해 준다. 또한 내담자 스스로 만족할 수 있는 삶을 어떻게 꾸려 갈지에 대해 생각하도록 한다. 상담 종결 시에 내담자에게 제공되는 메시지는 해결책을 구축하는 데 도움이 되는 정보를 체계화하고 강조한다.

메시지의 구조

- 칭찬
- 연결문
- 과제

칭찬 칭찬이란 내담자를 인정해 주는 것이다. 일련의 칭찬으로 메시지를 시작하는 것은 내담자에게 놀랍고도 극적인 효과를 줄 수 있다. 대부분의 내담자는 자신이 문제의 무게에 짓눌려 고생하고 있기 때문에 상담사로부터 인정받을 것이라는 기대를 하지 않는다. 그들은 과거의 선택과 미래의 전망에 대해 낙심하고 있다. 따라서 메시지를 칭찬으로 시작하는 것은 내담자에게 희망을 불러일으킬 뿐만 아니라 해결책이 내담자의 목표를 중심으로 내담자의 성공(예외)과 강점을 동원함으로써 만들어진다는 것을 암시한다.

연결문 연결문은 칭찬과 제안 또는 과제를 연결해 주는 메시지의 한 부분이다. 칭찬과 마찬가지로 상담사의 제안은 내담자에게 의미 있게 느껴져야 한다. 그렇지 않으면 무시되어 버릴 것이다. 그러므로 연결문은 상담사의 제안에 대한 근거를 제공하게 된다. 연결문의 내용은 보통 내담자의 목표, 예외, 강점 또는 지각에서 끌어낸 것으로 하게 된다. 이때 내담자가 사용한 단어나 어구를 만들어 넣는 것도 좋은 방법이다.

과제 메시지의 세 번째 요소는 내담자에게 주는 과제이다. 약간의 예외가 있기는 하지만, 해결중심적 작업에서는 대개의 경우 과제를 준다. 과제는 관찰 과제와 행동 과제로 분류된다. 관찰 과제란 상담사가 생각하기에 해결책을 구축하는 데 도움이 될 만한 것에 내담자가 주의를 기울이게 하는 것이다. 행동 과제란 상담사가 생각하기에 해결책을 구축하는 데 있어 내담자에게 도움이 될 만한 어떤 일을 내담자가 실제로 해 보도록 제안하는 것이다. 관찰 과제와 행동 과제는 상담에서 얻은 정보에 기초하기 때문에 내담자의 준거틀에서 볼 때 의미가 있어야 한다.

내담자를 위한 메시지를 만들기 시작하면서 상담사는 어떤 형태의 과제를 줄 것인지를 결정하는 일이 어려운 일임을 알게 된다. 과제를 만들기 위해서는 상담사는 내담자와 나눈 대화, 내담자의 문제와 잘 형성된 목표, 예외, 동기, 자신감 등에 대한 대화의 내용을 수집해야 한다. 내담자를 위한 과제를 만들다 보면 일반적으로 상담사와 내담자가 어떤 관계를 형성하는가에 따라 과제가 달라진다는 것을 알 수 있다.

과제 유형

- **내담자가 변화에 무관심할 때(방문형 관계)**: 이와 같은 유형은 제삼자에 의해 의뢰된 가장 일반적인 경우로, 내담자는 문제에 대한 어떤 특별한 불평이나 도움이 필요한 문제에 대해 언급하지 않는다. 그러므로 이러한 내담자는 당장은 상담사와 함께 작업할 것이 아무것도 없다는 입장을 취한다. 이러한 내담자는 이미 '예측할 수 있는' 변화 과정의 단계에 있다고 생각할 수 있다(Quick, 1996). 그러므로 이들에게는 집에 온 손님을 대하듯 정중하게 대하면서 참석한 것에 감사하고, 다음에 다시 올 것을 요청해야 한다.

> "수현 씨, 저는 당신이 원해서 상담에 온 것은 아니지만 오늘 여기에 온 것을 보고 아주 좋은 인상을 받았어요. 여기 오지 않을 수도 있었을 텐데……. 수현 씨가 무엇을 하는 것이 바람직할 것인지에 대해 우리가 함께 좀 더 생각해 보기 위해 다시 만나고 싶습니다. 다음 주 같은 시간에 만났으면 합니다."

- **내담자가 다른 사람이 변해야 한다고 할 때(불평형 관계)**: 이러한 내담자는 문제를 인식하고 서술하지만 상황 변화를 위해서 어떤 것도 하지 않고, 또한 그렇게 할 의향도 없다. 그러므로 예외도 없고, 목표를 만들기도 어려운 경우가 많

다. 비록 예외가 있었다고 해도 내담자는 그 일을 대수롭지 않은 것으로 생각한다. 이런 내담자는 자신의 문제에 대한 심각성을 아주 자세하게 묘사하는 경향이 있으며, 문제가 다른 사람이나 자신이 속해 있는 조직과 같은 외부 원인 때문에 생긴 것이라고 믿는다. 자신이 문제 발생에 어떤 역할을 하고 있다고 생각하지 못하고 있으며, 문제를 해결하기 위한 능력도 자신에게는 없다고 생각하고 무기력하게 느낀다.

이런 경우에는 문제가 없거나 지금과는 다른 식으로 나타날 때가 언제이고, 무엇이 나타나는지를 관찰하라는 과제를 줄 수 있다. 즉, 다음과 같이 말할 수 있다.

> "지금부터 다음 만날 때까지 지금보다 나아진 때는(내담자가 발견한 예외) 언제이며, 그때는 무엇이 다르고, 어떻게 그런 일이 일어났는지를 잘 관찰해 오시기 바랍니다."
>
> "지금부터 우리가 다시 만날 때까지 유아 씨의 생활 속에서 계속 일어나기를 바라는 일 중 어떤 것이 일어나고 있는지 다음에 제게 말해 줄 수 있도록 잘 관찰해 오시기 바랍니다."

- **내담자가 원하는 변화가 있고, 또 자신이 변화를 하고자 할 때(고객형 관계)**: 이러한 입장을 취하는 내담자는 상담사와 공동으로 문제의 정의를 내린 상태에서 이미 변화에 효과적인 뭔가를 하고자 하는 의지를 갖고 있다. 내담자가 자신을 해결책의 일부로 지각하고 노력할 마음이 있기 때문에 이들에게는 행동적 과제를 줄 수 있다. 만약 기적이 일어난 상황을 묘사하고, 아주 작은 기적이 일어났다면 이러한 행동을 계속하거나 그와 유사한 것을 좀 더 많이 하도록 하는 과제를 줄 수 있다. 그러나 기적이 일어난 징후가 없다면 그들에게 '가상' 혹은 '일어난 것처럼 행동하기'의 과제를 줄 수 있다. 이때 내담자에게 기적을 명확히 묘사한 것에 대한 칭찬을 잊지 말아야 한다.

"우리가 다음 시간에 만날 때까지 하루를 택해서 그날 기적이 일어났다고 가정하십시오. 즉, 기적이 일어난 것처럼 생각하고 저에게 설명해 주셨듯이 하루를 살아 보시라는 겁니다. 그리고 다음에 오셔서 '무엇이 나아졌는지'에 대해 말씀해 주세요."

"선생님 말씀처럼 알코올 문제란 '고치기 어려운' 문제이지요. 그렇기 때문에 선생님이 다음 일주일 동안에 술을 마시고 싶을 때 뭔가 다른 일을 하도록 해 보세요. 정말로 중요한 것은 지금까지 해 왔던 것과는 다르게 하셔야 한다는 사실입니다. 그리고 다음에 오셔서 '무엇이 나아졌는지'에 대해 말씀해 주세요."

3) 첫 회기 이후의 상담

해결중심치료의 첫 회기에 상담사는 앞에 제시한 다양한 기법을 활용하여 상담목표를 잘 설정하기 위해 노력한다.

첫 회기 이후의 상담목표는 첫 회 상담 후에 일어난 변화를 발견하고 확대해 나가는 것이다. 이를 위해 상담사는 변화, 즉 문제의 예외를 끌어내고, 확대한다. 또한 예외를 통해 나타나는 성공과 강점을 강화한다. 그 이후 다시 또 다른 긍정적 변화를 찾기 위한 과정을 이어간다.

즉, '더 나은 것'을 확장하는 방법은 김인수의 또 다른 오랜 해결중심치료의 시혜인 EARS 프로토콜에 담겨 있다(McKergow, 2021).

이 기억하기 쉽고 유용한 프레임은 현재에도 널리 사용되고 있다. 원래 형태는 다음을 의미한다.

- **E**(Elicit, 이끌기): 더 나은 것을 이끌어 내기
- **A**(Amplify, 확장하기): 이것이 어떻게 발생했는지, 내담자가 어떻게 했는지, 기억했는지, 이제 해야 할 때인지 등에 대해 자세한 질문을 통해 확장하기
- **R**(Reinforce, 강화하기): 지금까지 보여 준 성공과 강점에 대해 칭찬을 하고 강화하기
- **S**(Start over, 다시 시작하기): 더 나은 것을 또 찾기 위해 다시 시작하기

경우에 따라 긍정적 변화를 발견하지 못하는 경우도 있다. 이 경우, 목표 설정에 대한 점검을 해 보도록 해야 한다. '내담자가 어떻게 더 나빠지지 않았는지?'와 같은 질문을 해 볼 수 있다. 이를 통해 내담자는 중요한 예외를 발견하게 된다.

또 다른 경우, 내담자는 문제가 더 나빠졌다고 얘기하기도 한다. 이 경우 그 상황에 어떻게 대처했는지 혹은 더 나빠진 상황을 어떻게 극복했는지 등에 관한 질문을 하여 내담자가 자신의 대처능력을 깨닫게 도울 수 있다.

해결중심치료에서는 첫 상담부터 내담자와의 종결에 대해 생각하고 종결을 향해 나아간다. 상담의 목표를 결정하는 사람이 내담자이듯 종결의 시점을 결정하는 사람도 내담자이어야 한다. 내담자가 종결을 원하면 간단한 평가를 한 후 종결을 한다. 종결의 시점에서 상담사는 내담자가 언제라도 다시 올 수 있다는 것을 알릴 필요가 있다.

복습 문제

1. 해결중심치료와 관련성이 적은 것은?

① MIR 단기치료

② 에릭슨의 영향

③ 사회구성주의

④ 보웬 모델

⑤ 강점자원 활용

2. 해결중심치료에서 '첫 상담 전 변화에 관한 질문'의 주요 목적에 관한 설명으로 옳은 것은?

① 내담자의 과거 문제를 분석하기 위해

② 상담 전의 긍정적 변화를 탐색하기 위해

③ 내담자의 현재 상태를 평가하기 위해

④ 내담자의 자기 인식을 파악하기 위해

⑤ 내담자의 문제 원인을 파악하기 위해

3. 해결중심치료에서 사용하는 '척도질문'의 주요 목적에 관한 설명으로 옳은 것은?

① 내담자의 문제 배경을 분석하기 위해

② 내담자의 대처 경험을 확인하기 위해

③ 내담자의 과거 성공 경험을 탐색하기 위해

④ 내담자의 문제 원인을 파악하기 위해

⑤ 내담자의 목표를 설정하기 위해

4. 해결중심치료에서 목표 설정의 원칙에 관한 설명으로 옳지 않은 것은?

① 내담자에게 중요한 것으로 하기

② 전문가의 평가 결과에 근거하기

③ 작고 구체적으로 표현하기

④ 성취 가능한 것으로 설정하기

⑤ 지금-여기에서의 목표로 시작하기

5. 해결중심치료에서 '메시지 전달'의 구성요소에 해당하지 않는 것은?

① 칭찬

② 연결문

③ 행동 과제

④ 문제 원인 분석

⑤ 관찰 과제

소집단 토론

1. 해결중심치료 모델의 기본 원리에 대해 토론해 봅시다.

2. 해결중심치료 모델의 질문 유형에 대해 토론해 봅시다.

3. 해결중심치료 모델의 '목표 설정 기법'과 치료적 피드백 기법인 '메시지 작성 기법'에 대해 토론해 봅시다.

나의 요점 정리

✎...

복습 문제 정답: 1. ④ 2. ② 3. ⑤ 4. ② 5. ④

제10장

해결중심치료 모델의 실제

이 장에서는 해결중심치료 모델을 활용하여 내담자의 상담목표를 어떻게 만들고, 또 달성하는지를 이해할 수 있도록 상담 사례를 제시한다.

특히 이 모델에서는 변화를 위해 언어를 사용하고 있다는 것을 근거로 상담사가 어떻게 질문하고, 반응하는지를 묘사한다. 상담사와 내담자의 대화를 제시함으로써 내담자의 목표 달성 과정에 대한 이해를 돕고자 한다. 또한 상담 회기 마지막 단계에 상담사가 내담자에게 주는 메시지를 서술하여 해결중심치료 모델의 독특한 치료적 피드백 기법을 이해할 수 있도록 한다.

1. 사례의 개요

1) 가족문제: '엄마로 인정받고 싶어요.'

(1) 의뢰 과정

지역사회복지관의 사회복지사가 사례관리를 하고 있는 사례로, 사회복지사는 내담자가 가족상담 서비스를 받는 것이 바람직하다고 판단하여 상담기관에 의뢰하였다.

(2) 제시된 문제(의뢰자인 사회복지사의 문제사정)

두 번의 결혼과 이혼을 한 내담자는 건강의 어려움과 경제적 문제를 갖고 있다.

2) 가족 배경

내담자는 고등학교 재학 중인 딸과 생활하고 있는 국민기초생활수급자이다.

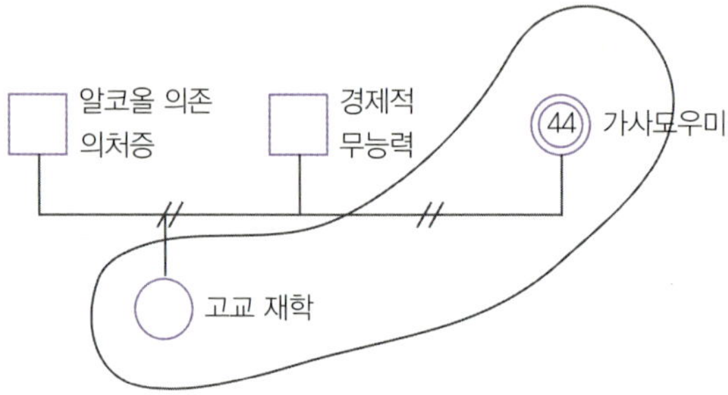

그림 10-1 가족도

현재 내담자는 당뇨로 건강에 어려움이 있으며, 정부 지원만으로는 생활이 어려워 가사도우미로 일하고 있다. 내담자는 두 번의 결혼과 이혼 경험이 있으며, 딸은 첫 번째 결혼한 남편과의 사이에서 태어났다. 내담자는 1남 5녀의 장녀로, 아버지는 사망하고 어머니는 장남인 오빠네 가족과 생활하고 있다. 다른 여동생들은 모두 결혼해서 가정을 이루고 있다.

2. 해결중심치료의 개입 과정

이 사례는 사례관리사인 사회복지사의 요청으로 3회의 상담을 하기로 계약하고 진행하였다. 3회기 상담으로 계약했으나, 필요에 따라 연장할 수 있도록 했다.

1회기에서는 상담목표 설정을 중심으로 상담내용을 요약하여 제시하고 2회기에서는 간단히 상담내용을 요약하여 제시한다. 3회기의 종결상담은 상담사의 개입 기법을 명료화하기 위해 가능한 한 대화체로 서술한다.

해결중심치료의 특징 중 하나인 치료적 피드백인 메시지 전달은 다른 상담 접근과는 차별성이 있는 기법이라는 의미에서 매 회기의 상담에 이를 제시한다.

1) 1회기 상담

첫 상담이므로 상담소의 상담절차를 설명하고, 이에 대한 내담자의 동의를 얻었다. 첫 상담에서는 현재 내담자가 상담을 통해 얻고자 하는 것을 찾는 목표 설정이 무엇보다 중요하다. 사례 의뢰자는 내담자의 문제를 '건강의 어려움과 경제적 문제'라고 했다. 그러나 해결중심치료에서는 상담 상황에서 상담사와 내담자의 대화를 통해 내담자가 원하는 구체적인 목표를 설정하고, 이를 달성하기 위한 상담 개입을 한다. 이 사례에서 내담자는 '딸과 좋은 관계를 갖고 싶고, 행복하게 지내고 싶다.'고 말했다.

상담사는 딸과 엄마의 어떤 모습을 보면 두 분이 좋은 관계를 갖고 있다고 느낄 수 있는지를 물었다. 내담자는 "딸이 엄마로 인정해 주면……"이라고 답했다.

내담자는 그동안 자신의 생활에 대해 털어놓았다. 내담자는 딸을 잘 키워 보기 위해 첫 남편과 이혼했고, 또 재혼을 한 것도 딸에게 정상적인 가정을 만들어 주기 위해서였다고 말했다. 그러나 재혼한 남편은 일을 전혀 하지 않아 경제적으로 너무나 힘들었고, 더욱이 딸에게 폭력을 가하기도 해서 다시 이혼했다고 했다. 내담자는 두 번의 이혼으로 너무나 어려운 시간을 보냈는데, 이러한 힘든 과정을 종교에 의지하여 기도하면서 극복했다고 했다. 내담자의 과거 생활에 대한 하소연을 어느 정도 청취하며 내담자와의 긍정적 관계를 만들어 갔다. 좀 더 구체적인 상담목표를 확인하기 위해 척도질문을 활용하여 현재의 상태를 파악한 결과, 내담자는 현재는 2~3점이며, 최하 점수가 아닌 2~3점이 되는 것은 그래도 마음이 어느 정도 안정되고 희망이 보이기 때문이라고 했다.

구체적인 목표를 파악하기 위해 지금보다 1점이 올라간 상태에 대해 질문했다.

내담자는 1점이 올라간 상태는 '딸이 엄마인 자신을 불쌍하다고 생각하고, 이해해 주기를 바라는 것'이라고 하였다. 딸이 자신을 이해한다는 것은 딸이 자신을 어머니로 인정해 주는 것이라고 하였다(〈표 10-1〉 참조).

표 10-1 1회기 목표 설정

구분	상담내용	개입
상담사	……오늘 이렇게 어렵게 상담에 오셨는데 상담이 끝나고 뭐가 조금이라도 좋아지면 상담에 오신 보람이 있을까요?	목표 설정을 위한 보람 질문
내담자	딸과 좋은 관계를 갖고 싶고, 행복하게 지내고 싶어요.	
상담사	엄마와 딸의 어떤 모습을 보면 두 분이 좋은 관계를 갖고 있다고 할 수 있을까요?	목표를 행동적 언어로 표현하도록 함
내담자	딸이 엄마로 인정해 주면…… (내담자는 그동안의 자신의 힘든 생활에 대해 하소연함)	적극적 경청
상담사	제가 숫자로 질문을 하겠습니다. 어머니의 최상의 상태가 10이고 최하의 상태가 1이라고 한다면 현재의 상태는 몇 점쯤 될까요?	척도질문을 통해 현재 상태를 파악(목표 설정을 위한 첫 단계 시도)
내담자	현재는 2~3점인데, 최하점이 아닌 것은 그래도 마음이 어느 정도 안정되고 희망이 보이기 때문이지요. 이렇게 상담도 할 수 있고……	
상담사	아~ 그렇군요. 현재 2~3점인데 많이 말고 1점이 올라간다면 어떤 상태일까요? 어떤 상황이 되면 1점 올라가서 3~4점이 될까요?	구체적인 작은 목표 설정을 위한 척도질문
내담자	제 딸이 엄마인 저를 불쌍하다고 생각하고 이해해 주면 좋겠어요.	
상담자	따님이 어머니를 이해해 준다는 것을 어머니는 어떻게 아실까요? 따님의 어떤 모습을 보면 아실 수 있을까요?	목표를 행동적 언어로 표현하도록 도움
내담자	딸이 저를 어머니로 인정해 주는 것이지요…….	

1회기 상담 종결 시 상담사는 내담자에게 〈표 10-2〉와 같은 메시지를 전했다.

표 10-2 **1회기 메시지**

구분	상담내용	개입
상담사	너무나 힘든 결혼생활을 해 오셨는데, 이를 잘 극복하고 그때그때 결정을 단호히 잘하셨습니다. 특히 딸을 보호하기 위해 이혼이라는 결정을 하셨는데, 이러한 어머니의 태도는 딸을 잘 키우고자 하는 마음이 크신 것이라는 생각이 드네요. 딸에 대한 어머니의 사랑이 크시고, 또 자녀에 대한 책임감이 강하시다는 것을 느낄 수 있었습니다.	내담자에 대한 칭찬
	그러나 딸이 이러한 어머니의 마음을 잘 이해하지 못하고 있기 때문에 어머니가 섭섭해하는데, 이런 마음이 드는 것은 너무나 당연하지요.	일반화, 정상화
	한편으로 딸의 입장에서 생각해 보면 딸도 너무나 어려운 경험을 하면서 분노 등의 감정이 많이 생겼을 것입니다. 이런 감정을 어머니에게 터뜨리고 있는 것이지요. 이렇게 딸이 어머니에게 자신의 감정을 터뜨리는 것은 다 어머니를 믿기 때문입니다. 즉, '어머니가 나의 화난 감정을 받아 주겠지…….' 하는 믿음이 있어서 그렇게 하는 것이지요. 어머니 댁에서만 그런 것이 아니고, 대체로 자녀는 집에서 가장 편한 사람, 대개는 어머니에게 투정을 부리곤 하지요.	딸의 태도에 대한 일반화, 정상화
	어머니는 딸과 잘 지내기 위해 그동안 이런저런 것을 시도해 보셨는데, 참 지혜로운 분인 듯하네요. 그래서 이런 과제를 제안합니다.	과제를 주기 위한 연결문
	다음에 오실 때까지 어머니가 어떻게 하면 딸이 어머니를 인정해 줄지 이런저런 것을 생각해 보시고, 혹시 그중 하나라도 직접 할 수 있으면 실행해 보세요. 그리고 그에 관해 다음에 만나서 함께 이야기해 보지요.	과제

2) 2회기 상담

내담자는 상담하는 동안 시종일관 웃으면서 밝은 표정으로 상담에 임했다.

내담자는 딸과 좋은 관계를 갖기 위해서는 '딸에게 짜증내지 않아야 한다.'라고 했다. 이를 위해 딸과 대화를 시도했는데, 딸은 어머니가 자신에게 '미친년'이란 욕을 하지 않기를 바라고 있었다. 내담자는 오늘의 상태는 50~60점인데, 이는 지난번 상담을 통해 자신의 어려움을 다 털어놓고 이야기하니 마음이 편하고, 자신이 뭔가 할 수 있다는 희망이 생겼기 때문이라고 했다. 사회복지관의 사회복지사에게도 자신의 기쁜 마음을 전하고, 교회 사람들도 내담자의 표정이 밝아졌다고 해서 정말 좋다고 했다.

내담자는 딸이 힘든 얘기를 해도 자신이 짜증내지 않았으면 좋겠다는 바람을 언급했다. 이에 대한 예외 상황을 물어보니 내담자는 '나-전달법'으로 얘기했을 때를 기억했다. '나-전달법'의 의사소통 방법은 얼마 전 지역사회복지관에서 집단으로 배웠는데 기억이 많이 나지는 않는다고 했다. 상담사는 간단히 이 기법에

표 10-3 2회기 메시지

구분	상담내용	개입
상담사	어머니의 밝은 표정을 보니 너무 좋네요. 어머니는 자신의 문제를 해결하기 위해 어떻게 해야 하는지를 잘 알고 또 행동으로 옮기는 분이십니다. 대단한 힘이 있으신 분이세요. 따님과 좋은 관계를 갖기 위해 서로 솔직히 이야기해서 방향과 방법도 파악하셨네요. 딸이 어머니에게 이런저런 이야기를 많이 할 수 있는 것은 어머니가 그만큼 편안하고 딸을 받아 주시기 때문이지요.	칭찬
	어머니는 이렇게 좋은 방법을 생각할 수 있고, 또 생각만 하는 것에 그치지 않고 직접 실행하시는 힘을 가지고 계시네요. 그래서 이런 과제를 제안합니다.	연결문
	다음 만날 때까지 딸에게 욕하지 않고, 대신에 '나-전달법'으로 이야기한 후 딸이 어떻게 반응하는지를 잘 살펴보세요. 다음에 이곳에 오셔서 딸이 어떻게 반응했는지를 함께 얘기하기로 하지요.	과제

관해 내담자와 대화를 나누고, 기법의 습득을 시도했다.

지난 2주 동안 딸은 자신의 여러 이야기를 어머니에게 했고, 서로 친구처럼 지낸다고 했다. 내담자가 딸이 학원에 등록해서 공부하고 싶어 하는데 목돈이 없어 등록을 못하고 있는 것을 하소연해서 이에 대한 구체적인 방법을 서로 의논했다.

2회기 종결 시 상담사는 내담자에게 〈표 10-3〉과 같은 메시지를 전했다.

3) 3회기 상담(종결)

이 사례는 처음 계약 단계에서 3회기의 상담을 하기로 했다. 3회기가 종결 회기이므로 이 회기에서는 그동안의 내담자 변화와 그것을 유지할 수 있는 방법을 탐색하는 것과 평가에 초점을 두었다.

(1) 시작하기

상담을 시작할 때 상담사는 내담자와 관계 형성을 하기 위해 간단한 일상적인 대화를 한다.

표 10-4 시작하기

구분	상담내용	개입
상담사	연말연시를 어떻게 보내셨어요?	관계 형성을 위한 대화
내담자	잘 보냈어요.	

(2) 변화 확인 및 유지 방법 탐색하기

변화 확인하기 상담사는 내담자가 그동안 어떤 변화를 했는지 확인하고자 했다. 내담자는 딸의 태도가 변했다고 답하면서 매우 좋아했다.

내담자는 일하는 곳에서 돈을 빌려 딸이 원하는 학원에 찾아가 원장과 상담하여 딸이 학원에 다닐 수 있도록 했다.

표 10-5 변화 확인하기

구분	상담내용	개입
상담사	그동안 뭐가 좀 더 좋아지셨어요?	변화 확인을 위한 질문
내담자	우리 딸이 조금 밝아졌어요.	
상담사	밝아졌다고요? 따님의 어떤 모습을 보고 밝아졌다는 것을 아셨지요?	구체화, 행동적 언어로 표현하도록 돕기 위한 질문
내담자	웃고, 제게 말도 걸고 그래요.	
상담사	아! 어머니가 어떻게 도와주셔서 그렇게 되었지요?	칭찬(내담자의 능력을 강화하기 위한 질문 형식의 칭찬)

변화 발전 상태 내담자는 딸이 원하는 학원에 가게 되어 어머니와의 관계가 더 좋아졌다고 했다. 내담자 또한 딸에게 실수해도 곧 사과하고 해서 딸과 잘 지내니 좋다고 했다. 그리고 이제는 정말 사는 것 같다며 행복하다고 했다. 내담자는 현 상태에 대한 만족도가 높았다.

내담자는 교회 사람들의 도움으로 주민센터의 긴급지원을 받을 수 있도록 절차를 밟고 있다고 설명했다.

표 10-6 변화 발전 상태 탐색

구분	상담내용	개입
상담사	어머니가 말씀하시던 기적이 일어났네요?	이전 상담에서의 기적질문에 대한 답 회상
내담자	네, 아이가 계속 공부하러 다니거든요. 점점 더 밝아지고요. 자기가 하고 싶은 공부를 하니까 1시간 이상 자기 이야기를 해요. 제게 다가오더니 갑자기 저를 껴안더라고요. (밝은 표정으로 웃으면서 이야기함)	
상담사	아, 그래요? 좋으셨겠네요.	
내담자	제가 주말에 그만 욕설을 하였는데 아이에게 금방 미안하다고 말했어요. 선생님 만난 게 축복이죠.	

상담사	어떻게 이렇게 일이 잘 풀리나요? 어머니가 편안해 보이시는데…… 그래서 그렇군요.	
내담자	아이가 하고 싶은 공부를 하니까 이제 좀 사는 것 같아요. 사람 사는 것 같아요.	
상담사	어머니, 오늘은 몇 점 정도 되세요?	변화와 발전 상태를 파악하기 위한 척도질문
내담자	오늘은 굉장히 기분이 좋으니까 한 70, 80점 정도?	
상담사	80점 정도요? 아, 대단하네요. 80점 정도로 올라갔으면…… 어떻게 이렇게 높은 점수로 올라갈 수 있죠?	내담자의 노력과 능력에 대한 칭찬을 위한 질문(형식)
내담자	아이도 좋아졌고…….	

더 나아지기 위한 목표 탐색하기 내담자는 딸이 마음의 문을 열고 어머니를 믿어 주기를 바라고 있었다. 또한 자신의 병을 딸이 이해해 주기를 바랐다. 그렇게 되면 내담자는 현 상태보다 더 좋아질 것이라고 했다.

표 10-7 더 나아지기 위한 목표 탐색

구분	상담내용	개입
내담자	좋은 일이 생기니까, 딸과 대화를 하니까 죽고 싶은 마음이 많이 사라졌어요.	
상담사	그럼요. 어머니께서는 딸에 대한 사랑이 많으시잖아요. 어려움을 겪으셨지만 딸을 위해서 견디시곤 하셨잖아요. 오늘이 80점이라고 하면, 90점이 되기 위해서는 뭐가 좀 좋아지면 될까요?	칭찬 좀 더 나아지기 위한 척도질문
내담자	마음의 문을 열면서도 우리 딸이 아직 엄마를 못 믿는 구석이 남아 있어 가지고, 그게 좀 풀어지면 점수가 올라갈 것 같아요. 저를 좀 믿어 주면…….	

상담사	아, 네. 어머니가 딸의 어떤 모습을 보면 '내 딸이 나를 믿고 있구나.'라고 생각하실 수 있을까요?	목표의 구체화, 행동적 언어로 표현하도록 돕기 위한 질문
내담자	엄마가 아프거나 해도 이해해 준다면요.	
상담사	당뇨로 아픈 것을 딸이 이해해 주기를 바라시는군요?	내담자가 원하는 것을 재확인하기 위한 질문
내담자	네…….	

예외 상황 찾기 내담자는 딸이 자신의 병을 이해해 주기를 바랐다. 이러한 어머니의 목표에 대한 예외가 있었는지를 탐색한 결과, 내담자는 자신이 감기에 걸렸을 때 딸이 차를 끓여 주었다는 것을 기억해 냈다. 이러한 과정에서 내담자는 자신에 대한 딸의 관심과 이해의 태도를 인지하고, 자신의 변화를 인식했다. 내담자는 이러한 변화가 상호작용하는 것도 알게 되었다.

표 10-8 예외 상황 찾기

구분	상담내용	개입
상담사	전에 감기 걸리고 그러셨다고 했죠? 그때 딸이 이해하고 그러던가요?	예외 상황을 찾기 위한 질문
내담자	예전보다는 많이요. 귤껍질을 끓인 물을 주고 그랬어요. 너무 아파하고 그러니까.	
상담사	귤껍질로요? 그런 것은 또 어떻게 알았나요, 따님이?	딸에 대한 칭찬
내담자	인터넷에서 알았나 봐요. 최근에 이렇게 변화가 왔어요.	
상담사	네. 엄마가 아픈 것을 이해하고, 엄마를 낫게 하고 싶은 마음이 참 크네요.	딸에 대한 칭찬
내담자	제가 아프면 딸이 저를 보기 싫어하고, 신경질 내고 하니까 병원에 입원했으면 좋겠다는 생각도 하고…… 병원에 입원할 정도로 아픈 적도 있는데 입원하지 않고 집에서 참고 견디고…….	

상담사	엄마에 대한 걱정을 화를 내는 걸로 그렇게 표현했었는데…… 그런데 이제는 엄마를 위해 도와주고 싶어 하고, 걱정을 그렇게 잘 표현하네요. 어떻게 이렇게 딸을 잘 키우셨어요?	재명명 내담자에 대한 칭찬
내담자	이 상담을 받으면서 '나-전달법'을 쓰려고 노력하다 보니까요. 아직 아이가 마음의 문을 다 열지는 않았지만 많이 변하고 있어요.	
상담사	그런 이야기를 들으니 저도 정말 좋네요.	
내담자	상담을 받으면서 '나에게 문제가 있었구나.'라는 것을 알게 되었고, 내가 변하니까 아이가 달라져 보이는 것도 알았어요.	
상담사	그렇지요. 어떻게 그것을 아셨어요? 대단하세요. 내가 좀 더 변하면 상대방이 변하고, 또 상대방이 변하면 나도 변하고 그런 것이죠.	칭찬, 강화
내담자	아프고 그럴 때에는 그런 마음을 못 가졌거든요. 조금씩 마음의 문을 열고 변하니까 아이에게도 변화가 오는 것 같아요.	

변화 유지 방법 찾기 내담자는 자신의 변화를 유지하기 위해 매일 교회에 가서 기도하고 있다고 했다. 그리고 기도하러 갈 때 가끔 딸과 함께 가기 때문에 딸도 어머니의 기도의 힘을 알고 있다고 했다. 내담자는 자신의 변화를 유지하는 방법으로 기도를 택하고, 아침마다 스스로에게 '감사합니다.' '기뻐합니다.'라는 말을 하고 있고, 이러한 말을 계속 외우면서 변화를 유지시켜 가겠다고 했다.

상담사는 내담자와 함께 변화를 유지하기 위한 방법을 찾고, 이를 지속시키고자 하는 자신감, 동기 등에 대해 의견을 나눴다.

표 10-9 변화 유지 방법 찾기

구분	상담내용	개입
상담사	네, 그럼요. 제가 보기에도 어머니는 참 많이 변하셨어요. 따님이 어머니를 위하고 또 변했는데, 이것을 우리가 잘 유지해야 하잖아요? 어떻게 하면 이 상태를 잘 유지할 수 있을까요?	변화 유지 방법을 탐색하기 위한 질문
내담자	솔직히 항상 감사하고, 기뻐하는 마음을 갖거든요. 자고 일어나 감사하고, 기뻐하면 점점 나아지는 일이 생기지 않을까 생각하고요.	
상담사	어떻게 해야 그런 감사하고, 기뻐하는 마음이 생길까요?	행동화를 위한 질문
내담자	제가 예전에 아프면 감당을 못했는데요. 하나님을 섬기니까 더 감사하게 되네요.	
상담사	아, 그렇군요. 기도하시는군요?	칭찬을 위한 질문
내담자	네, 딸이 속상하게 해도 '감사합니다.' '기뻐합니다.'라고 저 혼자서 계속 그렇게 세뇌를 해요. 그럼 또 활력을 찾아서 일을 하고요.	
상담사	어머니가 감사기도를 소리 내서 하시면 힘이 나고, 다시 기쁘고 감사하는 마음을 갖게 되고…… 그럼 따님은 '우리 엄마가 정말 감사하고, 기뻐하는 생활을 하는구나.'라는 것을 어떻게 알 수 있을까요?	내담자에게 중요한 딸을 활용한 관계성 질문
내담자	대화나 선생님이 내준 과제, 그런 걸 하고 매일같이 기도하는데요, 딸애가 몇 번 기도하는 데 따라왔거든요. '엄마가 기도하면서 일이 잘 풀리고 있구나.' 이렇게 알 수 있을 것 같아요. 교회에 드럼이 있으니까 그것을 치러 저를 따라오죠. 그러면서 대화하는 시간이 많아지고, 함께하는 시간이 많아져서 좋아졌어요.	
상담사	따님과 함께 다니면서 나빠질 수 있는 것도 있을 수 있었을 텐데, 어머니가 잘 끌어 가시고 하니까 좋아졌네요.	칭찬

(3) 종결하기

이 회기가 상담의 종결 회기이므로 상담사는 그동안의 상담 과정에서 나타난 내담자의 강점과 변화 내용을 재확인했다. 동시에 내담자가 제시한 변화 유지방법도 재확인함으로써 이 변화를 유지할 수 있도록 도왔다. 마지막으로 언제라도 상담사와 내담자가 다시 만날 수 있다는 것을 알려 주었다.

표 10-10 종결 메시지

구분	상담내용	개입
상담사	제가 처음부터 정리해 보니까 어머니가 정말 대단하신 것 같아요. 어머니께서는 지혜롭고 좋은 아이디어를 가지고 직접 행동으로 옮기는 힘이 있으신 분이라는 생각이 듭니다. 몸이 아플 때에도 따님과 부딪히지 않으려고 교회에 가서 기도하시고, 가능하면 따님의 말을 잘 들으려고 한다든지 하셨기 때문에 따님의 상태도 좋아졌네요. 어머니가 많은 노력을 하고, 어려움을 참아 내셨기에 80점까지 도달하는 지금의 상대를 만드신 것 같아요. 굉장히 강하시고, 희망을 잃지 않고, '좋아질 것이다.' '나아질 것이다.'라는 긍정적인 삶의 태도를 가지고 계신 분 같아요. 따님이 원하는 학원도 그렇게 잘 가게 되었고, 구청에서 약속도 받으시고, 교회에서 드럼도 받게 되고…… 어머님은 일자리도 있으시고…….	칭찬
	여러 가지 좋은 상태에 있는 것은 다 어머님의 노력이 있어서 가능했던 거죠. 이러한 것을 유지하는 방법도 잘 알고 계시고요.	
	어머니가 이런 힘이 있으시고 아이디어가 있으신 분이어서 제가 이런 과제를 드립니다.	연결문
	힘들 때 더 기도하고, 감사하는 마음으로 기도하고, 그렇게 하시길 바랍니다.	과제
	이제 따님이나 어머니가 또 이렇게 생활하시다가 다시 저를 만나고자 할 때 연락을 주세요. 따님이 혼자 오고 싶다고 하면 그렇게 할 수도 있고, 어머니와 같이 오고 싶다면 같이 올 수도 있지요. 언제라도 좋습니다. 연락 주세요. 혹시 그 외에 저와 이야기하고 싶은 것이 더 있으신지요?	

이번 상담 회기가 마지막 회기였기 때문에 내담자는 상담사에게 감사하다는 표현을 했다.

표 10-11 **종결 후의 감사 표현**

구분	상담내용	개입
내담자	딸이 좀 더 이해해 주고 그런다면 아무리 어려워도 잘 살아갈 수 있죠.	
상담사	엄마 아프다고 귤껍질 끓여 주고, 파뿌리 끓여 주고……. 따님이 마음이 있으니까 인터넷을 찾아서 직접 해 주고, 또 이런저런 것을 해 주겠다고 하는 거죠. 그러니까 정말 많이 달라진 거예요. 아까도 말씀드렸지만 변화라는 것은 갑자기 크게 일어날 수는 없어요. 조금씩 변하는 거죠. 어머니는 힘이 있으셔서 앞으로도 계속 좋은 방향으로 나아갈 수 있다고 확신합니다.	칭찬
내담자	딸과 이렇게 잘 지낼 수 있도록 해 주셔서 너무나 감사합니다.	
상담사	어머니 표정이 밝아지고, 좋아지니까 제가 감사하네요.	
내담자	이렇게 상담해 주셔서 정말 감사합니다.	

(4) 평가하기

이 사례는 3회의 상담을 하기로 의뢰기관과 계약을 하고 진행하였다. 의뢰기관이 제시한 문제는 두 번의 결혼과 이혼을 한 내담자의 건강의 어려움과 경제적 문제였다. 그러나 첫 상담 회기에서 내담자는 자신의 목표가 딸과의 관계를 개선시키는 것이라고 했다. 3회의 상담 회기를 통해 내담자가 이러한 목표를 달성했음을 확인했다.

이 사례의 상담 효과를 평가하기 위해 객관적인 평가도구는 활용하지 않았다. 대신에 상담 과정에서 나타난 내담자의 언어적 표현에 근거한 평가의 방법을 활용했다. 첫째 방법으로 척도질문을 활용하였다. 내담자가 표현한 자신의 상태에 대한 점수는 다음과 같다.

1회기: 2~3점

2회기: 5~6점(내담자가 50~60점으로 표현한 것을 10점 척도화한 것임)

3회기: 7~8점(내담자가 70~80점으로 표현한 것을 10점 척도화한 것임)

또한 내담자는 딸과의 관계가 좋아졌다는 언어적 표현을 했다(〈표 10-6〉, 〈표 10-8〉 참조). 이를 통해 상담사는 내담자의 목표가 달성되었음을 확인할 수 있었고, 내담자도 종결을 원하여(계약 참조) 종결이 가능했다.

추후에 상담이 필요하면 언제라도 다시 만날 수 있도록 하고 종결했다.

복습 문제

1. 앞의 사례에서 내담자의 목표는 어떻게 만들어졌는가?

① 상담사의 평가 ② 의뢰기관의 의견
③ 검사도구 활용 결과 ④ 내담자의 요구
⑤ 상담사의 조언

2. 앞의 사례의 상담 과정에서 활용한 해결중심치료의 기법으로 옳지 않은 것은?

① 보람질문 ② 기적질문
③ 척도질문 ④ 관계성질문
⑤ 문제 원인 질문

3. 앞의 사례에서 상담의 마지막 시간에 상담사가 제공한 것에 관한 설명으로 옳은 것은?

① 전문가 의견 ② 치료적 피드백인 메시지
③ 상담사의 상담 요약 ④ 설문지
⑤ 명상 시간

4. 앞의 사례에서 내담자가 상담에서 설정한 주요 목표에 관한 설명으로 옳은 것은?

① 직업 구하기 ② 딸과의 긍정적 관계 형성하기
③ 재정 문제 해결하기 ④ 건강 개선하기
⑤ 경제적 지원받기

5. 앞의 사례에서 상담결과의 평가에 활용된 것은?

① 상담자의 평가 ② 객관적 평가도구
③ 내담자의 언급 ④ 보람질문
⑤ 기적질문

소집단 토론

1. 의뢰기관이 제시한 내담자의 문제를 상담사는 어떻게 다룰 것인지 토론해 봅시다.

2. 앞의 사례의 상담에서 내담자에게 중요한 사람을 어떻게 활용하고 있는지 토론해 봅시다.

3. 내담자의 하소연에 대한 상담을 해결중심치료에서는 어떻게 다루고 있는지 토론해 봅시다.

나의 요점 정리

✎...

복습 문제 정답: 1. ④ 2. ⑤ 3. ② 4. ② 5. ③

제11장

이야기치료 모델

이 장에서는 이야기치료 모델의 배경과 가정, 이야기치료 모델 상담사의 자세, 이야기치료 모델의 개입 과정을 소개한다. 이야기치료의 배경과 가정으로서 이야기치료의 세계관, 이야기치료의 원리, 이야기치료의 인물들에 대해서 검토하고, 이야기치료 모델 상담사의 자세에 대해 설명하며, 이야기치료 모델의 개입 과정에서는 외재화 등의 기법을 실제 사례와 함께 소개한다.

> 인간의 정체성은 대인관계에 기초하고 있다. 내담자의 대인관계는 내담자 인생클럽의 회원들로 이루어져 있다. 회원들은 내담자의 과거나 현재, 미래의 삶에서 중요한 사람들이면서 내담자의 정체성 구성에 영향력을 행사할 수 있는 사람들이다. 내담자는 이 회원들과의 대화를 통해 자신의 삶에 존재하는 여러 관계를 수정할 수 있다. 회원의 지위를 올리기도 하고 내리기도 하며, 어떤 회원이 만들어 주는 의미는 더욱 소중해지기도 하고, 어떤 의미는 폐기해 버릴 수도 있다.

1. 이야기치료 모델의 배경과 가정

인류의 역사는 정반합(正反合)의 변화를 겪으면서 흘러간다. 중세시대는 절대자 신을 중심으로 한 시대로 개인의 인간성이 무시되었고, 인간성에 관한 한 암흑

기와 같았다. 이에 대한 반동으로 그 후에는 인간의 본성과 힘을 강조하는 낭만주의 시대가 도래하여 18세기 후반과 19세기에 번창하였다.

19세기 말 20세기 초반에는 과학과 공업이 발달하기 시작하면서 사람들은 과학을 통해 우리가 사는 세상에 대해서 '객관적인' 사실들을 발견할 수 있으며, 이 세상에 대해 일반적으로 적용할 수 있는 이론들을 개발할 수 있다고 생각하게 되었다. 이를 근대주의(modernism)라고 한다. 세상은 설명될 수 있는 원칙으로 잘 짜인 곳이며, 체계적인 관찰과 엄격한 추론을 통해 이 원칙을 발견해야 하는 것이 인간의 몫이라고 생각했다. 그러나 인간은 점차적으로 우주를 정확하게, 객관적으로 측정하거나 파악하기 어렵고, 과학적 원칙에도 예외가 많다는 것을 발견하게 되었다. 우주의 묘사나 측정에 있어 인간의 능력에 한계가 있다는 것을 알게 되면서 근대주의에 대한 비평이 20세기 중반 즈음에 생겨나게 되었다.

근대주의에 비평을 가한 탈근대주의자들(postmodernists)은 현실은 필연적으로 주관적이며, 사람 사이에서 구성되는 것이라고 생각하게 되었고, 사실과 규칙보다는 예외와 의미에 관심을 가지게 되었다. 의미를 추구하고 탐색하면서 탈근대주의자들은 19세기 과학보다는 인문학에서 은유를 발견하고 사용하는 것이 유용함을 알게 되었다.

한편, 상담 전문가들도 탈근대주의적 자세를 가지게 되었으며, 상담사가 근대주의적 자세로 상담할 때 내담자는 기술과 지식을 갖춘 전문가에게 치료를 받는 무기력하고 수동적인 대상이 된다는 사실을 인식하게 되었다. 탈근대주의 이전의 상담사들은 내담자를 고쳐야 하는 대상으로, 상담사는 전문지식으로 무장하여 모든 것을 알고 있는 총명한 인간으로 여겼다. 그러나 탈근대주의적 자세를 가지게 되면서 상담사는 고장난 기계를 고치는 기술자처럼 일해서는 안 되겠다고 생각하게 되었고, 동일한 상황도 개인마다 그 의미가 다르다는 사실을 발견하게 되었다. 내담자가 가지고 있는, 그러나 현재는 묻혀 있는 지식이나 경험을 되살리게 하는 질문을 함으로써 내담자가 삶에 의미를 가지고 다시 살아가도록 돕는 일이 중요하다는 것을 깨닫게 되었다.

이야기치료는 탈근대주의 사조의 하나인 사회구성주의와 관련이 깊다. 사회구성주의는 사람의 인식은 사회적 교류에서 생기며, 언어가 이 교류의 매개가 된다고 본다. 즉, 개인은 언어를 통해 자신의 세계를 만들어 간다고 본다. 이야기치료의 상담사는 치료라는 용어 대신에 자문이라는 용어를 자주 사용하는데, 가족이 자문을 요청할 때 이야기치료 상담사는 이전의 가족치료 상담사와는 달리 가족의 행동을 평가하려고 하거나 그 행동을 가족의 역기능이 표면에 드러난 것이라고 생각하지 않는다. 대신에 가족이 자신의 삶과 관계에 대해서 빈약한 결론을 내리고 있다고 본다. 즉, 내담자는 이미 자신의 문제에 대응할 지식과 기술을 가지고 있지만, 현재로서는 지식과 기술이 거의 드러나 보이지 않을 정도로 삶에 대한 이야기가 빈약하기 때문에 상담사의 역할은 내담자가 삶의 지식과 기술을 기억하여 자존감을 되찾을 수 있도록 돕는 것이라고 본다. 특히 내담자가 자신의 인생을 형성하는 데 있어서 어느 정도 영향력을 가지고 있다는 인식, 즉 주체의식(personal agency)을 가질 수 있도록 돕고자 하는 것이다(White, 2005). 내담자가 정체성을 재구성하도록 돕는다는 것은 마치 우리가 아름다운 색실을 가지고 수를 놓으면 점차 그림이 완성되어 나타나듯이, 주체의식을 가지게 하는 이야기를 엮을 수 있도록 돕는 것이라고 할 수 있다. 여기서는 이러한 치료적 자세의 바탕이 되는 이야기치료의 세계관과 원리, 이야기치료의 인물들에 대해서 검토해 보고자 한다. 이야기치료의 기법을 적절히 사용하기 위해서 먼저 이야기치료의 바탕이 되는 생각을 이해함이 중요하다.

1) 이야기치료의 세계관

이야기치료의 세계관을 이해하면 권력, 지식, 진실이 가족이나 사회에서 협상되는 방식을 이해하는 데 도움이 된다. 이러한 목적으로 이야기치료의 세계관을 검토해 보면 다음과 같은 특징을 볼 수 있다(Freedman & Combs, 1996).

(1) 의미는 발견되는 것이 아니고 만들어진다

문제행동을 하는 한 소년이 있다고 가정하자. 이 소년의 문제행동을 '가족 때문이다.' '관심을 끌고 싶어서이다.' '사춘기 탓이다.' '스트레스 탓이다.'라고 설명하는 것은 '바깥에 있는 어떤 것'이 사람에게 무엇을 하게 만들거나 사람 속에 있는 어떤 것이 행동을 유발하며, 우리는 이러한 사실을 발견한다고 보는 견해이다. 그러나 이야기치료에서는 이와 반대로 내가 어떤 사람이냐 하는 것은 사람들에 의해서 만들어지는 것이라고 본다. 우리가 어떻게 말하느냐, 우리가 언어를 통해 다른 사람과 어떻게 의미를 만들어 내느냐가 개인의 행동과 자신이 누구인가라는 정체성을 만들어 낸다고 본다. 예를 들어, 내가 나의 동생과 얘기 중에 과거에 동생을 잘 돌본 일들에 주목하며 얘기를 나누게 되면 나의 정체성 중 동생을 잘 돌본 누나라는 정체성이 부각되는 것이다. 이와 같이 의미는 사람 사이에서 만들어지는 것이다.

(2) 개인의 정체성은 사회에 퍼져 있는 담론의 영향을 받는다

담론이란 한 문화 속에 널리 퍼져 있는 사회에 대한 신념이다. 일반적으로 사람들은 담론에 매우 익숙해서 담론으로부터 듣는 메시지를 분별하지 못할 수도 있다. 그런데 우리가 담론을 인식하든지 못하든지 간에 담론은 우리가 말할 수 있는 이야기와 들을 수 있는 이야기를 제한할 수 있다. 즉, 나는 나의 정체성을 타인과 함께 유용 가능한 담론으로부터 만들며, 이 담론은 다시 내가 남에게 어떻게 행동

어머니 담론

가족과 관련하여 어머니에 관한 담론을 살펴보자. 이 담론에 의하여 어머니는 자녀를 위해 언제나 자녀 곁에 있어야 하고, 집안일에 책임감을 가져야 하는 존재이며, 가족의 뭔가가 잘못되면 그것이 아내 학대이든 아동 성학대이든 간에 많은 가족상담사가 어머니를 문제로 보았다. 어머니 자신도 이 담론에 의해 영향을 받았기 때문에 '슈퍼우먼'이 되지 못할 때 죄책감을 느끼는 경우가 있다. 이 경우는 개인의 정체성이 사회에 퍼져 있는 담론의 영향을 받은 사례라고 할 수 있다. 여성주의자들은 어머니에 관한 이러한 담론을 '어머니 비난' 담론이라고 비평하고 있다.

해야 하는가를 규정한다.

(3) 개인의 정체성을 만드는 데 지식, 권력이 영향을 미친다

의미를 만들거나 우리가 바라는 정체성을 만드는 데 권력이 영향을 미친다. 문화적 규범과 사회적 지위도 정체성 형성에 영향을 미친다. 푸코(Foucault, 1980, Freedman & Combs, 1996 재인용)에 따르면 모든 대인관계는 여러 가지 생각과 담론이 서로 갈등하고 발전하는 경쟁터이다. 즉, 권력에 따라서 어떤 사회적 이야기는 좀 더 정당하다고 여겨지며, 이에 따라 사람도 좀 더 정당화되기도 하고, 좀 덜 정당화되기도 한다.

예를 들어, 정신병리에 초점을 두는 정신건강 병원에서 일하는 체계론적 상담사가 있다면 이 상담사의 체계론적 생각은 병원에서 환영받지 못할 가능성이 많다. 다른 예로, 어떤 회사원이 영리를 목적으로 하는 회사에서 박애주의 정신을 가지고 이윤과 상관없이 일하려고 한다면, 즉 그 기관의 담론에 맞추지 않는다면 그는 조직에서 주변화될 것이다. 한 사람의 직장 내 업무 효과성이나 인정받는 정도는 그 직장의 규범, 지식, 권력에 의하여 결정되기 때문이다.

(4) 상담사는 중립적 · 객관적 관찰자일 수 없다

상담사는 상담실에서 중립적이고 객관적인 관찰자일 수 없다. 상담실에서 내담자가 하는 이야기는 상담사가 어떤 사람인지와 밀접한 관계가 있는데, 내담자가 말함으로써 의미를 만드는 것처럼 상담사도 상담에서 말함으로써 의미를 만들기 때문이다. 내담자가 무슨 이야기를 하는가는 상담사의 생각, 감정, 성, 원가족, 인종, 계급 등과 많은 관련이 있기 때문에 상담사는 단순히 객관적이고 중립적으로 기술을 적용하는 전문가가 아니다. 따라서 상담사는 개인으로서의 자신을 조심스럽게 비평적으로 들여다보아야 한다. 다음의 사례는 상담사 개인의 삶이 상담에 어떤 영향을 미치는지를 보여 준다.

사례

모녀 갈등으로 상담실에 온 모녀를 상담한 어떤 여성 상담사의 경우, 몇 회 동안 이 모녀를 상담했지만 모녀를 화해시키지 못하였고, 상담사는 이 모녀의 갈등을 자신이 진정으로 이해하고 있는지 스스로에게 질문하게 되었다. 그리고 모녀에게 자신의 상담 방향이 틀린 것 같다고 솔직하게 말했다. 둘을 화해시키려는 것이 그들에게는 어쩌면 최악의 것일 수도 있는데, 상담사 자신이 딸과 사이가 멀어져 있었기 때문에 내담자 모녀를 화해시키려고 너무 지나치게 노력했을지도 모르겠다고 말했다. 이 상담 사례처럼 상담사는 완전히 객관적인 관찰자일 수는 없는 것이다.

늦게나마 이 상담사는 치료에서 벌어지고 있는 일이 자신의 삶과 밀접하게 관련 있다는 것을 인식하고 행동했던 것이다.

(5) 지식이나 의미는 해체가 가능하다

지식이나 의미가 만들어지는 것이라고 본다면, 지식이나 개념의 해체(deconstruction)도 가능할 것이다. 예를 들어, 어떤 사람이 결함이 있다고 기정사실화하기보다는 그가 가지고 있다는 정신병리나 결함의 개념에 어떤 종류의 문제정체성 담론(discourse of problem identity)이 들어 있는지를 나누어 본다면 기존 지식의 해체도 가능할 것이다. 거식증의 사례에 이를 적용해 본다면, 기존의 지식으로는 거식증을 정신증이나 심리적인 문제로 보았지만 특정한 사회적 배경에 바탕을 둔 행동, 생각, 관습이 연결된 것으로 볼 수도 있다. 즉, 사회가 여성의 다이어트, 화장, 옷 등을 중요하게 생각하고 여성다움을 강조함으로써 여성이 유행에 민감해지거나 사회가 원하는 몸매와 모양을 갖추려 하게 되며, 이 때문에 결국 거식증도 생긴다고 볼 수 있다. 즉, 거식증은 사회가 내담자에게 강요한 문제정체성 담론이 만들어 낸 결과물로 볼 수 있다는 것이다. 이와 같이 내담자가 사회에 퍼져 있는 지배적 이야기의 영향을 받아 행동했다면, 지배적 이야기가 내담자에게 준 영향을 깨닫고 내담자가 자신의 고유한 입장을 정리할 때 자신의 생각, 믿음, 행동에 의해서 살아갈 수 있을 것이며 이 과정에서 상담사가 도울 수 있을 것이다.

2) 이야기치료의 원리

이야기치료의 기본 원리로 다음과 같은 것을 생각할 수 있다(Morgan, 2000; Sween, 2001).

(1) 이야기치료에서는 개인의 삶에 여러 가지 이야기가 존재한다고 본다

이야기치료에서는 개인의 삶을 여러 가지 이야기로 이야기할 수 있다고 본다. 부모가 상담실에 와서 '저희 아이는 공부에 관심이 없어요.'라고 할 때, 이는 이 아이의 한 측면만을 이야기하는 것이다. 이 아이는 친구들과 잘 지내고, 동생에게 좋은 형이며, 파충류에 관심이 많은 아이이다. 이 외에도 아직 드러나지 않은 여러 이야기를 가지고 있는 아이이다. 이와 같이 이 아이의 삶에는 여러 가지 이야기가 있으나, 아직 일부만 드러나 있을 뿐이다. 따라서 지배적인 문제 이야기로 인해 잘 드러나지 않은 이 아이의 이야기를 상담사가 내담자와 함께 발견하는 것이 중요하다.

(2) 이야기치료는 사회적으로 구성된 개인의 정체성이 그 개인에게 잘 들어맞는지에 관심을 가진다

이야기치료에서 개인의 정체성은 그가 살고 있는 문화와 역사에 의해서 그리고 타인과의 관계에 의해서 만들어진다고 본다. 그러므로 타인이 나를 어떻게 바라보는지는 내가 나 자신을 어떻게 바라보는지 만큼 영향력이 있다고 본다.

여성이 일과 가정을 완벽하게 소화하길 기대하는 사회에서 여성들은 사회의 기대에 못 미친다고 생각할 때 자신을 부족한 엄마로 인식하며, 자신에게 결함이 있다고 생각한다. 이 경우는 사회가 제시한 정체성이 이 여성에게 잘 맞지 않는 경우이며 이야기치료 과정을 통해 이 여성이 부정적 이야기에서 벗어나서 자신의 정체성을 새로 발견하거나 선호하는 정체성을 만들어 가도록 돕는다. 즉, 상담사와 내담자가 공동으로 내담자가 선호하는 정체성을 만들어 간다.

(3) 이야기치료에서는 개인의 삶에서 일어나는 의미 있는 사건을 연결해 주는 줄거리 만들기에 관심이 있다

이야기치료에서는 한 개인의 삶에서 드러나는 주제를 이해하고자 한다. 개인의 삶에는 수많은 경험이 있는데, 이야기치료 상담사는 '내담자가 해 온 모든 경험 중에서 가장 중요하게 의미 있는 것이 무엇인가?' '지금까지 내담자에게 어떠한 선택, 의도, 관계가 중요했나?'와 같은 질문을 하면서 작은 경험들을 연결하여 큰 줄거리를 만들려고 한다. 이야기치료에서는 개인의 삶에서 큰 줄거리를 구성하는 작은 이야기들이 개인의 경험에 영향을 주는 중요한 경험들이라고 가정한다. 이와 같이 이야기치료에서는 개인의 삶에서 일어나는 여러 사건을 연결할 줄거리(plot)를 만드는 일에 관심을 가진다.

(4) 이야기치료는 개인의 경험 이야기를 취사선택하는 렌즈 같은 역할을 한다

이야기치료는 사람이 카메라 렌즈를 사용하는 것과 유사한 측면이 있다. 이야기는 개인의 경험을 여과(filtering)하는 효과가 있어서 어떤 정보는 관심을 받지만 어떤 정보는 관심을 받지 않기 때문이다. 내담자가 상담에 올 때에는 부정적 이야기가 초점에 놓인 때이며, 상담사는 이야기치료를 통해 렌즈의 초점을 다시 조절하여, 즉 대안적 이야기를 발견하여 내담자가 삶을 재형성하도록 돕는다.

언니에 관한 대안적 이야기

나는 나를 '좋은 언니'로 이야기할 수 있다. 나는 이런저런 사건들을 묶어서 내가 좋은 언니라는 것을 증명할 수 있도록 이전에 일어난 일을 해석할 수 있다. 동생에게 공부를 가르쳐 주었던 일, 부모님 대신에 어린 동생을 돌보았던 일, 동생이 잘못할 때 따끔하게 꾸중했던 일 등 좋은 언니라는 이야기를 만들어 내기 위해 나는 이 줄거리와 잘 맞는 사건들을 골라내서 이런 사건들에 초점을 맞춘다.

이야기가 좀 더 풍요로워지면 좋은 언니에 맞는 사건들이 더 잘 기억나고, 줄거리에 덧붙여지게 된다. 이런 과정을 통해서 좋은 언니에 관한 이야기는 더 전면으로 부각되고, 현재의 나뿐만 아니라 미래의 나에게도 영향을 미치게 된다. 내가 좋은 언니라는 이야기를 가지고 있을 때 계속해서 좋은 언니이고 싶을 것이다. 그러므로 내가 현재 가지고 있는 이런 이야기는 나의 현재 삶에 영향을 미치고, 나의 미래의 삶까지도 만들어 간다.

언니에 관한 지배적 이야기

내가 만약 동생과의 관계에서 불편한 사건을 겪게 되고, 다른 사람이 이를 주목하기 시작한다면 동생과의 관계에 대한 다른 이야기가 시작될 수 있다. 부정적인 사건에 초점이 맞추어지고, 그 사건에 대한 타인의 해석, 나의 해석이 나를 좋지 않은 언니로 바꾸어 갈 수 있다. 한동안 나는 이런 이야기를 가지고 살아가게 될 수도 있다. 좋지 않은 언니에 관한 부정적 이야기가 나의 삶의 지배적 이야기로 떠오를 수도 있다.

3) 이야기치료의 인물들

이야기치료의 대표적 인물로는 호주의 화이트(M. White), 뉴질랜드의 엡스턴(D. Epston), 미국의 프리드만(J. Freedman), 콤스(G. Combs) 등이 있다. 어느 상담 모델에서나 그렇듯이 모델의 개발자들은 그가 살고 있는 시대의 학문적 · 철학적 사조의 영향을 받기 때문에 상담 이론과 모델에 이러한 사조가 반영된다. 우리나라에 가장 많이 알려진 화이트와 엡스턴도 여러 철학자, 역사학자로부터 영향을 받았는데, 화이트와 엡스턴 등 이야기치료 상담사에게 영향을 준 학자로 푸코, 마이어호프, 베이트슨에 대해 살펴보면 다음과 같다.

푸코(M. Foucault)는 프랑스 철학자이자 역사가였는데, 개인의 정체성은 사회제도의 영향을 많이 받는다는 것을 발견하였다. 또한 권력이 존재하는 곳에 저항이 존재한다고 보았다. 푸코의 이런 생각들은 후에 화이트에게 영향을 주어 화이트가 사회의 권력관계를 이해하는 데 많은 도움이 되었다.

마이어호프(B. Meyerhoff)는 미국의 저명한 시각인류학자로 개인의 정체성은 사회적 산물이며, 정체성은 관계에 의해 형성된다고 보았다. 마이어호프의 이론 중 회원재구성 등은 현재 이야기치료에서 사용되는 개념들이다.

베이트슨(G. Bateson)은 영국의 인류학자, 과학자, 언어학자였는데, 우리가 일상생활에서 사용하는 지도는 지도일 뿐이지 영역(영토)이 아니듯, 누군가에게 혹은 어떤 것에 붙인 이름이 그 대상의 본질을 말하는 것은 아니라고 보았다. 또한 어떤 경험을 언급할 때 언급되지 않거나 표현되지 않는 부분이 표현되는 부분보다 더 많다고 보았으며, 우리가 듣는 단어가 그 대상을 완전히 설명해 주지는 않는다고 주장하였다. 이야기치료에서 사용하는 '지도'라는 개념은 베이트슨으로부터 유래했다. 화이트는 베이트슨으로부터 인식론적 측면에서 많은 영향을 받았다고 밝힌 바 있다(White & Epston, 1990).

화이트는 호주의 사회복지사로서 이야기치료 발달에서 가장 중요한 사람일 것이다. 그는 가족치료 상담사일 뿐 아니라 호주 원주민의 트라우마 치료방법에 대해 많은 자문을 하였으며, 원주민에게 현재 호주 주류사회를 좇아 '이렇게 살아라.'라는 자세로 상담을 하지 않고 이야기치료 접근으로 원주민의 문화를 존중하는 상담을 하여 원주민들이 매우 선호하는 상담사이기도 했다. 그는 호주에서 가정폭력이 공개적으로 논의되는 데에도 많은 기여를 했다고 평가된다.

화이트
(M. White, 1948~2008)

그가 저술한 책의 서문에서 밝힌 바와 같이, 여성주의를 공부한 아내 셰릴 화이트(C. White)의 영향도 많이 받았다(White & Epston, 1990).

엡스턴은 뉴질랜드의 상담사이자 인류학자로서의 경험을 이야기치료 개발에 많이 활용하였고, 뉴질랜드와 호주를 중심으로 이야기치료 워크숍 개최 등 활발한 활동을 하였다. 후에 화이트와 많은 협업을 하게 되었고, 이야기치료 기술에 관심이 많아 『치료목적을 위한 이야기 수단(Narrative means to therapeutic ends)』을 함께 저술하였다.

엡스턴
(D. Epston, 1944~)

프리드만과 콤스는 화이트와 엡스턴에 접하면서 새로운 상담 자세에 눈을 뜨게 되었다(Freedman & Combs, 1996). 두 사람은 전문교육을 받은 중년으로서 상담을 할 때 자신들의 기준에 의하여 내담자를 바라본다는 사실을 깊이 깨닫게 되었다. 예를 들면, 프리드만은 동유럽에서 미국으로 이민 온 가정의 후손인 유대인이자 백인 여성으로 사회복지사, 가족상담사이고, 콤스는 미국 남부 농촌에서 자란 앵글로색슨계의 후손이며, 과거에 침례교도였던 남성 정신과 의사인데, 자신들이 내담자를 바라보는 관점에는 이러한 배경이 만들어 내는 기준이 영향을 준다고 하였다. 이후 정보나 상호작용 유형보다는 이야기 관점으로 문제를 접하고, 체계보다는 문화나 사회에 대해 생각하게 되었다고 하면서 이야기치료 발전에 기여하고 있다(Freedman & Combs, 1996).

2. 이야기치료 모델 상담사의 자세

화이트는 이야기치료 상담사의 자세를 다음과 같이 설명하였다. 즉, 사람은 이미 자신의 문제에 대해서 지식과 기술을 가지고 있지만, 현재로서는 지식과 기술이 거의 보이지 않을 정도로 빈약한 상태인 채로 상담사에게 온다고 본다. 따라서 이야기치료 상담사의 역할은 내담자로 하여금 이러한 지식과 기술을 풍부하게 하도록 돕는 것이다. 돕는 과정에서 상담사가 하는 일은 전략이나 상담기법을 구사하여 내담자를 변화시키는 것이 아니고, 내담자가 자신에 관한 긍정적 이야기의 뼈대를 구성할 수 있도록 질문을 하는 것이다. 상담은 내담자가 자신의 이야기를 다시 쓸 수 있도록 뼈대를 구축하는 일이라고 본다. 이와 관련하여 화이트는 상담 전문가의 입장을 다음과 같이 네 가지로 구별하여 설명하였다(White, 2001; [그림 11-1] 참조).

- **1사분면:** 상담사는 주 저자가 아니지만 질문을 통해 가족 안에서 영향력을 발휘하게 된다. 상담사는 작업 후 영감을 얻고 고취되는데, 화이트는 자신이 여기에 속한다고 하였다.

1사분면 탈중심적이고, 영향력 있고, 영감을 얻음	2사분면 중심적이고, 영향력 있고, 무거운 짐
3사분면 탈중심적이고, 영향력 없고, 새로운 직업을 찾아야 하는	4사분면 중심적이고, 영향력 없고, 지치게 됨

그림 11-1 상담사의 입장 지도

출처: White (2001).

- 2사분면: 상담사가 주 저자이고 가족에게 영향력을 발휘한다. 그러나 상담사는 작업 후 짐을 짊어지게 되는 것과 같이 힘들어한다.
- 3사분면: 상담사가 중심도 아니고, 영향력도 미치지 못한다. 상담사는 아무런 영향을 미치지 못하기 때문에 새로운 직업을 찾아야 한다. 상담사로서 적절한 사람이 아니라고 보았다.
- 4사분면: 상담사가 중심이지만 영향력을 미치지 못하고, 상담사는 작업 후에 지치게 된다.

3. 이야기치료 모델의 개입 과정

이야기치료에서는 이야기가 삶의 내용과 의미를 결정한다고 본다. 우리의 삶에

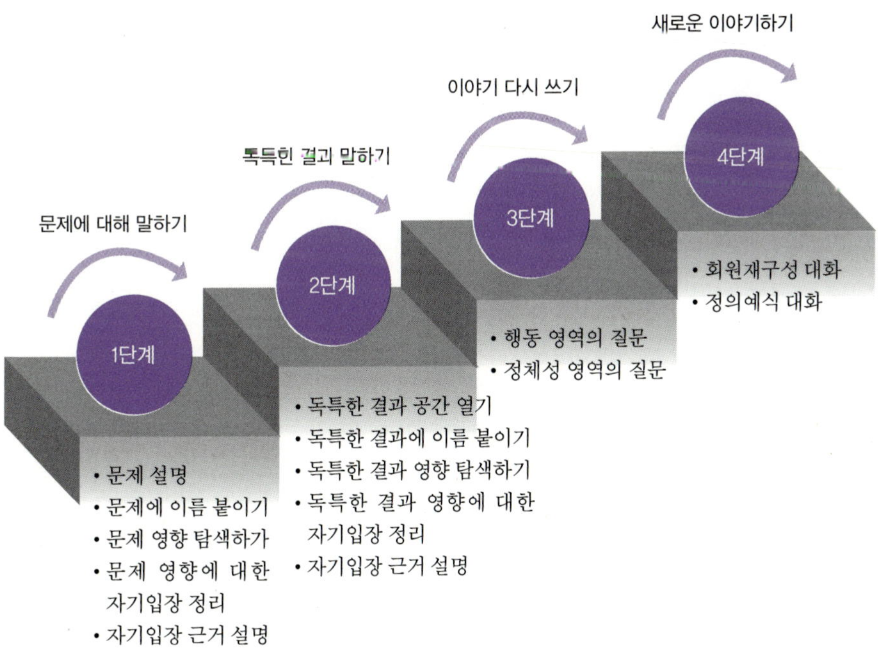

그림 11-2 이야기치료의 과정

출처: 한국단기가족치료연구소(2019).

는 여러 가지 측면이 있기 때문에 하나의 이야기가 풍부하고 복잡한 삶의 여러 측면을 다 표현하지는 못한다. 내담자의 현재 삶에서 두드러지는 이야기 이외에 대안적 이야기들이 많이 있으며, 상담사의 역할은 희미하여 드러나 있지 않은 대안적 이야기들을 전면으로 끌어내어 개인의 삶에서 훨씬 더 중요한 역할을 하도록 만드는 것이라고 볼 수 있다. 이야기치료는 현재 지배적 이야기인 문제 이야기를 해체하도록 돕고, 선호하는 이야기를 다시 쓰도록 돕는 대화로 이루어진다고 볼 수 있다. 이야기치료의 과정은 크게, ① 문제에 대해 말하기, ② 독특한 결과 말하기, ③ 이야기 다시 쓰기, ④ 새로운 이야기하기의 네 단계로 이루어진다. 이 과정은 반드시 순서대로 이루어지는 것은 아니고, 선택적으로 또는 반복적으로 진행될 수 있다.

1) 문제에 대해 말하기

(1) 문제 이야기를 경청하고 문제를 외재화하기

문제에 이름 붙이기 현재 문제가 되고 있는 이야기를 해체하는 첫 번째 방법이 문제를 외재화하는 것이다. 우리는 내담자와 문제를 동일시하거나 내담자 자체를 문제로 여기는 경우가 있는데, 이런 것이 오랫동안 지속되면 사람은 문제 자체를 자신의 정체성으로 받아들이게 된다. 이에 이야기치료에서는 외재화 작업을 통해 문제를 사람으로부터 떼어 내기 위해 내담자와 함께 문제에 이름을 붙이는 의인화 작업을 한다.

> "만일 너의 ADHD에 이름을 붙인다면 뭐라고 할 수 있을까?"
> "어머님을 힘들게 하는 이것을 뭐라고 부르면 좋을까요?"

문제에 대해 자세히 설명하기 문제에 이름을 붙인 뒤에는 문제가 처음 나타난 때, 그 존재를 깨닫게 된 과정, 의인화된 문제의 목적, 의도, 전략 등에 대해 질문한다. 문제를 만드는 지배적 담론(예를 들어, 사회의 관습)의 유래에 대해서도 질문한다.

"언제 '성질'이 너에게 다가왔니?"

"도대체 '갈등'은 왜 어머님의 모녀 관계를 떠맡으려고 할까요?"

"직장을 가진 엄마는 슈퍼우먼이 되어야 한다는 생각은 어디서 나온 거지요?"

문제를 외재화하기 기법을 확장하여 가족을 억압하는 증상을 외재적 상징물, 또는 비유물로 가족과 함께 재창조하는 상징적 외재화 의식을 활용할 수도 있다. 문제를 상징하는 상징물을 선택하게 한 후, 내담자로 하여금 상징물과의 관계와 그 상징물에게 말하고 싶은 바를 말하게 한다. 내담자는 상징물과 직접 대화하고, 가족끼리도 상징물에 대해 대화한다. 상징물에 대한 가족의 관계 중 변화 가능한 것이 있는지를 검토하고, 이를 증폭시킨다. 마지막으로 상담사와 가족은 일단 상징물을 정복하면 무엇을 할 것인지를 함께 정한다. 상징적 외재화 의식은 장기간 문제에 시달렸거나, 변화가 없거나, 악화된 가족에게 유용하며, 적용한 예는 다음과 같다.

사례: 상징적 외재화 의식

현우는 인터넷 과잉 사용 문제로 부모가 상담실에 데려왔다. 현우의 가족 중에는 알코올 중독으로 사망한 사람도 있고, 도박 중독이었던 사람도 있어서 현우의 부모는 중독에 관해 매우 걱정하고 있었다. 현우는 인터넷을 많이 사용하기 시작하면서 성적이 떨어지기 시작했다. 현우 자신도 변하기를 원했지만, 인터넷 사용에 대해서 스스로 통제할 수 없다고 느꼈다.

부모는 현우의 변화 능력에 대해서 상당히 부정적이었다. 예외도 전혀 없었고, 어떤 일이 일어나기를 바라는지 부모는 기적 그림을 상상하지 못했다. 상담사가 "어떻게 해서 상태가 더 나빠지지 않나요?"라고 묻자 부모는 더 비관적으로 대답하였다. 가족은 현우의 '인터넷 중독문제'를 '인터넷'으로 외재화한 후에 '인터넷'의 외재적 상징을 무엇으로 할지 가족과 찾아보았다. 현우는 '인터넷'을 상징화하기 위해서 컴퓨터 게임에 나오는 악한인 '디아블로'를 떠올렸다. 외재화 질문을 하는 동안에 상담사는 가족에게 상담사의 책상 끝에 시중에서 판매하는 악한 '디아블로' 피겨를 놓고 그 악한과 자신들과의 관계에 대해 무엇이라고 말하고 싶은지를 물었다. 집에서 하는 과제로는 가족에게 매일 저녁마다 악한 '디아블로'를 앞에 두고 '디아블로'에게 20분 동안 말하고, '디아블로'가 그들의 삶과 관계에 미치는 영향에 대해 토론하도록 했다. 그리고 다음 상담에 '디아블로'를 가져오라고 요청했다.

다음 상담에서 가족은 논쟁이 줄었으며, 현우는 그동안 인터넷 게임을 하지 않았다고 했다. 아버지는 '현우가 문제가 아니라' 현우는 단지 '인터넷의 발달과 기술의 지나친 상업적 활용의 희생양'일 뿐이라고 말했다. 상담사는 가족이 '디아블로'에 대해서 어떤 이야기를 나누었는지 물어보았다. 어머니는 '디아블로'(인터넷 중독의 외형적 상징)가 '현우의 삶을 끝장내는' 것을 막겠다고 말했다고 했다. 현우는 '디아블로'가 자신을 '학교에서 낙제하게' 놔두지 않겠다고 하면서 방의 다른 끝을 향하여 '디아블로' 피겨를 발로 힘껏 걷어찼다.

상담사는 여섯 달에 걸쳐서 이 가족을 4회 더 만나고 종결하였다. 마지막 상담에 가족은 굉장히 찌그러지고 몸체 일부가 떨어져 나간 피겨 '디아블로'를 가져왔고, 현우는 다섯 달 동안 인터넷 게임을 하지 않았다는 놀라운 소식도 가지고 왔다. 이 가족은 마지막 회기에 그들만의 의식을 생각해 냈고, 각자 돌아가면서 '디아블로'를 발로 밟아서 부서뜨렸다. '디아블로'가 완전히 납작해졌을 때 현우는 그것을 자랑스럽게 쓰레기통에 던져 버렸다. 상담사와 가족은 현우에게 박수를 보냈다.

(2) 문제의 영향 탐색하기

문제가 내담자의 삶에 어떤 영향을 끼쳐 왔으며, 현재는 내담자의 삶에 어떤 원치 않는 상황을 만들고 있는지 질문한다. 삶의 여러 영역 중 내담자가 특히 중요하게 여기는 영역(예를 들어, 가족관계, 친구관계)에 초점을 두어 대화를 진행한다. 이 질문을 하게 되면 일반적으로 문제 '자체'에 대해 설명하는 것보다는 훨씬 광범위한, 문제가 개인과 가족생활에 미친 영향에 대해 묘사하게 된다.

"두 사람의 관계가 '우울'이 부재하던 과거에는 어땠나요? '우울'이 함께하는 지금은 부부관계가 어떤가요?"

"어떤 식으로 '분노'가 선생님 자신에 대한 생각에 영향을 미쳐 왔나요?"

사례: '골칫덩어리' 1

민준은 여덟 살 난 소년으로, 유분증 때문에 부모가 상담실에 데려왔다. 유분증은 꽤 오래되었고, 부모가 여러 가지 노력을 해 보았으나 소용이 없었다. 내의를 완전히 적시는 '사고'나 '사건' 없이 지나가는 날이 거의 없었다.

게다가 민준은 변을 아무데나 싸 놓거나 변이 묻은 내의를 집안 여러 곳에 숨겨 놓기도 했다. "유분증이 어느 정도로 여러분의 관계를 지배하나요?" 등의 가족의 삶과 관계에 미치는 유분증의 영향에 대한 상담사의 질문으로 다음과 같은 것을 발견할 수 있었다.

- 유분증은 민준으로 하여금 친구로부터 멀어지게 하고, 학교 공부를 제대로 하지 못하게 하여 민준의 삶을 엉망으로 만들고 있었다. 민준 자신이 보기에나 다른 사람이 보기에 영리하고 밝은 여덟 살 소년 민준의 모습을 보기 어렵게 만들고 있었다.
- 유분증은 어머니에게 엄마로서의 능력과 개인으로서의 능력에 대한 의심을 갖게 하여 어머니의 삶을 우울하게 만들고 있었다. 어머니는 너무 힘들어서 지쳐 있었고, 그로 인해 거의 '포기'하고 싶은 지점에까지 와 있었다.
- 아버지는 계속되는 아들의 유분증 문제로 매우 창피함을 느끼고 있었다. 아버지는 창피해서 가족이나 친구와 거리를 두게 되었다. 직장 동료들에게도 얘기할 수 없는 문제였다. 민준에게 문제가 생기기 이전에는 아버지의 원가족 중 지방에 살고 있는 이들이 서울에 오면 민준네 집에 머물렀으나 이제는 이런 관행을 유지하기가 어려워졌고, 원가족에게 말할 수도 없는 '끔찍한' 비밀을 유지하기도 쉬운 일이 아니었다.
- 유분증은 가족 구성원의 삶에 여러 가지 방법으로 영향을 미치고 있었다. 민준과 어머니의 관계는 예전에 함께하던 재미는 깡그리 없어지고, 이제는 상당히 갈등이 많은 관계가 되었다. 아버지와 민준과의 관계도 유분증이라는 독재자 아래서 상당히 힘들어져 있었다. 민준의 부모는 이제 자신에게 집중하기보다는 대부분 유분증에 초점을 맞춘 대화를 하고 있었다.

(3) 문제의 영향에 대한 자기입장 정리하기

문제가 초래한 결과에 대해 내담자가 어떻게 평가하고 있는지 내담자 입장에 대해 질문한다. 내담자의 삶에서 벌어지고 있는 상황에 대해 내담자가 어떤 입장인지를 밝히기 위한 것이다. 즉, 주체성을 가진 개인으로서 내담자가 문제와의 관계에서 자기 위치를 자리매김하도록 하기 위한 것이다.

"'우울'이 부부관계를 힘들게 한다고 하셨는데, 그에 대해 어떤 입장이신가요?"

"'분노'가 선생님을 매우 힘들게 한다고 하셨는데, 그래도 괜찮은가요?

(4) 자기입장에 대한 근거 설명하기

어떤 이유에서 앞과 같은 입장을 가지게 되었는지, 그러한 입장은 어떤 근거에서 나온 것인지를 질문한다. 특히 내담자의 삶의 목적, 꿈 등에 대해 어떤 영향을 미치고 있기 때문인지를 질문한다. 이러한 질문과 대답이 오가는 동안 내담자는 자기 자신이나 관계 등에서 자신이 원하는 바에 대해 설명하게 된다. 이와 같이 어떤 이유에서 이러한 입장에 놓이게 되었는지를 설명하다 보면 독특한 결과에 대한 본격적인 대화로 옮겨 가도록 할 수 있다.

"괜찮지 않은 이유가 뭔가요? 그런 입장을 갖고 있는 이유가 뭐지요?"

"어떻게 해서 그런 입장을 갖게 되셨나요?"

2) 독특한 결과 말하기

(1) 독특한 결과의 공간 열기

우리는 살면서 다양한 경험을 하지만 그중 몇 가지 경험만을 선택하여 자신에 대한 빈약한 이야기를 쓰며 살고 있다. 선택되지 못한 경험들은 대부분 지배적 이야기와 일치하지 않아서 관심을 받지 못한 것이다. 독특한 결과(unique outcome)는 지배적 이야기와 어울리지 않아서, 점차 무시되는 사건을 가리키는데, 그 당시에는 예측이 어려웠을 수 있지만 큰 의미와 변화 잠재력의 원천이 될 수도 있는 사건을 말한다(어주경, 이선혜, 2025). '예외' 혹은 '색다른 경험'으로 생각할 수도 있다. 이러한 경험을 찾아내는 일은 내담자의 삶에 대한 대안적 이야기를 쓰는 시작점이 된다. 내담자가 아주 작게라도 문제를 통제했을 때, 혹은 문제를 다소라도 처리할 수 있었던 때를 기억하게 하여 자세히 설명하게 한다.

> "지난 상담 이후에도 '골칫덩어리' 때문에 어머니는 계속해서 우울하게 지내셨다는 말씀이시죠? 그런데 혹시 조금이라도 상황이 희망적이라고 생각했던 때가 있으셨나요?"
>
> "'골칫덩어리'가 가족관계를 지배하지 않았던 때가 있었나요? 그건 언제였죠?"
>
> "지난 2주 동안에 '슈퍼우먼'이라는 신화에 맞추어 살려고 하기보다는 어머니 자신의 생각과 판단에 따라 살았던 적이 있나요?"
>
> "혹시 문제가 덜할 때도 있나요? 언제, 어디서, 무엇을, 어떻게 할 때 문제가 덜한가요?"

그런 다음 상담사는 내담자에게 다음의 네 가지 종류의 질문을 한다. 네 가지 질문은 독특한 결과에 이름 붙이기, 독특한 결과의 영향 탐색하기, 독특한 결과의 영향에 대한 자기입장 정리하기, 자기입장에 대한 근거 설명하기인데, 이 네 가지 질문은 '문제에 대해 말하기'와 동일한 논리로 진행되지만 이 경우에는 문제 대신 독특한 결과(색다른 경험)에 초점을 두게 된다. 독특한 결과는 내담자가 문제에 저항했던 행동, 내담자가 지향하는 가치, 내담자가 원하는 삶의 모습 등이 될 수 있다.

(2) 독특한 결과에 이름 붙이기

문제를 외재화하는 것과 같은 방식으로 독특한 결과에 내담자 나름의 용어를 사용하여 이름을 붙임으로써 독특한 결과(색다른 경험)를 더욱 풍부히 설명하도록 권한다. 다음과 같은 질문을 사용하여 내담자가 이름을 붙인 것을 천천히 살펴보는 것은 내담자의 진술을 확장시키고, 그 경험을 풍부히 하는 데 도움이 된다.

"'골칫덩어리' 때문에 온 가족이 힘들게 지내 왔는데, 지난주에는 민준이가 '골칫덩어리'를 제지할 수 있어서 가족이 즐겁게 지낸 적이 있고, 그래서 좋았다고 하셨습니다. 이런 상황에 이름을 붙인다면 뭐라고 하실 수 있을까요?" "'봄날의 햇빛'이라고 이름 붙일 수 있을 것 같아요."

"문제가 덜한 때 어머니가 그런 행동을 하셨다면 어머니의 그 행동을 한마디로 뭐라고 부를 수 있을까요?"

(3) 독특한 결과의 영향 탐색하기

독특한 결과(색다른 경험)가 내담자의 삶 전반에 어떤 영향을 미쳤는지, 내담자 자신이나 대인관계에 어떤 변화가 있었는지를 탐색한다. 독특한 결과의 성격과 발생 상황은 어떠한지, 그런 상황이 어떤 면에서 문제 이야기와 차이가 있는지, 내담자의 기존 이미지에 어떤 면에서 들어맞지 않는지도 질문한다. 나아가 이러한 독특한 결과를 목격한 내담자에게 중요한 사람이 이에 대해 어떻게 생각하겠는지에 대해 추측해 보는 대화를 나눔으로써 독특한 결과의 중요성을 강조하고 단단히 함으로써 이런 경험은 우연한 일이 아님을 확고히 할 수 있다.

"'골칫덩어리'가 '봄날의 햇빛'을 목격했다면 어떤 느낌이 들까요?"

"'봄날의 햇빛'은 식구가 좋아하는 것인가요? 아니면 별로인가요? 부모님이 이 일을 알게 되신다면 뭐라고 말씀하실까요?"

"'봄날의 햇빛'은 식구와의 관계에 어떤 영향을 미치나요?"

(4) 독특한 결과의 영향에 대한 자기입장 정리하기

독특한 결과(색다른 경험)가 내담자에게 미치는 영향력과 그 영향력에 대한 내담자의 입장을 정리하도록 돕는다. 독특한 결과의 중요성을 내담자가 쉽게 인식하도록 도우려면 앞 단계에서 그 사건의 배경이나 방해요인을 충분히 탐색하여 그 의미가 축소되지 않도록 해야 한다.

"이런 변화가 어머니에게 좋은 일인가요? 기분이 어떠세요? 어떤 생각을 하세요?"

"'봄날의 햇빛'이 식구에게 미치는 영향에 대해 어떻게 생각하세요?"

"'봄날의 햇빛'이 가족을 끌어당기는 것에 대해 가족은 어떤 입장인가요?"

이런 질문을 잠시 멈추어서 내담자가 자신의 삶에서 일어난 진전에 대해 생각해 보고, 평가하는 기회를 준다. 내담자들이 변화 경험을 늘 긍정적으로 평가하는 것은 아니므로 내담자가 자신의 복잡한 입장을 이야기할 수 있는 기회를 충분히 줄 필요가 있다.

(5) 자기입장에 대한 근거 설명하기

독특한 결과(색다른 경험)가 내담자에게 미친 영향에 대해 내담자가 가지는 입장의 이유에 대해 질문한다. 내담자가 내린 평가에 대해 '왜'라는 질문을 함으로써 평가에 대한 이유와 근거를 알아보는데, 여기서 나오는 내담자의 응답은 내담자가 삶에서 무엇을 지향하는지에 관해 상담사와 함께 이야기 나눌 수 있는 기회가 된다.

"따뜻한 말이 식구에게 왜 좋은 영향을 미치는지요?"

"어떻게 해서 그런 입장을 가지게 되었나요?"

"왜 그런 입장이시죠? 어머니의 그런 입장을 이해할 수 있는 과거 경험을 한 가지 이야기해 주시겠어요?"

3) 이야기 다시 쓰기

(1) 이야기 다시 쓰기 출발점

이야기치료의 최종 관심은 과거를 재조명하여 삶의 이야기를 다시 쓰게 하려는 것이다. 사람은 우울할 때 현재의 우울한 감정과 어울리는 과거 사건만을 선별해서 생각함으로써 문제로 가득 찬 이야기를 만들어 내는 경향이 있다. 이야기 다시 쓰기는 지배적 이야기에서 벗어나 현재는 간과되고 있지만 잠재적으로 중요

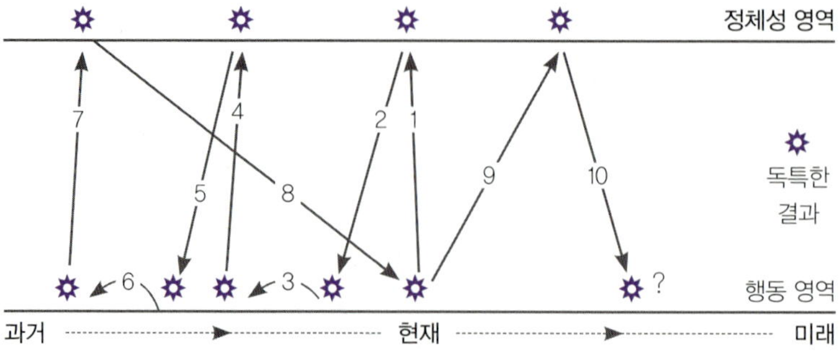

그림 11-3 이야기 다시 쓰기 지도

출처: White (2001).

한 사건이나 경험을 내담자가 이야기 속에 포함하도록 돕는 것이다. 상담사는 이러한 사건이나 경험에 대해 자세히 탐색하고, 이에 관련되는 과거 사건들을 찾아내어 이 사건들이 내담자가 선호하는 주제와 구성을 갖는 이야기로 발전되도록 돕는다.

상담사는 독특한 결과 혹은 색다른 경험과 관련하여 어떤 일이 일어났고, 어떻게 일어났으며(행동 영역 질문), 그 일들이 어떤 의미가 있는지(정체성 영역 질문)에 관해 질문한다. 과거와 현재를 가로지르며 행동 영역과 정체성 영역을 오가면서 여러 가지 질문과 답변이 이루어지는 동안에 내담자는 관심 밖에 있던 삶의 사건이나 행동을 새롭게 조명하고, 자신의 행동 속에 담겨 있는 삶의 가치나 의도를 새롭게 인식하게 된다.

(2) 행동 영역의 질문

내담자는 자신의 경험을 이야기할 때 이야기 형태로 표현한다. 문제가 무엇이든지 간에 사람은 항상 이야기를 가지고 상담실에 오는데, 이야기에는 사건, 순서, 시간, 주제 등의 요소가 있으므로 상담사는 언제, 어디서, 누가, 무엇을, 어떻게 했는가를 중심으로 매우 구체적으로 질문한다.

행동 영역 질문은 다음과 같이 사건과 행동의 영역에 대해 질문하는 것이다.

"네가 '골칫덩어리'의 속임수를 물리칠 때 속으로 '골칫덩어리'에게 물러가라고 외쳤다고 했는데, 어떻게 그렇게 외칠 수가 있었지?"

"어머니, 민수는 도시락을 가져오지 못한 친구와 도시락을 나눠 먹은 일이 있는데, 그와 비슷한 행동으로 어머니가 기억하시는 것으로는 또 무엇이 있을까요?"

상담사와 내담자는 특정한 사건을 중심에 두고 이야기를 구성해 나간다. 그러는 동안 내담자 이야기에는 계속 살이 붙으면서 이야기가 풍부해진다. 독특한 결과들을 계속 모으고, 또 이야기에 편입시키면서 이야기 줄거리를 계속 만들어 나간다.

"최근에, 아니면 예전에 이와 비슷한 일을 한 적이 또 있었나요?"

대안적 이야기를 만들기 위해 상담사는 행동 영역에서 출발하여 정체성 영역으로 이동하며 정체성에 관한 질문을 한다.

(3) 정체성 영역의 질문

내담자의 이야기는 삶의 사건이나 행동만 포함하는 것이 아니고, 그 행동이나 사건 이면에 있는 내담자의 의도, 가치, 신념, 꿈 등을 포함한다. 상담사의 질문을 통해 내담자가 자신의 행동에 담긴 삶의 가치, 신념 등을 깨닫게 되면서 대안적 이야기가 시작된다. 대안적 이야기의 시초는 빈약한 이야기에 불과하지만 대화가 진행되면서 점차적으로 내담자는 자신의 삶에 대해 새로운 발견을 하게 되며, 그 이야기대로 살아가게 될 것이다.

정체성 영역의 질문은 다음과 같이 내담자가 경험한 사건이나 행동의 의미와 내담자의 생각을 물어보는 것이다.

"네가 그렇게 해서 '골칫덩어리'에게 속아 넘어가지 않았잖아. 그렇게 하니까 네가 어떤 아이라고 생각되니?"

"어머니, 민수의 이런 행동을 보시면 민수는 어떤 아이라는 생각이 드시나요?"

사례: '골칫덩어리' 2

'골칫덩어리'의 삶에 대해 민준과 부모가 자신들에게 미친 영향을 탐색한 후에 이렇게 행동한 것은 무슨 의미가 있는지를 질문하였다. 이 질문은 이 가족이 삶과 관계를 '다시 쓰게' 하기 위함이다.

"문제에 대항해서 어떻게 이런 식으로 효과적으로 행동할 수 있었나요?"

"이렇게 행동한 것은 개인으로서 어떤 의미가 있나요? 가족관계 면에서는 어떤 의미가 있나요?"

"이런 성공을 거둔 것은 어떤 개인적 특성과 어떤 가족관계 특성 덕분이었나요?"

"문제로부터 이전 생활을 되찾고 한 발 더 앞으로 나아가기 위해 이번 성공 경험으로 떠오른 아이디어 중에는 어떤 것이 있을까요?"

"이번에 자신에 대해 새로 알게 된 바가 있는데, 이런 점을 알게 됨으로써 장차 문제와의 관계가 어떻게 달라질까요?"

이 질문들에 대해서 민준은 '골칫덩어리'가 자신보다 더 영리하지 못하게 할 준비가 되었다고 했고, 더 이상 '골칫덩어리'와 친구하지 않겠다고 했다. 어머니는 '골칫덩어리'가 더 이상 자신을 불쌍하게 만들지 못하도록 거절하는 새로운 방법을 알게 되었다고 했다. 아버지는 '골칫덩어리'와의 싸움에 대해 어쩌면 동료들에게 말하는 위험을 감수할 수도 있겠다고 했다.

4) 새로운 이야기하기

(1) 회원재구성 대화

회원재구성(re-membering) 대화는 삶을 어떤 클럽(동아리)의 회원이 되어 이 클럽에 관련하면서 살아가는 것이라는 관점에서 나누는 대화이다. 즉, 삶에 있어서 소속감을 활용하여 개인의 정체성을 확인하고 강화하고자 하는 것이다. 이것은 수동적인 회상이 아니고 자신의 개인력에서 중요했던 인물들과의 관계를 자신의 중요한 정체성과 연결시키려고 하는 것이다. 내담자의 삶에서 한때 중요한 역할을 한 사람을 의도적으로 기억에서 찾아내어 그 사람의 눈으로 본 내담자의 정체성을 밝히고, 그 정체성을 새로운 이야기로 만든다. 중요한 인물이 생각나지 않는다고 할 때에는 책을 통하여 접하게 된 존경하는 사람을 내 삶의 클럽 회원이라고 생각하고 대화할 수도 있다. 회원재구성 대화의 예는 다음과 같다.

> "선생님의 삶에서 선생님을 인정하셨던 분은 누구신가요?"
>
> "그 당시 그분이 선생님의 어떤 점을 인정하셨나요?"
>
> "그분은 선생님의 그러한 점에 대해서 어떻게 알게 되셨나요?"
>
> "선생님이 책에서 읽은 그 신부님이 선생님을 개인적으로 아신다면 선생님의 어떤 점을 인정하실까요?"
>
> "지금의 선생님에게 뭐라고 말씀해 주실까요?"

내담자가 그 중요한 인물의 삶에 대해 기여한 점도 탐색한다.

> "선생님을 알게 돼서 그분의 삶이 달라지셨나요?"
>
> "어떤 식으로 달라지셨나요?"
>
> "그분에게는 선생님을 알게 된 것이 어떤 의미가 있으셨을까요?"
>
> "선생님이 그분의 삶에 기여한 것에 대해 그분은 뭐라고 말씀하실까요?"

이와 같이 회원재구성 대화는 내담자에게 중요한 인물들을 내담자의 삶에 다시 초청하여 연결함으로써 곤경에 처해 있는 내담자가 고립에서 벗어나고, 자신감을 가지며, 삶의 지식을 가지게 하려는 것이다. 내담자는 자신이 원하는 정체성을 회복하는 데 중요한 사람들과 연결됨으로써 새로운 정체성과 깨달음을 찾는 기회를 가진다. 자신의 눈으로 본 긍정적 자아상이 뚜렷이 전면에 드러날 때 그동안 상실, 위축되었던 자신감을 회복할 수 있는 용기를 갖게 될 것이다.

(2) 정의예식 대화

정의예식(definitional ceremony) 대화는 내담자의 회복된 정체성이나 재정의된 정체성을 사람들에게 알리고 퍼뜨리기 위한 기법으로 개발되었다. 내담자의 정체성을 새롭게 정의내리는 대화 과정을 세리머니라고 은유적으로 지칭한 것이다. 정의예식 대화에 참여하는 사람은 내담자, 가족, 상담사, 외부 증인(들)이다. 외부 증인은 내담자와 아는 사이일 수도 있고, 모르는 사이일 수도 있다. 외부 증인은 내담자가 의뢰한 문제를 경험한 적이 있거나, 그 문제에 관심이 있거나, 자신의 삶에서 얻은 지식과 경험을 기꺼이 내담자와 나누기 원하는 사람이다.

정의예식 대화의 과정은, ① 이야기하기(telling), ② 다시 이야기하기(retelling), ③ 다시 이야기한 것에 대해 다시 이야기하기(retelling of retelling)로 구성된다. 정의예식의 각 단계를 거칠 때마다 정체성에 대해서 좀 더 풍부한 묘사가 이루어지게 되고, 이때 흔히 긍정적 정체성을 발견하게 된다. 상세한 예를 살펴보면 다음과 같다. 다섯 명으로 이루어진 가족의 경우, 상담사는 세 명과 상담을 진행하고, 두 명은 이 상담 대화의 청중이 된다. 그러고 나서 청중이었던 두 명은 자신이 들은 것에 대하여 대화를 하는데, 이것을 다시 이야기하기(retelling)라고 한다. 그런 다음 다시 세 명의 가족과 상담사가 인터뷰를 진행하는데, 두 명이 다시 이야기하기 동안 무슨 생각이 들었는지 상담사가 세 명에게 질문하고 대화한다. 이것이 다시 이야기한 것에 대해 다시 이야기하기(retelling of retelling)이다. 일방경이 있으면 좋겠지만, 없어도 큰 상관이 없다. 방을 두 공간으로 나누어 마치 일방경이 있는 것처럼 내담자(이 경우 3명)와 청중(이 경우 2명)을 떨어져 앉게 한다. 청중은 내담자와 상담사의 상담 대화를 들을 수 있지만, 이들과 대화를 나눌 수는 없다. 즉, 회기가 끝날 때까지 내담자와 청중은 상호작용을 하지 않는다. 이렇게 이야기하기와 다시 이야기하기를 하는 동안에 내담자의 인생에 대한 묘사가 점점 더 풍부해진다. 이때 청중의 주의를 끌었던 것이나 상상력을 불러일으켰던 것에 대한 질문과 정체성에 관한 질문을 하게 된다.

사례

학교 왕따문제로 민규라는 아이가 의뢰되었다. 민규는 학교 가기를 거부하고, 학교생활이 어렵다고 하며, 친구들로부터 괴롭힘을 당한다고 하였다. 어머니와 함께 내방하였는데, 어머니는 학교 아이들에게 분노하고 있었다. 민규와 얘기 중 민규가 친구들과는 관계가 힘들지만 학교 도서관의 사서 선생님과는 친하게 지낸다는 것을 알게 되었다. 점심시간이면 도서관에 가서 친구들을 피할 수 있었으며, 이것은 민규의 사회기술을 알려 주는 사건이었다. 이 대화가 진행되면서 민규는 자신에 대한 자부심을 느끼게 되었다. 대화를 통해 삶에 대한 민규의 지식과 기술이 좀 더 다양하게 발견되었다.

2회기 상담에서는 민규와 비슷한 경험을 했으며, 과거에 이 상담사의 내담자였던 아이들을 초청하기로 하였다. 어머니와 민규는 외로웠던 터라 이 방법을 매우 좋아하였다. 상담사는 이 아이들에게 전화를 걸어 부모의 허락을 받고 2주 후에 민규와 다른 세 아동이 모이게 되었다. 민규는 자신의 경험에 대해 눈물을 글썽이며 말을 하였고(이야기하기), 초청된 세 아동은 민규의 이야기를 일방경 뒤에서 들었다. 민규의 얘기가 끝나자 상담사는 세 아동에게 "대화 중에 너희의 주목을 끈 것이 뭐지? 너희의 마음을 울린 것이 무엇이었는지 궁금해."라고 질문하였다. 주목을 끌었던 점이 나오자 상남사는 다시 "왜 이것이 네 주목을 끌었니?"라고 질문하여 좀 더 풍부한 이야기가 나오도록 촉진하였다. 세 아이가 말한 것 중에는 민규가 괴롭힘을 당하였지만 자신보다 더 어린 아이에게 그렇게 하지 않았다는 점이 포함되어 있었다(다시 이야기하기). "그런 사실이 민규에 대해 무엇을 말해 주니? 민규가 어떤 사람이라는 것을 말해 주는 것일까?" 세 아동은 민규에 대해 아름다운 말들을 하기 시작했고, 아름다운 정체성에 대한 결론을 이끌어 낼 수 있었다(다시 이야기하기). 민규는 이 말을 들으면서 훌쩍거렸고, 세 아동도 함께 훌쩍거렸다. 민규는 이 순간 자신에 대한 여러 가지 부정적 결론으로부터 자유롭게 될 수 있었다. 상담사는 계속해서 세 아동에게 "민규가 말한 것 중에서 어떤 것이 너희를 감동시켰니?" "새롭게 갖게 된 생각은 무엇이니?" "어떤 깨달음을 얻게 되었니?" 등의 질문을 하였고 세 아동은 민규의 이야기가 자신들을 감동시킨 것에 대해 말하였다. 세 아동의 이야기는 다시 민규를 감동시켰다. 상담사는 다시 민규가 들은 것에 대해 인터뷰를 했다. 민규는 감동으로 더듬거리며 말을 했고, 자신에 대해 이런 것은 몰랐다고 했다(다시 이야기한 것에 대해 다시 이야기하기). "네가 알지 못했던 것은 무엇이니?" "제가 이렇게 인정 많고 사랑이 많은 사람인 줄 몰랐어요." "이런 것을 알게 된 것이 어떤 의미가 있니?" "네 삶에 대해 어떤 것을 깨닫게 되었는지 말해 줄 수 있겠니?"의 질문으로 긍정적인 결론을 끌어낼 수 있었다. 이 대화 과정을 통해 민규의 정체성이 더 풍부해질 수 있었다.

복습 문제

1. 다음 설명에서 빈칸에 들어갈 단어로 옳은 것은?

이야기치료는 사람이 ___________(을)를 사용하는 것과 유사한 측면이 있다. 이야기는 개인의 경험을 여과(filtering)하는 효과가 있어서 어떤 정보는 관심을 받지만 어떤 정보는 관심을 받지 않기 때문이다. 내담자가 상담에 올 때는 부정적 이야기가 초점에 놓인 때이며, 상담사는 이야기치료를 통해 ___________ 의 초점을 다시 조절하여, 즉 대안적 이야기를 발견하여 내담자가 삶을 재형성하도록 돕는다.

① 카메라렌즈, 렌즈 ② 이야기, 이야기
③ 스토리텔링, 스토리 ④ 동화, 동화
⑤ 새로운 이야기, 이야기

2. 다음 설명에서 빈칸에 들어갈 단어로 옳은 것은?

이야기치료에서는 개인의 삶을 여러 가지 이야기로 이야기할 수 있다고 본다. 부모가 상담실에 와서 '저희 아이는 공부에 관심이 없어요.'라고 할 때, 이는 이 아이의 한 측면만을 이야기하는 것이다. 이 아이는 친구들과 잘 지내고, 동생에게 좋은 형이며, 파충류에 관심이 많은 아이이다. 이처럼 이 아이의 삶에는 여러 가지 이야기가 있으나, 아직 일부만 드러나 있을 뿐이다. 따라서 ___________ 이야기로 인해 잘 드러나지 않은 이 아이의 이야기를 상담사가 내담자와 함께 발견하는 것이 중요하다.

① 새로운 문제 ② 색다른
③ 눈에 띄는 문제 ④ 대안적인 ⑤ 지배적인 문제

3. 이야기치료의 개입 기술 중 문제를 사람으로부터 떼어 내기 위해 내담자와 함께 문제에 이름을 붙이는 의인화 작업을 무엇이라고 하는가?

① 내면화 ② 네이밍(naming)
③ 내재화 ④ 외재화 ⑤ 변형화

4. 이야기치료 기법 중 내담자의 삶에서 한때 중요한 역할을 한 사람을 의도적으로 기억에서 찾아내어 그 사람의 눈으로 본 내담자의 정체성을 밝히고 강화하는 기법은 다음 중 어느 것인가?

① 내면화 ② 정체성기법
③ 내재화 ④ 정의예식 ⑤ 회원재구성 대화

5. 이야기치료 개발자 중 한 명으로 호주 원주민을 상담할 때, 현재 호주의 주류사회를 좇아 '이렇게 살아라.'라는 자세로 상담을 하지 않고, 이야기치료 접근으로 원주민의 문화를 존중하는 상담을 하여 원주민들이 매우 선호한 상담사는 누구인가?

① 화이트 ② 엡스턴
③ 프리드만 ④ 콤스 ⑤ 드 세이저

소집단 토론

1. 근대주의와 탈근대주의의 가장 큰 차이점이 무엇인지 토론해 봅시다.

2. 우리 사회에서 해체되기를 바라는 담론에는 무엇이 있을지 토론해 봅시다.

3. 이야기치료의 기법 중 어떤 기법을 어떤 경우에 사용할 수 있을지 토론해 봅시다.

나의 요점 정리

복습 문제 정답: 1. ① 2. ⑤ 3. ④ 4. ⑤ 5. ①

제12장

이야기치료 모델의 실제

1. 사례의 개요

1) 제시된 문제

결혼 9년차 부부의 여덟 살 남아가 유분증으로 동네 소아과에서 치료받았으나 진전이 없자, 의사의 권유로 가족이 자발적으로 상담을 의뢰한 사례이다.

2) 가족 배경

내담자는 초등학교 1학년 아동으로, 맞벌이인 부모와 생활하고 있다. 부모는 중산층이며, 확대 가족 구성원의 도움 없이 자녀를 양육하고 있다.

2. 이야기치료의 개입 과정

민준은 여덟 살 난 소년으로, 유분증 때문에 부모가 상담실에 데려왔다. 유분증은 꽤 오래되었고, 부모가 여러 가지 노력을 해 보았으나 소용이 없었다. 내의를 완전히 적시는 일 없이 지나가는 날이 거의 없었다. 게다가 민준은 변을 아무데나 싸 놓거나 변이 묻은 내의를 집안 여러 곳에 숨겨 놓기도 했다. 동네 소아과 의원에 다녀 봤으나 큰 진전이 없자 의사가 상담을 권유하여 부모가 인터넷 검색을 하여 상담을 의뢰하였다.

1) 1회기 상담

첫 상담이므로 상담절차에 대한 설명과 내담자의 동의를 얻는 시간을 가졌다. 부모는 내담자의 문제를 설명하였고, 내담자는 상담실 여기저기에 관심을 가지고 유심히 쳐다보았으나 얌전히 앉아 있는 편이었다. 상담사는 가족의 삶과 관계에 미치는 유분증의 영향에 대하여 질문하였고, 다음과 같은 것을 발견할 수 있었다.

- 유분증은 민준으로 하여금 친구로부터 멀어지게 하고, 학교 공부를 제대로 하지 못하게 하여 민준의 삶을 엉망으로 만들고 있었다. 민준 자신이 보기에나 다른 사람이 보기에 영리하고 밝은 여덟 살 소년 민준의 모습을 보기 어렵게 만들고 있었다.
- 유분증은 어머니에게 엄마로서의 능력과 개인으로서의 능력에 대한 의심을 갖게 하여 어머니의 삶을 우울하게 만들고 있었다. 어머니는 너무 힘들어서 지쳐 있었고, 그로 인해 거의 포기하고 싶은 지점에까지 와 있었다.
- 아버지는 계속되는 아들의 유분증 문제로 매우 창피함을 느끼고 있었다. 아버지는 창피해서 가족이나 친구와 거리를 두게 되었다. 직장 동료들에게도 얘기할 수 없는 문제였다. 민준에게 문제가 생기기 이전에는 아버지의 원가족 중 지방에 살고 있는 이들이 서울에 오면 민준네 집에 머물렀으나 이제는 이런 관행을 유지하기가 어려워졌고, 원가족에게 말할 수도 없는 '끔찍한' 비밀을 유지하기도 쉬운 일이 아니었다.
- 유분증은 가족 구성원의 삶에 여러 가지 방식으로 영향을 미치고 있었다. 민준과 어머니의 관계는 예전에 함께하던 재미는 깡그리 없어지고, 이제는 상당히 갈등이 많은 관계가 되었다. 아버지와 민준의 관계도 유분증이라는 독

표 12-1 문제의 외재화 · 의인화

<table>
<tr><th>구분</th><th>상담내용</th><th>개입</th></tr>
<tr><td>상담사</td><td>민준아, 너 유분증을 가지고 있니?</td><td rowspan="12">문제의 외재화, 의인화: 문제에 대한 내담자의 특정한 정의를 내린 후 문제를 사람에게서 분리할 수 있도록 한다. 즉, 민준이만의 유분증을 외재화, 의인화할 수 있도록 돕는다.
이 과정은 전문가들이 이미 만들어 놓은, 일반적인 정의가 아닌 내담자가 내리는 정의가 되도록 도와주기 때문에 민준이만의 유분증을 끄집어내는 것이 가능해진다.</td></tr>
<tr><td>민준</td><td>네.</td></tr>
<tr><td>어머니</td><td>선생님, 정말 걱정이에요. 어떻게 하면 좋을까요?</td></tr>
<tr><td>상담사</td><td>민준이는 어떤 종류의 유분증을 가지고 있죠?</td></tr>
<tr><td>어머니</td><td>그냥 유분증이에요.</td></tr>
<tr><td>상담사</td><td>어떤 종류의 유분증인지 알아야 조치를 취할 수 있겠는데요.</td></tr>
<tr><td>어머니</td><td>병원에서는 자세히 말씀해 주지 않았어요. 선생님이 어떤 유분증인지 말씀해 주세요.</td></tr>
<tr><td>상담사</td><td>저는 진단을 할 수는 없어요. 하지만 어떤 종류의 유분증인지는 알 것 같아요.</td></tr>
<tr><td>어머니</td><td>그러시군요.</td></tr>
<tr><td>상담사</td><td>제가 이런 종류의 유분증을 본 적이 있거든요. 지난달에 제가 상담한 철규라는 아이도 이와 똑같은 유분증을 가지고 있었어요. 민준이가 가지고 있는 유분증이 철규의 유분증과 많이 닮은 것 같은데요. 민준아, 너 철규의 유분증을 보고 싶니?
(철규는 자신의 유분증에 대한 그림을 그렸는데, 아주 무섭고 심술궂은 모습을 하고 있었다. 철규가 다른 아이들에게 이 그림을 보여 줘도 괜찮다고 말했기 때문에 상담사는 그림을 보관하고 있었다. 민준이 철규의 그림을 보고 싶다고 하자 상담사는 민준에게 그림을 보여 주었다. 민준은 철규의 그림에 대해서 매우 홍미를 보였다)</td></tr>
<tr><td>상담사</td><td>너의 유분증이 이것과 비슷하게 생겼니? 어떻게 생각하니?
(민준은 그림을 보더니 자신의 유분증과 비슷하게 생겼다고 했다)</td></tr>
</table>

상담사	그렇지만 네 유분증은 이것과 똑같지는 않을 거야. 아무리 쌍둥이라도 다른 부분이 있거든. 우리는 네 유분증이 정확하게 어떻게 생긴 녀석인지 알아내야 해. 어떻게 알아낼 수 있을까?
민준	철규는 어떻게 알아냈어요, 선생님?
상담사	철규는 한밤중에 깨서 일어났는데 유분증이 그때는 일을 하지 않는 시간이었어. 그때 누워 있는 유분증을 보고 그림을 그린 거야.
어머니	그럼 저희 민준이는 어떻게 하면 좋을까요?
상담사	글쎄요.
민준	저에게 좋은 생각이 있어요. 제가 한밤중에 일어날게요.
어머니	민준아, 네가 잠자기 전에 잊어버리지 않게 말해 줘야 할까?
민준	아뇨. 아무 말도 하지 마세요. 미리 알려 주면 유분증이 눈치를 채잖아요. 그러니까 미리 알려 주지 마세요.
상담사	어머님은 민준이가 아침을 먹을 때 "알아냈니?"라고 물어보시면 될 거 같아요.

재자 아래서 상당히 힘들어져 있었다. 민준의 부모는 이제 자신에게 집중하기보다는 대부분 유분증에 초점을 맞춘 대화를 하고 있었다.

이와 같이 1회기 상담에서는 이야기치료 1단계인 문제에 대해 말하기 중 문제 설명, 문제의 외재화 · 의인화, 문제의 영향 탐색하기 대화가 이루어졌다.

2) 2회기 상담

2회기 상담에서는 이야기치료 1단계인 문제에 대해 말하기 중 문제에 이름 붙이기, 문제의 영향 탐색하기 대화 후에 2단계인 독특한 결과 말하기 중 독특한 결과의 공간 열기, 독특한 결과의 영향 탐색하기 대화가 이어졌으며, 마지막으로 3단계인 이야기 다시 쓰기 중 행동 영역 질문과 정체성 영역 질문, 그리고 이에 따른 대화가 이어졌다. 상세한 내용은 다음과 같다.

1회기 상담 후 첫 번째 아침에 어머니는 민준이에게 "알아냈니?"라고 물었으나 민준은 잊어버리고 알아내지 못했다고 했다. 세 번째 아침에 어머니가 민준이에게 "알아냈니?"라고 묻자 민준은 고개를 끄덕였다. 민준은 그림을 그렸고, 그것을 상담에 가져왔다. 그것은 심술궂고 성질이 고약한 악한의 모습이었다. 무엇이라고 이름을 붙이고 싶은지 질문했더니 민준은 '골칫덩어리'라고 이름 붙이길 원했다. 자신이 원하지 않는데 계속해서 따라다니며 문제를 일으켜서 부모님과 자신을 '골치 아프게' 하기 때문이라고 했다(문제의 의인화, 문제에 이름 붙이기).

이어서 문제의 영향을 탐색하는 대화가 이어졌다. '골칫덩어리'가 내담자와 가족의 삶에 어떤 영향을 주고 있는지를 탐색하였다. 그 결과, 발견한 것은 '골칫덩어리'가 민준과 교사의 관계를 망치고 있다는 것과 부모와의 관계에도 상처를 주고 있다는 것, 또 민준의 미래를 빼앗아 가고 있다는 것이었다(문제의 영향 탐색하기).

다음에는 '골칫덩어리'가 가족들에게 미치는 부정적인 영향에 대해서 가족이 어떠한 입장을 가지고 있는지 탐색하였다(문제의 영향에 대한 자기입장 정리하기). 민준은 학교에서 수업에 집중하고 수업 내용을 잘 이해해서 똑똑한 학생이 되고 싶고 친구들과 재밌는 놀이도 하고 가깝게 지내고 싶은데 그렇지 못해서 속상하다는 자신의 입장에 대해 설명하였다(자기입장에 대한 근거 설명하기).

이후에 상담사는 민준에게 "혹시 네가 '골칫덩어리'의 속임수를 물리친다면 가장 놀랄 만한 사람은 누구일까?"라고 독특한 결과의 공간을 여는 질문을 했다. 민준은 담임 선생님일 것이라고 하면서 자신이 '골칫덩어리'의 속임수를 물리친다면 수업 시간에 집중도 잘하고, 친구들과도 잘 어울릴 것이기 때문이라고 했다(독특한 결과의 공간 열기).

이어서 상담사는 민준이가 '골칫덩어리'를 제지하고 '골칫덩어리'의 속임수를 물리치면서 가족이 즐겁게 지내고 민준이도 학교에서 즐겁게 공부하는 상황이 되어 그 상황에 이름을 붙인다면 뭐라고 할지 가족에게 질문하였다. 어머니는 그런 상황이 된다면 '봄날의 햇빛'이라고 이름 붙일 수 있을 것 같다고 대답했다(독특한 결과에 이름 붙이기).

이후에는 문제로 가득한 생활양식에 대한 내담자와 가족의 저항을 검토하였다. 즉, 가족이 문제에게 미친 영향을 탐색하였다. 가족이 '골칫덩어리'에게 미친 영향을 다음과 같이 발견할 수 있었다(독특한 결과의 영향 탐색하기).

- '골칫덩어리'가 항상 민준과 함께 놀기 원했지만 민준은 '골칫덩어리'가 자신보다 더 지혜롭도록 허락하지 않았던 적을 떠올렸다. 이런 때에는 민준이가 더럽히기, 알몸으로 달리기, 더덕더덕 붙이기를 할 뻔했지만 속아 넘어가지 않았다.
- 최근에 '골칫덩어리'가 어머니를 비참하게 만들 뻔했던 일이 있었지만 대신에 어머니는 음악을 들었다. 또한 이때 어머니는 개인과 엄마로서의 자신의 능력에 대해 의문이 들려고 하는 마음을 떨쳐 버렸다.
- 아버지는 '골칫덩어리' 때문에 사람들로부터 거리를 두는 부끄러운 행동을 하지 않았던 적이 있는지 딱히 기억해 내지 못하였다. 그러나 '골칫덩어리'가 아버지에게 이런 일을 하도록 만든다는 것을 알게 된 후에는 '골칫덩어리'가 이런 짓을 못하도록 저지하는 데 관심을 가지게 된 것으로 보였다. 만약 '골칫덩어리'가 아버지를 항복시키려고 할 때에는 어떻게 저항하겠는가라고 질문했더니 그럴 경우에는 직장 동료에게 '끔찍한' 비밀을 알릴 수도 있다고 답했다(이것은 문제로 가득 찬 가족이야기에 집중할 때에는 떠오를 수 없는 이야기라는 점에서 '독특한 결과'이다).
- 이상과 같이 가족이 '골칫덩어리'에게 미친 영향을 파악하는 데 어려움도 어느 정도 있었지만, 어머니에게는 아직도 민준과의 관계에 즐거운 부분이 있고, 아버지는 민준과의 관계를 잘 유지하기 위해 노력하고 있으며, 민준은 '골칫덩어리'가 부모님과 자신 사이의 사랑을 전부 다 해치지는 못했다는 생

각이 들었다.

민준은 '골칫덩어리'에게 속아 넘어가지 않고 속임수를 물리쳤던 순간들을 기억했고, 상담사는 이에 대해 "어떻게 그렇게 외칠 수가 있었지?"라는 행동 영역 질문과 "그렇게 속임수를 물리치니까 네가 어떤 아이라고 생각되니?"라는 정체성 영역 질문으로 내담자가 이야기 다시 쓰기를 하는 데 도움을 주었다. 또한 가족에게는 "이렇게 애쓰신 것이 어떤 의미가 있을까요?" "이렇게 행동한 것은 개인으로서 어떤 의미가 있나요?" "대항한 것이 가족관계 면에서는 어떤 의미가 있나요?" 등의 정체성 영역 질문들을 통해 예외 사건이 중요한 것으로 인식될 수 있도록 하였다(행동 영역 질문과 정체성 영역 질문).

표 12-2 문제의 영향 탐색하기, 독특한 결과의 공간 열기, 독특한 결과의 영향 탐색하기, 행동 영역 질문, 정체성 영역 질문

구분	상담내용	개입
상담사	민준아, '골칫덩어리'가 어느 정도로 너를 괴롭히니?	문제의 영향 탐색하기: 문제가 자신과 가족의 삶에 미치는 영향을 평가
민준	음…… 친구들이 저랑 안 놀아 줘요…….	
상담사	그래, 속상하겠구나.	
민준	'골칫덩어리'가 올지도 모른다는 생각에 공부하는 데 방해가 돼요. '골칫덩어리'가 찾아올까 봐 수업 시간에 선생님의 말씀에 집중할 수가 없어요.	민준에 대한 문제의 영향 탐색하기
상담사	그렇구나, 정말 속상하겠다. 어머니, 아버지는 어떠신가요? 다른 가족 분을 '골칫덩어리'가 어느 정도로 괴롭히고 있나요?	어머니에 대한 문제의 영향 탐색하기
어머니	저는 엄마로서 능력이 없는 것 같아요.	
상담사	그러세요?	
어머니	휴~ 직장생활도 제대로 못하고 있는 것 같아요……. 제 삶은 왜 이런지 모르겠어요. 뭐 하나 제대로인 게 없는 것 같아요……. 너무 힘들어요. 다 포기하고 싶어요.	

아버지	(어머니를 가리키며) 이 사람은 정말 스트레스를 많이 받고 있어요.	
상담사	네, 그러시지요. 아버지는 어떠신가요?	아버지에 대한 문제의 영향 탐색하기
아버지	저는 정말 창피해요. 창피해서 제 부모님이나 형제, 가까운 친구에게도 이 문제에 대해 말하지 못하겠어요. 그러다 보니 자연스레 가족이나 친구들과 거리를 두게 되더라고요. 매일 만나는 직장 동료들에게 속 시원히 얘기하고 싶은 적도 많았지만 그럴 수가 없더라고요. 이 '골칫덩어리' 문제가 생기기 전에는 제 본가 식구가 지방에 사는데, 서울에 오면 저희 집에 머물렀지만 이제는 예전처럼 그렇게 하는 것도 힘들어졌어요. 이런저런 핑계를 대면서…… 예전처럼 하기가 어려워졌어요. 이 끔찍한 비밀을 유지하기가 사실 쉬운 일이 아니에요.	
상담사	정말 힘드시겠네요. 그러면 가족 간의 관계에 대해서 '골칫덩어리'가 미치는 영향은 어떤 것이 있나요?	가족관계에 대한 문제의 영향 탐색하기
어머니	민준이랑 저는 예전에는 제가 시간 날 때마다 함께 책도 읽고, 노래도 하고 했는데 이제는 그런 걸 못해요. 민준이 내의가 젖으면 이런 재미있는 것을 하기가 어려워요. 민준이도 저에게 짜증을 많이 내요.	
아버지	민준이가 내의를 적시면 저도 예민해지고, 아내도 예민해지다 보니 가족 분위기가 이 '골칫덩어리'라는 독재자 밑에서 아주 험악해진 것 같아요. 저희 내외가 나누는 이야기의 대부분은 '골칫덩어리'에 대한 것뿐이에요.	
상담사	네, 가족들이 모두 고생이 많으시네요. 그런데 '골칫덩어리'가 이렇게 가족들에게 문제를 만들어내는 것에 대해서 어떻게 생각하시나요? 그래도 괜찮으신가요?	문제의 영향에 대한 자기입장 정리하기
민준	아니요. 괜찮지 않아요.	
민준	저는 학교에서 수업에 집중하고 수업 내용을 잘 이해하고 싶어요. 그리고 저는 친구들과도 재밌는 놀이도 하고 가깝게 지내고 싶어요. 그런데 '골칫덩어리' 때문에 그렇지 못해서 속상해요.	자기입장에 대한 근거 설명하기
상담사	민준아, 그런데 혹시 네가 '골칫덩어리'의 속임수를 물리친다면 가장 놀랄 만한 사람은 누구일까?	독특한 결과의 공간 열기

민준	아마 담임 선생님이실 거예요. 왜냐하면 제가 학교에서 항상 '골칫덩어리' 때문에 걱정을 하고, 친구랑 잘 놀지도 못하고 그러는데 제가 그 녀석의 속임수를 물리친다면 학교에서 제가 달라져 있을 것이니까요……. …… (중략) ……	
상담가	'골칫덩어리' 때문에 온 가족이 힘들게 지내 왔는데 민준이가 '골칫덩어리'를 제지하고 '골칫덩어리'의 속임수를 물리칠 수 있다면 가족이 즐겁게 지내고 민준이도 학교에서 즐겁게 공부할 수 있겠네요. 이런 상황에 이름을 붙인다면 뭐라고 하실 수 있을까요?	독특한 결과에 이름 붙이기
어머니	'봄날의 햇빛'이라고 이름 붙일 수 있을 것 같아요.	
상담사	네~ 그렇군요. 그런데 민준아 네가 혹시 '골칫덩어리'의 속임수를 물리친 적이 있니?	독특한 결과의 영향 탐색하기
민준	네, 있어요. 학교에서 화장실에 가고 싶어서 쉬는 시간에 부지런히 다녀왔고, 속으로 '골칫덩어리야, 물러가라! 오늘은 나를 속이지 못해!'라고 소리쳤더니 기분이 좋아졌어요.	
상담사	그렇구나! 네가 '골칫덩어리'의 속임수를 물리칠 때 속으로 '골칫덩어리'에게 물러가라고 외쳤다고 했는데, 어떻게 그렇게 외칠 수가 있었지?	행동 영역의 질문
민준	제가 아침에 일어나 거울을 보면서 '나는 오늘 절대로 골칫덩어리 녀석에게 속아 넘어가지 않을 거야.'라고 다짐했거든요.	
상담사	아, 그렇게 했구나. 네가 그렇게 해서 속아 넘어가지 않았잖아. 그렇게 하니까 네가 어떤 아이라고 생각되니?	정체성 영역의 질문
민준	저는 용감하고요, 그리고 마음먹으면 끝까지 할 수 있어요. 저는 닌자 거북이 중에서 미켈란젤로를 제일 좋아하는데 그 아이처럼 제가 용감해지는 것 같아요. …… (후략)	

표 12-3 **정체성 영역의 질문과 대화**

구분	상담내용	개입
상담사	제가 말씀을 계속 듣다 보니 가족이 모두 '골칫덩어리'에게 대항하려고 애쓰셨네요. 그런데 이렇게 애쓰신 것은 어떤 의미가 있을까요? 이렇게 행동한 것은 개인으로서 어떤 의미가 있나요?	정체성 영역의 대화: 어떤 예외가 있을 때 상담사는 축하의 말을 건네는 대신 가족에게 그 독특한 결과나 예외의 의미가 무엇인지를 생각해 보게 한다. 예를 들면, 예외 상황을 발견했을 때 그 예외 상황이 주는 영향력을 발견하게 하거나 이에 대해 어떻게 생각하는지를 질문하고, 왜 그렇게 생각하는지에 대해 질문한다. 이런 질문을 통해 내담자는 자신의 행동에 담긴 가치, 신념을 깨닫게 되면서 대안적 이야기가 시작된다.
민준	저는 '골칫덩어리'가 저보다 더 영리하지 못하게 할 준비가 된 것 같아요. 더 이상 '골칫덩어리'와 친구하지 않겠어요.	
어머니	저는 더 이상 '골칫덩어리'가 저 자신을 우울하게 만들지 못하게 거절하는 새로운 방법을 알게 된 것 같아요. 물론 이전에도 속이 상할 때 산책이나 음악 듣기 등을 했지만 최근에 '골칫덩어리' 때문에 속이 상할 때 해 보니 도움이 많이 되었어요.	
상담사	아버님은요?	
아버지	저는 어려운 일을 숨기고 사느라 힘이 더 많이 들었던 것 같아요. 앞으로는 '골칫덩어리'와 싸울 때 더 적극적으로 싸워야겠다는 생각이 드네요. 어쩌면 동료들에게 솔직히 말할 수도 있을 것 같아요.	
상담사	'골칫덩어리'에게 대항한 것이 가족관계 면에서는 어떤 의미가 있나요?	
어머니	전에는 제가 '골칫덩어리' 문제로 힘들어할 때 남편이 제 입장을 잘 이해해 주지 않는 것 같고, 힘들어서 속으로 남편을 원망하는 때도 있었어요. 그런데 이렇게 힘을 합해 '골칫덩어리'에게 대항하면 '골칫덩어리' 녀석도 결국에는 우리 가족을 괴롭히는 것을 포기할 것 같아요. 막대기 하나를 부러뜨리기는 쉽지만 여러 개가 모이면 단번에 부러뜨리기가 어렵다고 하잖아요. 바로 그런 거죠.	
아버지	저희 가족은 가족으로서 힘을 합해 문제에 대항한다는 아주 의미 있는 경험을 하고 있는 것 같아요.	

상담사	이번에 자신에 대해 새로 알게 된 바가 있는데, 이런 점을 알게 됨으로써 장차 '골칫덩어리'와의 관계가 어떻게 달라질까요?
아버지	전에는 '골칫덩어리'가 우리 가족을 골탕 먹이려고 하고, 우리는 그 녀석에게 꼼짝 못하고 전전긍긍하면서 당하기만 했는데, 앞으로는 당하기만 하지 않을 거예요.
상담사	문제로부터 이전 생활을 되찾고 한 발 더 앞으로 나아가는 데 도움이 될 만한 것으로, 이번 성공 경험을 통해 떠오른 아이디어 중에는 어떤 것이 있을까요?
아버지	부끄러워하지 않아야겠다는 것이에요. 어느 가정이나 이런 일이 일어날 수 있고, 가족과 친구들에게 말을 하니까 많은 힘이 되어 주었어요.

3) 3회기 상담

상담사는 2주 후에 다시 가족을 만났는데, 그 사이에 단 한 번의 사고가 있었다. 그것도 아주 가벼운 '얼룩' 정도였다. '골칫덩어리'가 민준을 항복시키려고 애썼지만, 민준은 항복하지 않았다. 민준은 '골칫덩어리'가 더 이상 자신의 삶을 엉망으로 만들도록 가만 놔두지 않는다는 것을 보여 주었다고 했다. 민준은 '골칫덩어리'가 자신을 속이려는 것에 어떻게 걸려 넘어가지 않았는지를 설명했고, 더 이상 그 녀석의 영향을 받지 않을 것이라고 했다. 민준은 말이 늘었고, 행복해 했고, 자신이 강해진 것 같이 느꼈고, 더 활동적이 되었다. '골칫덩어리'는 속임수를 쓰려고 했지만 민준은 자신의 삶을 되찾는 데 성공하고 있었다.

부모는 '골칫덩어리'가 요구하는 것에 협력하지 않겠다는 결정을 '진지하게' 잘 지켰다. 어머니는 '골칫덩어리'가 힘들게 할 때면 자신에게 '특별한 대접'을 더 자주 했고, 더 이상 가볍게 행동하지 않는다는 것을 보이면서 '굳건한 자세를 취했다.'

아버지는 위험을 무릅쓰고 문제에 대해 동료 두 명에게 이야기했다. 동료들은 몇 가지 의견을 제안하며 잘 경청해 주었다고 했다. 그중 한 명은 자신의 아들도 비슷한 문제를 경험하고 있다고 했고, 중요한 대화가 이어졌으며, 그 동료와의 우정도 더 돈독해졌다.

상담사는 민준과 부모에게 개인으로서의 자질에 대해, 또한 가족의 관계에 대해 이번 성공이 말해 주는 것이 무엇인지를 생각해 보게 했다.

> "이번 성공 경험을 하면서 자신이 개인으로서 어떤 자질을 가졌다고 생각하게 되었나요? 가족관계에서는 어떤 특징이 있다고 생각하게 되셨나요?"
>
> "이런 사실로 볼 때 '골칫덩어리'와의 관계는 어떻게 되었다고 생각하는지요?"
>
> "어떻게 하면 '골칫덩어리'가 더 이상 접근하지 못할지 다른 방법으로는 어떤 것이 있을지요?"

4) 4회기 상담과 그 후

가족 모두 그동안 '골칫덩어리'를 이기기 위해 더 좋은 방법을 사용하고 있었다. 민준은 새로 친구를 몇 명 사귀었으며, 학교 공부도 따라가고 있었다. 친구와 친척들이 집에 놀러 왔다. 어머니는 죄책감으로부터 벗어나고 있었는데, 이것은 어느 정도 아버지와 함께 다른 부모들과 자녀 양육에 대한 얘기를 더 자주 나눔으로써 가능했다. 이렇게 다른 부모들과 얘기를 나눔으로써 부모로서의 양육기술이 부족한 것은 아닌지 의문을 가진 것은 자신만이 아님도 알게 되었다.

그 후 '골칫덩어리'가 다시 돌아와 민준을 괴롭히는 일이 없도록 추후 계획을 세웠다. 한 달 후에 상담사는 다시 가족을 상담했고, 가족은 잘 지내고 있었다. 6개월 후에도 민준과 가족은 잘 지내고 있었다. 바지에 변을 약간 묻힌 것이 1~2회 있었으나, 민준은 자신감이 많이 생겼고, 학교 친구들과 이전보다 더 잘 지내고 있었다.

복습 문제

1. 앞의 사례에서 민준이라는 소년의 문제(유분증)를 소년으로부터 분리하기 위하여 대화를 나눔으로써 문제를 소년에게서 분리할 수 있게 하였다. 이 기법을 무엇이라고 부르는가?

   ① 외재화　② 의인화
   ③ 행동 대화　④ 정체성 대화　⑤ 독특한 결과

2. 앞의 사례에서 소년은 자신의 문제에 대해 '골칫덩어리'라는 이름을 붙였는데 이 기법을 무엇이라고 부르는가?

   ① 외재화, 행동 대화　② 외재화, 의인화
   ③ 행동 대화, 의인화　④ 행동 대화, 정체성 대화
   ⑤ 독특한 결과, 정체성 대화

3. 앞의 사례에서 문제가 가족에게 주는 영향을 탐색한 후에 ________이(가) 가족에게 주는 영향에 대해서도 탐색하였다. 그때 사용된 질문은 "혹시 네가 '골칫덩어리'의 속임수를 물리친다면 가장 놀랄 만한 사람은 누구일까?"라는 질문이었다. 빈칸에 들어갈 단어로 옳은 것은?

   ① 외재화　② 의인화
   ③ 행동 대화　④ 정체성 대화　⑤ 독특한 결과

4. 앞의 사례에서 소년이 '골칫덩어리'에게 속아 넘어가지 않았을 때 상담사는 소년에게 "네가 그렇게 해서 속아 넘어가지 않았잖아. 그렇게 하니까 네가 어떤 아이라고 생각되니?"라고 질문하였는데, 이는 예외 상황에서 소년이 했던 행동의 의미에 대해서 묻는 질문이며 ________ 영역의 질문이라고 부른다.

   ① 외재화　② 의인화
   ③ 행동　④ 정체성　⑤ 독특한 결과

5. 해결중심치료에서 예외 상황은 내담자가 문제를 경험하지 않는 긍정적인 순간을 의미하는데 이야기치료에도 이와 유사한 개념이 있다. 이를 무엇이라고 부르는가?

① 지배적 이야기 ② 예외 상황

③ 정의예식 ④ 정체성 ⑤ 독특한 결과

소집단 토론

1. 이야기치료 상담사가 상담 시 어떤 자세를 유지하는 것이 중요할지 토론해 봅시다.

2. 예외 상황에 관련된 상담사의 개입이 이야기치료 상담사와 해결중심치료 상담사 간에 어떤 유사점과 차이점이 있는지 토론해 봅시다.

3. 이야기치료의 어떤 특성이 아동 및 청소년 상담에 특히 유용할지 토론해 봅시다.

나의 요점 정리

복습 문제 정답: 1. ① 2. ② 3. ⑤ 4. ④ 5. ⑤

제 13 장

한국 가족상담의 전망과 과제

가족상담은 인간 행동에 대한 정적이고 단선적인 설명과 접근에 대한 대안으로 시작되었으며, 내담자 자신과 가족체계를 총체적으로 단기에 변화시키는 효과적인 개입 방법으로 평가되고 있다. 우리나라에 가족상담이 소개된 것은 1977년 사티어의 『합동가족치료(Conjoint family therapy)』가 번역되면서 였으며, 정신병원과 사회복지관 등 현장에 가족상담이 도입된 것은 1980년대에 들어서였다. 1988년 가을 한국 최초의 가족상담 연구집단인 한국가족치료학회(Korean Association of Family Therapy)가 발족되었고, 이후 가족상담과 관련된 다양한 학술단체가 중심이 되어 가족치료 모델을 소개하고, 가족상담사를 교육 및 훈련하고 있다.

한편, 2005년 「건강가정기본법」의 시행으로 가족상담을 교육하고 실천하는 기반이 확대되고 있다. 이 장에서는 변화하는 사회 환경에 따른 한국 가족상담의 전망과 과제를 사회문제에 민감한 가족상담, 문화적 다양성 시대의 가족상담, 저출생 사회에 대응하는 가족상담, 가족상담과 윤리를 중심으로 제시한다.

1. 사회문제에 민감한 가족상담

우리나라 가족상담의 전망을 예측하고, 추진 과제를 제안하는 것은 가족상담에 대한 사회적 요구에서 출발할 수 있다. 가족상담에 대한 사회적 요구는 무엇보다도 다양한 가족문제의 증가와 관련이 있다. 1997년 IMF 외환 위기는 우리 사회의 취약한 가족의 실제를 표면화시켰다. 경제 위기는 자원과 기능이 취약한 가족을 와해시켜 실업자가족, 노숙자가족, 가정폭력가족 등 우리 사회에 새로운 유형의 가족문제를 표출시켰다.

또한 최근에는 성폭력, 가정폭력, 학교폭력이 우리 사회를 위협하는 사회문제로 제기되고 있다. 특히 사회 불안정이 심화되고, 가족기능이 취약해지면서 성폭력, 가정폭력과 학교폭력 등의 사회문제는 날로 심각해지고, 이에 따른 사회적 비용이 커지고 있다. 또한 폭력 외에 자살이 가족을 위협하는 심각한 사회문제로 제기되고 있다. 이러한 문제들은 피해자와 그 가족에게 외상 후 스트레스 장애(PTSD)와 같은 심각한 후유증을 가져온다. 다양한 모델의 가족상담은 개인과 가족이 경험하는 다양한 문제와 심각한 외상의 완화와 해결에서 매우 효과적인 것으로 알려져 있다. 가족상담이 효과적인 문제 영역과 폭력문제를 살펴보고, 가족상담이 효과적으로 개입할 수 있는 여건을 과제로 제시한다.

가족상담의 효과성 가족상담의 성과연구에 대한 종합적인 검토를 한 메타분석 연구들에서는 가족상담을 받은 가족에게서 전반적으로 제기된 증상이나 문제가 의미 있는 수준으로 개선되었다고 결론지었다. 가족상담의 효과성이 입증된 문제 영역은 다음과 같다(Nichols & Sean, 2019).

- 아동문제에 대한 가족상담 효과: ADHD를 비롯한 행동장애, 정서문제, 신체문제, 섭식장애, 약물남용, 자폐증 등에서 가족상담은 아동 개인상담보다 장기적 변화를 나타냈다.
- 성인문제에 대한 가족상담 효과: 조현병, 우울과 불안, 알코올 의존, 물질남용, 심장 및 신경계 질환, 고혈압, 재활, 신경손상(치매, 뇌졸중) 등의 의료문제, 비만, 금연, 성문제 등에서 변화가 나타났다. 특히 모든 연령층의 알코올 의존증 가족에 대한 가족상담은 매우 성공적이었다.
- 대인관계 문제에 대한 가족상담 효과: 부부갈등, 부모-자녀 관계상의 문제 등

에서 변화가 나타났다. 특히 커플 및 부부문제에 대해 부부상담이 개인상담보다 우수하다는 것을 입증한 연구가 많다. 가족상담은 단기간에 효과적으로 부부갈등을 완화시키고, 별거나 이혼의 가능성을 감소시키며, 결혼생활에 관한 만족도를 증가시킨다. 우울증을 가진 아내의 경우, 남편과의 관계 이외에 다른 요인이 확인되지 않은 경우에 특히 부부상담이 개인상담보다 더 효과적이었다.

또한 가족상담의 각 모델별 접근에 따른 효과성의 차이는 거의 없는 것으로 알려지고 있다. 대체적으로 가족상담을 받은 내담자들은 일반적인 자녀의 행동장애 및 공격성, 전반적인 가족문제, 의사소통과 문제해결, 공포증, 그리고 조현병 증상과 같은 문제를 다루는 데 있어서 유의미한 변화가 있었다. 특히 조현병 환자 가족교육, 행동문제가 있는 아동의 부모교육, 그리고 강박증과 중독문제에서 상담 효과가 장기간 유지되는 것으로 나타났다(Nichols & Sean, 2019).

성폭력 아동 및 청소년 성폭력의 경우, 피해 아동·청소년의 후유증이 심각할 뿐만 아니라 자녀를 지켜 주지 못했다는 점에서 부모의 자책감과 가족 구성원 간에 갈등을 초래하는 경우가 빈번하다. 성폭력은 가족에서 금기시하는 주제가 되거나 가족의 의사소통을 역기능적으로 만든다. 또한 피해 아동·청소년은 성인이 되어서도 후유증으로 인해 부모와 미분화된 채 독립된 자기를 발전시키지 못하거나 커플이나 부부관계 또는 대인관계에서 어려움을 가지기도 한다(김요완, 2012; 박태영, 박소영, 2007). 따라서 가족 내 부모-자녀 간에 대화를 열 수 있도록 돕는 가족상담은 매우 효과적인 개입 대안이다.

가정폭력 가족은 친밀하고 따뜻하다는 사회적 통념이 있기 때문에 가정폭력은 가족 구성원에게 치명적이다. 가정폭력은 피해자에 따라 아동학대, 아내학대, 노인학대 등으로 분류된다. 가정폭력 분야에서는 특히 아내학대에 관한 한 순환적 인과관계에 기초하여 부부관계를 설명하는 가족상담에 대해 비판적이다(신영화, 1999). 여성주의(feminism)의 비판에 따르면 학대 피해자와 가해자를 동등하게 상호 영향을 미치는 관계로 설정하는 것은 피해자를 비난하는 결과를 가져온다. 가정폭력 가해자의 폭력행위가 잘못되었음을 인정하고, 폭력을 중단한다는 전제에서 가족관계의 개선을 도모하는 것이 원칙이다. 가정폭력은 직접적으로 경험하지 않더라도 간접적인 노출만으로도 가족 구성원에게 심각한 어려움을 초래한다(신영화, 2003; 정은, 이경욱, 2005). 따라서 가족상담을 통해 가족 구성원이 서로의 상처와 영향에 대해 어떻게 인식하고, 느끼고 있는지를 소통할 수 있다면 문제해결은 시작될 수 있을 것이다.

학교폭력 학교는 학습의 장이자 또래관계를 통해 아동 및 청소년 발달의 중요한 장을 제공하는 안전한 장소여야 한다. 학교폭력은 안전이 보장되어야 할 장소에서 발생하고, 정서적으로 민감한 청소년기에 발생하므로 치명적이다. 청소년기에는 아동기에 비해 부모의 권위로부터 자율성을 획득하고, 또래관계에서 자기를 발전시키는 발달과업이 있다. 따라서 청소년기 자녀는 부모나 가족과 거리를 두고자 한다. 그럼에도 불구하고 가족요인, 특히 아동학대나 아내학대에 노출된 가족경험이 학교폭력에 영향을 미치는 것으로 보고되고 있다(김경은, 윤혜미, 2012; 노충래, 이신옥, 2003). 또한 가족은 학교폭력이 발생한 후 피해자나 행위자의 회복 과정에 중요한 변인으로 알려져 있다. 부정적 경험을 한 자녀가 자신을 회복하고, 자아를 찾아가도록 힘을 주는 근원은 가족에 있기 때문에 학교폭력 피해자 및 행위자의 회복에 가족상담은 필수적이다.

자살 성폭력, 가정폭력, 학교폭력뿐만 아니라 OECD 국가 중 1위를 점하는 자살문제 역시 최근 우리나라에 심각하게 제기되고 있는 사회문제이다. 10, 20, 30대의 사망 원인 중 1위가 자살이며, 최근 들어 노년기의 자살 역시 급증하고 있다. 자살은 생명과 삶을 앗아 가며, 남은 가족에게 자살자를 돕지 못했다는 죄책감 등 치명적인 후유증을 남긴다. 때문에 자살시도자와 자살자 유가족에 대한 가족상담 개입은 매우 효과적이다(박보라, 최정숙, 2014). 가족상담사는 가족 구성원이 그 상처와 영향을 솔직하게 소통하고, 인정하며, 회복과 성장으로 나아가는 과정을 효과적으로 도울 수 있다.

현재 정부는 가족의 취약성과 가족문제의 증가에 대해 인식하고, 가족정책의 하나로 가족센터를 통해 통합적 가족 관련 서비스를 제공하고 있다. 이 센터의 주요 사업 중의 하나는 가족기능 강화 및 가족문제 해결을 위한 가족상담의 제공이다. 성폭력, 가정폭력, 학교폭력과 자살 등의 문제는 단순히 가족센터와 같은 가족 서비스 기관의 개입만으로는 충분하지 않다. 해당 사회문제와 직접적으로 관련된 학교 등의 교육기관, 정신건강복지센터, 복합적인 문제를 가진 가족을 지원하는 통합사례관리기구, 저소득층을 지원하는 사회복지기관 등이 가족상담 전문 기관과 유기적으로 연계 협력할 때 실천의 개입 효과는 점증될 것이다. 최근 우리 사회가 직면하는 가족문제의 폭발적인 증가와 이에 대한 국가 및 전문가 집단의 대응은 제2차 세계대전 직후의 서구의 사회 현상과 상당히 유사하다. 전쟁 후 미국과 유럽에서는 전쟁의 산물로 가족문제가 폭발적으로 증가하였으며, 이에 대한 효과적인 해결책으로 등장한 것이 가족상담이었다(이화여대 사회사업학과 편, 1995). 따라서 가족상담사들이 성폭력, 가정폭력, 학교폭력 등의 폭력문제와 자살문제 근절에 효과적으로 개입할 수 있도록 법률과 전달체계가 보완되어야 할 것이다.

2. 문화적 다양성 시대의 가족상담

문화가 의미하는 바는 인종, 민족성뿐만 아니라 교육 수준, 직업 지위, 소득계층, 종교, 지역문화 등의 사회경제적 조건과 세대관계, 지배적 가치와 문화의 수용도와 같은 일반적인 문화적 이슈를 포함한다. 새로운 시대의 키워드 중의 하나는 문화적으로 다양하다는 다양성(diversity)이다. 우리 사회는 기술, 문화, 인구구조가 빠르게 변화하고 있다. 다양성과 관련하여 우리나라의 가족이 경험하는 대표적인 변화는 가족구조와 기능의 다양성과 문화적 다양성이다. 우리의 가족은 더 이상 핵가족을 정상 가족이라고 말할 수 없는 변화를 경험하고 있다. 사상 최저치를 기록한 2005년 합계 출산율 1.08, 2018년 0.98이 상징하는 출산율 저하와 노인인구 비율 증가 같은 인구구조의 변화는 가족의 구조와 기능에서의 변화를 초래하였다. 대표적인 것이 1인 가구의 증가이다. 가족 관련 지표의 변화는 가족 문제에 대한 가족상담사의 폭넓은 시각과 유연한 접근을 요구하고 있다.

현재 한국 사회에서 문화적 다양성을 대표하는 집단은 국제결혼으로 맺어진 다문화가족일 것이다. 한국전쟁 직후에 미군과 한국 여성의 혼인이 있었으나 그 영향은 사회적 반향을 일으킬 정도는 아니었다. 다문화가족이 사회 변화에 유의미한 변수로 인식된 계기는 한중 수교 이후에 시작된 중국 동포 여성과 한국 남성의 결혼이었다(신영화, 2002). 최근에는 한국 남성의 국제결혼 배우자가 베트남, 필리핀 등으로 다양해지고, 우리나라로 취업 이주한 외국인 노동자와 한국 여성의 결혼 비율도 상당히 증가하고 있다. 뿐만 아니라 북한이탈주민 가정 혹은 그들과 남한 국민의 결혼 등으로 우리나라는 매우 짧은 기간 동안에 다양한 사회로 변모하였다.

최근 다문화가족 실태조사에 따르면, 다문화가족은 약 44만 가구로 전체 가족에서 차지하는 비율이 예상치 못할 정도로 증가하고 있으나(여성가족부, 2025), 여전히 다문화가족에서 가정폭력 발생률이 높고 가족의 안정성이 매우 낮다(신영화, 2010; 오정숙 외, 2025). 다문화가족은 농촌지역뿐만 아니라 서울, 경기, 인천 등 수도권에 집중 거주하고 있다. 중요한 것은 거주지역이 아니라 이들이 사회적으로 고립된 가족이라는 현상적 특징이며, 이들 가족을 지원할 수 있는 다양한 언어 능력과 정서를 갖춘 인력이 부족하다는 것이다. 이러한 전망에서 다양한 가족에 대한 포용적 접근, 성평등 관점, 그리고 문화적 역량 및 문화적 민감성을 과제로 논의한다.

다양한 가족에 대한 포용적 접근 우리 사회의 가족이 직면하는 새로운 도전은 다양성이다. 부부와 자녀로 구성된 핵가족을 전형적인 가족으로 가정하는 '정상가족의 개념'이 다양한 형태의 가족에 의해 도전받고 있다. 가족구조의 변화에서 대표적인 것은 이혼으로 인한 한부모가족의 증가, 재혼 및 복합 가족의 증가, 노인부부로만 구성된 노인가족의 증가, 저소득층에서 두드러지는 노인과 손자녀로 구성된 조손가족, 1인 가구의 증가 등이다. 그리고 외형적으로는 핵가족의 형태를 띠고 있으나 내용상으로는 부부 중의 한 사람이 나머지 가족과 떨어져 사는 분거가족이 있다. 분거가족에는 자녀의 외국 유학을 지원하기 위한 기러기 가족(장기 분거가족)과 직장으로 인한 단기 분거가족이 있다. 이 외에도 가족 구성의 연대가 다른 가족이 있다. 사회적 합의나 법적인 인정과 별개로 결혼이나 혈연이 아닌 우정이나 종교 등의 공동체 의식에 의해 구성된 가족, 부부가 이성애가 아닌 동성애로 맺어진 가족도 나타나고 있다. 가족상담사는 사회적 변화에 따른 가족구조와 기능의 변화를 주목하고 유연하게 접근하여야 할 것이다.

성평등 관점 또한 성역할 기대가 지배적인 규범과 상이한 가족도 등장하고 있다. 그동안 우리 사회의 가족에서는 남편이 직업을 통해 가족소득을 창출하고, 아내가 그 소득을 관리하고 가족을 돌보는 전형적인 성역할 분업이 일반적이었다. 하지만 여성의 사회 참여와 권한이 증진됨에 따라 남편과 아내 또는 자녀의 생물학적 성별에 따른 성역할 고정관념은 부부관계의 연대의식, 자녀의 성역할 사회화, 노인이나 장애를 가진 가족 구성원의 돌봄에 부정적 영향을 미치고, 성차별이나 성 불평등을 초래하였다. 이로 인해 최근 남편과 아내에 대한 부부관계와 가족 구성원의 생물학적 성별에 따른 성역할 기대(gender)가 변화하고 있다. 이러한 가족 구성원의 성역할 기대에 대한 의식변화는 성평등(gender equality) 관점에서 오히려 지지를 받고 있다. 가족상담사는 가부장적 사고방식과 성역할 고정관념, 그리고 내면화된 성차별 의식이 내담자 가족체계와 가족 구성원에게 미치는 영향을 파악하고, 가족 구성원이 삶을 독립적으로 선택하고 가족으로 연결될 수 있도록 접근해야 할 것이다.

이러한 다양한 가족과 일할 때 가족상담사는 자신의 가치관이나 정상 가족의 개념에 의해서 이들 가족을 병리적으로 사정평가하고, 병리적인 명칭을 부여하는 오류를 범해서는 안 될 것이다. 여기서 필요한 것은 개방적인 태도를 취하면서 알고자 하는 자세를 취하는 것이다. 그리고 그 가족에서 구성원의 욕구가 어떻게 충족되는지, 권한과 역할은 공평한지, 독특한 가족 구성이나 기능에 대하여 부모는 자녀에게 어떻게 설명하고 자녀는 어떻게 받아들이고 있는지, 가족과 외부 생태체계와 개방적인 교류가 있는지, 외부 사회로부터 충분한 지지를 확보하고 있는지 등을 탐색하여야 할 것이다. 가족은 변화하고 있고, 따라서 가족상담사의 관점과 접근 역시 유연하고 포용력 있게 변화하여야 할 것이다.

문화적 역량 문화적 역량은 문화적 다양성 인식, 문화적 다양성 지식, 그리고 문화적 다양성 기술의 세 가지 요소로 구성된다. 문화적 다양성 인식이란 가족상담사 자신과 서비스 이용자 간의 문화의 이질성을 인정하고, 그 차이가 원조체계에 미치는 영향을 인식하는 것이다. 문화적 다양성 지식은 다양한 문화집단의 행동을 그들 문화의 맥락 안에서 이해하려고 노력하는 것이다. 다음으로 문화적 다양성 기술은 다른 문화권의 사람과 효과적으로 의사소통을 할 수 있는 능력을 갖춤으로써 문화적으로 적절한 개입 전략을 사용하고, 개입의 영향력을 인식하는 능력을 말한다(Sue, 2006). 내담자 가족이 특수한 인종 또는 민족이거나, 국제결혼가족 또는 국제입양과 같이 지배적인 문화와 다른 문화권 출신의 가족 구성원이 있는 경우, 가족상담사는 그들의 문화에 대하여 더 잘 아는 문화적으로 민감한 역량을 개발하여야 한다.

문화적 민감성에 관한 실천 지침 가족상담사는 가족을 사정할 때 가족문제에 영향을 미칠 수 있는 광범위한 문화의 영향과 가족의 배경이 되는 하위문화를 고려하고 존중해야 한다(Nichols & Sean, 2019). 다문화가족과 일할 때 가족상담사는 다음과 같은 사회구성주의 가족상담의 실천지침을 따르는 것이 도움이 된다(신영화, 2010).

첫째, 그들의 문화에 대해 더 잘 알려고 하는 자세가 중요하다. 자신의 문화에 관심을 가지는 태도는 내담자 가족에게 그들의 삶의 방식을 존중하고 배려한다는 사실을 느끼게 한다.

둘째, 상담사는 내담자 가족보다 한 단계 낮은 위치를 취하는 것이 중요하다. 내담자에게 그들의 경험과 전통에 대해 가르쳐 주기를 요청하는 것이다. 그것은 인종이나 민족의 다양성에 대하여 이해하는 것을 넘어서서 자신의 가족으로부터 멀리 떠나와서 한국 가족에서 경험하는 이질적인 경험과 문제에 대해서 민감성을 개발하는 것이다.

셋째, 문화적 차이점을 존중하고 행동방식에 호기심을 가지는 것이 중요하다. 차이를 존중한다는 것은 개방적인 태도를 취하면서 행동방식을 단정 짓지 않고 내담자의 의견을 묻는 것을 말한다.

넷째, 문화적 민감성은 상담사와 같은 문화권에 속한 가족을 상담할 때에도 적용된다. 사회의 지배적인 통념 및 가치관이 내담자 가족에 미치는 영향을 고려하여야 한다. 즉, 문화적으로 규정된 기대와 소망이 어떤 영향을 미치는가를 탐색하는 것이다. 예를 들면, 대중매체를 통해서 규정된 행복한 가족이나 이상적인 가족상을 내담자 가족 구성원이 각자 어떻게 수용하고 행동하는지를 탐색하는 것이다. 문화적으로 민감한 상담사는 가족이 행복이나 이상에 관한 사회적 담론을 깨고 자신의 언어로 현실을 재구성하도록 돕는다.

다섯째, 내담자 가족의 문화적 특성이나 행동방식에 대하여 병리적으로 사정하거나 잘못 명명하지 않기 위해서 상담사는 무엇보다도 먼저 자신의 문화적인 유산과 문화에 대한 자기인식을 개발하여야 한다.

3. 저출생 사회에 대응하는 가족상담

저출생이 한국 사회의 존립을 위협할 만큼 큰 구조적 위험이라는 위기의식이 높아지고 있다. 저출생의 극복은 우리 사회 전체의 절체절명의 과제이지만, 그 과제의 실마리는 바로 '가족의 가치'를 높이는 데에서 시작될 수 있다. 최근 미국의 대표적 여론조사기관 퓨리서치센터에서 실시한 "자신의 삶을 의미 있게 만드는 가치는 무엇인가?"라는 조사에서, 조사대상의 17개국 중 14개국에서 '가족'을 1순위로 제시하였지만, 한국에서는 '물질(돈)'이 1순위로 제시되었다(경향신문, 2022). 가족보다 돈이 우선인 사회에서 저출생의 반전은 기대하기 어렵다. 한국 사회의 물질만능주의와 과도한 무한경쟁 속에서, 헌신과 노력을 요구하는 결혼과 출산에 대한 부정적 인식이 확산되고 있다.

이에 국가는 저출생의 실태 및 현황에 직면하여, 가족의 가치와 소중함을 기반으로 사회 전반에 결혼 · 출산에 대한 인식 전환과 가족문화를 형성하는 것이 필요하다. 특히, 저출생 정책이 현실에서 힘을 발휘하기 위해서는 '결혼과 자녀출산을 선택'으로 인식하는 현대사회의 보편적 추세를 고려하여, '청년세대의 비혼과 출산에 대한 의향 및 기혼세대의 저출생 현상' 모두에 차별적이고 현실적 해결책을 제시해야 한다. 저출생 문제해결을 위해 가족 가치를 높이고 부부관계 및 자녀양육을 지원하는 가족상담의 중요성을 필히 인식해야 할 것이다.

저출생의 실태 및 현황 한국은 전 세계에서 유례없는 초저출생 현상을 경험하고 있다. 한국의 출산율은 1960년대 이후부터 꾸준히 감소하여 1983년 합계 출산율이 대체 수준(2.1명) 이하로 낮아졌고, 2000년대에 들어서면서부터는 세계 최하위 수준의 출산율을 나타내고 있다(통계청, 2024). 2022년에서는 합계 출산율이 0.78명으로 처음으로 0.7명대에 진입했고 급기야 2023년에는 0.72명까지 낮아졌다. 『뉴욕타임스』 칼럼니스트 로스 다우섯은 한국의 출산율에 대해 '14세기에 유럽을 덮친 흑사병이 몰고 온 인구 감소를 능가하는 결과'라고 평했다(시사IN, 2024).

그럼에도, 최근 경제전망보고서에서는 2025년의 합계출산율이 예상보다 조금 높은 0.74명을 기록할 것이라고 조심스레 제시하였다. 반등 요인으로는 코로나19 팬데믹으로 지연된 출산의 회복, 저출생 해결을 위한 국가정책적 노력, 육아 친화적인 사회적 노력 등이 반영된 것으로 제시하였다(매일경제, 2024). 저출생 문제는 인구 감소 및 고령화를 비롯하여 인구구조 전체에 변화를 유발하여 노동력 및 경제성장률 저하, 경제 기반 약화, 소비시장 위축, 젊은 세대의 세금 부담 증가로 국가 재정에 심각한 장애로 작용할 수 있다.

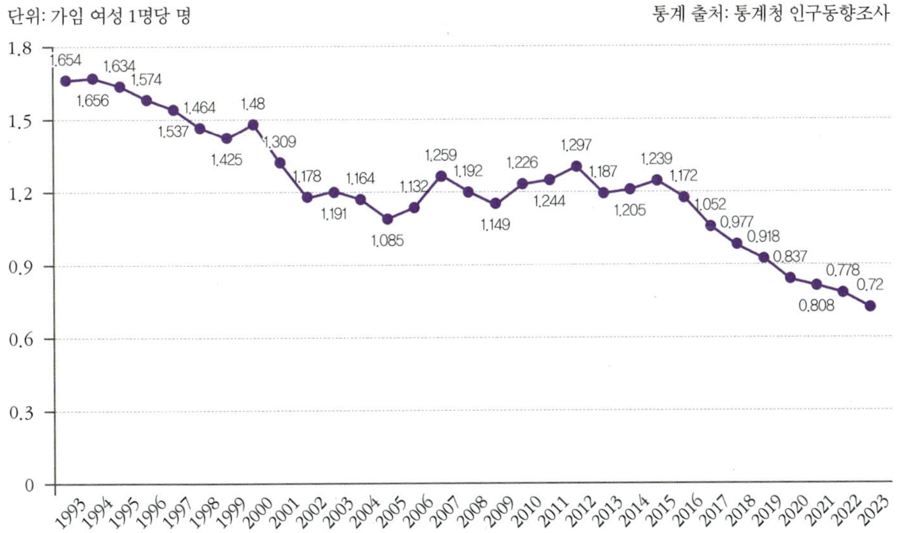

그림 13-1 한국의 출산율 추이

청년세대 가족상담 저출산 해소를 위한 가족상담의 접근에서 청년세대 및 기혼세대는 차별화된 접근을 필요로 한다. 먼저, 청년세대를 위한 가족상담에서는 청년들의 결혼과 출산에 대한 불안감을 낮추고 결혼을 수용 가능한 상황으로 인지하여 결혼을 선택하도록 지원하는 것이 필요하다. 청년세대의 저출생 문제는 청년들이 체감하는 고용 불안정, 주거 불안, 경쟁 압력, 자녀 양육 부담과 긴밀하게 연관되어 있다. 이러한 요인들로 청년들의 심리적 불안은 높아지고, 결국 결혼과 출산의 연기나 포기로 귀결된다.

우선적으로 개별화된 상담을 통하여 청년이 경제적 불안과 사회적 압박에서 벗어나 결혼과 출산에 대한 긍정적인 가치와 태도를 가질 수 있도록 지원할 수 있다. 청년들이 현실적 문제에 압도되어 결혼과 출산을 잠정적으로 포기했더라도, 상담을 통해 이전에 인식하지 못했던 개인의 강점과 성공적 경험, 자신의 유능성과 정체성에 대한 긍정적 재조명, 적극적인 사회적 지원책을 발견하게 하여, 결혼과 출산에 대한 가치를 재확인하며 미래에 대한 희망을 가질 수 있게 도울 수 있다. 이때 가족상담 모델 중 탈근대주의에 바탕한 해결중심치료 및 이야기치료 등이 유용하게 적용될 수 있다.

구체적으로 청년세대에게 효과적으로 적용할 수 있는 접근으로 결혼 동기와 결혼 준비를 지원하는 프로그램(PREPARE/ENRICH)을 제안한다. 이 프로그램은 연인, 부부, 결혼 준비 중인 커플, 결혼 후 관계를 강화하려는 커플 등을 대상으로 주로 시행되는데, 특히 결혼 전 커플이 결혼관계를 이해하고 결혼갈등을 예방하는 접근으로 매우 효과적이다. 여기서는 주로 관계 이해, 갈등 관리, 의사소통 향상, 관계 강점 발견 등을 포함하는데(서아연, 최연실, 2019, p. 682) 주요 내용은 〈표 13-1〉과 같다.

표 13-1 결혼 준비 프로그램

회기	주제	주요 내용
1	관계 강점 및 성장 필요 영역 의사소통 역량	• 관계 강점 영역 및 성장 필요 영역 나누기 • 희망사항 리스트, 매일의 대화와 칭찬 • 자기주장 및 적극적 경청 연습하기
2	개인 스트레스 관리	• 중요한 문제 파악 및 우선순위의 균형 조정 • 결혼 준비 스트레스
3	갈등해결 능력	• 갈등해결 10단계, 'Time out' • 용서
4	재정 관리	• 돈의 의미 • 예산안 작성, 재정적인 목표의 중요성
5	성과 애정표현 역할조정	• 친밀감의 표현과 데이트 • 역할 나누기
6	결혼기대 및 자녀 양육	• 결혼에 대한 기대 조절하기 • 자녀 출산과 양육에 대한 논의 • 결혼에 대한 현실적인 기대 갖기
7	커플관계 역량강화	• 관계지도 • 친밀감 연습, 유연성 연습
8	개인의 성격 특성의 이해 삶의 목표 탐색	• 자신의 성격 알아보기 • 삶의 목표

기혼세대 가족상담 기혼세대가 자발적으로 '무자녀 가족' 또는 '재출산 포기' 등을 결정할 때에는 개인의 가치관뿐만 아니라, 가족문화와 경제 · 사회 정책 등의 영향을 받는다. 가정 내 가부장적인 성역할 태도와 남성의 저조한 가사 분담, 임신과 출산으로 인한 여성의 경력단절 및 경제적 불확실성, 자녀 양육 부담 등은 부부의 저출생 결정에 영향을 미친다.

기혼세대 가족상담은 '무자녀 부부'와 '출산 유경험 부부'에 초점을 둘 수 있다. 무자녀 부부의 경우, 첫 자녀 출산과 자녀 양육에 대한 두려움이 임신과 출산의 선택을 어렵게 할 수 있다. 신혼 초기 및 출산을 앞둔 부부에게 불안한 감정을 줄이고 자녀 출산을 위한 동기부여를 높여야 한다. 또한 출산 유경험 부부에게는 출산으로 인한 경력단절 불안 및 자녀 양육 부담 등의 고충을 낮추는 출산 지원 상담이 유용할 것이다. 가족상담사는 자녀를 갖지 않기로 한 부부에 대해 비난하거나 심판적인 태도를 취하지 않고 포용적 접근을 해야 한다.

효과적인 가족상담을 위하여, 여성주의 상담을 적극적으로 고려해 볼 수 있다. 여성주의 상담은 기본적으로 여성의 경험을 중요하고 가치있게 인정한다. 여성 스스로 자신의 경험에 좀 더 높은 가치부여를 하고 여성으로서의 자신의 경험에 새로운 이해를 높인다. 이러한 여성주의적 관점을 기반으로 여성 고유의 출산 경험에 가족과 사회 모두가 큰 가치와 의미를 부여할 수 있다. 특히, 여성주의 상담의 "문화분석" 기법은 남녀 각각이 성장해 온 문화가 부부의 가족생활 가치관에 미치는 영향을 인식하게 한다. 서로에 대한 이해는 부부가 새로운 가족을 형성하여 자녀를 출산하고 건강하게 양육하며 가족생활을 영위하는 데 필요한 서로 간의 협력과 협상, 조정을 적절히 하도록 도울 수 있다(김유순, 2000).

또한 가족상담사는 부모가 자녀 양육에 대한 부담감 및 스트레스를 낮추면서 자녀 양육 역량을 높일 수 있도록 직접적으로 부모교육과 상담을 제공할 수 있다. 가족상담사는 부모가 지역사회의 도움과 자원을 보다 적극적으로 활용하고, 지역사회 공동육아에 참여할 수 있도록 연계 및 코칭을 할 수 있다. 최근 들어, 가족뿐만 아니라 공동체, 지역사회 등 광범위한 관계망이 공동으로 양육을 책임지는 공동육아의 실천이 확대되고 있다. 공동육아의 주요 활동은 품앗이를 통한 돌봄서비스 및 지역사회 연계사업 등이 주를 이루며(남유주, 2021), 개인과 공동체의 관계성을 지향하는 문화 형성에 기여하고 있다(하영윤, 2008). 이에 지역사회 공동육아 프로그램을 다음과 같이 제안한다(〈표 13-2〉 참조). 저출생 사회에 대응하는 가족상담은 '한 아이를 키우려면 온 마을이 필요하다'라는 아프리카 속담에서 그 대안을 발견한다. 아이가 행복하려면 부모/부부가 이룬 가족이 행복해야 할 것이다. 또한 그것은 그 가족만이 아니라 마을 전체, 더 나아가 공동체와 사회, 국가 모두의 노력이 필요하다는 공동체 의식과 정책의 전환이 절실히 요구된다.

표 13-2 지역사회 공동육아 프로그램

참여자	영역	주요 활동
부모	양육지원	부모교육
		육아상담
		돌봄서비스
		재능기부
	지역사회 연결	지역사회 연대 및 네트워킹
		부모 연대활동 기획
		마을축제 참여
	자원공유	벼룩시장 참여
자녀	대안교육	생태교육활동
		공동체놀이
	가족관계	가족나들이 및 가족활동
	대인관계	또래관계
		다양한 대인관계

4. 가족상담과 윤리

가족상담사는 개인 및 가족이 가지고 있는 문제의 완화 내지 해결, 더 나아가 개인의 성장과 삶의 변화를 위해 개입하는 전문직이다. 전문직은 수행을 위해 상당한 수련을 요구하고, 수련 과정은 의미 있는 지적 요소를 포함하며, 사회적으로 중요한 서비스를 제공하는 특성을 가진다(Bayles, 2003). 사회적으로 중요한 서비스를 제공한다는 특성으로 인해 전문직 집단은 지켜야 할 윤리를 사회적으로 선언한다. 가족상담사의 윤리로는 내담자의 자기결정권 존중, 비밀보장, 전문가적 유능성, 전문직에 대한 책임 등을 들 수 있다.

흔히 상담사가 지켜야 할 가장 중요한 윤리는 내담자의 자기결정권 존중과 비밀보장으로 알려져 있다. 이러한 가족상담사의 윤리를 다룰 때 간과해서는 안 될 부분이 바로 내담자가 제시한 문제와 관련한 법률 규정이다. 현재 우리나라에는 가정폭력, 성폭력, 성매매, 아동학대, 노인학대 등과 관련된 법률이 제정되어 시행되고 있다. 이러한 법률은 관련 서비스 종사자의 신고의무를 규정하고 있다. 따라서 가족상담사는 상담내용의 비밀보장이나 내담자의 자기결정권 존중이라는 전문직 윤리와 법적 의무 사이에서 윤리적 딜레마에 처하게 될 수 있다. 가족상담의 확대와 함께 제기되는 가족상담사의 윤리적 딜레마를 전망하고, 가족상담사의 윤리에 대한 이해와 윤리적 자기인식을 과제로 짚어 본다.

가족상담사의 윤리 가치가 좋은 것이나 바람직한 것을 말한다면, 윤리는 옳고 그름에 대한 실천 지침이다. 개인의 존엄성과 독특성이 사회적으로 바람직하게 여기는 가치라면, 내담자의 자기결정권이나 비밀보장은 상담사가 지켜야 할 실천상의 윤리가 될 것이다. 가족상담사에게 요구되는 윤리원칙은 정신건강 분야 전문직에서 일반적으로 요구하는 윤리원칙과 많은 공통점이 있다. 웰펠(Welfel, 2016)은 상담 전문가의 직업윤리로, 첫째, 효과적인 실천을 위한 충분한 지식, 기술, 판단력, 둘째, 인간의 존엄성과 내담자의 자유 존중, 셋째, 전문가 역할과 권한의 책임성, 넷째, 전문가 집단으로서 신뢰성 있는 행동을 들고 있다. 가족상담 전문직 단체인 미국 부부 및 가족치료협회(AAMFT)의 윤리강령(2001)을 보면 내담자에 대한 책임, 비밀보장, 전문가적 유능성 및 성실, 학생 및 수련생에 대한 책임, 연구참여자에 대한 책임, 전문직에 대한 책임, 비용에 대한 합의, 서비스 홍보에 대한 책임을 제시하고 있다. 이에 가족상담사의 윤리원칙을 다음과 같이 정리할 수 있다.

- 내담자의 자기결정권 존중
- 비밀보장
- 전문가적 유능성
- 상담관계자에 대한 책임
- 전문직의 역할과 권한에 대한 책임

가족상담사의 윤리적 자기인식 프랑스 철학자 레비나스(E. Levinas)는 윤리는 타자와의 관계 맥락에 있다면서 타자윤리를 주장하였다. 타자윤리란 자기(self)와 타자(other)의 위상문제이며, 나와 다른 존재와 어떠한 관계를 맺고 어떻게 대할 것인가의 문제이다(강영안, 2005). 가족상담사로서 나는 누구인가 하는 정체성은 자기 혼자서 정의 내리는 것이 아니라 자아와 타자와의 상호성에 기초하여 정의할 수 있다. 가족상담사가 가족상담사로서 존재한다는 것은 상담사가 가족 구성원 및 가족체계와 어떤 위상에서 일을 하고, 상담사와 내담자로서 어떤 관계를 맺고 어떻게 대하고 있는지를 자기점검하도록 요구한다. 또한 상위 법률과 가족상담사의 윤리 사이에서 딜레마에 빠졌을 때 상담사는 국가 법률과 내담자 가족 사이에서 어떤 맥락에서 일하고 있는지를 점검하고, 전문가이자 시민인 상담사가 국가와 내담자 가족과 어떤 관계에서 일하고 있는지를 자문할 일이다. 가족상담사는 법률 규정이나 윤리원칙의 문구 하나하나에 매여 있기보다는 상황적 맥락과 문구 사이의 틈에서 자신의 가치철학과 입장을 숙고할 필요가 있다.

가족상담사는 내담자 가족과 상담을 시작하면서 전문가로서 내담자의 자기결정권의 존중과 비밀보장의 윤리를 지킬 것을 밝히면서 법률에 의해 신고의무와 전문가적 유능성 향상을 위한 훈련 욕구 및 기관의 지침에 의해 그 한계가 있음을 알려야 한다. 이때 무엇보다도 중요한 것은 상담사 윤리의 기초가 되는 가족상담사와 내담자 가족의 협력과 진정성을 견지하는 상담사-내담자 가족의 협력관계, 내담자 가족을 가족문제 전문가로 존중하는 태도와 상담방식이다. 이에 상담사와 내담자 가족과의 상담관계에서 호기심 있고, 개방적이며, 존중하는 분위기에 도움이 되는 태도와 신념에 관한 가정(Griffith & Griffith, 1992)을 소개하며 이 장을 마친다.

- 가족 구성원과 가족상담사는 인간으로서 차이점보다 유사점을 더 많이 공유하고 있다.
- 가족 구성원은 매일의 삶을 이끌어 가는 보통의 사람으로서 불행하게도 뜻밖에 어려운 삶의 경험과 마주친 것이다.
- 문제를 가지고 있는 사람이나 가족이 상담을 요청하는 것은 해결에 필요한 대화가 일어날 수 없다는 딜레마와 싸우고 있기 때문이다.
- 문제를 가지고 있는 사람과 가족은 항상 문제에 관해 할 수 있는 이야기보다 더 생생한 경험을 자원으로 가지고 있다.
- 문제를 가지고 있는 사람과 가족 구성원의 마음속 깊은 곳에서는 자신이나 타인을 해치고 싶어 하지 않는다.
- 문제를 가지고 있는 사람이 사용하는 언어의 의미는 우리가 그것에 대해 함께 이야기하기 전에는 이해할 수 없다.
- 변화는 항상 일어날 수 있다.
- 문제를 해결하기 위해 무엇을 해야 할지 가족상담사는 정확히 알 수 없다. 또한 내담자 가족은 존중받는 분위기에서 편안해진다.
- 문제에 대한 다양한 관점이 있고, 그에 따라 선택은 다양하다.
- 문제를 가진 사람이나 가족은 그 문제로부터 자유롭고 싶어 한다.
- 문제가 해결되기 위해서 가족이 어떤 행동을 취해야 할지 가족상담사는 정확히 알 수 없다.

복습 문제

1. 가족상담의 효과성에 관한 설명으로 옳은 것을 모두 고른 것은?

ㄱ. ADHD를 비롯한 행동장애, 정서문제, 신체문제, 섭식장애, 자폐증 등 아동문제에서 장기적인 변화가 나타남
ㄴ. 조현병, 우울과 불안 등 정신질환, 심장 및 신경계 질환을 비롯한 모든 연령층의 알코올 의존증 가족에 대해 매우 성공적이었음
ㄷ. 부부갈등, 부모-자녀 관계의 문제에서 단기간에 갈등을 완화하고 변화를 가져옴
ㄹ. 조현병 환자 가족교육, 행동문제가 있는 아동의 부모교육, 강박증과 중독문제에서 효과가 지속적으로 유지되었음

① ㄱ, ㄴ ② ㄷ, ㄹ
③ ㄱ, ㄴ, ㄷ ④ ㄱ, ㄴ, ㄹ ⑤ ㄱ, ㄴ, ㄷ, ㄹ

2. 가족상담은 성폭력, 가족폭력, 학교폭력, 자살 등 심각한 사회문제에 대한 효과적인 개입 방안이다. 이러한 문제에 대한 가족상담의 필요성과 효과성의 근거에 관한 설명으로 옳은 것을 모두 고른 것은?

ㄱ. 성폭력은 가족에서 금기시되어 가족의 의사소통을 역기능적으로 만든다.
ㄴ. 가족은 친밀하고 따뜻하다는 사회적 통념은 가족 구성원에게 가정폭력 못지않게 억압적이다.
ㄷ. 학교폭력이 발생한 후 가족은 피해자나 행위자의 회복 과정에서 중요한 변인이다.
ㄹ. 자살은 생명을 앗아 가며, 남은 가족에게 자살자를 돕지 못했다는 죄책감을 남긴다.

① ㄱ, ㄴ ② ㄷ, ㄹ
③ ㄱ, ㄴ, ㄷ ④ ㄱ, ㄴ, ㄹ ⑤ ㄱ, ㄴ, ㄷ, ㄹ

3. 다음 중 가족상담사가 갖추어야 할 문화적 민감성에 관한 실천지침으로 옳지 않은 것은?

① 내담자 가족의 문화에 대해 더 잘 알려고 하는 자세를 취한다.

② 문화적 차이점을 존중하고 행동방식에 호기심을 가지고 내담자의 의견을 묻는다.

③ 상담사는 내담자 가족의 경험과 전통을 존중하고자 보다 한 단계 낮은 위치에 선다.

④ 문화적 민감성은 상담사와 같은 문화권에 속한 가족을 상담할 때에는 적용하지 않는다.

⑤ 상담사는 자신의 문화적 유산과 문화에 대한 자기인식을 개발하여야 한다.

4. 청년세대의 결혼 동기 및 결혼 준비를 지원하기 위해서 PREPARE/ENRICH 프로그램을 적용할 수 있다. 이 프로그램은 연인, 부부, 결혼 준비 중인 커플, 결혼 후 관계를 강화하려는 커플 등을 대상으로 시행된다. 이 프로그램에서 주로 다루는 내용에 관한 설명으로 옳지 않은 것은?

① 친밀한 관계에 대한 이해 ② 의사소통 기술

③ 자산관리 기술 ④ 갈등해결 및 관리 기술

⑤ 관계에서의 강점 발견

5. 가족상담사의 윤리원칙에 관한 설명으로 옳은 것을 모두 고른 것은?

ㄱ. 내담자의 자기결정권 존중

ㄴ. 비밀보장 준수와 법률적 한계 고지

ㄷ. 전문가적 유능성 향상을 위한 훈련

ㄹ. 전문직의 권위와 권한에 대한 내담자의 존중

① ㄱ, ㄴ ② ㄷ, ㄹ

③ ㄱ, ㄴ, ㄷ ④ ㄱ, ㄴ, ㄹ ⑤ ㄱ, ㄴ, ㄷ, ㄹ

소집단 토론

1. 성폭력, 가정폭력, 학교폭력과 자살 등의 복합적인 문제에 노출된 저소득층 청소년 가족과 함께 일할 때 가족상담사가 연계 협력해야 할 지역사회기관에 대해 토론해 봅시다.

2. 국제결혼이나 이주로 형성된 다문화가족과 함께 일할 때 가족상담사가 지녀야 할 문화적 역량에 대해 토론해 봅시다.

3. 결혼이나 자녀 출산에 대한 상이한 의견을 가진 커플과 상담할 때, 가족상담사가 점검해야 할 성의식(gender)과 가족과 결혼의 의미(meaning)에 대한 윤리적 자기점검에 관하여 토론해 봅시다.

나의 요점 정리

복습 문제 정답: 1. ⑤ 2. ⑤ 3. ④ 4. ③ 5. ③

참고문헌

강영안(2005). 타인의 얼굴. 문학과 지성사.

경향신문(2022). '무엇이 삶을 의미있게 하는가…' 한국 유일하게 '물질적 풍요' 1위 꼽아. https://www.khan.co.kr/article/202111220600031

고미영(2004). 이야기 치료와 이야기의 세계. 청목출판사.

김경은, 윤혜미(2012). 청소년의 사이버폭력에 관련된 생태체계변인의 영향. 청소년복지연구, 14(1), 213-238.

김기덕, 최소영, 권자영(2012). 사회복지윤리와 철학. 양서원.

김영애(2015). 통합적 사티어 모델. 김영애가족치료연구소.

김요완(2012). 성폭력 가해 청소년의 가족체계 특징에 관한 사례연구. 가족과 가족치료, 20(1), 1-22.

김유순(2000). 여성주의 가족치료의 실천적 원리에 관한 연구. 가족과 가족치료, 8(2), 23-44.

김임, 한정옥, 이선미(1987). 가족치료의 기법. 맥밀란.

남유주(2021). 품앗이 육아 과정에 참여한 어머니들의 공동체 학습경험 연구. 아주대학교 교육대학원 석사학위논문.

노충래, 이신옥(2003). 중학생의 학교폭력에 영향을 미치는 요인에 관한 연구: 부부폭력 목격경험, 아동학대 피해경험, 내적 통제감 및 학교생활을 중심으로. 학교사회복지, 6, 1-35.

매일경제(2024). "출산율 바닥 찍었다" 10년만에 반등. https://www.mk.co.kr/news/economy/11137848

박보라, 최정숙(2014). 자살사고를 가진 초기청소년 가족을 대상으로 한 정서중심치료 사례연구. 가족과 가족치료, 22(3). 275-300.

박태영, 박소영(2007). 성폭력을 당한 여중생의 가족치료 사례 분석: 두려움과 분노를 넘어서기. 가족과 가족치료, 15(2), 343-363.

서아연, 최연실(2019). PREPARE/ENRICH 및 긍정심리치료 집단프로그램이 예비부부의 관계향상에 미치는 효과성 검증. 가족과 가족치료, 27(4), 671-697.

송성자(2002a). 가족과 가족치료(제2판). 법문사.

송성자(2002b). 한국의 가족변화와 사회복지실천 발전방향. 2002년 한국사회복지학회 추계학술대회 자료집.

시사IN(2024). 합계출산율 0.7명 사회 한국은 정말 끝났는가. https://www.sisain.co.kr/news/articleView.html?idxno=5189

신영화(1999). 학대받는 여성에 대한 능력고취 접근. 비판사회정책, 6, 146-182.

신영화(2002). 한국인 남편과 조선족 아내의 부부문제, 가족과 가족치료, 10(2), 1-24.

신영화(2003). 가정폭력에 노출된 성인아이 성향 자녀의 가족에 대한 개입. 가족과 가족치료, 11(1), 127-153.

신영화(2010). 다문화가족의 역량강화접근. 가족과 가족치료, 18(2), 161-192.

어주경, 이선혜(2025). 포스트모던 상담의 구성과 재구성. Re-Spect: 포스터모던 상담 톺아보기: 내러티브상담과 해결중심치료의 만남. 한국내러티브상담학회, 해결중심치료학회 춘계학술대회 자료집.

여성가족부(2025). 2024년 전국 다문화가족 실태조사. 여성가족부. https://blog.naver.com/mogefkorea/223953453810

오정숙, 장흔성, 김옥녀, 강복정(2025). 장기거주 외국인 가족과 관련 전문가의 요구: 생활적응 및 지원방안을 중심으로. 다문화교육연구, 18(2), 1-36.

윤혜미, 김혜래, 신영화(2013). 아동복지론(2판). 청목출판사.

이영분, 김기환, 윤현숙, 이원숙, 이은주, 최현미, 홍금자(2001). 사회복지실천론. 동인.

이영분, 김유순, 신영화, 최선령, 최현미(2015). 사례로 배우는 가족상담과 가족치료. 학지사.

이영분, 신영화, 권진숙, 박태영, 최선령, 최현미(2012). 가족치료 모델과 사례. 학지사.

이은주(2000). 가정폭력에서 부부합동상담에 관한 비판 및 그 적합성의 사정기준에 대한 고찰. 한국가족복지학, 6, 159-186.

이화여대 사회사업학과 편(1995). 가족치료총론. 동인.

장경섭(2009). 가족 · 생애 · 정치경제: 압축적 근대성의 미시적 기초. 창비.

전혜성(2017). 자살 유가족의 외상 대처 및 가족재구조화를 위한 위기개입 가족상담: 위기개입모델 및 구조적 가족치료이론에 기반하여. 가족과 가족치료, 25(2), 375-400.
정문자(2007). 사티어 경험적 가족치료. 학지사.
정문자, 이영분, 김유순, 김은영(2024). 해결중심 가족상담(2판). 학지사.
정문자, 정혜정, 이선혜, 전영주(2007). 가족치료의 이해. 학지사.
정은, 이경욱(2005). 가정폭력 피해 모녀에 대한 해결중심가족치료 사례연구. 가족과 가족치료, 13(1), 1-30.
최선령(2000). 한국아내학대자들의 학대행동감소를 위한 인지행동집단모델의 적용에 관한 연구. 숭실대학교 대학원 박사학위논문.
통계청(2024). 2023 한국의 사회지표.
하영윤(2008). 공동육아 경험에 대한 문화기술적 사례연구: 공동육아를 시작하는 한 가족을 중심으로. 여성연구논총, 23, 77-101.
한국단기가족치료연구소(2019). 이야기치료 레벨1 워크숍 자료집.

AAMFT (2001). Code of Ethics. https://www.aamft.org/legal_ethics/ code_of_ethics.aspx
Anderson, H., & Goolishian, H. (1988). A view of human system as linguistic systems: Preliminary and evolving ideas about the implications for clinical theory. *Family Process, 27*(4), 371-393.
Atwood, J. D. (1992). *Family therapy: A systemic behavioral approach*. Nelson-Hall.
Banmen, J. (2001). Satir model workshop, Unpublished Manuscript. Seoul, Korea.
Bayles, M. D. (2003). What is a profession?. In *ethics for the professions* (pp. 56-62). J. Rowan & S. Zinaich, Jr. (Eds.), Wadsworth/Thomson Learning.
Berg, I. K. (1989). Of visitors, complainants, and customers: Is there really such thing as resistance?. *Family Therapy Networker, 13*(1), 21.
Berg, I. K. (1994). *Psychotherapy and substance abuse: A practitioner's handbook*. The Guildford Publication.
Berg, I. K., & De Jong, P. (1996). Solution-building conversations: Co-constructing a sense of competence with clients. *Families in society: The journal of contemporary human services*, 77, 376-391.
Berg, I. K., & Miller, S. D. (1992). *Working with the problem drinker: A solution-*

focused approach. 가족치료연구모임 역(2001). 해결중심적 단기가족치료. 하나의학사.

Bowen, M. (1976a). Theory in the practice of psychotherapy. In P. J. Guerin (Ed.), *Family therapy: Theory and practice* (pp. 65-89). Gardner Press.

Bowen, M. (1976b). Principles and techniques of multiple family therapy. In P. J. Guerin (Ed.), *Family therapy: Theory and practice* (pp. 388-403). Gardner Press.

Bowen, M. (1978). *Family therapy in clinical practice*. Jason Aronson.

Carter, B., & McGoldrick, M. (1988). *The changing family life cycle: A framework for family therapy* (2nd ed.). 정문자 역(1997). 가족생활주기와 가족치료. 중앙적성출판사.

Carter, B., & McGoldrick, M. (2005). *The expanded family life cycle: Individual, family and social perspectives* (3rd ed.). Allyn & Bacon.

De Jong, P., & Berg, I. K. (2013). *Interviewing for solution*. 노혜련, 허남순 역(2015). 해결을 위한 면접. 박학사.

de Shazer, S. (1982). *Patterns of brief family therapy*. The Guilford Publication.

de Shazer, S. (1985). *Keys of solution in brief therapy*. Norton.

de Shazer, S. (1988). *Clues: Investigating solutions in brief therapy*. W. W. Norton.

de Shazer, S. (1991). *Putting difference to work*. Norton.

de Shazer, S. (1994). *Words were originally magic*. Norton.

de Shazer, S., Berg, I. K., Lipchik, E., Munnally, E., Molnar, A., Gingerich, W., & Weiner-Davis, M. (1986). Brief therapy: Focused solution development. *Family Process, 25*, 214-218.

Franklin, C. (1998). Distinction between social constructionism and cognitive constructivism: Practice applications. In C. Franklin & P. Nurius (Eds.), *Constructivism in practice: Methods and challenges* (pp. 57-94). Families International.

Freedman, J., & Combs, G. (1996). *Narrative therapy: The social construction of preferred realities*. Norton & Company.

Furman, B., & Ahola, T. (1994). Solution talk: The solution-oriented way of talking about problems. In M. F. Hoyt (Ed.), *Constructive therapy* (pp. 41-66). The Guilford Publication.

Galvin, K. M., & B., Brommel, B. J. (1986). *Family communication* (2nd ed.). 노영주,

서동인, 원효종 역(1995). 가족관계와 의사소통: 응집성과 변화. 하우.

Goldenberg, I., & Goldenberg, H. (1985). *Family therapy: An overview* (2nd ed.). Brooks/Cole.

Goldenberg, I., & Goldenberg, H. (1991). *Family therapy: An overview* (4th ed.). Brooks/cole.

Goldenberg, I., & Goldenberg, H. (2000). *Family therapy: An overview* (5th ed.). Brooks/cole.

Griffith, J. L., & Griffith, M. E. (1992). Owning one's epistemological stance in therapy. *Dulwich Centre Newsletter, 1*, 5-11.

Guerin, P. J. Jr., Fogarty, T. F., Fay, L. F., & Kautto, J. G. (1996). *Working with relationship triangles: The one-two-three of psychotherapy*. 최선령, 이인수 역(2005). 가족치료임상에서 삼각관계활용-보웬의 체계적 가족치료 적용. 시그마프레스.

Gurman, A. (1981). Integrative marital therapy: Toward the development & an interpersonal approach. In S. Budman (Ed.), *Forms & brief therapy*. The Guilford Publication.

Gurman, A. S., & Kniskern, D. P. (Eds.) (1991). *Handbook of family therapy (Vol. 2)*. Brunner-Mazel.

Hester, R., & Miller, W. (1989). *Handbook of alcoholism treatment approach: Effective alternatives*. Pergamon Press.

Jones, C. W., & Lindblad-Goldberg, M. (2002). Ecosystemic structural family therapy: Elaborations of theory and practice. In F. Kaslow (Series Ed.) & R. Massey and S. Massey (Vol. Eds.), *Comprehensive handbook of psychotherapy: Vol 3, Interpersonal, humanistic, and existential*. John Wiley & Sons.

Kerr, M. E. (2019). *Bowen theory's secrets.* 최선령, 이인수, 조은숙, 노치영 역(2025). 보웬이론의 비밀. 학지사.

Kerr, M. E., & Bowen, M. (1988). *Family evaluation*. 남순현, 전영주, 황영훈 역(2005). 보웬의 가족치료이론. 학지사.

Lipchik, E. (2002). *Beyond technique in solution-focused therapy: Working with emotions and the therapeutic relationship*. 김유순, 이재원 역(2015). 정서지향 해결중심 치료. 학지사.

McGoldrick, M., Gerson, R., & Petry, S. (2008). *Genograms: Assessment and intervention* (3rd ed.). 이영분, 김유숙, 정혜정, 최선령, 박정희 역(2011). 가계도 사정과 개입. 학지사.

McGoldrick, M., Gerson, R., & Shellenberger, S. (1999). *Genograms: Assessment and intervertion* (2nd ed.). 이영분, 김유숙, 정혜정 역(2005). 가계도 사정과 개입. 학지사.

McKergow, M. (2021). *Next generation of solution focused practice: Stretching the world for new opportunities and progress*. 최중진 역(2024). 차세대 해결중심치료의 실천: 갤러리 모델. 학지사.

Miller, S. D., & Berg, I. K. (1991). Working with problem drinker: A solution-focused approach. *Arizona Counseling Journal, 16*.

Miller, W. (1985a). Motivation for treatment: A review with special emphasis on alcoholism. *Psychological Bulletin, 98*(1), 84-107.

Miller, W. (1985b). *From denial to recovery*. Jossey-Bass.

Minuchin, S. (1974). *Families and family therapy*. Harvard University Press.

Minuchin, S., & Fishman, H. C. (1981). *Family therapy techniques*. Harvard University Press.

Minuchin, S., Montalvo, B., Guerney, B., Roseman, B., & Schmer, F. (1967). *Families of the Slums*. Basic Books.

Morgan, A. (2000). *What is narrative therapy?: An easy-to-read introduction*. Dulwich Centre Publications.

Nichols, M. P. (1984). *Family therapy: Concept and methods*. Gardner Press.

Nichols, M. P., & Schwartz, R. C. (2001). *Family therapy: Concepts and methods*. 김영애, 정문자, 송성자, 제석봉, 심혜숙, 김정택, 정석환, 김계현 역(2002). 가족치료 개념과 방법. 시그마프레스.

Nichols, M. P., & Schwartz, R. C. (2002). *The essentials of family therapy*. 김영애, 김정택, 심혜숙, 정석환, 제석봉 역(2004). 가족치료 핵심 개념과 적용. 시그마프레스.

Nichols, M. P., & Sean, D. D. (2019). *The essentials of family therapy* (7th ed.). Pearson.

Nichols, M. P., & Sean, D. D. (2020). *Family therapy: Concepts and methods* (12th ed.). Pearson.

Noonan, R. J. (1993). A follow-up of psychotherapy dropouts. *Journal of Community*

Psychology, 1, 43-45.

O'Hanlon, W., & Wilk, J. (1987). *Shifting contexts: The generation of effective psychotherapy*. The Guilford Publication.

Olson, D. H., & Larson, P. J. (2008). *The customized version of PREPARE/ENRICH*. Life Innovations, Inc.

Quick, E. K. (1996). *Doing what works in brief therapy*. Academic Press.

Saleebey, D. (ed.) (1992). *The strengths perspective in social work practice*. Longman.

Satir, V. (1972). *The peoplemaking*. Science and Behavior Books.

Satir, V., & Baldwin, M. (1983). *Satir step by step: A guide to creating change in families*. Science and Behavior Books.

Satir, V., Banmen, J., Gerber, J., & Gomori, M. (1991). *The Satir model: Family therapy and beyond*. 한국버지니아사티어연구회 역(2000). 사티어 모델. 김영애가족치료연구소.

Sue, D. W. (2006). *Multicultural social work practice*. 이은주 역(2010). 다문화 사회복지 실천. 학지사.

Sween, E. (2001). The one-minute question: What is narrative therapy? Some working answers. In Dulwich Centre Publications (Eds.), *Extending narrative therapy: A collection of practice-based papers* (pp. 192-193). Dulwich Cenre Publications.

Talmon, M. (1990). *Single session therapy: Maximzing the effect of the first (and often only) therapeutic encounter*. Jossey-Bass.

Thomas, F. N. (2007). Possible limitations, misunderstandings and misuses of solution-focused brief therapy, In T. S. Nelson & F. N. Thomas (Eds.), *Handbook of solution-focused brief therapy: Clinical applications* (pp. 391-408). The Haworth Press.

Toman, W. (1995). *Family therapy and sibling position*. Jason Aronson.

Tomm, K. (1987a). Interventive interviewing: Part Ⅰ. Strategizing as a fourth guideline for the therapist. *Family Process, 26*(1), 3-13.

Tomm, K. (1987b). Interventive interviewing: Part Ⅱ. Reflexive questioning as means for the therapiest to enable self-healing. *Family Process, 26*(2), 167- 183.

Walter, J. S., & Peller, J. F. (1992). *Becoming solution-focused in brief therapy*. 가족치료연구모임 역(1996). 단기가족치료-해결중심으로 되어가기. 하나의학사.

Weakland, J. (1991). MRI brief therapy-conversational and strategic. *Presentation at the conference on Therapeutic Conversations*.

Welfel, E. R. C. (2016). *Ethics in counseling and psychotherapy: Standards, research, and emerging issues* (6th ed.). Cengage Learning

White, M. (2001). 한국가족치료학회 마이클 화이트 초청 워크숍 자료집. 이야기치료.

White, M. (2005). Children, trauma, and subordinate storyline development. *International Journal of Narrative Therapy and Community Work, 3&4*, 10-23.

White, M., & Epston, D. (1990). *Narrative means to therapeutic ends*. Norton & Company.

Wiener, N. (1948). *Cybernetics: Or control and communication in animal and the machine*. Wiley.

찾아보기

인명

내용

저자 소개

이영분(Lee Youngboon)

이화여자대학교 사회복지학 박사

현 건국대학교 사회복지학과 명예교수

김유순(Kim Yusoon)

미국 플로리다주립대학교 사회복지학 박사

현 성공회대학교 사회복지학과 명예교수

신영화(Shin Younghwa)

서울대학교 사회복지학 박사

현 군산대학교 사회복지학부 교수

전혜성(Jean Hyeseong)

이화여자대학교 사회복지학 박사

현 단국대학교 행정법무대학원(가족상담) 교수

최선령(Choi Sunryung)

숭실대학교 사회복지학 박사

현 광주 열린가족상담센터 소장

사례로 배우는 **가족상담**(2판)

Family Therapy Models and Case Analyses (2nd ed.)

2020년 2월 28일 1판 1쇄 발행
2024년 8월 20일 1판 10쇄 발행
2025년 9월 10일 2판 1쇄 발행

지은이 • 이영분 · 김유순 · 신영화 · 전혜성 · 최선령
펴낸이 • 김진환
펴낸곳 • ㈜ 학지사
04031 서울특별시 마포구 양화로 15길 20 마인드월드빌딩
대표전화 • 02-330-5114 팩스 • 02-324-2345
등록번호 • 제313-2006-000265호

홈페이지 • http://www.hakjisa.co.kr
인스타그램 • https://www.instagram.com/hakjisabook

ISBN 978-89-997-3528-8 93180

정가 23,000원